# 山东省
# 标准地名诠释

## 泰安市卷

《山东省标准地名诠释》编纂委员会 编

山东城市出版传媒集团·济南出版社

《山东省标准地名诠释》

# 编纂委员会

主　　　编　冯建国

副　主　编　于建波　张子龙

编　　　委　（以姓氏笔画排序）

丁志强　王为民　王玉磊　王晓迪　付振民　庄茂军

刘兴宝　孙树光　张西涛　张屹卿　张兴军　张鲁宁

陈　芳　陈效忠　陈朝银　陈德鸿　徐希超　徐帮杰

黄贤峰　崔继泽

编辑部主任　孙凤文

编辑部成员　（以姓氏笔画排序）

马　瑞　王书清　王成明　王红艳　巩铁军　刘　玲

李成尧　杨　军　张义勇　张亚萍　张光耀　林　锋

赵文琛　倪　语　倪春雷　高洪祥

# 前　言

　　地名是重要的基础地理信息和社会公共信息，与经济社会发展、人们日常生产生活息息相关。编纂出版《山东省标准地名诠释》是地名管理服务工作的一项基础工程，对进一步推行山东省地名标准化，推广普及地名知识，适应改革开放和高质量发展的需要，以及国家和社会治理、经济发展、文化建设、国防外交等方面具有重要的意义和作用。

　　2014 年 7 月，国务院印发通知开展第二次全国地名普查。2015 年，国务院地名普查办印发《第二次全国地名普查成果转化规划（2015—2020 年）》（国地名普查办发〔2015〕6 号），山东省地名普查办依此制定了《山东省第二次全国地名普查成果转化规划（2016—2020 年）》（鲁地名普查办发〔2016〕4 号），部署开展成果转化相关工作，其中包括组织编制出版标准地名图、录、典、志等出版物。编纂出版《山东省标准地名诠释》是贯彻落实"边普查、边应用"指示要求，及时发布并推动第二次全国地名普查成果社会应用的重要举措，也是落实规划目标任务的重要内容。

　　《山东省标准地名诠释》编纂委员会按照公开出版的要求，在全省第二次全国地名普查成果数据基础上，进行成果的整理挖掘（包括资料收集、数据考证等），编辑出版《山东省标准地名诠释》，并将本书定位为第二次全国地名普查重要的省级成果，是一部以"地名"为主题的省级标准地名工具书。

　　本书在资料整理和编辑加工的过程中力求做到内容权威、文字精练、编写精心、编辑独到、设计新颖，以期达到当前编辑出版水平的先进行列。在词目释义编写上，本书着力突出"三个重点"（即地名基本要素、地名文化属性、地名所指代地理实体性质与特征），具备四个特点（即广、新、准、实）。其中，"广"即收词广泛，应录尽录，要涵盖重要地名类别及其主要地名；"新"即资料新、信息新，要充分利用地名普查最新成果，反映全省各地地名的新情况、发展建设取得的新成就；"准"即实事求是、表述准确、考证严谨，要求词目释文中的资料、数据翔实有据，表述准确、规范，做到地名拼写准确无误、词条诠释准确无误；"实"即具有实用性。在采词、释文内容和词目编排上都力求符合读者需要，便于读者使用，使之有较高的实用和收藏价值。

本次《山东省标准地名诠释》编纂得到多方面的支持，全省各级地名主管部门的领导和地名工作者，不辞辛苦，埋头于本书所需资料的搜集、整理，根据《山东省标准地名诠释》的编写要求，认真组织撰稿，力求做到精益求精。在此，我们对为本书的编纂、出版工作提供了帮助和支持的所有单位、领导和工作人员，表示诚挚的感谢。编纂出版《山东省标准地名诠释》工作任务重、涉及内容多、标准要求高，限于我们的人员专业水准和时间等因素，书中难免存在错误或不足，恳请广大读者批评指正。

# 凡　例

一、《山东省标准地名诠释》采收山东省 17 市 137 县（市、区）范围内，包括乡镇以上行政区划名称、主要的居民点和自然实体及主要社会、经济设施等重要地名词条，按照行政区域划分和地名类别特点分列 18 卷。

二、采收地名分为六个大类：

1. 政区类：包括山东省政区建制镇、乡、街道及以上全部行政区划单位；国家和省正式批准的各类经济功能区（含开发区、高新区、工业区、保税区、科技园区、新区等）；1949—2014 年间曾经设立而现已废置的地区行署、县级和乡级行政区，特指被撤销建制、被合并或拆分不继续使用原专名的情况。另，城乡社区是社会治理的基本单元，故也收录了部分建有综合服务中心且统一开展基本公共服务的社区名称。

2. 居民点类：具有地标意义或文化意义的住宅区；镇、乡人民政府驻地居民点；经省级以上人民政府或有关部门批准的"历史文化名村""传统村落"；具有明显特点的非镇、乡驻地的居民点（如：文化底蕴浓厚、存续历史悠久、人口数量多、占地面积广、重要历史事件发生地、名人故里、重要少数民族聚居地、交通要口、物资集散地、土特产品产地等）等。

3. 交通运输类：包括城市道路与城镇街巷、铁路、公路、航道、桥梁、车站、港口、机场等。城市道路收录市辖区城区内的快速路、主干道、次干道，县和县级市驻地城区主干道，及其他具有突出特色的一般街巷；铁路收录公开运营的国有铁路（含高铁、干线、支线和专用线）和地方铁路；公路收录省级以上普通公路、高速公路；桥梁和立交桥只收录规模大、历史久、有特色的；隧道只收录 500 米以上的及其他有特色的；港口只收年吞吐量在 10 万吨以上的；码头、船闸只收录大型的、特别重要的；渡口只收录正在使用的重要渡口。

4. 自然地理实体类：包括平原、盆地、山地、丘陵、沼泽、洞穴、河流、峡谷、三角洲、湖泊、陆地岛屿、瀑布、泉、海、海湾、海峡、海洋岛屿、半岛、岬角等。其中河流主要收录长度在 30 千米及以上的，以及具有航运价值的人工水道；湖泊主要收录面积在 3 平方千米及以上的。

5.名胜古迹、纪念地和旅游地类：包括纪念地、重点文物保护单位、风景名胜区、重要景点和一般名胜古迹、自然保护区。其中纪念地收录市级及以上级别的；重点文物保护单位收录经过正式批准的市级（含）以上的；城市公园收录 AAA 级以上的；风景名胜区、自然保护区收录经过正式批准的国家和省级的词条。

6.农业和水利类：包括农场、牧场、林场、渔场、水利枢纽、水库、灌区、渠道、堤防（海塘）等。其中水库收录库容 0.5 亿立方米以上的，灌区收录 3 平方千米以上的。

三、词目排列按分市与分类相结合的原则。即先将全部词目按市大类划分，大类下面分亚类，亚类下面再分小类。在同一亚类或小类词目中，先排全市性的大条目，再按区、县、街道、镇、乡的顺序排出市内条目。各市跨区县的条目在市本级单独排列。

四、本地名诠释资料截止日期为 2014 年 12 月 31 日，所选地名主要来源于第二次全国地名普查成果，主要兼顾反映普查成果和普查期间地名的存量情况，其中少量地名为非标准地名，此类地名需标准化处理，不作为判定标准名称的依据。

五、按照词条释文编写规则，本书相关词条中所列人口数做了技术处理，均为约数，不作为人口统计的依据。

六、本地名诠释中地名罗马字母拼写，遵从《中国地名汉语拼音字母拼写规则（汉语地名部分）》的规定。一般地名的专名与通名分写。专名和通名中的修饰、限定成分，单音节的与其相关部分连写，双音节和多音节的与其相关部分分写；通名已专名化的，按专名处理；居民点中的村名均不区分专名和通名，各音节连写。

地名用字的读音以普通话法定读音为主，同时适当考虑地方读音，如"崖"我省部分地区的地名中读"yái"，标准读音为"yá"；"垓"我省部分地区的地名中读"hǎi"，标准读音为"gāi"；"国"我省部分地区的地名中读"guī"，标准读音为"guó"；"郝"我省部分地区的地名中读"hè"，标准读音为"hǎo"，等等。

七、在每卷卷首，均有本卷地名的词目表。为方便读者检索，在每卷卷末，设有本卷地名的汉语拼音音序索引。

# 泰安市卷　目录

### 东平县

# 一　政区

## 泰安市

**泰安市** 370900
[ Tài'ān Shì ]

　　山东省辖地级市。北纬35°38′—36°28′，东经116°20′—117°59′。在省境中部。面积7 762平方千米。户籍人口562.3万，常住人口558.1万。以汉族为主，还有回、满、蒙古等民族。辖泰山、岱岳2区，宁阳、东平2县，代管新泰、肥城2县级市。市人民政府驻泰山区。西周为鲁地。春秋中叶后属齐。秦为济北郡治。西汉置泰山郡。北齐改泰山郡为东平郡，隋省东平郡入鲁郡。金天会十四年（1136）以故泰山郡腹地置泰安军，"泰安"之名始此。金大定二十二年（1182）升泰安军为泰安州。明降泰安州为三级政区，属济南府。清雍正二年（1724）改为直隶山东布政使司。十三年（1735）升为泰安府，泰安县为府治。1913年废府，分属岱北、岱南、济西三道（次年依次更名为济南、济宁、东临道）。1925年分属泰安、兖济等道。1928年各县属省。1940年抗日民主政权于津浦路西置泰西专区，属鲁西行政区；于泰山周围置泰山专区。1941年于泰山专区南部置泰南专区，均属鲁中行政区；同年泰西专区改属冀鲁豫行政区，各县分属以上3专区。1945年泰南专区并入沂蒙专区。1948年泰山、沂蒙、泰西3专区均属鲁中南行政区。1950年泰山、泰西两专区合并置泰安专区。1958年撤销，辖县分属济南市及济宁、聊城、菏泽3专区；将泰安县和泰山市合并置泰安市，属济南市。1961年复置泰安专区。1967年更名为泰安地区。1985年泰安地区撤销，泰安市升为省辖市；同年汶上、泗水2县划归济宁市，平阴划归济南市。1992年莱芜市析出。（资料来源：《中华人民共和国地名大词典》）因泰山得名，寓意"国泰民安"，"泰山安四海皆安"。北依泰山，地势东北高西南低。最高海拔1 532.7米，最低海拔21.6米。东部为鲁中南山地丘陵的一部，中部为广阔的平原，西部多低山丘陵，间有洼地、湖泊。泰山横跨北部，主峰玉皇顶在市区北，为山东省最高峰。泰莱肥宁平原是省内四大山麓平原之一。年均气温13.3℃，1月平均气温−1.7℃，7月平均气温26.3℃。年均降水量685.6毫米。年均无霜期173天。有汶河、柴汶河、牟汶河、嬴汶河、泮汶河、淘河等河流。有煤、硫、石膏、岩盐、铁、耐火黏土、泰山玉等63种矿产资源。有植物1 037种。有野生陆生脊椎动物230种，其中国家重点保护野生动物有梅花鹿、灰鹤等21种。有省级自然保护区3个。森林覆盖率39.08%。有国家级重点实验室1个，国家级工程研究中心1个。有山东农业大学、山东科技大学、泰山医学院、泰山学院等高等院校8所，泰安一中等中小学220所，图书馆7个，泰安市山东梆子剧院等知名文艺团体3个，体育场6个、国家高水平后备人才基地2个、单项国家级奥林匹克高水平后备人才基地2个，泰安市中心医院、泰山医学院附属医院、解放军第八十八医院等三级以上医院 8 个。有国家级文物保护单位岱庙、大汶口文化遗址、白佛山石窟造像等 7 个,省级文物保护单位无梁殿、萧大亨墓地石刻、范明枢墓、博城故城等 59 个,爱国主义教育基地 4 个,国家级非物质文化遗产"泰山石敢当"习俗、泰山皮影戏、泰山东岳庙会习俗等 9 个,省级非物质文化遗产泰山封禅与祭祀习俗、泰山泥塑、泰山驴油火烧制作技艺等 11 个。泰山风景名胜区为国内首例世界文化与自然双遗产、世界地质公园、国家级森林公园、全国首批文明风景旅游区、国家 AAAAA 级旅游景区。有国家级森林公园 3 个,省级森林公园 3 个。三次产业比例为 9:48.2:42.8。农业主产小麦、玉米,有机蔬菜、泰山女儿茶种植为特色产业,是国家重要的粮食、蔬菜生产基地,有泰安国家农业科技园区、肥城市现代农业示范区、天泽农业科技园、泰茶生态示范园等特色园区。畜牧业以饲养猪、牛、羊、家禽为主,鲁西黄牛、小尾寒羊、大黑山羊、东平湖麻鸭属地方良种。渔业以淡水养殖、捕捞为主,赤鳞鱼是特有珍稀鱼种。工业以煤炭、化工、汽车、输变电设备、新材料、纺织服装等为主,是汽车(改装车、特种车)、输变电设备、无机非金属材料等的重要生产基地,拥有国内生产能力最大的玻纤、纸面石膏板、甲酸、三聚氰胺生产线。服务业以旅游业、物流业等为主,有泰安国际物流园、现代物流中心等现代商贸物流园区。有国家级开发区 1 个。境内有铁路 271 千米,公路 14 446.9 千米,内河航线 165.1 千米。京沪高铁及京沪、泰肥、辛泰、磁莱、东平铁路过境,京沪、京台、济广、莱泰、泰新 5 条高速公路及 16 条国、省道干线公路过境。境内通航河道主要是大清河及东平湖黄河河道。

## 泰安 370900-Z01

[Tài'ān]

泰安市聚落。在市境北部。面积 611 平方千米。人口 87 万。以汉族为主,还有回、满、蒙古等民族。宋以来历为县、州、府治。为著名名胜游览区。旧为岱岳镇。北宋开宝五年(972)乾封县治迁此筑城。大中祥符元年(1008)更名为奉符县并筑新城,旧城废。金大定二年(1162)复治。明嘉靖沿旧城修筑,易土以石,周 7 里 60 步,高 2 丈 5 尺。崇祯十二年(1639)增修四隅,筑四楼。清乾隆十三年(1748)后几经重修。1985 年撤泰安地区设立泰安市后,相继完成东岳大街、财源大街、灵山大街、泮河大街、龙潭路、长城路等主干道拓建改造。2000 至 2002 年,泰安市、岱岳区政府驻地分别迁至擂鼓石大街、泰山大街,城区面积扩大近三分之一。2010 年环山路建成通车,将泰山四大景区连为一体。2008 年设立泰安市高铁新区建设发展中心,2011 年建成泰安高铁站。2014 年奈河景观工程已完成绿悠岛、彩石瀑、望岳台等景观。建成万官大街、花园路、温泉路南段、双龙路等道路。引水入城工程全线贯通。建有博阳路下穿辛泰线铁路立交桥。完成徂徕山汶河景区建设。有万达城市广场、天房美郡、财源街中央商务区、中国五矿、雨润国际广场 5 个大型城市综合体和高铁新区、新华片区、万官片区、碧霞国际社区等 10 个城市片区。金天会十四年(1136)以故泰山郡腹地置泰安军,取"泰山安四海"之意,"泰安"之名始此。(资料来源:《山东省地名志》1999 年版)以岱庙为中心,北有金山,南有蒿里山。梳洗河、衍河源出泰山,分经市区东西部,南流入泮河。城市建设以旧城改造与新建区结合,依山傍水,山城一体。有岱庙古建筑群、天地广场、泰山文化艺术中心、泰山国际会展中心等标志性建筑物，环山路、泰山大街、东岳大街、天烛峰路、桃花源路等景观道路。东部为农业技术开发区，以发展特色产业为主。南部为高新技术产业开发区，多布局新兴产业。中、北部老城区以岱庙古建筑群为中心，有岱庙、普照寺、碧霞祠、唐摩崖碑、经石峪石刻等泰山名胜。西部新区承担城市行政中心、公共活动中心等职能。交通便捷，街巷密布，有多种交通运输方式，公共汽车四通八达。

### 泰安高新技术产业开发区 370900-E01
[ Tài'ān Gāoxīnjìshù Chǎnyè Kāifāqū ]

在市境东部。东至京沪铁路，西至京沪高速铁路规划线，南至胜利水库南坝，北至京沪高速公路。面积 5 000 公顷。因地处泰安，是发展高新技术产业的开发区，故名。2012 年 8 月经国务院正式批准为国家级开发区，由市级政府管理。是省科学发展示范园和对外开放先进园区，山东省首批省级电子信息产业园，国家火炬计划非金属新材料特色产业基地，拥有国家级高新技术创业服务中心、中国泰山留学人员创业园和中国院士泰山创业基地。有 300 多家高科技项目和企业，其中省级以上高新技术企业 55 家，持有专利和著作权 40 多项。已形成输变电设备、高端装备制造、汽车及零部件、现代物流等主导产业，着力推动新一代信息技术、电子商务、生物医药、新能源、节能环保等新兴产业发展格局。有多条高速公路、铁路过境，建成"六纵七横"道路网，通多路公交车。

## 旧地名

### 泰西专区（旧） 370000-U01
[ Tàixī Zhuānqū ]

在山东省西部，专署驻肥城县。1939年 12 月设立，初属泰西行政区，1941 年鲁西与冀鲁豫两区合并后改为冀鲁豫第一专区。同年，改称冀鲁豫边区第十六专区。1942 年与运东专区合并设立泰运专区。1950 年 5 月与泰山专区合并为泰安专区。

### 泰山专区（旧） 370000-U02
[ Tàishān Zhuānqū ]

在山东省中部。1939 年在泰安、莱芜、历城、章丘四县成立泰莱历章联合办事处。同年，扩建为泰莱历章淄博新七县联合办事处。1940 年正式成立泰山区行政专员公署。1942 年属鲁中行政联合办事处，1945年属鲁中行政区主任公署。1948 年由原鲁中第一专区改为鲁中南第一专区。1949 年新泰、泰宁两县自第二专区划入，同年改称泰山专区，专署驻泰安县。1950 年 5 月撤销，所辖区域划入泰安专区。

### 泰安专区（旧） 370000-U03
[ Tài'ān Zhuānqū ]

在山东省中部。1950 年设置，辖泰安、莱芜、新泰、泰宁、历城、泗水、肥城、长清、宁阳、东平、平阴、汶上 12 县，专署驻泰安县。1958 年撤销，所属县划归济南市和聊城专区。1961 年恢复，辖泰安、新汶 2 市，莱芜、新泰、章丘、宁阳、肥城、长清、东平、平阴 8 县。1967 年改设泰安地区。

### 泰安地区（旧） 370000-U04
[ Tài'ān Dìqū ]

在山东省中部。1967 年由泰安专区改设。辖泰安、莱芜、新汶、肥城、平阴、章丘、新泰、宁阳、东平、长清 10 县。行署驻泰安县。1985 年撤销泰安地区，建立泰安市（地级），同时将汶上、泗水两县划回济宁，平阴县划归济南市。

### 新汶市（旧） 370000-U05
[Xīnwèn Shì]

在山东省中部。1960年析新泰县孙村、汶南、城关、宫里等乡镇部分区域置，县级。市人民政府驻孙村镇。1965年撤销新汶市，建立新汶县，隶属辖区不变。1982年撤销新汶县，恢复新汶市。1983年撤销新泰县、新汶市，合并成立新泰市。

### 泰安县（旧） 370000-U06
[Tài'ān Xiàn]

在山东省中部。1946年撤销泰历县，改置泰安县。1949年泰西县并入。1958年6月析泰安县城及附近区域置泰山市。同年11月，泰山市与泰安县合并改置泰安市（县级）。属泰安地区。

### 泰宁县（旧） 370000-U07
[Tàiníng Xiàn]

在山东省中部。1941年由泰安、宁阳二县析置。属泰山专区。1952年更名为徂阳县。

### 昆山县（旧） 370000-U08
[Kūnshān Xiàn]

1940年建立昆山实验区，1941年昆山县抗日民主政府成立。1949年属平原省菏泽地委和专署。同年改昆山县为梁山县。

### 徂阳县（旧） 370000-U09
[Cúyáng Xiàn]

在山东省中部。1952年由泰宁县更名为徂阳县。1956年撤销，其辖区分别划入泰安、宁阳、新泰三县。

# 泰山区

### 泰山区 370902
[Tàishān Qū]

泰安市人民政府驻地。在市境中部。面积337平方千米。人口76.3万。辖5街道、2镇、1乡。区人民政府驻岱庙街道。1950年为泰安专署驻地。1958年以泰安县城及郊区置泰山市；同年泰安县并入，更名泰安市，改属济南市。1961年复归泰安专区。1963年撤市复县。1982年再度改县为市（县级）。1985年升为省辖市，原泰安市区部分置泰山区。因泰山得名。北依泰山，南濒大汶河，地势北高南低。大汶河及其支流牟汶河、芝田河、柴草河、漆河、泮河、梳洗河、三里庄河从区境内穿过。主要山脉有泰山、蒿里山。有省级科研单位2个。有高等院校3个，中小学61所，图书馆1个，体育场馆2个，知名文艺团体1个，三级以上医院4个。有国家级文物保护单位7个、省级文物保护单位18个，有国家级爱国主义教育基地、纪念地1个，省级爱国主义教育基地、纪念地8个，国家级物质文化遗产1个，国家级非物质文化遗产"泰山石敢当"习俗、泰山传说、泰山道教音乐、泰山东岳庙会、泰山皮影戏，省级非物质文化遗产泰山封禅与祭祀习俗、山东梆子、东岳大帝与碧霞元君信仰习俗等8个。名胜古迹有岱庙，天贶殿及壁画，普照寺，碧霞祠，日观峰，黑龙潭，泰山东、西盘路古建筑石刻群以及经石峪石刻，唐摩崖碑等历代石刻。有世界首例自然与文化"双遗产"、世界地质公园、国家AAAAA级旅游景区泰山风景名胜区，国家AAAA级旅游景区泰山方特欢乐世界和泰山花样年华景区，国家AAA级旅游景区泰安老县衙。埠阳庄民俗旅游村为全国四个民俗风情旅游点之一。中部老城区是以岱庙为中心的古建筑群，建筑采用帝王宫城式样，以其排列布局展示儒家礼制观念。1949、1984、2004、2006 年多次修复岱庙及城墙、石雕。东部与西部为新区。东部以旅游休闲、现代商住、科技文化、现代工业为主。西部为行政与公共活动中心。有泰山国际会展中心、泰安文化艺术中心等标志性建筑物。三次产业比例为 2.5∶34.4∶63.1。农业盛产苹果、板栗、核桃、山楂等。泰山赤鳞鱼为名优特产、国家地理标志保护产品。泰山女儿茶获第二届国际名茶银奖、世界第一次绿茶大会金奖和国际林业博览会金奖。工业形成输变电设备、工程机械、汽车配件、纺织服装、生物制药五大主导产业，有国家纺织产品开发基地、国家汽车零部件出口基地。为全省服务业发展先进区，入围中国旅游综合实力 50 强区和全国旅游休闲度假示范区。有中国驰名商标 10 个、山东名牌产品 50 个。有多家商业贸易交易市场和商品集散中心。有泰山站、泰安汽车站、泰安汽车新站、泰山汽车站、泰安汽车东站，有多条公交线路。

## 岱庙街道　370902-A01
[ Dàimiào Jiēdào ]

泰山区人民政府驻地。在泰山区城区中部。面积 10 平方千米。人口 17.6 万。1985 年设立。因辖区内有岱庙得名。梳洗河、漯河从境内穿过。有中小学 6 所。有国家级文物保护单位岱庙，国家级非物质文化遗产泰山皮影、泰山东岳庙会。有双龙池、遥参亭、通天街、老县衙等名胜古迹，基督教堂、耶稣教堂、火神庙等历史文化遗迹。经济初步形成了以汽车配件、食品加工、机械制造业为主的工业体系，有专业市场、城市综合体、旅游文化、泰山科技动漫、花园路文化教育、泰山云海美食园六大片区，旅游经济发达。通公交车。

## 财源街道　370902-A02
[ Cáiyuán Jiēdào ]

属泰山区管辖。在泰山区城区西南部。面积 11 平方千米。人口 20.0 万。以汉族为主，还有回族。1985 年设立。因辖区内有财源大街而得名。七里河、三里河、泮河穿境而过。有中小学 9 所。有蒿里山、灵应宫、天书观遗址、清真寺、英雄山贞节牌坊等名胜古迹。经济以服务业为主，形成了东岳大街金融产业、灵山大街电子商务园区、财源大街中央商务区和时代发展轴现代商务区。有泰山站、泰安汽车站、泰安汽车新站、泰山汽车站，通公交车。

## 泰前街道　370902-A03
[ Tàiqián Jiēdào ]

属泰山区管辖。在泰山区城区北部。面积 70 平方千米。人口 15.8 万。1985 年设立。因地处泰山之阳得名。漯河、梳洗河穿境而过，境内有碧霞湖。有山东果树研究所。有山东农业大学老校区、山东科技大学等高等院校，中小学 7 所。工业以机械加工为主。旅游服务业发达，泰山主景区位于境内，有红门宫、汉明堂、岱宗坊、白鹤泉、御碑亭、广生泉等名胜古迹和旅游资源。通公交车。

## 上高街道　370902-A04
[ Shànggāo Jiēdào ]

属泰山区管辖。在泰山区城区东南部。面积 30 平方千米。人口 12.2 万。2002 年设立。据传古时有大道，经此往北越走越高，故名。芝田河、明堂河、双龙河、梳洗河穿境而过。有山东农业大学新校区、山东服装职业学院、泰山高等职业技术学院，中小学 10 所。工业有化工、铸造、机械加工、塑料制品、建筑材料等产业。服务业以物流业为主，有泮河大街物流园。通公交车。

## 徐家楼街道 370902-A05

[Xújiālóu Jiēdào]

属泰山区管辖。在泰山区南部。面积20平方千米。人口3.4万。2002年设立。唐中和年间，徐姓迁此定居并盖有楼房，故名。泮河、胜利渠从境内穿过。有国家级技术研究中心1个，中小学6所，医疗卫生机构1个。农业以种植小麦、玉米、蔬菜为主。工业有玻纤制品、锻压机械、电线电缆、有机蔬菜加工、服装加工、建筑开发等产业，重点扶持太阳能、输变电和机械加工三大优势产业。有物流中心、商业广场等项目。通公交车。

## 省庄镇 370902-B01

[Shěngzhuāng Zhèn]

泰山区辖镇。在区境东部。面积68平方千米。人口6.3万。以汉族为主，还有回族。辖40村委会，有58自然村。镇人民政府驻后省庄村。1962年设省庄公社。1984年改置镇。1985年更今名，属泰安市郊区。1999年划归泰山区。因镇政府驻地得名。芝田河穿境而过。有中小学10所，卫生院1个。有市级文物保护单位柳杭遗址。有AAAAA级旅游景区泰安方特欢乐世界、AAAA级旅游景区花样年华景区。有花卉苗木、有机蔬菜种植等特色农业。工业以工程机械制造、输变电设备制造、矿用设备制造、特种车改装为主。有国家级农业高新技术开发区。有京沪高速、泰莱高速、老泰莱路过境。

## 邱家店镇 370902-B02

[Qiūjiādiàn Zhèn]

泰山区辖镇。在区境东部。面积54平方千米。人口5.5万。辖44村委会，有54自然村。镇人民政府驻邱家店村。1958年为东风公社。1982年改设邱家店办事处。1985年改置镇，属泰安市郊区。1999年划归泰山区。以镇政府驻地得名。牟汶河、卸甲河穿境而过。有中小学12所，卫生院1个。有泰山宝泰隆旅游度假区、博城遗址、泰安古八大景之一"龟阴秋稼"等。农业主产小麦、玉米、大樱桃、苗木花卉、姜，形成北部生姜大蒜、南部瓜果、沿汶河桑蚕生产、沿公路干线苗木花卉四个产业带。工业以化工、铸造、机械加工、汽车零部件加工为主。有辛泰铁路、泰莱高速、台新高速过境，设燕家庄站。

## 大津口乡 370902-C01

[Dàjīnkǒu Xiāng]

泰山区辖乡。在区境东北部。面积63平方千米。人口1.6万。辖9村委会，有87自然村。乡人民政府驻大津口村。1985年由麻塔办事处析设大津口乡。因乡政府驻地得名。境内大部分为山地，西部为泰山山脉。有中小学4所，卫生医疗机构8个。有周御道、周明堂、齐长城、玉泉寺、天井弯、天烛峰等多处历史文化资源，泰山封禅大典实景演出场地坐落在艾洼村。有泰山螭霖鱼、泰山女儿茶、板栗、核桃、山楂、泰山四大名药、泰山煎饼等山区特产。农业生态观光和民俗文化游览为新兴产业。243省道经此。

# 社区

## 市场社区 370902-A01-J01

[Shìchǎng Shèqū]

属岱庙街道管辖。在泰山区西南部。面积0.13平方千米。人口9 400。因辖区内有市场街得名。2001年成立。有楼房38栋，现代建筑风格。驻有泰安市泰山五交化大楼有限责任公司等单位。开展趣味运动会、科普讲座、文艺演出等活动。通公交车。2014年被评为省文明社区。

**岱西社区** 370902-A01-J02

[ Dàixī Shèqū ]

属岱庙街道管辖。在泰山区中部。面积 0.4 平方千米。人口 3 000。因地处岱庙西侧而得名。1999 年成立。有楼房 25 栋，现代建筑风格。驻有新华书店、泰安市博物馆、泰安市泰山文物考古研究所、泰安市审计教育中心等单位。有志愿者服务，开展党员党史学习教育、文化宣传等活动。通公交车。2008 年被评为省文明社区。

**迎暄社区** 370902-A01-J03

[ Yíngxuān Shèqū ]

属岱庙街道管辖。在泰山区东南部。面积 1 平方千米。人口 18 000。因靠近迎暄大街而得名。2002 年成立。有楼房 147 栋，现代建筑风格。驻有泰安市地税局泰山分局、泰山区住房和城乡建设局等单位。有志愿者服务，开展党员党史学习教育、文化宣传等活动。通公交车。2008 年被评为省文明社区。

**北关社区** 370902-A01-J04

[ Běiguān Shèqū ]

属岱庙街道管辖。在泰山区中部。面积 0.2 平方千米。人口 3 900。因位于岱庙北门而得名。2010 年成立。有楼房 47 栋，现代建筑风格。驻有泰安市邮政管理局等单位。有志愿者服务。通公交车。2008 年被评为省文明社区。

**花园社区** 370902-A01-J05

[ Huāyuán Shèqū ]

属岱庙街道管辖。在泰山区东部。面积 0.9 平方千米。人口 9 900。以社区内花园小区得名。2001 年成立。有楼房 71 栋，现代建筑风格。驻有泰安市国税局、泰安市地税局、泰安市中医医院等单位。有老

年人日间照料中心，开展四点半学校、家庭趣味运动会等活动。通公交车。2010 年被评为省文明社区。

**岱东社区** 370902-A01-J06

[ Dàidōng Shèqū ]

属岱庙街道管辖。在泰山区中部。面积 0.2 平方千米。人口 19 000。因位于岱庙东侧而得名。2001 年成立。有楼房 48 栋，现代建筑风格。驻有泰山区人民政府、泰安六中、泰安现代中学等单位。开展党员党史学习教育、文化宣传等活动。通公交车。2009 年被评为省文明社区。

**灌庄社区** 370902-A01-J07

[ Guànzhuāng Shèqū ]

属岱庙街道管辖。在泰山区南部。面积 0.7 平方千米。人口 10 700。因地势低洼而得名。2003 年成立。有楼房 64 栋，现代建筑风格。驻有泰安市排水管理处、泰山博文实验学校、岱庙实验学校等单位。开展党员党史学习教育、文化宣传等活动。通公交车。2010 年被评为省文明社区。

**金星社区** 370902-A01-J08

[ Jīnxīng Shèqū ]

属岱庙街道管辖。在泰山区南部。面积 0.24 平方千米。人口 8 000。因辖区内有金星小区而得名。2003 年成立。有楼房 45 栋，现代建筑风格。有志愿者服务，开展文艺演出等活动。通公交车。2011 年被评为省文明社区。

**三里社区** 370902-A02-J01

[ Sānlǐ Shèqū ]

属财源街道管辖。在泰山区西南部。面积 0.3 平方千米。人口 9 700。因距老泰城遥参亭三华里而得名。2002 年成立。有楼房 78 栋，现代建筑风格。驻有三里小学

等单位。通公交车。2008 年被评为省文明社区。

## 后七里社区 370902-A02-J02

[ hòuqīlǐ Shèqū ]

属财源街道管辖。在泰山区西部。面积 0.9 平方千米。人口 20 000。因距岱庙遥参亭七华里且又居北，故名。2002 年成立。有楼房 190 栋，现代建筑风格。驻有泰安市政务服务中心、泰安市国土资源局、泰安市规划局、泰安市房管局、泰安市林业局、山东省荣军医院等单位。有"银龄之家"养老服务、"关口前移"青少年帮扶、"社区公益"互助服务。通公交车。2009 年被评为省文明社区。

## 三联社区 370902-A02-J03

[ Sānlián Shèqū ]

属财源街道管辖。在泰山区西北部。面积 0.8 平方千米。人口 12 100。1958 年财东街、财西街、西胜街、中胜街、东胜街五条街居民联合集中居住,得名"三联"。2002 年成立。有楼房 122 栋，中式建筑风格。驻有泰安外国语学校、泰山中学、山东科技大学成教学院等单位。有志愿者服务。通公交车。2009 年被评为省文明社区。

## 青山新村社区 370902-A02-J04

[ Qīngshānxīncūn Shèqū ]

属财源街道管辖。在泰山区西南部。面积 0.3 平方千米。人口 4 500。因邻青葱的蒿里山得名。2002 年成立。有楼房 34 栋，现代建筑风格。驻有泰安市肿瘤防治院等单位。开展腰鼓、秧歌、太极、旱船展演等活动。通公交车。2011 年被评为省文明社区。

## 铁路新村社区 370902-A02-J05

[ Tiělùxīncūn Shèqū ]

属财源街道管辖。在泰山区西南部。面积 1.08 平方千米。人口 1 900。1956 年修建京沪铁路泰安路段时，来自多个省份的铁路单位的职工及家属在此居住，形成铁路宿舍，故名。2002 年成立。有楼房 19 栋，现代建筑风格。驻有泰安铁通公司、济铁泰安鲁铁综合服务开中心、济铁工程建设集团泰安工程公司、泰安市公交公司等单位。通公交车。

## 王庄社区 370902-A02-J06

[ Wángzhuāng Shèqū ]

属财源街道管辖。在泰山区南部。面积 0.53 平方千米。人口 2 800。沿用原王庄村名。2006 年成立。有楼房 41 栋，现代建筑风格。通公交车。

## 御碑楼社区 370902-A03-J01

[ Yùbēilóu Shèqū ]

属泰前街道管辖。在泰山区西北部。面积 0.7 平方千米。人口 4 400。因辖区内有皇碑亭而得名。2000 年成立。有楼房 40 栋，现代建筑风格。驻有泰安市检察院、泰安市中级人民法院、泰山实验中学、御碑楼小学等单位。开展群众文体活动。通公交车。2007 年被评为省文明社区。

## 嘉德社区 370902-A03-J02

[ Jiādé Shèqū ]

属泰前街道管辖。在泰山区东北部。面积 1 平方千米。人口 15 000。以嘉德现代城小区命名。2005 年成立。有楼房 267 栋，现代建筑风格。驻有泰山科技学院等单位。开展群众文体活动。通公交车。2008 年被评为省文明社区。

**圣华社区**　370902-A03-J03

[ Shènghuá Shèqū ]

　　属泰前街道管辖。在泰山区西部。面积 2.6 平方千米。人口 5 200。因辖区内圣华苑、圣地公寓两个小区得名。2006 年成立。有楼房 42 栋，现代建筑风格。驻有泰安市住房和城乡建设局、山东省煤田地质局等单位。开展群众文体活动。通公交车。2010 年被评为省文明社区。

**广生泉社区**　370902-A03-J04

[ Guǎngshēngquán Shèqū ]

　　属泰前街道管辖。在泰山区东北部。面积 1 平方千米。人口 8 200。因辖区内有广生泉而得名。2002 年成立。有楼房 175 栋，现代建筑风格。驻有泰山影剧院、山东省军区泰安第二离职干部休养所、泰安市国泰民安投资集团有限公司等单位。开展书画展览、茶艺展演、体育比赛、健康讲座、科普培训等活动。通公交车。2014 被评为省文明社区。

**华新社区**　370902-A04-J01

[ Huáxīn Shèqū ]

　　属上高街道管辖。在泰山区东北部。面积 0.2 平方千米。人口 6 100。因华新小区得名。2003 年成立。有楼房 38 栋，现代建筑风格。开展端午节、元宵节等传统节日庆祝活动。通公交车。2009 年被评为省文明社区。

**岔河社区**　370902-A04-J02

[ Chàhé Shèqū ]

　　属上高街道管辖。在泰山区东部。面积 0.1 平方千米。人口 2 600。因位于明堂河与其支流柴草河汇合处得名。2010 年成立。有楼房 44 栋，现代建筑风格。有老年公寓，开展端午节、元宵节等传统节日庆祝活动。通公交车。2012 年被评为省文明社区。

**利民社区**　370902-A04-J03

[ Lìmín Shèqū ]

　　属上高街道管辖。在泰山区东南部。面积 0.11 平方千米。人口 6 400。以"有利于民"之意命名。1991 年成立。有楼房 46 栋，现代建筑风格。有老年人日间照料中心，开展文化宣传、技能培训、青少年服务等活动。通公交车。

**双龙社区**　370902-A04-J04

[ Shuānglóng Shèqū ]

　　属上高街道管辖。在泰山区东部。面积 0.9 平方千米。人口 5 200。因辖区内双龙河得名。2009 年成立。有楼房 37 栋，现代建筑风格。有志愿者服务，开展青少年国学讲堂等活动。通公交车。

**凤凰社区**　370902-A04-J05

[ fènghuáng Shèqū ]

　　属上高街道管辖。在泰山区东部。面积 0.1 平方千米。人口 6 000。1999 年成立。有楼房 30 栋，现代建筑风格。有志愿者服务，开展为未成年人服务等活动。通公交车。

**前灌社区**　370902-A05-J01

[ Qiánguàn Shèqū ]

　　属徐家楼街道管辖。在泰山区西南部。面积 0.5 平方千米。人口 2 300。明末清初时范姓建村，原名范家寨，后为祈富求福，改名钱灌，谐音演变为今名，成立社区时沿用原村名。2006 年成立。有楼房 18 栋，现代建筑风格。驻有北方机电、经纬玻纤、普瑞特等单位。有志愿者服务，开展青少年国学讲堂等活动。通公交车。2007 年被评为省文明社区。

### 灵芝社区 370902-A05-J02

[ Língzhī Shèqū ]

属徐家楼街道管辖。在泰山区南部。面积 0.1 平方千米。人口 5 900。因附近区域形成灵芝种植、加工、销售产业得名。1996 年成立。有楼房 44 栋，现代建筑风格。开展学党史、文明祭扫宣传、安全常识宣传、65 岁以上老年人健康查体等活动。通公交车。

# 岱岳区

### 岱岳区 370911

[ Dàiyuè Qū ]

泰安市辖区。在市境中部。面积 1 750 平方千米。人口 96.8 万。辖 3 街道、14 镇、1 乡。区人民政府驻粥店街道。1949 年后属泰安县、市。1985 年泰安市升为省辖市，析原泰安市周围 11 镇 8 乡设郊区。2000 年更名为岱岳区。因位于泰山脚下，泰山亦称岱岳，故名。北依泰山，南临汶水，地势东北高、西南低，南、北部多山，中部为丘陵、平原。主要山脉有泰山、徂徕山，主要河流为大汶河，有天平湖、天颐湖。有高等院校 6 所，中小学 137 所，体育场馆 1 个。有大汶口遗址、齐长城遗址岱岳区段等国家级文物保护单位 4 个，山西会馆、无梁殿等省级文物保护单位 10 个，省级爱国主义教育基地、纪念地 1 个，国家级物质文化遗产 4 个、省级物质文化遗产 10 个，省级非物质文化遗产 2 个，风景名胜区和重要古迹、景点 9 个。1999 年先后完成府西路、府东路、环湖西路等 9 条路的建设，完成泰山大街西段、长城路等街路改造工程。2001 年完成新城区行政大楼建设，新城区水、电、暖、气及排污、防洪基础设施建设工程。2002 年完成区政府广场绿化美化工程。2011 年完成高铁泰安站广场绿化。2013 年建成开元小区、大河小区、东岳小区等 18 个住宅小区。东部以工业仓储、生活居住、特色旅游为主，西部以现代服务业为主，中部为区政治、文化教育中心，南部以现代工业、服务业为主，发展特色旅游业。有大汶口工业园、钢材大市场及太阳部落、天颐湖、泰山温泉城等休闲旅游区。有岱岳区行政大楼、高铁泰安站等标志性建筑物。三次产业比例为 15.5：42.7：41.8。农业以种植小麦、玉米为主，特产板栗，"泰绿"蔬菜、"泰山之春"姜芽、"泰山珍珠"西红柿为名优农副产品。畜牧业以饲养猪、羊、奶牛、家禽为主。工业以机械制造、矿山建材、纺织服装、精细化工、农副产品加工和新能源为主，有原煤、原盐、石膏板、工业钢炉、锻压设备等特色产业。有省级开发区 2 个。有泰安站，有多条公交线路。

### 山东岱岳经济开发区 370911-E01

[ Shāndōng Dàiyuè Jīngjì Kāifāqū ]

在区境西部。东至京福（京沪）高速公路，西至道朗镇、北大圈、南大圈村一线，南至道朗镇、天平街道南边界，北至 104 国道。面积 3 960 公顷。因位于岱岳区，为发展岱岳经济而设立，故名。2006 年 3 月经省政府正式批准为省级开发区，由区级政府管理。按照"一心四轴""三组团、六特色园区"规划布局，把高端商务、科技孵化、新兴工业、现代物流、文化旅游等作为发展重点，调整产业布局，优化产业结构。有企业 846 家，其中规模以上工业企业 24 家，国家火炬计划项目 4 个、国家重点新产品计划项目 2 个，高新技术企业 6 家，省级以上研发中心 11 个，国家专利 581 项、山东省名牌产品 8 个。境内铁路、公路纵横，交通便利，通公交车。

## 泰安大汶口石膏工业园 370911-E02

[ Tài'ān Dàwènkǒu Shígāo Gōngyèyuán ]

在岱岳区东南部。东至龙腾路—龙潭南路，西至送马路—满南路，南至兴业街—云亭山路，北至新104国道。面积3 770公顷。因地处大汶口盆地，是以石膏、岩盐开采加工科研为一体的工业园区，故名。2006年经国家发改委和省政府正式批准为省级开发区，由区级政府管理。园区分为工业集聚区、旅游度假区、商贸物流区、农业观光区和生活居住区五大块，有120余家生产企业，初步形成了新材料和新型建材、装备制造、精细化工、商贸物流、文化旅游等主导产业，有泰山钢材大市场，建有省级旅游度假区1个、国家AAAA级景区3个。多条高速公路、铁路、国道过境，建成"九纵九横"道路网，通公交车。

## 粥店街道 370911-A01

[ Zhōudiàn Jiēdào ]

岱岳区人民政府驻地。在岱岳区城区东部。面积96平方千米。人口12.0万。2000年设立。据传，因康熙皇帝在此建店施粥得名。2001年完成水、电、暖、气及排污、防洪建设工程，2013年建成大河小区、开元小区等住宅小区。泮河流经，有天平湖。有泰山学院、山东科技大学、山东外贸职业学院，中小学9所，医疗卫生机构1个。有大佛寺、崇兴寺等古迹，泰山天庭乐园、樱桃园、天平湖公园、泰山抽水蓄能电站水库等旅游景点。经济以旅游业、金融证券、电子商务、电子信息技术、农产品加工为主，有浪潮集团、奥特数码科技等高新技术企业。有泰安站，通公交车。

## 天平街道 370911-A02

[ Tiānpíng Jiēdào ]

属岱岳区管辖。在岱岳区城区西部。面积64平方千米。人口3.5万。2000年设立。因辖区有天平店村得名。2001年完成水、电、暖、气及排污、防洪建设工程，2013年建成天平小区等住宅小区。开元河流经。有中小学9所，医疗卫生机构1个。有赵国麟墓、九省御道等历史文化遗迹。经济以工业为主，特产泰山极顶茶、三峪大樱桃，有省级开发区山东岱岳经济开发区。有天平站，通公交车。

## 北集坡街道 370911-A03

[ Běijípō Jiēdào ]

属岱岳区管辖。在岱岳区城区南部。面积116平方千米。人口8.4万。2010年设立。以辖区内北集坡村命名。先后建成龙潭路南段、南天门大街等主干道组成的"六纵七横"道路骨干网，建成凤凰小区、龙泉小区、佳和新城、泺亨国际等小区。2012年修建环湖路。汶河流经。有中小学11所，医疗卫生机构2个。有爱国主义教育基地庵上村抗日救国革命烈士纪念碑。有湿地公园天泽湖、凤凰湖景区。工业以建筑建材、机械制造、汽车修配、装饰、化工、农副产品加工等为主。通公交车。

## 山口镇 370911-B01

[ Shānkǒu Zhèn ]

岱岳区辖镇。在区境东北部。面积56平方千米。人口5.3万。辖43村委会，有74自然村。镇人民政府驻山口村。1949年设山口区。1958年改公社。1985年改置镇。因镇政府驻地得名。有大汶河支流石汶河、解甲河。有中小学8所，卫生院1个。有广福寺、铁佛堂和冶铁遗址等古迹。农业主产小麦、玉米、姜、大蒜、板栗、苹果等。工业以钢铁、机械加工、纺织服装、锅炉制造、建筑建材、食品酿造等为主，有山钢集团、泰山衡器股份有限公司、山锅集团、山东山一重工等企业。有国家火炬计划高新技术企业 1 家，省级高新技术企业 7 家，市级高新技术企业 9 家。有泰莱高速、103 省道过境。

## 祝阳镇 370911-B02
[ Zhùyáng Zhèn ]

岱岳区辖镇。在区境东北部。面积 88 平方千米。人口 5.9 万。辖 56 村委会，有 85 自然村。镇人民政府驻祝阳村。1949 年设祝阳区，1950 年改第五区，1959 年改祝阳公社，1985 年改置乡，1994 年乡改镇。以镇政府驻地得名。瀛汶河横穿南部边界。有中小学 6 所，卫生院 1 个。农业以养殖桑蚕和种植大蒜、姜、土豆为特色，"富阳"牌大蒜为绿色无公害产品。工业以纺织、建筑、保温、机械制造为主，泰安市第二染织厂通过了 ISO9002 国际质量认证。旅游业形成石大夫、总司庙宗教文化游等特色。有 330 省道、泰莱公路过境。

## 范镇 370911-B03
[ Fàn Zhèn ]

岱岳区辖镇。在区境东部。面积 68 平方千米。人口 6.1 万。辖 39 村委会，有 56 自然村。镇人民政府驻范西村。1949 年为范镇区。1957 年改设乡。1958 年改公社。1985 年改置镇。因镇政府原驻范镇得名。南有牟汶河，北有瀛汶河。有中小学 7 所，卫生院 1 个。有区级文物保护单位洪福寺。农业以种植姜、大蒜、有机蔬菜和养殖奶牛、桑蚕为主。工业以纺织服装、化学化工、机械制造、包装印刷、食品加工为主，有工业园区 1 个。莱泰高速、辛大铁路和省道济临公路、泰莱公路过境。

## 角峪镇 370911-B04
[ Juéyù Zhèn ]

岱岳区辖镇。在区境东南部。面积 63 平方千米。人口 3.5 万。辖 29 村委会，有 32 自然村。镇人民政府驻角西村。1950 年设第七区，后改角峪区。1958 年改公社。1985 年改置镇。因镇政府原驻角峪村得名。大汶河沿镇北界自东向西流过，南与徂徕山国家森林公园接壤，有南泉、北泉。有中小学 4 所，卫生院 1 个。农业以特色种植、生态养殖为主。工业以太阳能、纺织、铸造、机械加工、建筑材料为主。有公路经此。

## 徂徕镇 370911-B05
[ Cúlái Zhèn ]

岱岳区辖镇。在区境东南部。面积 139 平方千米。人口 5.6 万。辖 34 村委会，有 126 自然村。镇人民政府驻南上庄村。1955 年设徂徕区。1958 年改公社，后改办事处。1985 年改置镇。因地处徂徕山前得名。大汶河沿全镇北部边界流过，有天泽湖，南依徂徕山。有中小学 7 所，卫生院 1 个。有国家森林公园徂徕山，"徂徕山夕照"是泰山旅游八大景观之一，有名胜无盐山。农业特产大樱桃、桃、黄金梨、板栗等，桑蚕养殖是特色产业。旅游业发达，有泰山温泉城、翠微山庄等景点。有津浦铁路、京沪高速、京福高速过境。

## 满庄镇 370911-B06
[ Mǎnzhuāng Zhèn ]

岱岳区辖镇。在区境南部。面积 113 平方千米。人口 7.1 万。辖 1 居委会、41 村委会，有 45 自然村。镇人民政府驻满庄北村。1958 年设满庄公社，后改办事处。1985 年改置镇。因镇政府原驻满庄得名。漕河、响水河、鹁鸽河、东牛河、吴家官庄河、迎驾庄河流经，境内有金牛山、小泰山、龙山。有国家级技术研究中心 1 个，省级科研中心 4 个，市级科技研究中心 3 个。有中小学 8 所，卫生院 1 个。有国家级文物保护单位萧大亨墓地石刻。农业以干鲜果品、有机蔬菜、优质芦笋、桑蚕养殖为主。工业以盐化工、机电、重型机械加工、塑料制品、建筑材料为主,有泰安大汶口石膏工业园,有新汶矿业集团、鲁能集团、新矿热电、岱岳精制盐、泰山盐化工等骨干企业。有大型钢材市场1个。有京沪铁路、104国道、京福高速过境。

### 夏张镇 370911-B07
[ Xiàzhāng Zhèn ]

岱岳区辖镇。在区境西部。面积122平方千米。人口6.3万。辖71村委会,有94自然村。镇人民政府驻夏北村。1949年属第十二区,后改夏张区。1957年改设乡。1958年改公社。1984年3月改为夏张办事处。1985年12月改为泰安市郊区夏张乡。1994年10月改为泰安市郊区夏张镇。2000年4月更名为泰安市岱岳区夏张镇。因镇政府原驻地夏张村得名。境内有蟠龙山、青龙山、金牛山、小泰山、凤凰山、盘龙山。有中小学7所,卫生院1个。有省级文物保护单位无梁殿,古迹演武场、饮马池遗址。农业主产有机蔬菜、大樱桃,特产罗家堂芹菜、岱夏红大樱桃、红心萝卜、泰山金丝绞瓜,梨园脆梨等,特色养殖桑蚕。有万亩梨园和重点经济示范园区泰山中华寿桃园。有新104国道、省道泰东公路过境。

### 道朗镇 370911-B08
[ Dàolǎng Zhèn ]

岱岳区辖镇。在区境西部。面积105平方千米。人口4.3万。辖43村委会,有108自然村。镇人民政府驻道朗村。1958年设道朗公社,后改办事处。1985年改设乡。1994年撤乡改镇。因镇政府驻地得名。境内有五花岩山,康王河流经。有中小学4所,卫生院1个。有国家级文物保护单位齐长城遗址,爱国主义教育基地泰西抗日武装起义旧址。农业主产小麦、玉米、地瓜、花生、林果及各种杂粮,盛产苹果、板栗、核桃、石榴等,有特产黄山香椿芽、里峪明栗、金帅苹果、薄皮核桃、大金星山楂。工业以生产水泥、石子等建材产品为主。有泰肥铁路、省道泰肥公路过境。

### 黄前镇 370911-B09
[ Huángqián Zhèn ]

岱岳区辖镇。在区境东北部。面积106平方千米。人口3.6万。辖29村委会,有181自然村。镇人民政府驻黄前村。1958年设麻塔乡,同年改公社。1985年改置黄前镇,属郊区。2000年属岱岳区。因镇政府驻地得名。麻塔河、红河、石汶河、石屋志河流经。有中小学4所,卫生院1个。有国家级文物保护单位齐长城遗址。农业以种植业为主,为中国优质果品基地乡镇,特产无公害产品"泰山麻塔"牌板栗、泰山核桃、泰山红杏。工业以制丝、石材加工、建筑、食品冷餐加工为主。服务业有丝织产品出口、生态观光游等。有省道泰明公路过境。

### 大汶口镇 370911-B10
[ Dàwènkǒu Zhèn ]

岱岳区辖镇。在区境南部。面积97平方千米。人口7.5万。辖45村委会,有43自然村。镇人民政府驻太平街村。1953年置大汶口镇。1958年改公社。1985年复置镇。因处于大汶河的牟汶、嬴汶、石汶、泮汶、柴汶五条支流汇聚之口,故名大汶口镇。境内有云亭山,大汶河、小漕河流经。有中小学7所,卫生院1个。有国家级文物保护单位大汶口遗址、大汶口古石桥,省级文物保护单位山西会馆。农业主产小麦、玉米、花生、大白菜,畜牧业以饲养猪、牛和家禽为主。工业以机械电子、服装加工、新型建材、新能源为主。有京沪铁路、京沪高铁、京台高速、104国道、省道济徽公路过境。

## 马庄镇 370911-B11
[ Mǎzhuāng Zhèn ]

岱岳区辖镇。在区境西南部。面积57平方千米。人口5.1万。辖36村委会，有56自然村。镇人民政府驻北苏村。1985年析大汶口、满庄办事处部分地设马庄乡。1994年乡改镇。因镇政府原驻地马庄得名。大汶河傍南而过，大漕河贯穿全境。有中小学6所，卫生院1个。有省级文物保护单位西界清真寺。农业主产小麦、玉米、蔬菜，为省蚕茧生产基地，特产萨家庄山药。工业以石膏、岩盐生产为主。有公路经此。

## 房村镇 370911-B12
[ Fángcūn Zhèn ]

岱岳区辖镇。在区境东南部。面积96平方千米。人口5.9万。辖31村委会，有34自然村。镇人民政府驻房村。1950年设第七区，后改西祝区。1958年改设乡，同年改乐园公社。1984年改房村办事处。1985年改设乡。1994年乡改镇。因镇政府驻地得名。柴汶河、牟汶河过境。有中小学9所，卫生院1个。有国家级文物保护单位徂徕山抗日武装起义旧址。农业以种植蔬菜、桑树、瓜果和畜牧业为主，特产泰山珍珠西红柿和徂徕山无籽西瓜，有西红柿专业生产批发基地。工业以纺织、化工、铸造、机械加工、建筑建材为主。有公路经此。

## 良庄镇 370911-B13
[ Liángzhuāng Zhèn ]

岱岳区辖镇。在区境东南部。面积130平方千米。人口7.4万。辖40村委会，有47自然村。镇人民政府驻良西村。1953年设良庄区。1957年改设茅茨乡、延东乡。1959年合并设良庄公社。1985年改置镇。因镇政府原驻地良庄得名。柴汶河从境内穿过。有中小学10所，卫生院1个。有葫芦山、武圣堂、二圣宫等景点。农业以种植业为主，是瓜菜生产专业镇，无籽西瓜、西葫芦、甘蓝、西红柿、黄瓜、土豆、辣椒7种瓜菜被中国绿色食品发展中心认定为"绿色食品"，并注册"泰绿"商标，有北宋蔬菜批发市场。工业以机械加工、食品生产、饲料加工为主。服务业以外贸出口为主。有公路经此。

## 下港镇 370911-B14
[ Xiàgǎng Zhèn ]

岱岳区辖镇。在区境东北部。面积155平方千米。人口4.2万。辖34村委会，有177自然村。镇人民政府驻下港村。1949年设第十三区，后改下港区。1958年改公社。1985年改设乡。2013年改设镇。因镇政府驻地得名。石汶河从境内穿过。有中小学5所，卫生院1个。有国家级文物保护单位齐长城遗址。农业以种植业为主，山东名牌产品"东岳"牌板栗获全国农产品博览会银奖，特色农产品有山韭花、老山套柴鸡、天花、泰山松茨等，名优特产有薄皮绵核桃、泰山芒果枣。市农星种业自研发的"鲁麦22号"为省科技进步一等奖，"泰玉二号"玉米取得国家新品种保护权。工业以机械制造、食品加工、农副产品加工为主。有243省道过境。

## 化马湾乡 370911-C01
[ Huàmǎwān Xiāng ]

岱岳区辖乡。在区境东南部。面积100平方千米。人口3.8万。辖31村委会，有92自然村。乡人民政府驻北崖村。1959年属角峪公社。1984年属角峪办事处。1985年析角峪办事处部分地设化马湾乡。以乡政府原驻地化马湾得名。南部为徂徕山脉，陶河过境。有中小学6所，卫生院1个。有省级自然保护区化马湾龙湾风景区。农业以种植业为主，特产大樱桃、日本甜柿、板栗。工业以矿藏开采与加工、机械制造、轻工、建材、农产品加工等为主，产品有水泥、玻璃纤维纱、多孔砖、服装、铸件等。有京沪高速、237 省道、泰新公路、枣徐公路、济临公路过境。

## 社区

### 司家庄社区 370911-A01-J01
[ Sījiāzhuāng Shèqū ]

属粥店街道管辖。在岱岳区西部。面积 0.6 平方千米。人口 7 500。因境内司家庄得名。2002 年成立。有楼房 57 栋，现代建筑风格。通公交车。2006 年被评为省文明社区。

### 粥店社区 370911-A01-J02
[ Zhōudiàn Shèqū ]

属粥店街道管辖。在岱岳区西部。面积 3.0 平方千米。人口 3 400。因境内粥店得名。2002 年成立。有楼房 43 栋，现代建筑风格。通公交车。2013 年被评为省文明社区。

### 枣行社区 370911-A01-J03
[ Zǎoháng Shèqū ]

属粥店街道管辖。在岱岳区北部。面积 1.8 平方千米。人口 1 100。因境内枣行村得名。1998 年成立。有楼房 11 栋，现代建筑风格。通公交车。2000 年被评为省文明社区。

### 杜家庄社区 370911-A01-J04
[ Dùjiāzhuāng Shèqū ]

属粥店街道管辖。在岱岳区北部。面积 0.27 平方千米。人口 1 500。因境内杜家庄得名。2002 年成立。有楼房 13 栋，现代建筑风格。驻有泰山管委会樱桃园管理区、山东外贸职业学院等单位。通公交车。2010 年被评为省文明社区。

### 大河社区 370911-A01-J05
[ Dàhé Shèqū ]

属粥店街道管辖。在岱岳区中部。面积 1.8 平方千米。人口 10 000。因境内大河村得名。2007 年成立。有楼房 87 栋，现代建筑风格。驻有公安局、检察院、国土局等单位。有志愿者服务，开展政策宣传、文体等活动。通公交车。2013 年被评为省文明社区。

### 过驾院社区 370911-A01-J06
[ Guòjiàyuàn Shèqū ]

属粥店街道管辖。在岱岳区西南部。面积 4.0 平方千米。人口 2 200。村碑记载，明嘉靖年间建村，因皇帝到泰山封禅时路过此村，并在村中驻跸，故名过驾院。社区沿用原村名。2007 年成立。有楼房 12 栋，现代建筑风格。有老年人日间照料中心。通公交车。

### 堰北社区 370911-A01-J07
[ Yànběi Shèqū ]

属粥店街道管辖。在岱岳区西南部。面积 4.5 平方千米。人口 2 000。因位于大堰堤村北部而得名。2012 成立。有楼房 9 栋，现代建筑风格。通公交车。

### 常家庄社区 370911-A01-J08
[ Chángjiāzhuāng Shèqū ]

属粥店街道管辖。在岱岳区北部。面积 4.0 平方千米。人口 1 600。因境内常家庄而得名。2007 年成立。有楼房 27 栋，现代建筑风格。驻有泰山抽水蓄能电站等单位。有养老中心。通公交车。

## 高王寺社区 370911-A01-J09

[ Gāowángsì Shèqū ]

属粥店街道管辖。在岱岳区北部。面积 2.8 平方千米。人口 700。因境内高王寺得名。1998 年成立。有楼房 50 栋，现代建筑风格，有平房。通公交车。

## 堰东社区 370911-A01-J10

[ Yàndōng Shèqū ]

属粥店街道管辖。在岱岳区东南部。面积 4.3 平方千米。人口 1 400。因境内堰东村得名。2007 年成立。有楼房 19 栋，现代建筑风格，有平房。驻有泰安安泰燃气有限公司等单位。通公交车。

## 曹家村社区 370911-A01-J11

[ Cáojiācūn Shèqū ]

属粥店街道管辖。在岱岳区西南部。面积 0.04 平方千米。人口 1 900。以姓氏得名。2007 年成立。有楼房 29 栋，现代建筑风格。有老年日间照料中心。通公交车。

## 李家庄社区 370911-A01-J12

[ Lǐjiāzhuāng Shèqū ]

属粥店街道管辖。在岱岳区西南部。面积 0.12 平方千米。人口 1 100。清康熙二十六年（1687），李、阎二姓迁此立村，初名李阎村，后阎姓无后，遂更名为李家庄。社区沿用原村名。2013 年成立。有楼房 13 栋，现代建筑风格。通公交车。

## 马湾社区 370911-A01-J13

[ Mǎwān Shèqū ]

属粥店街道管辖。在岱岳区西南部。面积 0.06 平方千米。人口 1 400。清康熙年间，北京至南京官道经过此处，驿道旁有一水湾，水湾内的水常年不干，过路的马车在此停留歇息时常牵马到此饮水，故称马湾。

另传村南有一水湾，每晚有匹金马从山上下来到湾内饮水，故名。社区沿用原村名。2012 年成立。有住宅楼 11 栋，现代建筑风格。有老年人日间照料服务、志愿者服务，开展文化宣传、健康教育、法律知识普及宣传等活动。通公交车。

## 大佛寺社区 370911-A01-J14

[ Dàfósì Shèqū ]

属粥店街道管辖。在岱岳区北部。面积 0.57 平方千米。人口 1 100。因境内有一寺庙，庙内供奉铜铸"丈八佛"，故称大佛寺。2007 年成立。有楼房 13 栋，现代建筑风格。驻有泰安市富源农资有限公司等单位。通公交车。

## 老王府社区 370911-A01-J15

[ Lǎowángfǔ Shèqū ]

属粥店街道管辖。在岱岳区西南部。面积 0.03 平方千米。人口 1 900。因村内有明朝玄王府（明代朝廷为驸马玄玉斌建造），故得名。社区沿用原村名。2002 年成立。有楼房 21 栋，现代建筑风格。通公交车。

## 井家庄社区 370911-A02-J01

[ Jǐngjiāzhuāng Shèqū ]

属天平街道管辖。在岱岳区西部。面积 1.11 平方千米。人口 600。据传，明末清初建村，因井姓村民居多得名。社区沿用原村名。2007 年成立。有楼房 38 栋，现代建筑风格。驻有鲁航驾校、泰瑞电器、金泰纺织、泰安市时代房地产有限公司等单位。开展广场舞表演、文化下乡等活动。通公交车。2009 年被评为省文明社区。

## 开元社区 370911-A02-J02

[ Kāiyuán Shèqū ]

属天平街道管辖。在岱岳区西部。面积 3 平方千米。人口 6 000。因驻开元路得名。2007 成立。有楼房 24 栋，现代建筑风格。驻有岱岳区法院、岱岳区财政局、岱岳区住建局等单位。开展广场舞表演等活动。通公交车。2011 年被评为省文明社区。

### 南黄社区 370911-A02-J03
[ Nánhuáng Shèqū ]

属天平街道管辖。在岱岳区西部。面积 1.8 平方千米。人口 1 200。明末黄姓建村，因村南有水湾常年不干，得名南黄水湾，简称南黄。社区沿用原村名。2003 年成立。有楼房 16 栋，现代建筑风格。驻有天平中心幼儿园等单位。有老人日间照料中心、志愿者服务，开展广场舞表演等活动。通公交车。2012 年被评为省文明社区。

### 凤凰社区 370911-A03-J01
[ Fènghuáng Shèqū ]

属北集坡街道管辖。在岱岳区南部。面积 2 平方千米。人口 21 000。因境内凤凰庄而得名。2005 年成立。有楼房 40 栋，现代建筑风格。驻有山东财经大学（东方学院）、泰安第一中学等单位。有老年人日间照料中心。通公交车。

### 对臼社区 370911-A03-J02
[ Duìjiù Shèqū ]

属北集坡街道管辖。在岱岳区南部。面积 1.5 平方千米。人口 3 300。相传，明初建村，名兴隆庄。因此地有两个石臼，故于清顺治年间改为对臼村。社区沿用原村名。2014 年成立。有楼房 39 栋，现代建筑风格。驻有泰山学院（南校）、奥博华电子等单位。有志愿者服务，开展党课宣讲、学雷锋等活动。通公交车。

# 新泰市

### 新泰市 370982
[ Xīntài Shì ]

山东省直辖县级市，由泰安市代管。北纬 35°37′，东经 117°45′。在泰安市境东南部。面积 1 946 平方千米。人口 140.0 万。以汉族为主，还有回、蒙古、满等民族。辖 3 街道、17 镇、1 乡。市人民政府驻青云街道。春秋鲁置平阳邑。西汉置东平阳县，属泰山郡。东汉省入南城（今费县）。三国魏复置，属泰山郡。西晋改为新泰县，属泰山郡。北齐蒙阴县并入，属琅琊郡。唐初属莒州，后属沂州。清雍正十三年（1735）属泰安府。1914 年属济南道。1925 年属泰安道。1928 年属省。1940 年抗日民主政权建立后，属泰山专区。1941 年析而为三：南部划入泰宁县，东部划入新蒙县，西北部划入新甫县，均属泰南专区。1945 年恢复原新泰县，属沂蒙专区。1949 年属泰山专区。1950 年属泰安专区。1958 年属济南市。1959 年析柴汶河两岸部分地置新汶市。1961 年复属泰安专区。1967 年属泰安地区。1984 年新汶市并入，撤县置新泰市。（资料来源：《中华人民共和国地名大词典》《新泰市志》）因北枕新甫，西瞻岱岳，取新甫、泰山之首字得名。1949 年县城面积 0.5 平方千米。至 1985 年，完成新矿路、新汶大街、健康路、龙溪路、汶河路等城市道路及新汶花园建设，市区面积 10.9 平方千米。至 2000 年完成青云路、新安路、顺河西路、杏山路、滨湖路等 8 条道路及平阳大桥、青云桥建设，建成明珠广场、平阳河公园、青云湖公园等，城区面积增至 27.6 平方千米。2001 年至 2005 年，完成发展大道、府前大街、新矿路改扩建，新建体育公园、柴汶河沿河公园等，城区面积 48.6 平方千米。到 2010 年，先后完成新甫路、明珠路、新都路等6条道路扩建，建成新甫大桥、新都路互通立交桥和清音公园，城区面积达64平方千米。2014年建成"四横五纵一环"路网，完成滨湖广场、东周滨河湿地公园、平阳河滨水景观带等城市景观建设。有齐鲁明珠电视塔、清音大桥等标志性建筑物。主城区由青云区、新汶区和产业区构成，青云区为行政文化中心、物流商贸中心、居住区，新汶区为旅游与商贸中心、矿业管理中心，产业区为高新产业集中区。地势东高西低，三面环山，西为平原，自东向西倾斜呈簸箕形。东有青云山，南有太平山、老寨山，北有莲花山。境内最高峰莲花山海拔958米，最低点楼德镇赤板村海拔110米。平均海拔250米。年均气温13.6℃，1月平均气温 −1.4℃，7月平均气温26.4℃。年均降水量730.2毫米。有柴汶河流经。有金、铜、铁、铅、钨、煤炭、麦饭石等矿产资源。有野生植物1 600余种，其中有国家Ⅱ级重点保护野生植物中华结缕草、野大豆。有野生动物1 200余种，其中有国家Ⅰ级保护野生动物东方白鹳、黑鹳、金雕3种，国家Ⅱ级保护野生动物鸳鸯、灰鹤、猫头鹰、鸳鸯4种。有省级自然保护区1个。森林覆盖率27.84%。有国家级科研单位3个、省级科研单位20个。有高等院校1所，中小学194所，国家级博物馆1个，省级档案馆30个，知名文艺团体2个，体育场馆2个，新泰市第一人民医院、新汶矿业集团中心医院等二级以上医院5个。有省级文物保护单位11个，省级爱国主义教育基地1个，国家级非物质文化遗产3个、省级物质文化遗产11个、省级非物质文化遗产8个，风景名胜区和重要古迹、景点莲花山风景旅游区等31个。三次产业比例为6.9：53.1：40。农业以种植、畜牧、林业为主，盛产小麦、玉米、红薯、花生及干鲜果。畜牧业以猪、奶牛、肉牛、肉禽养殖为主。工业以煤电化、精细化工、

起重机械、食品医药、输变电设备、矿山设备为主，是煤炭工业生产基地。有"金斗山"起重机械、"春潮"色母料等中国驰名商标。"买卖提"平台创新农村电商模式，实现农产品进城与消费品下乡。名特土产有新泰芹菜、泉里鸭蛋、天宝樱桃、楼德煎饼、马家寨子香椿、新泰横山丝、新泰红山羊、果都咸菜、汶南黄花菜、石莱仔猪、莲花山燕子石砚台等。有省级开发区1个。铁路里程117千米，公路里程272千米。有磁莱铁路、东平铁路、205国道、泰新高速、京沪高速和省道济临、新枣、枣徐、蒙馆公路过境。

## 新泰经济开发区 370982−E01
[ Xīntài Jīngjì Kāifāqū ]

在新泰市区西部。东起磁莱铁路，南临柴汶河，西止西周河，北至8221铁路专用线。面积3 700公顷。因所在政区为新泰市，故名。1992年7月经省政府正式批准建立省级开发区，由县市级政府管理。该开发区是新泰市"一核三区四园"产业布局的核心区，功能定位为产城融合副城区、高端产业示范区、对外开放主阵地、县域经济增长极。主要产业包括机械装备制造产业、新能源和新材料产业、生物医药产业、现代服务产业，有企业286家，新汶矿业集团有限责任公司、泰丰集团等著名企业在区内建厂。开发区内道路纵横交错，通公交车。

## 青云街道 370982−A01
[ Qīngyún Jiēdào ]

新泰市人民政府驻地。在新泰市城区中部。面积146平方千米。人口20.2万。2001年设立。地处青云山以西，取青云直上之意，故名。先后完成发展大道、府前街、重兴路、明珠路、青龙路等建设及道路绿化带工程。平阳河穿境而过，有青云湖。有中小学18所，文化馆、图书馆80个，

体育场馆 2 个，知名文艺团体 1 个，医疗卫生机构 86 个。有国家级非物质文化遗产徐家拳，重要古迹周家庄东周墓地。经济以工业、商业为主。青龙路市场被农业部评为农商产品定点市场。通公交车。

## 新汶街道 370982-A02
[ Xīnwèn Jiēdào ]

属新泰市管辖。在新泰市城区西南部。面积 42 平方千米。人口 10.9 万。以汉族为主，还有回族。2007 年设立。取"新泰"之"新"及"柴汶河"之"汶"命名。有国家级科研单位鲁能新汶矿业集团内设立的机械产品再制造国家工程研究中心、煤矿充填开采国家工程实验室等，中小学 12 所，文化馆 2 个，图书馆 39 个，体育场馆 1 个，医疗卫生机构 22 个。有重要名胜寺山省级地质公园。经济以工业为主。有新汶汽车站，通公交车。

## 新甫街道 370982-A03
[ Xīnfǔ Jiēdào ]

属新泰市管辖。在新泰市城区西部。面积 64 平方千米。人口 4.1 万。2013 年设立。因新甫山得名。2014 年进行大规模城建。有中小学 7 所，图书馆 38 个，知名文艺团体 1 个，医疗卫生机构 38 个。有重要名胜古迹龙山岩画、墨石山风景区、上庄保聚庵。经济以工业为主。农业以粮食作物种植、特种养殖、苗木繁育为主，上庄西瓜、南公黄金梨为当地特产。有新泰汽车总站，通公交车。

## 东都镇 370982-B01
[ Dōngdū Zhèn ]

新泰市辖镇。在新泰市境东南部。面积 62 平方千米。人口 7.3 万。辖 2 居委会、31 村委会，有 34 自然村。镇人民政府驻东一社区。1952 年设东都乡。1958 年改公社。

1985 年改镇。因镇政府驻地得名。柴汶河穿境而过。有中小学 7 所，图书馆 35 个，卫生院 3 个，广场 34 个。有省级文物保护单位乌珠台智人牙齿化石地点，泰安市文物保护单位酒台遗址、国务委员王芳故居等，重要名胜古迹酒台、凤凰洞。经济以工业为主。"新泰草猪"为国家地理标志证明商标。有铁路磁莱线、东平线，泰新高速、省道蒙馆公路过境，设东都站、东牛站。

## 小协镇 370982-B02
[ Xiǎoxié Zhèn ]

新泰市辖镇。在新泰市境西南部。面积 39 平方千米。人口 5.2 万。辖 1 居委会、17 村委会，有 17 自然村。镇人民政府驻小协社区。1952 年设小协乡。1962 年改公社。1985 年改置镇。因镇政府驻地得名。柴汶河、光明河过境。有中小学 5 所，图书馆 18 个，卫生院 2 个，广场 18 个。有省级文物保护单位大协炮楼，重要名胜古迹郭家泉战国墓群、瑞珠泉遗址。经济以工业为主。横山丝为当地名产。有磁莱铁路过境。

## 翟镇 370982-B03
[ Zháizhèn ]

新泰市辖镇。在新泰市境西北部。面积 63 平方千米。人口 7.1 万。辖 46 村委会，有 49 自然村。镇人民政府驻翟家庄。1952 年置翟镇区，1958 年改公社。1985 年复置镇。因镇政府驻地得名。柴汶河、迈莱河过境。有中小学 12 所，图书馆 47 个，卫生院 2 个，广场 47 个。有重要名胜古迹"九省通衢"驿路翟镇段遗址。经济以工业为主。有省道济临公路过境。

## 泉沟镇 370982-B04
[ Quángōu Zhèn ]

新泰市辖镇。在新泰市境西北部。面积 92 平方千米。人口 4.8 万。辖 1 居委会、

32 村委会，有 34 自然村。镇人民政府驻泉沟村。1985 年由翟镇办事处析置泉沟镇。因镇政府驻地得名。迈莱河穿境而过。有中小学 7 所，图书馆 32 个，卫生院 1 个，广场 33 个。有重要名胜古迹莲花山风景区、运舟湖。建有新泰市地质勘探博物馆、莲花山民俗博物馆。经济以农业为主。有公路经此。

### 羊流镇 370982-B05
[ Yángliú Zhèn ]

新泰市辖镇。在新泰市境西北部。面积 172 平方千米。人口 9.9 万。辖 90 村委会，有 100 自然村。镇人民政府驻小河南村。1958 年成立羊流公社。1984 年撤销公社设办事处。1985 年改设羊流镇、旧关乡。2001 年合为羊流镇。为羊祜故里，有羊氏之流风，故名。羊流河、苏庄河、张庄河、沟西河等穿境而过。有中小学 12 所，图书馆 90 个，卫生院 1 个，广场 91 个。有省级文物保护单位徐琛墓、新泰羊氏墓地，国家级非物质文化遗产独杆跷，重要名胜古迹羊流驿站遗址。经济以起重机械制造业为主，"金斗山"牌起重机为中国驰名商标。有泰新高速、省道济临公路过境。

### 果都镇 370982-B06
[ Guǒdū Zhèn ]

新泰市辖镇。在新泰市境西部。面积 48 平方千米。人口 3.8 万。辖 34 村委会，有 37 自然村。镇人民政府驻果都村。1952 年设果都乡，1958 年改公社，1985 年改置镇。因镇政府驻地得名。柴汶河穿境而过。有中小学 7 所，图书馆 34 个，卫生院 1 个。有重要名胜古迹裹头城、七大古墩。经济以种植业、加工业为主，是"新泰粮仓"之一。草帽编、果都咸菜为当地特产。工业以机械加工、拖拉机制造、配件铸造为主。有泰新高速过境。

### 西张庄镇 370982-B07
[ Xīzhāngzhuāng Zhèn ]

新泰市辖镇。在新泰市境西部。面积 43 平方千米。人口 4.1 万。辖 28 村委会，有 32 自然村。镇人民政府驻西张庄。1985 年析果都公社部分地设西张庄乡。1993 年改置镇。因镇政府驻地得名。柴汶河穿境而过。有中小学 7 所，图书馆 28 个，卫生院 1 个，广场 29 个。有重要名胜古迹碑子地。经济以农业为主。农业主产小麦、小米，为"新泰粮仓"之一。盛产密刺黄瓜、韩庄臭豆腐。"浮邱白"草帽辫有名。省道济临公路过境。

### 天宝镇 370982-B08
[ Tiānbǎo Zhèn ]

新泰市辖镇。在新泰市境西部。面积 147 平方千米。人口 7.8 万。辖 50 村委会，有 58 自然村。镇人民政府驻天宝村。1958 年设天宝公社。1985 年改置镇。因镇政府驻地得名。柴汶河穿境而过。有中小学 13 所，图书馆 50 个，卫生院 1 个，广场 51 个。有重要名胜古迹徂徕山光化寺、梁父山刻经、羊祜城遗址等。经济以农业为主，盛产樱桃、核桃、板栗。省道枣徐公路过境。

### 楼德镇 370982-B09
[ Lóudé Zhèn ]

新泰市辖镇。在新泰市境西部。面积 94 平方千米。人口 7.5 万。辖 36 村委会，有 44 自然村。镇人民政府驻楼德村。1956 年置楼德镇。1958 年改公社。1985 年复置镇。因镇政府驻地得名。柴汶河、泥沟河、禹村河、甘露河、柴城河穿境而过。有中小学 10 所，图书馆 36 个，卫生院 2 个，公共绿地 37 个，广场 38 个。有重要名胜古迹云云山，为上古帝王封禅之地。有汉代柴城、古菟裘城等遗址。经济以工业为主，被中国农学会命名为"中国煎饼第一镇"，为本市化工基地。有铁路磁莱线、省道蒙馆公路过境，设徂阳站。

## 禹村镇 370982-B10
[ Yǔcūn Zhèn ]

新泰市辖镇。在新泰市境西南部。面积 89 平方千米。人口 5.6 万。以汉族为主，还有回等民族。辖 36 村委会，有 39 自然村。镇人民政府驻禹村。1985 年析楼德公社部分地置禹村镇。因镇政府驻地得名。有中小学 7 所，图书馆 37 个，卫生院 1 个，广场 36 个。有重要名胜古迹沈村清真寺、宋代大生寺遗址。经济以畜牧业为主。有磁莱铁路、和省道蒙馆公路、枣徐公路过境。

## 宫里镇 370982-B11
[ Gōnglǐ Zhèn ]

新泰市辖镇。在新泰市境西部。面积 85 平方千米。人口 6.2 万。辖 43 村委会，有 43 自然村。镇人民政府驻宫里村。1958 年设公社，1985 年改置镇。因镇政府驻地得名。高平河、苏泉河、桃园河等穿境而过。有中小学 9 所，图书馆 44 个，卫生院 1 个，广场 44 个。有重要名胜古迹汉武帝庙遗址。为和圣柳下惠故里，建有和圣园，有和圣祠、和圣湖等。经济以农业为主，是山东省青山羊生产养殖基地，泉里鸭蛋为地方特产。有磁莱铁路、省道蒙馆公路过境。

## 谷里镇 370982-B12
[ Gǔlǐ Zhèn ]

新泰市辖镇。在新泰市境西部。面积 94 平方千米。人口 5.6 万。辖 51 村委会，有 56 自然村。镇人民政府驻北谷里村。1952 年设谷里乡。1958 年属宫里公社。1985 年复设乡。1993 年改置镇。因镇政府驻地得名。柴汶河穿境而过。有中小学 8 所，卫生院 1 个，广场 56 个。有重要名胜古迹

明光寺，传为春秋齐鲁夹谷会盟地。经济以农业为主。有磁莱铁路、泰新高速、省道蒙馆公路过境。

## 石莱镇 370982-B13
[ Shílái Zhèn ]

新泰市辖镇。在新泰市境西南部。面积 163 平方千米。人口 6.6 万。辖 69 村委会，有 71 自然村。镇人民政府驻东石莱村。1952 年设石莱乡，1958 年改公社，1985 年复设乡。1993 年改置镇。因镇政府驻地而得名。有石莱河、木厂峪河、王家峪河等河流。有中小学 11 所，图书馆 69 个，卫生院 1 个，广场 68 个。有重要名胜古迹白马寺，寺内银杏树树龄 2600 年以上。经济以农业为主，盛产苹果、山楂、柿子等，养殖业以仔猪为主。有石粉、彩砂、矿山机械配件等厂。有公路经此。

## 放城镇 370982-B14
[ Fàngchéng Zhèn ]

新泰市辖镇。在新泰市境南部。面积 69 平方千米。人口 3.3 万。辖 23 村委会，有 28 自然村。镇人民政府驻放城村。1952 年设放城乡。1958 年改公社。1985 年复设乡。1993 年改置镇。因镇政府驻地得名。洙河穿境而过。有中小学 6 所，图书馆 32 个，卫生院 1 个，广场 24 个。有省级文物保护单位阁老顶观音造像、东街清真寺，重要名胜古迹林放故里、小三峡。经济以林果业为主，盛产香椿、秋红蜜桃。马家寨子香椿获国家工商局批准农产品地理标志登记。梅鹿山小米为地方特产。有东平铁路、省道新枣公路过境。

## 刘杜镇 370982-B15
[ Liúdù Zhèn ]

新泰市辖镇。在新泰市境西南部。面积 52 平方千米。人口 3.1 万。辖 28 村委会，

有 33 自然村。镇人民政府驻刘杜村。1952 年设刘杜乡，1958 年改公社。1985 年 12 月建刘杜乡，1993 年改置镇。因镇政府驻地得名。境内河流属大汶河水系。有中小学 7 所，图书馆 30 个，卫生院 1 个，广场 29 个。有省级文物保护单位光明东村正觉寺。经济以林业种植为主，为山楂特色小镇，"甜红子"山楂为地理标志产品。工业以铸造业、地毯加工为主。省道新枣公路过境。

### 汶南镇 370982-B16
[ Wènnán Zhèn ]

新泰市辖镇。在新泰市境东南部。面积 185 平方千米。人口 10.2 万。辖 1 居委会、85 村委会，有 111 自然村。镇人民政府驻鲍庄。1954 年设汶南区，1958 年改汶南公社。1985 年改置镇。因原镇政府驻地得名。柴汶河穿境而过。有中小学 13 所，图书馆 96 个，卫生院 1 个，广场 86 个。有省级文物保护单位抬头寺遗址，重要名胜古迹青云山三官庙。经济以农业、工业为主。黄花菜种植为特色产业。工业以汽拖配件、铸造、机械加工、塑料编织为主。有东平铁路、京沪高速、泰新高速、205 国道、省道蒙馆公路过境。

### 龙廷镇 370982-B17
[ Lóngtíng Zhèn ]

新泰市辖镇。在新泰市境东北部。面积 152 平方千米。人口 6.3 万。辖 53 村委会，有 111 自然村。镇人民政府驻龙廷村。1943 年属新泰县青龙区。1958 年设龙廷公社。1985 年改设龙廷乡、鳌阴乡。1993 年改置镇，2001 与鳌阴乡合并。因镇政府驻地得名。境内河流属黄河流域、柴汶河水系。有中小学 8 所，图书馆 56 个，卫生院 1 个，广场 55 个。有重要名胜古迹高堂生墓。经济以农业为主，主产小麦、玉米。工业以毛皮、副食品加工为主。有公路经此。

### 岳家庄乡 370982-C01
[ Yuèjiāzhuāng Xiāng ]

新泰市辖乡。在新泰市境南部。面积 71 平方千米。人口 3.5 万。辖 25 村委会，有 25 自然村。乡人民政府驻辉德村。以乡政府原驻地得名。有岔河流经。有中小学 5 所，图书馆 6 个，文化馆 1 个，卫生院 1 个，广场 26 个。有重要名胜古迹朝阳寺。经济以农业为主，主产小麦、玉米，盛产池藕、苹果、花生等。"新泰苹果"为国家地理标志证明商标。有东平铁路、省道新枣公路过境。

## 社区

### 福田社区 370982-A01-J01
[ Fútián Shèqū ]

属青云街道管辖。在新泰市东北部。面积 3.2 平方千米。人口 1 300。取幸福田园之意，故名。2003 年成立。有楼房 57 栋，现代建筑风格。驻有新泰市政务服务中心、福田实验小学等单位。有老年人日间照料中心。通公交车。2007 年被评为省文明社区。

### 银河社区 370982-A01-J02
[ Yínhé Shèqū ]

属青云街道管辖。在新泰市西部。面积 0.9 平方千米。人口 8 000。取美丽银河之意，故名。2003 年成立。有楼房 44 栋，现代建筑风格。驻有热电厂等单位。有志愿者服务，开展为老年人查体、家庭妇女技能培训等活动。通公交车。2007 年被评为省文明社区。

### 府东社区 370982-A01-J03
[ Fǔdōng Shèqū ]

属青云街道管辖。在新泰市东部。面

积 1.7 平方千米，人口 8 400。2003 年成立，2009 年更名。因地处新泰市人民政府东侧，故名。有楼房 78 栋，现代建筑风格。驻有新泰市人民政府、新泰市武装部、新泰一中（老校）、青云街道办事处、新泰市民政局等单位。有日间照料中心、志愿者服务，开展消防培训等活动。通公交车。2013 年被评为省文明社区。

## 青云社区　370982-A01-J04
[ Qīngyún Shèqū ]

　　属青云街道管辖。在新泰市南部。面积 2 平方千米。人口 3 100。原名东南关，因地处县城城墙南门的东南方向而得名，后改为青云社区。2009 年成立。有楼房 75 栋，现代建筑风格。驻有新泰市财政局等单位。有志愿者服务。通公交车。

## 东城社区　370982-A01-J05
[ Dōngchéng Shèqū ]

　　属青云街道管辖。在新泰市东部。面积 0.65 平方千米。人口 1 600。明洪武年间，赵氏由山西洪洞县迁此建村，村南板栗成行，遂名赵家栗行。成立社区时沿用原村名，后更名为东城。2009 年成立。有楼房 15 栋，现代建筑风格。驻有新泰市教育局等单位。通公交车。

## 平阳社区　370982-A01-J06
[ Píngyáng Shèqū ]

　　属青云街道管辖。在新泰城区东北部。面积 1.3 平方千米。人口 1 200。因地处平阳河东畔得名。2009 年成立。有楼房 35 栋，现代建筑风格。驻有市委党校、平阳小学等单位。有志愿者服务，开展给老年人义诊等活动。通公交车。2013 年被评为省文明社区。

## 西关社区　370982-A01-J07
[ Xīguān Shèqū ]

　　属青云街道管辖。在新泰城区西部。面积 1.5 平方千米。人口 3 000。新泰县城建成以后，明代开辟西城门，俗称西关。其后有人在西关居住并逐渐形成村落，以所在位置命名为西关村。社区沿用原村名。2003 年成立。有楼房 43 栋，现代建筑风格。有志愿者服务，开展为老年人查体、消防演练等活动。通公交车。

## 金斗社区　370982-A01-J08
[ Jīndǒu Shèqū ]

　　属青云街道管辖。在新泰城区北部。面积 0.95 平方千米，人口 1 300。原名骆家庄，以建村姓氏得名。因地处金斗山前，故名。2003 年成立。有楼房 65 栋，现代建筑风格。驻有新泰市法院、新泰市纪委、新泰实验中学等单位。通公交车。2007 年被评为省文明社区。

## 新安社区　370982-A01-J09
[ Xīn'ān Shèqū ]

　　属青云街道管辖。在新泰市西部。面积 0.2 平方千米。人口 500。原名赵家庄，后改为新安社区。2003 年成立。有楼房 36 栋，现代建筑风格。驻有新泰市人社局等单位。有志愿者服务。通公交车。

## 金马社区　370982-A01-J10
[ Jīnmǎ Shèqū ]

　　属青云街道管辖。在新泰市南部。面积 1.06 平方千米。人口 3 800。明永乐年间建村。传说村北曾有城中达官贵人在此驯马、骑马、遛马，村名遂演变成马庄。成立社区时取日子红红火火之意，更名为金马社区。2009 年成立。有楼房 22 栋，现代建筑风格。有志愿者服务。通公交车。

### 孙村社区 370982–A02–J01
[ Sūncūn Shèqū ]

属新汶街道管辖。在新泰市东南部。面积 1.76 平方千米。人口 7 800。因孙村得名。2003 年成立。有楼房 660 栋，现代建筑风格。驻有新汶矿业集团、新汶街道办事处、新矿中心医院、建设银行新汶分行、工商银行新汶分行等单位。有志愿者服务，开展普法宣传等活动。通公交车。2009 年被评为省文明社区。

### 张庄社区 370982–A02–J02
[ Zhāngzhuāng Shèqū ]

属新汶街道管辖。在新泰城区南部。面积 2.92 平方千米。人口 6 500。元末明初，俗称"任家林子""安家宅子"，明万历年间，张氏从孙村迁入后发展兴旺，更名为张家庄，后演化为张庄。社区沿用原村名。2003 年成立。有楼房 36 栋，中式及简欧建筑风格。驻有新汶实验学校等单位。开展"道德大讲堂""四德先进人物评选"等活动。通公交车。

### 大洛沟社区 370982–A02–J03
[ Dàluògōu Shèqū ]

属新汶街道管辖。在新泰城区南部。面积 1.13 平方千米，人口 2 700。唐天祐年间建村，因村中有一条大沟，故名大洛沟。社区沿用原村名。2003 年成立。有楼房 14 栋，中式建筑风格。驻有新泰市公共汽车公司、新泰市第二农机公司等单位。有志愿者服务。通公交车。

### 东良社区 370982–A02–J04
[ Dōngliáng Shèqū ]

属新汶街道管辖。在新泰城区西南部。面积 0.93 平方千米。人口 2 500。相传明朝洪武年间，村名张家馆。明朝天顺年间，村名粮庄，又以"良"字寓意更好，改称良庄。后分为东良庄、西良庄。此为东良庄，改社区时沿用原村名。2003 年成立。有楼房 17 栋，现代建筑风格。通公交车。

### 西良社区 370982–A02–J05
[ Xīliáng Shèqū ]

属新汶街道管辖。在新泰市西南部。面积 0.17 平方千米。人口 1 300。相传明朝洪武年间，村名张家馆。明朝天顺年间，村名粮庄，又以"良"字寓意更好，改称良庄。后分为东良庄、西良庄。此为西良庄，改社区时沿用原村名。2003 年成立。有楼房 23 栋，中式建筑风格。驻有良庄煤矿等单位。有志愿者服务，开展学雷锋等活动。通公交车。2009 年被评为省文明社区。

### 东一社区 370982–B01–J01
[ Dōngyī Shèqū ]

东都镇人民政府驻地。在新泰市区南部。面积 2.69 平方千米。人口 2 300。相传古时东都和西都之间有条深沟，需用木筏摆渡，后村名演化为东都、西都。一说因"相土建东都"得名。1984 年，东都一大队改东都村，村改居时定名为东一。有楼房 9 栋，中式建筑风格。驻有山东省物资局 301 仓库、东都农药厂等单位。通公交车。2008 年被评为省文明社区。

### 小协社区 370982–B02–J01
[ Xiǎoxié Shèqū ]

小协镇人民政府驻地。在新泰城区西南部。面积 1 平方千米。人口 3 300。宋建隆年间，谢氏迁此建村，名谢家庄。后因村西有大谢家庄，更名为小谢家庄。后谢氏他迁，逐渐演化为小协。社区沿用原村名。2008 年成立。有楼房 31 栋，中式建筑风格。驻有协庄煤矿、小协镇人民政府等单位。通公交车。2011 年被评为省文明社区。

# 肥城市

**肥城市** 370983

[Féichéng Shì]

山东省直辖县级市，由泰安市代管。北纬 36°10′，东经 116°46′。在泰安市境西部。面积 1 277 平方千米。人口 98.3 万。辖 3 街道、11 镇。市人民政府驻新城街道。西周时肥族人散居于此，称"肥子国"，得名"肥城"。西汉置肥城、蛇丘 2 县，同属泰山郡。东汉省肥城县。三国魏复置，西晋又省。南朝宋徙济北郡治肥城县故城。北魏于此复置肥城县。北齐属东济北郡。唐贞观元年（627）析肥城县入博城、平阴县，属兖州。元至元十二年（1275）于平阴县辛寨镇东北 15 里汉、隋肥城故址复置肥城县，属济宁路。明属济宁府。清属泰安府。1914 年属济南道。1925 年属泰安道。1928 年属省。1939 年属抗日民主政权泰西专区。1946 年属冀鲁豫行政区第一专区。1948 年属鲁南行政区第七专区（泰西专区）。1950 年属泰安专区。1958 年属聊城专区。1961 年属泰安专区。1967 年属泰安地区。1985 年属泰安市。1992 年撤县设市（县级）。（资料来源：《中华人民共和国地名大词典》）因老县城地下埋煤待采，1975 年县城迁至城南 7 千米处刘家庄（今新城街道刘庄附近）。1982 年搬迁基本结束。1992 年撤县设市后，城区建成"六纵六横"框架路网，城区与北部工矿区、西部高新技术产业开发区、南部桃花源风景区连为一体。建设龙山公园、康王河湿地公园、白云山公园、纪念碑广场、滨河广场等。主城区在龙山河两侧，建设由市民广场、范蠡公园、百信广场、清风阁、文化中心、沿河古建筑、笑园等功能性项目集成的龙山河"十里画廊"精品景观带。地势东北高、西南低，中部隆起。最高峰夹子山海拔 600 米。北部为康汇平原，南部为汶阳平原。年均气温 13.8℃，1 月平均气温 −1.6℃，7 月平均气温 26.7℃。年均降水量 607.9 毫米。主要河流有汶河、康王河、汇河、漕河、浊河、小汇河、金线河等。有石膏、岩盐、煤、石灰岩、地热等矿产资源。有野生植物 450 余种。有野生动物 45 种，其中国家重点保护野生动物有梅花鹿、大天鹅、鹰、隼、鸮等 21 种。森林覆盖率 62%。有中小学 58 所，体育场馆 2 个，二级以上医院 2 个。有国家级文物保护单位 1 个，省级文物保护单位 1 个，省级爱国主义教育基地 1 个，省级非物质文化遗产桃木雕刻民俗、"范蠡与陶山的故事"、安驾庄梁氏正骨疗法，风景名胜区和重要古迹、景点 8 个。三次产业比例为 7：51：42。农业以种植、畜牧、林业为主。种植业主产小麦、玉米、有机蔬菜。畜牧业以饲养猪、牛、羊为主。为山东省现代畜牧业示范县。林业形成以肥城桃为主的名优经济林、以杨树为主的速生丰产林、以城镇绿化苗木为主的苗木花卉三大基地。土特产品有肥桃、孔庄粉皮、演马庄牛肉等。肥城桃被誉为"群桃之冠"，曾获国际博览会金奖、中国地理标志名优产品奖。工业以煤电能源、钢铁冶金、机械制造、精细化工、纺织服装、食品加工、建筑建材为主，有"安琪儿"家纺、"银宝"食品、"金字"酒精设备、"富世康"面粉和"索力得"焊材等 12 个中国驰名商标。是全国纳米新材料、精密铸造、工程机械车桥、酒精机械设备、强磁材料生产基地。有省级开发区 1 个。服务业以通讯、物流、商贸为主，电子商务成为农产品销售重要渠道。铁路里程 26 千米，公路里程 2 803.6 千米。有泰肥铁路和省道济微、薛馆、肥梁、泰商公路过境。

## 肥城高新技术产业开发区 370983–E01
[ Féichéng Gāoxīnjìshù Chǎnyè Kāifāqū ]

在肥城市区西部。南起桃园西里村，北至长清双泉镇，东起西付村康王河大桥，西至湖屯南北王村。面积 9 800 公顷。以所在行政区名称和性质功能得名。1995 年 3 月经省政府正式批准建立省级开发区，由县市级政府管理。入驻企业 48 家，有云宇集团、金城科技、鑫福源机械、泰鹏集团、龙祥纺织、傲饰集团、联谊玻纤、大庚玻纤等知名企业。区内道路纵横交错，交通便利。

## 新城街道 370983–A01
[ Xīnchéng Jiēdào ]

市人民政府驻地。在肥城市城区东部。面积 55 平方千米。人口 16.3 万。2006 年设立。因街道办事处驻地位于肥城市新城区得名。先后完成刘庄大街、步行街改造，铺设暖气管道、天燃气管道，污水、雨水分流。进行丰园、阳光、兴润 3 社区环境整治。绿化老旧小区，在新城路西首、龙山路西首安装路灯。新建迷你农乐园、水岸花田等旅游观光景点。康王河流经。有中小学 2 所，文化馆 1 个，图书馆 1 个，体育场馆 1 个，医疗卫生机构 1 个。有县级文物保护单位 7 个。农业以种植小麦、玉米、地瓜、谷子、豆类、棉花、花生、蔬菜为主，为肥桃传统栽培区，建有 2 个肥桃示范园。林业主要种植杨、柳、柏、槐等树种。工业有机械加工、农产品深加工、食品加工、服装、饲料、印刷、医药化工等产业。服务业以商贸业等为主，有鲁中国际电子商务园、春秋古城、台湾城市广场等商贸区，干果批发市场和蔬菜批发市场等。有肥城汽车站，通公交车。

## 老城街道 370983–A02
[ Lǎochéng Jiēdào ]

属肥城市管辖。在肥城市城区北部。面积 84 平方千米。人口 8.3 万。2010 年设立。原名城关，为肥城县人民政府驻地，1980 年县政府迁至新城后，更名为老城。规划建设了印刷制造工业园、基础化工园、新材料园和机械装备园 4 个"园中园"，完成曹庄、李屯、国屯、辛屯等新型社区建设。康王河、百尺河、月庄河、曹庄河、城东河过境。有省级技术研究中心 1 个、市级技术研究中心 3 个，中小学 1 所，文化馆 1 个，图书馆 1 个，体育场馆 1 个，医疗卫生机构 1 个。有国家级文物保护单位齐长城遗址，有北坛遗址、河东遗址等古迹。经济以农业为主，产小麦、玉米、地瓜、花生、蔬菜，林业多种植赤松、刺槐、杨树、果树。苹果、葡萄、杏、板栗等为农业部认定的有机果品。境内有美国蓝莓生产基地和千亩"肥子茶"基地，种植中药材栝楼。畜牧业多养殖奶牛、黄牛、猪。工业有化工、纺织、机械制造、新型材料制造等企业，境内有多处煤矿。通公交车。

## 王瓜店街道 370983–A03
[ Wángguādiàn Jiēdào ]

属肥城市管辖。在肥城市城区西北部。面积 92 平方千米。人口 8.3 万。2010 年设立。因街道办事处驻地位于王瓜店村得名。先后完成中心街、孙牛路改造提升，完成南军寨、指挥庄、尚古庄等 12 个村改新型社区建设。绿化老旧小区，安装太阳能路灯。仪仙河、马庄河、小金河、擒将河过境。有中小学 2 所，文化馆 1 个，图书馆 1 个，体育场馆 1 个，医疗卫生机构 1 个。境北部有牛山森林公园，有牛山寺、牛山王母殿、风雨竹石刻等名胜古迹。农业主产小麦、玉米、有机蔬菜等，林业以种植赤松、杨树、刺槐和果树为主。畜牧业多养鸭、鸡、猪、奶牛、黄牛等。工业以矿业开发、工程塑料、玻纤制造等产业为主，有山东能源肥城矿业集团公司、山东联谊工程塑料有限公司、山东大庚玻纤有限公司等企业。有穆庄火车站，通公交车。

## 潮泉镇 370983-B01
[ Cháoquán Zhèn ]

肥城市辖镇。在市境东北部。面积53平方千米。人口2.2万。辖11村委会，有38自然村。镇人民政府驻潮泉村。1928年属肥城县一区。1957年设潮泉乡。1958年与城关镇合并成立城关人民公社。1985年复设乡。1993年撤乡设镇。以镇人民政府驻地村得名。潮泉河、郭家河、孤山河从境内穿过。有中小学2所，图书馆1个，卫生院1个，公共绿地1个，广场2个。有国家级文物保护单位齐长城遗址。农业主产小麦、玉米、薯类、蔬菜，盛产柳沟板栗、孙楼核桃。"潮泉牌"苹果为国家注册商标。工业以机械制造、纺织服装、食品加工、机电等业为主。电子商务为全镇樱桃、核桃、花椒等农产品品牌推介、销售主渠道。有山东省农业旅游示范点2个、山东省精品采摘园1个。柳沟村为山东省乡村旅游发展品牌示范村。有泰湖铁路过境。

## 桃园镇 370983-B02
[ Táoyuán Zhèn ]

肥城市辖镇。在市境西南部。面积101平方千米。人口5.2万。辖1居委会、40村委会，有56自然村。镇人民政府驻屯头村。1928—1939年，境域分属三、四、五、六区。1952年为第十一区，同年撤区设屯头乡。1958年成立桃园人民公社。1983年更名为桃园区，1985年撤区建镇。因境内盛产肥桃得名。康王河、金线河从境内穿过。有中小学3所，图书馆1个，文化馆1个，卫生院1个，体育馆1个，公共绿地1个，广场2个。农业主产小麦、玉米、地瓜、蔬菜等，建有东伏蔬菜批发市场。特产肥桃，是肥桃正宗产地和主产区，已有1 100多年的栽培历史。工业以机械、化工、食品、酿酒、印刷、建筑建材、食品加工等业为主。有公路经此。

## 王庄镇 370983-B03
[ Wángzhuāng Zhèn ]

肥城市辖镇。在市境西部。面积91平方千米。人口5.5万。辖1居委会、53村委会，有62自然村。镇人民政府驻王庄。1949年属第四区。1958年设立王庄人民公社。1983年改为王庄区。1985年改设王庄乡。1993年改置镇。以镇政府驻地村得名。金线河、项白河、黄泥沟从境内穿过。有中小学3所，图书馆1个，文化馆1个，卫生院1个，体育馆1个，公共绿地1个，广场2个。有重要名胜古迹东焦遗址。农业主产小麦、玉米、地瓜、花生、蔬菜，为蔬菜生产专业镇，建有郭辛、花园2个蔬菜专业批发市场。中药以酸枣仁、全虫、远志最为著名。工业以化工、铸造、机械加工、水泥、服装、建材等业为主。土特名优产品有孔庄粉皮、演马庄牛肉和徐氏锡具。有公路经此。

## 湖屯镇 370983-B04
[ Hútún Zhèn ]

肥城市管辖。在市境西北部。面积86平方千米。人口8.4万。辖4居委会、44村委会，有44自然村。镇人民政府驻东湖东村。1949年属第六区。1955年改西湖屯区。1958年成立湖屯人民公社。1985年撤公社设镇。以镇政府原驻地村得名。响水河、穆河、栖幽寺河、汇河、康王河从境内穿过。有中小学4所，图书馆1个，文化馆1个，卫生院1个，体育馆1个，公共绿地1个，广场 1 个。有重要名胜古迹范蠡祠、范蠡墓、幽栖寺等遗址。有省级非物质文化遗产"范蠡与陶山的故事"。农业主产小麦、玉米、地瓜、蔬菜、苹果、核桃等。境内煤炭储量丰富，有 5 处大中型煤矿，为工矿服务型乡镇。有木业、太阳能、水泥、酿酒等企业。湖屯豆腐皮远近闻名。物流园区为省级重点园区。有泰湖铁路过境，设湖屯站。

## 石横镇 370983–B05
[ Shíhéng Zhèn ]

肥城市辖镇。在市境西北部。面积 94 平方千米。人口 8.9 万。辖 6 居委会、37 村委会，有 36 自然村。镇人民政府驻石横村。1954 年设石横乡，1958 年改公社。1984 年改设区。1985 年改置镇。以镇人民政府驻地村得名。康王河、汇河从境内穿过。有中小学 6 所，图书馆 1 个，文化馆 1 个，卫生院 1 个，体育馆 1 个，公共绿地 1 个，广场 3 个。有重要名胜古迹左丘明墓、汇北石刻、石佛寺造。镇境南部为粮食和有机蔬菜生产基地，以种植小麦、玉米、花生、果蔬为主。北部山区多种植苹果、核桃等干鲜果品。是国家重要的电力、钢铁、煤炭生产基地，有医药化工、冶金建材、机械制造、装配制造、特种材料等企业。建有工业园区、蔬菜干果批发市场等。有省道泰临公路、老泰临公路过境。

## 安临站镇 370983–B06
[ Ānlínzhàn Zhèn ]

肥城市辖镇。在市境南部。面积 131 平方千米。人口 5.6 万。辖 1 居委会、48 村委会，有 78 自然村。镇人民政府驻安临站村。1949 年属第三区。1956 年改安临站区。1958 年建公社。1983 年改设安临站区。1985 年撤区分设安临站乡、东陆房乡。1993 年安临站撤乡建镇。2001 年东陆房乡

并入安临站镇。以镇政府驻地村得名。小会河、五虎河、万便河、九仙河、布金河、沙河从境内穿过。有中小学 3 所，图书馆 1 个，文化馆 1 个，卫生院 1 个，体育馆 1 个，公共绿地 1 个，广场 3 个。有省级爱国主义教育基地陆房烈士陵园。姜、大蒜、中药材、林果种植为农业主导产业，姜种植历史悠久，"泰山极顶"生姜出口多个国家。有化工、机械制造、建筑材料、轻纺、农副产品加工等企业。"大辛庄"犬肉是鲁中传统名吃。有省道济微公路过境。

## 孙伯镇 370983–B07
[ Sūnbǎi Zhèn ]

肥城市辖镇。在市境南部。面积 71 平方千米。人口 3.2 万。辖 17 村委会，有 28 自然村。镇人民政府驻孙东村。1958 年设孙伯乡，同年改公社。1984 年置区。1985 年复设乡。1995 年撤乡建镇。以镇政府原驻地村得名。青龙河、九泉河、大汶河从境内穿过。有中小学 3 所，图书馆 1 个，文化馆 1 个，卫生院 1 个，体育馆 1 个，公共绿地 1 个，广场 2 个。有重要名胜古迹蝎子城、泰山行宫、琶山古庵、精礼寺、索鲁城、云蒙山。有岱阳观庙会等民俗活动。农业主要种植小麦、玉米、地瓜，产有机蔬菜、菌菇、核桃、板栗、苹果等。工业以机械制造、食品加工、花岗岩加工为主，建筑安装业闻名。中药材九山蝎子以尾长节大著称，葛氏捧瓷、谢氏煎包、云蒙黑陶为特色产品。有省道泰东公路过境。

## 安驾庄镇 370983–B08
[ Ānjiàzhuāng Zhèn ]

肥城市辖镇。在市境南部。面积 134 平方千米。人口 8.7 万。辖 71 村委会，有 78 自然村。镇人民政府驻安驾庄。1958 年成立安驾庄人民公社。1983 年改称安驾庄区。1985 年撤区分设安驾庄镇、马家埠乡。

1996年马家埠乡改置镇。2001年马家埠镇并入安驾庄镇。因镇政府驻地村得名。大汶河、漕浊河、泉河、小汇河从境内穿过。有中小学3所，图书馆1个，文化馆1个，卫生院1个，体育馆1个，公共绿地1个，广场4个。有名胜古迹点将台、望鲁庵、龙泉寺等遗址。有泰安市非物质文化遗产梁氏正骨术。农业盛产小麦、玉米、棉花和瓜果蔬菜。工业有机械、纺织、化工、阀门、建材、精麻等企业。有省道济微公路、泰东公路过境。

**边院镇** 370983-B09

[ Biānyuàn Zhèn ]

肥城市辖镇。在市境南部。面积111平方千米。人口8.4万。辖1居委会、80村委会，有131自然村。镇人民政府驻边院村。1949年划归肥城县，属第十区。1958年建边院人民公社。1984年改称边院区。1985年撤区分设边院镇和过村乡，1996年撤乡设镇。2001年撤过村镇并入边院镇。因镇政府驻地村得名。主要河流有漕河、浊河、边院河、任文河。有中小学4所，图书馆1个，文化馆1个，卫生院1个，体育馆1个，公共绿地1个，广场4个。有名胜古迹宝金山泰山行宫、羽父城、石佛寺石窟造像。农业以生产小麦、玉米、有机蔬菜、干鲜果品为主，有机蔬菜种植面积全市最大，外销量居全市之首。畜牧业发达，建有全省最大的现代奶牛牧场。境内岩盐、石膏、花岗岩等矿产资源丰富，园区以盐化工、精细化工、高新材料为主导产业，有采矿、选矿加工、运输、农产品加工等企业。有省道泰东公路过境。

**汶阳镇** 370983-B10

[ Wènyáng Zhèn ]

肥城市辖镇。在市境南部。面积80平方千米。人口7.8万。辖53村委会，有88

自然村。镇人民政府驻吴店村。1958年设汶阳公社。1985年改置镇。因在汶水之北，故名。地处汶阳平原，南靠大汶河，北有漕河、浊河、漕浊河流经。有中小学4所，图书馆1个，文化馆1个，卫生院1个，体育馆1个，公共绿地2个，广场5个。农业有苗木种植、畜牧养殖、桑蚕种养、有机蔬菜种植等特色产业，土特产有河岔口鸭蛋。有机械制造、精细化工、建筑安装、农产品加工、石膏建材、橡胶制品等工业企业，石膏矿藏储量丰富。有公路经此，设汶阳汽车站。

**仪阳镇** 370983-B11

[ Yíyáng Zhèn ]

肥城市辖镇。在市境东部。面积97平方千米。人口4.4万。辖49村委会，有76自然村。镇人民政府驻仪阳村。春秋属齐地，1928年属第二区。1958年成立仪阳人民公社，1983年改仪阳区，1985年撤区建乡，2010年撤乡建镇。以镇政府驻地村得名。肥河、下庄河、太子河、柱子河流经。有中小学6所，图书馆1个，文化馆1个，卫生院1个，体育馆1个，公共绿地1个，广场3个。有名胜古迹空杏寺。刘台桃花源景区为国家AAA级旅游景区，有华东第一抗战地道、民俗博物馆等。农业以种植肥桃、蔬菜、小麦、玉米、谷子等为主，林果主产肥桃、核桃、樱桃、蓝莓等，是肥桃主产区之一。工业有新型建材、橡胶制品、机械制造、电力设备等企业。有总部经济发展区、新兴产业园区、现代农业高新技术产业示范区等。有省道济微公路、泰肥公路过境。

# 社区

### 巧山社区 370983-A01-J01
[ Qiǎoshān Shèqū ]

　　属新城街道管辖。在肥城市东部。面积 3.3 平方千米。人口 12 000。以境内巧山村得名。2008 年成立。有楼房 32 栋，中式建筑风格。驻有肥城市市场监管局等单位。有老年人日间照料中心，开展书法展示、歌舞展演等活动。通公交车。2010 年被评为省文明社区。

### 河西社区 370983-A01-J02
[ Héxī Shèqū ]

　　属新城街道管辖。在肥城市东部。面积 2 平方千米。人口 11 000。以境内河西小区得名。1992 年成立。有楼房 103 栋，中式建筑风格。驻有肥城市总工会等单位。有老年人日间照料中心，开展书法、绘画展览等活动。通公交车。2009 年被评为省文明社区。

### 孙家小庄社区 370983-A01-J03
[ Sūnjiāxiǎozhuāng Shèqū ]

　　属新城街道管辖。在肥城市东部。面积 5 平方千米。人口 2 400。以境内孙家小庄得名。2008 年成立。有楼房 79 栋，中式建筑风格。驻有肥城市国土资源局、肥城市行政审批大厅等单位。有老年人日间照料中心，开展老年人太极拳、太极剑展演等活动。通公交车。2009 年被评为省文明社区。

### 南仪仙社区 370983-A03-J01
[ Nányíxiān Shèqū ]

　　属王瓜店街道管辖。在肥城市西北部。面积 2 平方千米。人口 2 200。以境内南仪仙村得名。2010 年成立。有楼房 23 栋，中式建筑风格。有老年人日间照料中心，开展老年人太极拳展演、棋类比赛等活动。通公交车。2010 年被评为省文明社区。

### 王东社区 370983-A03-J02
[ Wángdōng Shèqū ]

　　属王瓜店街道管辖。在肥城市西部。面积 1.8 平方千米。人口 3 700。以境内王东村得名。2007 年成立。有楼房 78 栋，中式建筑风格。驻有王瓜店街道办事处等单位。有老年人日间照料中心，开展老年人太极拳展演、书法展示等活动。通公交车。2008 年被评为省文明社区。

### 朱庄社区 370983-A03-J03
[ Zhūzhuāng Shèqū ]

　　属王瓜店街道管辖。在肥城市西部。面积 0.7 平方千米。人口 1 300。以境内朱庄得名。2013 年成立。有楼房 42 栋，中式建筑风格。有老年人日间照料中心，开展老年人太极拳、太极剑展演等活动。通公交车。

# 宁阳县

### 宁阳县 370921
[ Níngyáng Xiàn ]

　　泰安市辖县。北纬 35°46′，东经 116°49′。在市境南部。面积 1 125 平方千米。人口 81.8 万。辖 2 街道、9 镇、2 乡。县人民政府驻文庙街道。商为卫邑。西周、春秋为卫国地。西汉置宁阳县，因在宁山之南而得名。属泰山郡。东汉属东平国。西晋废。隋开皇十六年（596）改为龚丘县，属鲁郡。唐属兖州。宋改为龚县，属袭庆府。金大定二十九年（1189）复名宁阳县，属兖州。元属济宁路。明清属兖州府。1914 年属济宁道。1925 年属兖济道。1928 年直属山东省。1936 年属第一行政督察区。1939 年抗日民主政权建立后，属泰西行政区（旋改泰西专区）。1946 年属冀鲁豫行政区第二专区。1948 年属鲁中南行政区第七专区。1950 年属泰安专区。1958 年属济南市。1961 年复属泰安专区（1967 年改称泰安地区）。1985 年属泰安市。（资料来源：《中华人民共和国地名大词典》）。地势东高西低，东部多为低山、丘陵，西部多为平原。平均海拔 63.2 米。年均气温 13.7℃。年均降水量 689.6 毫米。有大汶河、柴汶河、石岿河、北鄙河、洸河、赵王河、满庄河、汉马河等河流。有煤、铁、金等矿产资源。有野生植物 252 种，野生动物 245 种。森林覆盖率 18.12%。有省级国际科技合作研究中心 1 个，省级工程技术研究中心 4 个，院士工作站 2 个。有中小学 99 所，图书馆 1 个，博物馆 1 个，体育场馆 108 个。有国家级文物保护单位宁阳颜子庙和颜林、大汶口遗址，省级文物保护单位 6 个，省级爱国主义教育基地 1 个，宁阳斗蟋、宁阳木偶戏等省级非物质文化遗产 4 个，重要景点和名胜古迹 2 个。三次产业比例为 15：44.8：40.2。农作物以小麦、玉米为主，土特产有宁阳大枣、葛石黄梨、许家桥大白菜。工业有化工、煤炭、建材、轻纺、机械加工和农副产品深加工等传统产业及汽车配件、输变电设备、矿山机械、新能源、新材料、新医药等新兴产业。服务业以餐饮零售业为主。有省级开发区 1 个。铁路里程 85.14 千米，公路里程 1 635.6 千米。有京沪铁路、山西中南部铁路、磁莱铁路、京沪高铁、京台高速公路、104 国道和省道济微公路、蒙馆公路过境。

## 山东宁阳经济开发区 370921-E01
[ Shāndōng Níngyáng Jīngjì Kāifāqū ]

在宁阳县东部。东邻华丰镇，南到朝柴路，西连蒋集镇，北隔大汶河与岱岳区相望。面积 3 607.0 公顷。以所在行政区域及性质命名。2006 年 3 月经省政府正式批准为省级开发区，名为山东宁阳工业园区；2012 年经省政府批准更名为山东宁阳经济开发区，由县级政府管理。主要产业有生物高技术、矿用机械装备制造、输变电设备、汽车零部件、新能源、新材料、仓储物流等，规模以上企业 60 家。临近多条铁路和国道，交通便利。

## 文庙街道 370921-A01
[ Wénmiào Jiēdào ]

宁阳县人民政府驻地。在县境西部。面积 28 平方千米。人口 6.8 万。2010 年设立。因辖区内历史悠久的名胜古迹文庙而得名。2012 年开展宁阳东城区建设，文化街、东街、金阳大街东延。2013 年新建清风路、复圣公园。宁阳沟、满庄河从境内穿过。有市级技术研究中心 1 个，中小学 12 所，文化馆、图书馆 2 个，体育场馆 15 个，医疗卫生机构 3 个。有省级文物保护单位文庙。有亿丰国际城市综合体、凌云商厦等标志性建筑物。有人工湖 1 个。经济以房地产、商业为主。农业以种植小麦、玉米、大豆、蔬菜为主，有苗圃 2 个。有宁阳汽车站，通公交车。

## 八仙桥街道 370921-A02
[ Bāxiānqiáo Jiēdào ]

属宁阳县管辖。在县境西部。面积 23 平方千米。人口 4.2 万。2010 年设立。因附近村落八仙桥命名。2011 年新建八仙桥街道办事处大楼。2014 年开始建设洸河公园。洸河、赵王河从境内穿过。有市级技术研究中心 18 个，中小学 6 所，体育场馆 7 个，医疗卫生机构 1 个。有联通大厦、国家电网大楼等标志性建筑物。农业以种植业为主，粮食作物主要有玉米、小麦、高粱等，经济作物主要有棉花、花生、大豆等。

钢球制造为特色产业，另有造纸、机车制造、生物制药、新材料等产业。服务业以物流业为主。通公交车。

### 泗店镇 370921-B01
[ Sìdiàn Zhèn ]

宁阳县辖镇。在县境西南部。面积56平方千米。人口4.3万。辖36村委会，有56自然村。镇人民政府驻泗店村。1956年置泗店区。1958年改设乡，后改城南公社。1984年复设泗店乡。1994年改置镇。因镇政府驻地而得名。赵王河、洸河、宁阳沟从境内穿过。有中小学8所，卫生院1个，体育馆9个，公共绿地3个，广场36个。有省级文物保护单位汉代宁阳古城遗址，省级非物质文化遗产"宁阳斗蟋"源于此。经济以农业为主。农业以畜禽养殖和种植为主，粮食作物主产小麦、玉米，经济作物为蔬菜，畜牧业以饲养猪、奶牛、家禽为主。工业以钢铁、粮食加工、机械配件、玻璃制品、造纸原料五大主导产业为主。服务业以餐饮业为主。主要特产有牛村犬肉、许桥大白菜等。有省道济微公路过境。

### 东疏镇 370921-B02
[ Dōngshū Zhèn ]

宁阳县辖镇。在县境西部。面积84平方千米。人口1.1万。辖49村委会，有65自然村。镇人民政府驻东疏村。1959年撤西疏、大伯两公社，建东疏公社。1983年改东疏区。1985年区建东疏镇和西疏乡。2001年西疏乡并入。因镇政府驻地得名。赵王河、南泉河从境内穿过。有中小学8所，卫生院1个，体育馆9个，公共绿地3个，广场49个。有省级文物保护单位潘家黄茂汉墓。宁阳弦子戏距今已有200余年历史。经济以农业为主，是国家苗木花卉标准示范区。种植业以种植苗木、小麦、玉米、蔬菜为主，畜牧业以饲养猪、羊、家禽为主。

工业以建材、机械制造、石材加工为主。服务业以餐饮零售业为主。有省道蒙馆公路过境。

### 伏山镇 370921-B03
[ Fúshān Zhèn ]

宁阳县辖镇。在县境西北部。面积84平方千米。人口6.7万。辖59村委会，有81自然村。镇人民政府驻前伏山村。1955年设伏山区。1958年改公社。1984年置镇。1985年镇区分为伏山镇、白马乡。2001年白马乡并入。因镇政府驻前伏山而得名。主要山峰有伏山、云山、玉皇山，河流有大汶河、洸河、月牙河。有中小学8所，卫生院1个，体育馆9个，公共绿地3个，广场59个。有省级文物保护单位禹王庙。经济以工业为主。农业以种植小麦、玉米、蔬菜为主，主要特色产品有山药、有机蔬菜、芦荟、芹菜等，有太空蔬菜育种基地。畜牧业以饲养猪、奶牛为主。工业以建材、机械制造、生物发电、钢球加工等为主，有省级技术研究中心1个。服务业以餐饮零售业为主。有山西中南部铁路、省道济微公路过境。

### 堽城镇 370921-B04
[ Gāngchéng Zhèn ]

宁阳县辖镇。在县境北部。面积118平方千米。人口8.5万。辖62村委会，有79自然村。镇人民政府驻堽城屯村。1952年属七区。1955年属茅庄区。1958改堽城公社。1984年改置镇。2001年茅庄镇并入。因镇政府驻地得名。主要河流有大汶河、洸河、王家河等。有中小学13所，卫生院1个，体育馆13个，公共绿地3个，广场62个。有省级非物质文化遗产宁阳木偶戏，重要名胜古迹刚邑故城址、南落星陨石堆、西台清真寺。经济以工业为主。农业以粮食种植为主，粮食作物主产小麦、玉米，蔬菜种植比较发达。工业以蓄电池、钢球、机械、玻璃生产为主，有国家级高新技术企业 2 家、省级 3 家。服务业以餐饮零售业为主。有山西中南部铁路、省道蒙馆公路过境。

## 蒋集镇 370921-B05
[ Jiǎngjí Zhèn ]

宁阳县辖镇。在县境北部。面积 66 平方千米。人口 3.9 万。辖 32 村委会，有 51 自然村。镇人民政府驻蒋家集村。1958 年设蒋集乡，同年改公社。1984 年复设乡。1994 年改置镇。因镇政府驻地得名。大汶河从境内穿过。有中小学 7 所，卫生院 1 个，体育馆 7 个，公共绿地 3 个，广场 32 个。有名胜古迹华佗庙、古汶阳城遗址、万亩槐花、3 000 亩白鹭栖息保护区。经济以农业为主。农业以种植、养殖为主，种植业主产小麦、玉米、花生、蔬菜，饲养猪、羊、牛，特色养殖固始鸡、固始白鹅、长毛兔。工业以化工、装饰、建筑材料生产为主。服务业以餐饮零售业为主。有山西中南部铁路、省道蒙馆公路经此过境。

## 磁窑镇 370921-B06
[ Cíyáo Zhèn ]

宁阳县辖镇。在县境东北部。面积 153 平方千米。人口 12.4 万。辖 92 村委会，有 115 自然村。镇人民政府驻磁窑村。1956 年设磁窑区。1958 年改南驿公社。1983 年设区。1985 年撤区并乡，境内北部划为磁窑镇，南部划为南驿镇。2001 年南驿镇并入。因境内磁窑火车站得名。主要河流有大汶河、海子河。有中小学 10 所，卫生院 2 个，体育馆 11 个，公共绿地 5 个，广场 93 个。有国家级文物保护单位大汶口遗址（堡头遗址），名胜古迹矩平遗址、古瓷窑遗址。经济以工业为主。农业以种植、养殖为主，主产小麦、玉米，饲养猪、羊、

家禽。工业以化工、铸造、机械加工，塑料制品、酿造、印刷、建筑材料加工为主。境内有宁阳经济开发区，有化学工业园、物流产业园。服务业以餐饮、零售、住宿、汽车维修为主。有京沪铁路、磁莱铁路、蒙馆公路、104 国道、京台高速公路过境，设磁窑站、宁阳东站、南驿站。

## 华丰镇 370921-B07
[ Huáfēng Zhèn ]

宁阳县辖镇。在县境东部。面积 115 平方千米。人口 9.3 万。辖 59 村委会，有 63 自然村。镇人民政府驻新街村。1959 年设华丰公社。1983 年成立华丰区。1985 年分为华丰镇、灵山乡。2001 年灵山乡并入。因临近华丰煤矿得名。山脉有凤仙山、灵山等，柴汶河、故城河等从境内穿过。有中小学 13 所，卫生院 2 个，体育馆 14 个，公共绿地 5 个，广场 59 个。有省级文物保护单位灵山寺、古磁窑址。经济以煤炭、机械制造业为主。农业以种植小麦、玉米为主。有国家级高新技术企业 1 家、省级 2 家。服务业以餐饮、零售为主。有磁莱铁路、省道蒙馆路过境，设华丰站。

## 葛石镇 370921-B08
[ Gěshí Zhèn ]

宁阳县辖镇。在县境南部。面积 132 平方千米。人口 6.8 万。以汉族为主，还有回族。辖 27 村委会，有 66 自然村。镇人民政府驻葛石店村。1952 年为九区。1956 年置葛石区。1958 年改公社。1983 年为葛石区。1985 年分设葛石镇、石集乡。2001 年石集乡并入。因镇人民政府驻葛石店而得名。主要山峰有凤凰山、神童山，河流有汉马河、石集河。有中小学 9 所，卫生院 1 个，体育馆 10 个，公共绿地 3 个，广场 27 个。有省级爱国主义教育基地宁阳烈士陵园，重要名胜古迹神童山省级森林公

园。经济以农业为主。农业以种植小麦、玉米、花生为主，特产葛石大枣、葛石黄梨等。工业以煤炭、机械制造、汽车配件等为主。服务业以餐饮、零售为主。有公路经此。

## 东庄镇 370921-B09
[ Dōngzhuāng Zhèn ]

宁阳县辖镇。在县境东部。面积 100 平方千米。人口 6.1 万。辖 45 村委会，有 51 自然村。镇人民政府驻东庄。1956 年设东庄乡。1958 年改公社。1983 年称东庄区。1985 年改乡。2001 年崔解乡并入。2010 年置镇。因镇政府驻地得名。主要河流有柴汶河、故城河、石固河、北鄙河。有中小学 8 所，卫生院 1 个，体育馆 8 个，公共绿地 3 个，广场 45 个。经济以工业为主。农业以种植小麦、玉米、花生为主。工业以铁矿石开采、石灰岩加工、机械、高端钢球、输变电设备制造为主，有省级高新技术产品 1 个、省级科普惠农示范工程单位 1 个。服务业以餐饮、零售为主。有磁莱铁路、省道蒙馆公路过境。

## 鹤山乡 370921-C01
[ Hèshān Xiāng ]

宁阳县辖乡。在县境西北部。面积 99 平方千米。人口 5.6 万。辖 1 居委会、45 村委会，有 70 自然村。乡人民政府驻前鹤山村。1958 年设乡，同年改公社。1983 年改区。1985 年分设鹤山乡、王卞乡。2001 年两乡合并设鹤山乡。因镇政府驻地前鹤山得名。主要河流有北泉河、大汶河。有中小学 7 所，卫生院 1 个，体育馆 8 个，公共绿地 3 个，广场 45 个。有国家级文物保护单位颜林颜庙。有琵琶湖等景点。经济以服装业、铸造、机械加工、化工、建材为主。农业主产小麦、玉米。有山西中南部铁路过境。

## 乡饮乡 370921-C02
[ Xiāngyǐn Xiāng ]

宁阳县辖乡。在县境南部。面积 68 平方千米。人口 3.7 万。辖 15 村委会，有 59 自然村。乡人民政府驻乡饮村。1956 年置乡饮区。1958 年设乡，同年改公社。1983 年改区。1985 年复设乡。因乡政府驻地得名。汉马河从境内穿过。有中小学 5 所，卫生院 1 个，体育馆 5 个，公共绿地 3 个，广场 15 个。经济以农业为主。粮食作物主产小麦、玉米。畜牧业以饲养猪、羊为主。工业有纺织、服装、电子、建材等业。服务业以餐饮、零售为主。有公路经此。

# 社区

## 南关社区 370921-A01-J01
[ Nánguān Shèqū ]

属文庙街道管辖。在县城南部。面积 1 平方千米。人口 3 000。因位于县城南街和南门外而得名。2002 年成立。有楼房 66 栋，现代建筑风格。驻有晋煤明升达公司、宁阳县第一人民医院、宁阳县住建局、宁阳县环保局等单位。通公交车。2014 年被评为省文明社区。

## 连桥社区 370921-A01-J02
[ Liánqiáo Shèqū ]

属文庙街道管辖。在县境西部。面积 1 平方千米。人口 1 600。北宋末建村，村内河沟上架桥十二座，有十二连桥之说，故名连家桥，后简称连桥。社区沿用原村名。2002 年成立。有楼房 161 栋，现代建筑风格。驻有宁阳县政府、宁阳县工商局、宁阳县公安局、宁阳四中等单位。通公交车。2014 年被评为省文明社区。

**东关社区** 370921-A01-J03

[ Dōngguān Shèqū ]

属文庙街道管辖。在县城中部。面积 0.4 平方千米。人口 2 900。因位于故县城东街和东门外而得名。2002 年成立。有楼房 162 栋，现代建筑风格。驻有宁阳县实验小学等单位。通公交车。

**北关社区** 370921-A01-J04

[ Běiguān Shèqū ]

属文庙街道管辖。在县城中部。面积 0.4 平方千米。人口 2 300。因位于故县城北街和北门外而得名。2002 年成立。有楼房 560 栋，现代建筑风格。驻有党校、宁阳县第一中学、宁阳县教育局等单位。通公交车。

**西关社区** 370921-A02-J01

[ Xīguān Shèqū ]

属八仙桥街道管辖。在县城西部。面积 0.3 平方千米。人口 2 400。因位于故县城西街和西门外而得名。2002 年成立。有楼房 118 栋，现代建筑风格。驻有西关小学、宁阳县国土局、宁阳县运输公司等单位。通公交车。

**邢家庄社区** 370921-A02-J02

[ Xíngjiāzhuāng Shèqū ]

属八仙桥街道管辖。在县城西部。面积 0.7 平方千米。人口 1 900。据《张氏族谱》记载，明洪武年间，张姓迁此定居。据说邢姓先居，以姓氏取名邢家庄。社区沿用原村名。有楼房 131 栋，现代建筑风格。驻有金彩山酒业、天和纸业等单位。通公交车。

# 东平县

**东平县** 370923

[ Dōngpíng Xiàn ]

泰安市辖县。北纬 35°56′，东经 116°27′。在市境西南部。面积 1 343 平方千米。人口 79.8 万。辖 3 街道、9 镇、2 乡。县人民政府驻东平街道。唐虞夏商时期属徐州。西周、春秋属须句、鄣、宿等诸侯国。战国属齐无盐邑。秦属薛郡。西汉先后属梁国、济东国、大河郡、东平国。东汉、三国魏沿属东平国。西晋东平国治迁须昌城。东晋改东平国为东平郡。隋代属济北郡。唐代属郓州。五代沿属郓州。宋代属东平府。金沿属东平府（治须城）。元代属东平路，须城为路城。明代属东平府。洪武八年（1375），东平府降为州。清代属东平州。1913 年改东平州为东平县，属济西道。1928 年直属山东省政府。1935 年属省第一实验区行政长官公署。1938 年属省第二行政督察区。1939 年 9 月 27 日先后属泰西行政委员会和泰西专员公署。1941 年 6 月属冀鲁豫第一专署。1942 年 7 月改属冀鲁豫第二专署。1945 年 5 月属冀鲁豫第八专署。1947 年 7 月属冀鲁豫第七专署。1948 年 5 月复属泰西专署。1950 年 5 月属泰安专署。1958 年 12 月属聊城专署。1959 年 8 月改属济南市。1962 年 1 月 1 日复属泰安专署。1985 年 8 月属泰安市，东平县沿属。（资料来源：《东平县志》《东平地名志》）。东平古称东原，有文字记载的历史已达 3 000 多年，因《尚书·禹贡》中"大野既潴，东原底平"之说而得名。地势东北高、西南低，地形分为山地、丘陵、平原、洼地、湖泊、河流。山地丘陵分布在北部地区，属鲁中南低山丘陵边缘；平原分布在南部地区，属大汶河冲积平原；洼地分布在东平湖区。平均海拔 280.6 米。

年均气温 13.6℃，1 月平均气温 −1.2℃，7 月平均气温 26.7℃。年均降水量 605.6 毫米。有黄河、大汶河、汇河、湖东排水河、东金线河等河流。已发现和探明储量的矿产资源有 15 种。有野生植物 25 种，其中国家重点保护野生植物有野大豆、中华结缕草 2 种。有野生动物 219 种，其中国家重点保护野生动物有白鹳、丹顶鹤、大鸨、大天鹅等 23 种。森林覆盖率 29.5%。有独立科研与技术开发机构 4 个。有中小学 118 所，国家级图书馆 1 个，国家级博物馆 1 个，国家级档案馆 1 个，知名文艺团体 1 个，体育场馆 1 个，二级以上医院 4 个。有国家级文物保护单位 3 个、省级文物保护单位 4 个，省级爱国主义教育基地 1 个，国家级非物质文化遗产 2 个、省级非物质文化遗产 4 个，重要古迹、景点 400 余个。东平湖景区是八百里梁山泊唯一遗存水域。三次产业比例为 11.88∶45.10∶43.02。农业以种植业和渔业为主，其中，渔业以池塘、东平湖"三网"养殖为主。工业以矿业、化工、造纸、食品、纺织、机械制造和电子光电等七大主导产业为龙头。有省级工业园区 1 个。服务业以休闲旅游、现代物流、总部经济、健康养老、金融服务为主。有济广高速、105 国道、220 国道、250 省道、255 省道、331 省道、黄河水运线路过境。

## 山东东平经济开发区 370923-E01
[ Shāndōng Dōngpíng Jīngjì Kāifāqū ]

在县境西北部。东至东原路，南临东平县中医院，西至须昌路，北临东平县东原实验学校。面积 3 500 公顷。因所在行政区域及单位性质而得名。2006 年经省政府正式批准建立省级开发区，由县级政府管理。有 236 家企业入驻，有 10 个中国名牌产品、8 个中国驰名商标、21 个山东省著名商标及山东名牌，基本形成了以日用化工、生活用纸、电子电器、钢材加工、亚麻纺织、印刷包装、食品加工等为支柱的工业体系。投资过亿元的项目有浙江九州印业公司投资兴建的年产 50 万吨冷轧薄钢板项目、浙江中意包装公司投资兴建的气流纺织项目等 16 个。开发区内道路纵横交错，通公交车。

## 东平街道 370923-A01
[ Dōngpíng Jiēdào ]

东平县人民政府驻地。在县城西南部。面积 161 平方千米。人口 14.7 万。2010 年设立。因是县城驻地得名。大清河从境内穿过。有中小学 10 所，图书馆 1 个，体育场馆 1 个，医疗卫生机构 1 个。有国家级文物保护单位白佛山石窟造像，纪念地无盐大捷纪念地、韩山头战斗纪念地，省级非物质文化遗产东平硪号子，重要名胜古迹白佛山、稻屯洼国家城市湿地公园、罗贯中纪念馆。有塘坊、史楼民俗旅游度假村。有文秀剧院、儒原城市广场等标志性建筑物。经济以矿业、化工、造纸、食品、纺织、机械制造和电子光电为主，有东顺集团、金马帘子布、华东纸业等骨干企业，有"国丹"食品、"顺清柔"纸品、"赵彬"糟鱼等老字号。有东平汽车站，通公交车。

## 州城街道 370923-A02
[ Zhōuchéng Jiēdào ]

属东平县管辖。在县城西南部。面积 72 平方千米。人口 6.1 万。2010 年设立。因位于明清东平州城驻地而得名。2010 年恢复千年宋城胜景，已初具规模。2013 年末，绿化面积达 3.5 万平方米。有中小学 7 所，医疗卫生机构 2 个。有纪念地中共东平县工委诞生地，省级非物质文化遗产东平硪号子，重要名胜古迹千年宋城、牌坊街、清真寺、万里故居。城区建筑呈现宋朝风格，有宋城民俗古玩街。经济以造纸、机械加工、建筑建材、服装纺织为主。农业以新兴高效农业示范园为主，主产有机蔬菜、瓜果、食用菌。旅游服务产业发展迅速。有州城汽车站，通公交车。

## 彭集街道　370923-A03
[ Péngjí Jiēdào ]

属东平县管辖。在县城南部。面积73平方千米。人口6.6万。2011年设立。因街道驻彭集村而得名。2011年建设工业和物流片区及道路管网。大清河、小汶河从境内穿过。有中小学7所，医疗卫生机构1个。有省级文物保护单位戴村坝，省级非物质文化遗产东平硪号子。有春秋战国时期的郈城遗址。经济以农机制造、木材加工、油料加工、面粉加工、磷肥生产、塑料编织袋加工、铁矿开采、化工、物流等为主，有瑞星化工集团有限公司。特色农产品有花生和圆葱。通公交车。

## 沙河站镇　370923-B01
[ Shāhézhàn Zhèn ]

东平县辖镇。在县境南部。面积74平方千米。人口5.9万。辖65村委会，有80自然村。镇人民政府驻沙河站村。始建于宋咸平三年（1000）。历代属东平管辖，为明、清重要的邮政要站。1931年属东平县六区。1958年10月成立沙河站人民公社。1984年3月改沙河站区。1985年11月撤区设沙河站镇。因镇政府驻地得名。湖东排水河、龙宫河从境内穿过。有中小学8所，卫生院1个，广场78个。有重要名胜古迹蔚氏家祠。经济以农产品种植、化工、服装、塑料制品、脱水蔬菜加工、面粉加工为主。种植业以无公害瓜菜为主，西瓜、土豆获得了国家级无公害农产品认证。畜牧业以养殖奶牛、猪、肉蛋鸡和小尾寒羊为主。有济菏高速、济徐高速、省道东邹公路过境。

## 老湖镇　370923-B02
[ Lǎohú Zhèn ]

东平县辖镇。在县境西北部。面积198平方千米。人口7.1万。辖71村委会，有94自然村。镇人民政府驻老湖村。春秋属须句国。秦至唐属须昌县。宋元属须城县。明清属东平州。1931年属东平县二区、九区。1949年为第二区，1953年属十区。1955属黄花园区。1958年设黄花园人民公社。2001年与水河乡并入老湖镇。以镇驻地得名。西邻东平湖。有中小学8所，卫生院2个，公共绿地1个，广场71个。有省级文物保护单位梁氏墓群、北桥墓群，纪念地东平烈士陵园，国家级非物质文化遗产端鼓腔，重要名胜古迹孙奭墓、冉子祠、栲栳寺、朱桥遗址、黄石悬崖、梁氏墓群、北桥墓群、水浒影视城。经济以渔业、铁矿业、五金加工、饲料加工、麻鸭养殖业为主。以东平湖湿地、黄石崖生态休闲区为主发展旅游业。有250省道、省道东邹公路过境。

## 银山镇　370923-B03
[ Yínshān Zhèn ]

东平县辖镇。在县境西部。面积105平方千米。人口5.6万。辖44村委会，有57自然村。镇人民政府驻前银山村。春秋属齐地。隋代始一直属东平管辖。1949年为银山区。1958年改东风公社。1962年改银山公社。1984年改设区。1986年改为银山镇。以镇驻地得名。西有黄河经过，东邻东平湖。有中小学10所，卫生院1个，公共绿地1个，广场38个。有国家级非物质文化遗产腊山道教音乐，重要名胜古迹腊山国家森林公园、昆仑山景区、湖心岛、马跑泉、东平银山碑刻等。经济以渔业、养殖业、山石开发为主。盛产东平湖甲鱼、中华绒鳌蟹、大银鱼、大青虾、鳜鱼、乌鳢、菱角等水产品。重点产业有旅游、商贸、大蒜种植、水产养殖等。有 220 国道过境，设银山汽车站。

## 斑鸠店镇 370923-B04
[ Bānjiūdiàn Zhèn ]

属东平县辖镇。在县境西部。面积 76 平方千米。人口 4.8 万。辖 40 村委会，有 43 自然村。镇人民政府驻斑鸠店村。隋属济北郡。唐属济州。宋属郓州。元属东平路。明清属东平州。抗日战争时期属东阿县二区。1956 年设斑鸠店乡。1958 年并入银山公社。1962 年设斑鸠店公社。1986 年与豆山乡合并为斑鸠店镇。因镇政府驻地得名。西有黄河经过，东邻东平湖。有中小学 5 所，卫生院 1 个，广场 35 个。有省级文物保护单位理明窝摩崖造像，重要名胜古迹六工山景区、东平水浒大寨、建福寺、仲子读书处、程公祠、柏松山汉代墓群等。经济以大蒜存储加工为主，是山东省优质大蒜产区、标准化生产示范区，已通过无公害农产品认证。"斑鸠店"牌大蒜出口韩国、日本、新加坡、加拿大等多个国家。服务业以旅游业为主。有 220 国道过境。

## 接山镇 370923-B05
[ Jiēshān Zhèn ]

属东平县辖镇。在县境东部。面积 150 平方千米。人口 6.4 万。辖 52 村委会，有 62 自然村。镇人民政府驻接山村。战国至南北朝属无盐县。唐属须昌县。宋元属须城县。明清属寿张县。抗日战争时期属东平县四区。1958 年设接山乡，同年改公社。1984 年合并为接山乡和张河桥乡。2001 年合并张河桥乡为接山乡。2010 年改接山镇。宋大中祥符三年（1010），宋真宗东封泰山，地方官员在此接驾而得名接驾山，后简称接山。大汶河、汇河、金线河流经。有中小学 5 所，卫生院 1 个，广场 50 个。有纪念地东进支队司令部办公室遗址、香山战

斗纪念地，重要名胜古迹郈城故城、泰山行宫庙。经济以纺织、机械、塑料、橡胶、造纸、建材、苗木种植及农产品加工等为主。农业主要种植有机蔬菜、中草药、苗木花卉种植。有省道泰东公路过境。

## 大羊镇 370923-B06
[ Dàiyáng Zhèn ]

属东平县辖镇。在县境北部。面积 87 平方千米。人口 3.5 万。辖 37 村委会，有 38 自然村。镇人民政府驻大羊村。汉至唐属富城县。宋元属须城县。明清属东平州。民国属东平三区。1958 年设大羊乡，同年改公社。1984 年改为大羊区。1985 年改设乡。2010 年设镇。因镇政府驻地得名。汇河、东金线河、西金线河从境内穿过。有中小学 6 所，卫生院 1 个，广场 37 个。有重要名胜古迹杜三策墓、刘仲羽烈士墓、清泉寺摩崖刻字。经济以化工、建材、机械加工、食品加工、新能源为主。有国家地理标志商标"大羊薄皮核桃"。有 105 国道过境。

## 梯门镇 370923-B07
[ Tīmén Zhèn ]

属东平县辖镇。在县境西部。面积 82 平方千米。人口 3.7 万。辖 42 村委会，有 53 自然村。镇人民政府驻东梯门村。春秋战国属齐。秦属济北郡。汉、三国魏、晋属东平国。北朝魏、隋属东平郡。唐、北宋属郓州。金属东平府。元属东平路。明、清属东平州。民国属东平县二区、三区。1958 年撤区设花篮店公社。1982 年改称梯门公社。1985 年撤区并乡改称梯门乡。2010 年设梯门镇。因镇政府驻地得名。跃进河流经。有中小学 6 所，卫生院 1 个，广场 42 个。有省级文物保护单位尚书林，重要名胜古迹王宪墓、沟坝遗址。经济以铁矿业、建筑材料生产等为主。畜牧业以养殖小尾寒羊、鲁西黄牛、奶牛为主。有省道肥梁公路过境。

**戴庙镇** 370923-B08
[ Dàimiào Zhèn ]

东平县辖镇。在县境西部。面积 88 平方千米。人口 3.8 万。辖 48 村委会，有 58 自然村。镇人民政府驻孟垓村。春秋时属齐地。秦属济东郡。西汉属寿良县。东汉至清属寿张县。民国属昆山县一区。1949 年属梁山县。1958 年 2 月撤区设戴庙乡，同年 8 月分属八一（黑虎庙）、东风（银山）人民公社。1960 年湖区蓄水，迁往外地安置。1963 年后陆续返迁，1965 年成立戴庙人民公社。1984 年 2 月复设乡。1985 年划归东平县。2011 年撤乡设戴庙镇。因镇政府驻地得名。东临东平湖。有中小学 6 所，卫生院 1 个，广场 48 个。有国家级文物保护单位棘梁山摩崖造像，重要名胜古迹司里山摩崖造像。经济以纺织、化工、面粉加工和建筑材料生产为主。农业以林果、瓜菜种植和水产、禽畜养殖为主，是小尾寒羊繁育集散地。有 220 国道过境。

**新湖镇** 370923-B09
[ Xīnhú Zhèn ]

东平县辖镇。在县境南部。面积 130 平方千米。人口 5.1 万。辖 51 村委会，有 102 自然村。镇人民政府驻唐营村。春秋属鲁。秦代属张县。汉至唐属东平寿张县。宋元属须城县，明清属东平州。民国属东平县九区。1956 年分属唐营、后泊 2 乡，1958 年成立新湖人民公社。1960 年因处于东平湖二级滞洪区外迁，1964 年回迁，设湖区公社。1985 年 11 月改设新湖乡。2011 年 10 月撤乡设新湖镇。因位于新库区得名。古运河经过。有中小学 8 所，卫生院 1 个，广场 37 个。经济以纺织、制衣、手工加工业为主，产红麻和莲藕、草鱼、鲤鱼、甲鱼等水产品。有 220 国道过境。

**商老庄乡** 370923-C01
[ Shānglǎozhuāng Xiāng ]

东平县辖乡。在县境西部。面积 93 平方千米。人口 3.2 万。辖 35 村委会，有 48 自然村。乡人民政府驻商老庄。春秋属鲁地。秦属济东郡。西汉属寿良县。东汉至清属寿张县。民国属东平县七区。1940 年属昆山县八区。1949 年属梁山县。1958 年设公社。1985 年置乡，划归东平县。2001 年与大安山乡合并为商老庄乡。因乡政府驻地得名。戴码河从境内穿过。有中小学 4 所，卫生院 1 个，广场 30 个。有省级非物质文化遗产中华子午门功夫，重要名胜古迹安山古镇、八里湾京杭运河复航河道、京杭运河船闸。经济以服装、电子、塑料、建筑材料、水产品养殖为主。农作物主要有小麦、大豆、玉米，经济作物主要有西瓜、食用菌等。畜牧业以小尾寒羊、鲁西黄牛养殖为主。产河蟹、莲藕，是著名的"水产之乡"。有 220 国道、省道泰东公路过境。

**旧县乡** 370923-C02
[ Jiùxiàn Xiāng ]

东平县辖乡。在县境西部。面积 73 平方千米。人口 2.7 万。辖 30 村委会，有 35 自然村。乡人民政府驻旧县一村。古为南谷镇。原属东阿县，1947 年划归平阴县。1958 年属东阿公社。1962 年分成东阿、洪范、旧县三个公社。1984 年设立旧县区公所。1985 年改为旧县乡。1996 年由平阴县划归东平县。因乡政府驻旧县一村而得名。西邻东平湖。有中小学 4 所，卫生院 1 个，广场 42 个。有国家级文物保护单位洪顶山摩崖刻经，重要名胜古迹洪顶山景区。经济以建筑材料、农副产品加工为主，地瓜淀粉加工为传统主导产业。省道东邹公路过境。

# 社区

## 尹范村社区 370923-A01-J01
[ Yǐnfàncūn Shèqū ]

　　属东平街道管辖。在东平县东南部。面积 1.2 平方千米。人口 7 500。明永乐年间，尹姓在此建村，因位于大清河北岸，且河水时常泛滥，故名尹泛村，后演变为尹范村。社区沿用原村名。2003 年成立。有楼房 36 栋，现代建筑风格。驻有东平县执法局、东平县第三实验小学等单位。有老年人日间照料中心、志愿者服务，开展金秋助老、走访困境儿童、学雷锋进社区等活动。通公交车。2013 年被评为省文明社区。

## 赤脸店社区 370923-A01-J02
[ Chìliǎndiàn Shèqū ]

　　属东平街道管辖。在东平县东南部。面积 2.7 平方千米。人口 10 400。王莽时期，在赤眉军影响下，农民组织起来，脸涂红色作为标志，以村中店铺为联络点，对战王莽军，故名赤脸店，沿用至今。社区沿用原村名。2003 年成立。有楼房 260 栋，现代建筑风格。驻有东平县供电公司、东平县烟草公司、东平县地税局、中国银行东平支行等单位。有老年人日间照料中心、志愿者服务，开展金秋助老、走访困境儿童、学雷锋进社区等活动。通公交车。2013 年被评为省文明社区。

# 二 居民点

## 泰山区

### 城市居民点

#### 杆石桥小区 370902-I01
[ Gānshíqiáo Xiǎoqū ]

在区境东部。人口 500。总面积 1.2公顷。因本小区在杆石桥的西邻得名。1991 年始建，1993 年正式使用。建筑总面积 21 600 平方米，多层住宅楼 8 栋，中式建筑风格。有便民超市、卫生所等配套设施。通公交车。

#### 梅园小区 370902-I02
[ Méiyuán Xiǎoqū ]

在区境东部。人口 700。总面积 2.2公顷。因回迁前是梅园新村，故名。2009年始建，2011 年正式使用。建筑总面积 40 000 平方米，多层住宅楼 6 栋，中式建筑风格。有公园、健身广场、便民超市、卫生所等配套设施。通公交车。

#### 永福小区 370902-I03
[ Yǒngfú Xiǎoqū ]

在区境东部。人口 4 000。总面积 3.78公顷。因小区居民大多都是从永福街搬迁过来，故名永福小区。2000 年始建，2002年正式使用。建筑总面积 5 382 平方米，多层住宅楼 8 栋，中式建筑风格。有健身广场、便民超市、卫生所等配套设施。通公交车。

#### 封家园小区 370902-I04
[ Fēngjiāyuán Xiǎoqū ]

在区境东部。人口 800。总面积 0.7公顷。因古代有封邑的贵族之家，所以取其美好的寓意命名为封家园小区。1993 年始建，1995 年正式使用。建筑总面积 52 000平方米，多层住宅楼 7 栋，中式建筑风格。有便民超市、卫生所等配套设施。

#### 五马湖小区 370902-I05
[ Wǔmǎhú Xiǎoqū ]

在区境东部。1 004 户。总面积 7 公顷。因五马湖得名。2001 年始建，2003 年正式使用。建筑总面积 120 000 平方米，多层住宅楼 23 栋，现代建筑风格。绿地面积 500平方米，有公园、市场、小学、幼儿园、便民超市、卫生所等配套设施。通公交车。

#### 五马章庄花园 370902-I06
[ Wǔmǎzhāngzhuāng Huāyuán ]

在区境东部。人口 2 000。总面积 6.7公顷。因章氏大户居民较多而得名。2005年始建，2009 年正式使用。建筑总面积 87 000 平方米，多层住宅楼 15 栋，现代建筑风格。绿地面积 4 000 平方米，有市场、小学、幼儿园、便民超市、卫生所等配套设施。通公交车。

#### 粮食市小区 370902-I07
[ Liángshíshì Xiǎoqū ]

在区境中部。人口 1 100。总面积 2.2

公顷。因社区拆迁改造建设得名。建筑总面积 10 000 平方米，多层住宅楼 7 栋，现代建筑风格。绿地面积 100 平方米，有便民超市、学校、医院、幼儿园等配套设施。通公交车。

### 洼子小区 370902-I08
[ Wāzi Xiǎoqū ]

在区境西部。人口 9 300。总面积 38 公顷。因地势低洼而得名。1981 年始建，1981 年正式使用。建筑总面积 380 000 平方米，住宅楼 45 栋，其中高层 2 栋、多层 43 栋，现代建筑风格。绿地面积 0.2 平方米，有幼儿园、便民超市、卫生所等配套设施。通公交车。

### 元宝小区 370902-I09
[ Yuánbǎo Xiǎoqū ]

在区境中部。人口 3 600。总面积 30 公顷。因元宝街内原有元宝石而得名。1954 年始建，1955 正式使用。建筑总面积 96 000 平方米，高层住宅楼 19 栋，现代建筑风格。绿地面积 20 平方米，有幼儿园、卫生所、便民超市等配套设施。通公交车。

### 迎春小区 370902-I10
[ Yíngchūn Xiǎoqū ]

在区境中部。人口 9 200。总面积 26.46 公顷。因邻迎春路而得名。1981 年始建，1984 年正式使用。建筑总面积 200 000 平方米，多层住宅楼 88 栋，中式建筑风格。绿地面积 18 837.5 平方米，有幼儿园、小学、初中、便民超市、卫生所等配套设施。通公交车。

### 东湖小区 370902-I11
[ Dōnghú Xiǎoqū ]

在区境中部。人口 4 900。总面积 20 公顷。因毗邻东湖公园而得名。1997 年始建，1999 年正式使用。建筑总面积 150 000 平方米，住宅楼 37 栋，其中高层 2 栋、多层 35 栋，现代建筑风格。绿地面积 4 230 平方米，有学校、幼儿园、便民超市、卫生所等配套设施。通公交车。

### 灵山小区 370902-I12
[ Língshān Xiǎoqū ]

在区境中部。人口 1 900。总面积 1.2 公顷。因灵应官和蒿里山得名。1991 年始建，1993 年正式使用。建筑总面积 65 000 平方米，多层住宅楼 12 栋，中式建筑风格。绿地面积 300 平方米，有小学、幼儿园、便民超市、卫生所等配套设施。通公交车。

### 粮食局宿舍 370902-I13
[ Liángshíjú Sùshè ]

在区境中部。人口 600。总面积 4.4 公顷。因是泰山粮油购销供应公司家属院而得名。1986 年始建，1988 年正式使用。建筑总面积 44 037.4 平方米，多层住宅楼 4 栋，现代建筑风格。绿地面积 100 平方米。通公交车。

### 青山新村 370902-I14
[ Qīngshān Xīncūn ]

在区境西部。人口 900。总面积 6.7 公顷。因原青山村搬迁至此，故名青山新村。1984 年始建，1988 年正式使用。建筑总面积 200 000 平方米，住宅楼 35 栋，其中高层 4 栋、多层 31 栋，现代建筑风格。绿地面积 20 平方米，有幼儿园、便民超市、卫生室等配套设施。通公交车。

### 三里新村 370902-I15
[ Sānlǐ Xīncūn ]

在区境西部。人口 900。总面积 1.9 公顷。原为三里庄，因距旧泰城三华里得名，旧村改造时更名为三里新村。2002年始建，2003年正式使用。建筑总面积42 724平方米，多层住宅10栋，现代建筑风格。绿地面积1 600平方米，有小学、幼儿园、便民超市、卫生所等配套设施。通公交车。

### 灵山新村 370902-I16
[Língshān Xīncūn]

在区境南部。人口1 000。总面积55 000公顷。因蒿里山得名。1987年始建，1990年正式使用。建筑总面积69 000平方米，住宅楼298栋，现代建筑风格。绿地面积100平方米，有小学、幼儿园、便民超市、卫生所等配套设施。通公交车。

### 中七里小区 370902-I17
[Zhōngqīlǐ Xiǎoqū]

在区境西部。人口2 100。总面积4.86公顷。因在中七里社区辖区内得名。1999年始建，2005年正式使用。建筑总面积83 000平方米，多层住宅楼19栋，现代建筑风格。绿地面积100平方米，有幼儿园、便民超市、卫生所等配套设施。通公交车。

### 旧镇社区 370902-I18
[Jiùzhèn Shèqū]

在区境中部。人口3 000。总面积5.1公顷。因旧镇社区得名。2010年始建，2012年正式使用。建筑总面积347 153平方米，住宅楼35栋，其中高层14栋、多层21栋，现代建筑风格。绿地面积104 145.9平方米，有小学、幼儿园、社区卫生服务站、便民超市等配套设施。通公交车。

### 更新小区 370902-I19
[Gēngxīn Xiǎoqū]

在区境中部。人口600。总面积0.7公顷。以原更新村得名。1993年始建，1995年正式使用。建筑总面积24 000平方米，多层住宅楼5栋，现代建筑风格。绿地面积200平方米，有小学、幼儿园、便民超市、卫生所等配套设施。通公交车。

### 校场小区 370902-I20
[Jiàochǎng Xiǎoqū]

在区境中部。人口1 800。总面积4.5公顷。因邻校场街得名。1992年始建，1992年正式使用。建筑总面积68 000平方米，多层住宅楼19栋，现代建筑风格。绿地面积100平方米，有幼儿园、便民超市、卫生所等配套设施。通公交车。

### 乐园小区 370902-I21
[Lèyuán Xiǎoqū]

在区境西部。人口5 400。总面积10.7公顷。因西邻原泰山乐园公园得名。1995年始建，1997年正式使用。建筑总面积129 000平方米，多层住宅楼36栋，现代建筑风格。绿地面积14.5平方米，有幼儿园、便民超市等配套设施。通公交车。

### 九州家园 370902-I22
[Jiǔzhōu Jiāyuán]

在区境西部。人口2 000。总面积6.66公顷。以"九州"之意表示业主来自五湖四海，故名。2006年始建，同年正式使用。建筑总面积79 000平方米，住宅楼22栋，其中高层6栋、多层16栋，中式建筑风格。绿地面积7 650平方米，有幼儿园、便民超市等配套设施。通公交车。

### 清真寺小区 370902-I23
[Qīngzhēnsì Xiǎoqū]

在区境中部。人口5 400。总面积12公顷。因邻清真寺得名。1991年始建，1992年正式使用。建筑总面积65 722.87平方米，多层住宅楼58栋，现代建筑风格。

有幼儿园、小学、便民超市、卫生所等配套设施。通公交车。

## 圣华苑小区 370902-I24
[ Shènghuáyuàn Xiǎoqū ]

在区境西部。人口1 500。总面积3.5公顷。因在圣华社区驻地得名。2004年始建，2005年正式使用。建筑总面积6 600 000平方米，多层住宅楼12栋，现代建筑风格。通公交车。

## 圣地公寓 370902-I25
[ Shèngdì Gōngyù ]

在区境西部。人口3 800。总面积2.03公顷。以"一山一水一圣人"之意命名。2007年始建，2008年正式使用。建筑总面积14 000平方米，高层住宅楼3栋，现代建筑风格。绿地面积39 936平方米，有便民超市等配套设施。通公交车。

## 白马石新区 370902-I26
[ Báimǎshí Xīnqū ]

在区境东北部。人口200。总面积10公顷。由东白马石、西白马石、罗汉崖三个自然村合并新建，故名。2007年始建，2011年正式使用。建筑总面积70 000平方米，多层住宅楼22栋，现代建筑风格。绿化率30%，有便民超市等配套设施。通公交车。

## 岱下华庭小区 370902-I27
[ Dàixiàhuátíng Xiǎoqū ]

在区境西部。人口700。总面积1公顷。因紧邻泰山，故名。2004年始建，2005年正式使用。建筑总面积37 900平方米，多层住宅楼9栋，中式建筑风格。绿地面积12 000平方米，有便民超市、卫生所等配套设施。通公交车。

## 国华经典小区 370902-I28
[ Guóhuájīngdiǎn Xiǎoqū ]

在区境西北部。人口1 000。总面积13公顷。因在国华社区驻地得名。2013年始建，同年正式使用。建筑总面积180 000平方米，多层住宅楼18栋，别墅18栋，现代建筑风格。绿地面积40 500平方米，有幼儿园、便民超市等配套设施。通公交车。

## 国华时代小区 370902-I29
[ Guóhuáshídài Xiǎoqū ]

在区境西南部。人口1 200。总面积13.2公顷。因在国华社区驻地得名。2010年始建，同年正式使用。建筑总面积132 123.8平方米，住宅楼11栋，其中高层7栋、多层4栋，现代建筑风格。绿地面积6 542平方米，有幼儿园、便民超市等配套设施。通公交车。

## 三合御景园 370902-I30
[ Sānhé Yùjǐngyuán ]

在区境东南部。人口1 400。总面积14公顷。因由三合社区旧村改造而成，故名。2011年始建，2013年正式使用。建筑总面积180 000平方米，多层住宅楼43栋，中式建筑风格。绿化率30%，有小学、幼儿园、超市等配套设施。通公交车。

## 擂鼓石花园 370902-I31
[ Léigǔshí Huāyuán ]

在区境西部。人口1 000。总面积3.84公顷。因南邻擂鼓石大街得名。2004年始建，2005年正式使用。建筑总面积45 000平方米，住宅楼15栋，其中高层2栋、多层13栋，现代建筑风格。绿地面积450平方米。通公交车。

## 普照小区 370902-I32

[ Pǔzhào Xiǎoqū ]

在区境中部。人口 1 100。总面积 6.2 公顷。因紧邻普照寺得名。1996 年始建，1998 年正式使用。建筑总面积 57 000 平方米，多层住宅楼 25 栋，中式建筑风格。绿地面积 15 500 平方米，有小学、幼儿园、便民超市、卫生所等配套设施。通公交车。

## 迎胜小区 370902-I33

[ Yíngshèng Xiǎoqū ]

在区境西部。人口 1 000。总面积 3.9 公顷。因使用迎胜村土地得名。1984 年始建，1986 年正式使用。建筑总面积 59 000 平方米，多层住宅楼 13 栋，中式建筑风格。有小学、幼儿园、便民超市、卫生所等配套设施。通公交车。

## 恒基都市森林小区 370902-I34

[ Héngjī Dūshìsēnlín Xiǎoqū ]

在区境东部。人口 2100。总面积 16.08 公顷。为恒基置业公司开发，以城中森林的美好寓意命名。2013 年始建，2014 年正式使用。建筑总面积 340 000 平方米，高层住宅楼 41 栋，现代建筑风格。绿化率 45%，有幼儿园、便民超市等配套设施。通公交车。

## 安居上上城 370902-I35

[ Ānjū Shàngshàngchéng ]

在区境东部。人口 2 400。总面积 6.7 公顷。因安居乐业的美好寓意得名。2010 年始建，2012 年正式使用。建筑总面积 150 000 平方米，住宅楼 16 栋，其中高层 10 栋、多层 6 栋，现代建筑风格。绿化率 45%，有幼儿园、便民超市等配套设施。通公交车。

# 农村居民点

## 黄山头 370902-A03-H01

[ Huángshāntóu ]

在区驻地岱庙街道东北方向 6.5 千米。泰前街道辖自然村。人口 400。因处于泰山东麓黄山的南端，故名黄山头。聚落呈团块状分布。有文化广场 1 个、农家书屋 1 个、图书室 1 个、幼儿园 1 所。经济以种植业为主。有公路经此。

## 凤台 370902-A04-H01

[ Fèngtái ]

在区驻地岱庙街道东北方向 4.1 千米。上高街道辖自然村。人口 1 500。明洪武年间立村，原村西北有两大王侯坟墓，始称坟台。因原名不雅，传说坟台上曾落过凤凰，故更今名。聚落呈团块状分布。有文化广场 1 个、幼儿园 1 所、小学 1 所、中学 1 所。经济以种植业为主。有公路经此。

## 唐庄 370902-A04-H02

[ Tángzhuāng ]

在区驻地岱庙街道东北方向 3.0 千米。上高街道辖自然村。人口 1 000。相传唐玄宗李隆基登封泰山时曾在此驻跸而得名。聚落呈团块状分布。有幼儿园 1 所。经济以种植业为主。有公路经此。

## 小白峪 370902-A05-H01

[ Xiǎobáiyù ]

在区驻地岱庙街道西南方向 5.0 千米。徐家楼街道辖自然村。人口 1 200。传说小白龙曾在村南白石沟居住过，故名白龙峪，后演变为白峪。为区别于大白峪、白峪店子，改称小白峪。聚落呈团块状分布。有文化广场 1 个、文化大院 1 个、农家书屋 1 个、图书室 1 个。经济以商贸业为主。京沪铁路经此。

**白峪店子** 370902-A05-H02

［Báiyùdiànzi］

在区驻地岱庙街道西南方向 8.0 千米。徐家楼街道辖自然村。人口 1 900。明末清初立村，因附近有白龙峪，且本村曾有集市，群众在此开店，故名白峪店子。聚落呈团块状分布。有文化广场 1 个、图书室 1 个、幼儿园 1 所、小学 1 所。经济以种植业为主，有泰安路德工程材料有限公司、泰安现代重工科技有限公司等。京沪高速经此。

**下水泉** 370902-A05-H03

［Xiàshuǐquán］

在区驻地岱庙街道西南方向 12.0 千米。徐家楼街道辖自然村。人口 400。传说天上的小白龙犯罪被贬下凡，他附体在一长工身上，长工与徐家楼的崔氏结为夫妻，一天，崔氏在泉边洗衣服，小白龙现了原形，吓死了崔氏，故村名吓水泉。因不雅，后演变成下水泉。聚落呈团块状分布。有文化广场 1 个、农家书屋 1 个、图书室 1 个、幼儿园 1 所、小学 1 所、中学 1 所。经济以种植业为主，种植粮食、果树等。泰安高铁、青兰高速、104 国道经此。

**大官庄** 370902-A05-H04

［Dàguānzhuāng］

在区驻地岱庙街道西南方向 16.8 千米。徐家楼街道辖自然村。人口 1 400。过去此处土地脊薄、无水源，无人在此定居，政府提出开荒不纳粮，鼓励人民在此开荒定村，人称不纳粮的村为官庄，故名。聚落呈团块状分布。有文化广场 2 个、文化大院 1 个、农家书屋 1 个、图书室 1 个、幼儿园 1 所、小学 1 所、中学 1 所。经济以种植业、养殖业为主。泰安高铁、青兰高速、104 国道经此。

**后省庄** 370902-B01-H01

［Hòushěngzhuāng］

省庄镇人民政府驻地。在区驻地岱庙街道东方向 6.0 千米。人口 4 400。东汉光武帝封禅泰山，在此宴请百官，省事议事，故名。聚落呈团块状分布。有文化广场 3 个、文化大院 1 个、农家书屋 1 个、图书室 1 个、幼儿园 3 所、小学 1 所。经济以种植业为主，有花卉苗木、有机蔬菜种植等特色农业。有建筑安装公司、布鞋厂等。泰莱高速、老泰莱路经此。

**北河东** 370902-B01-H02

［Běihédōng］

在区驻地岱庙街道东南方向 5.1 千米。省庄镇辖自然村。人口 1 800。因此村距泰城遥参亭十里，村中有一条南北向的明堂河，故名十里河。为与南十里河区别而写为北十里河。因在明堂河以东，又改为北河东。聚落呈团块状分布。有文化广场 2 个、文化大院 1 个、农家书屋 1 个、图书室 1 个。经济以种植业为主，主要农作物有小麦、玉米。有公路经此。

**蚕子峪** 370902-B01-H03

［Cánzǐyù］

在区驻地岱庙街道东北方向 9.9 千米。省庄镇辖自然村。人口 900。因为村民盛行养柞蚕抽丝，故村名蚕滋峪，后演化为蚕子峪。聚落呈团块状分布。有小学 1 所。经济以种植业为主，主要栽种板栗、核桃、花叶、小麦、玉米、绿化苗木。有公路经此。

**圣元官庄** 370902-B01-H04

［Shèngyuánguānzhuāng］

在区驻地岱庙街道东南方向 10.0 千米。省庄镇辖自然村。人口 1 400。相传清朝时该村曾叫园圣官庄，后来因姓苏的户数多，改名苏家官庄。后因希望本村出圣人出状元，改名为圣元官庄。聚落呈团块状分布。有文化广场1个、文化大院1个、农家书屋1个、幼儿园1所。经济以种植业为主。有公路经此。

## 红庙 370902-B01-H05

[ Hóngmiào ]

在区驻地岱庙街道东南方向8.3千米。省庄镇辖自然村。人口1 200。相传此村原名冷家庄，在群众赴泰山的要道边。后因村东有个红色的大庙，很多赴泰山的香客在此休息，都称此村为红庙，久之，便定名为红庙。聚落呈团块状分布。有文化广场2个、文化大院1个、农家书屋1个、图书室1个、幼儿园1所。有泰安市级古树——古老国槐。经济以种植绿化苗木为主。泰新公路经此。

## 邱家店 370902-B02-H01

[ Qiūjiādiàn ]

邱家店镇人民政府驻地。在区驻地岱庙街道东南方向9.7千米。人口2 500。明万历年间，有邱姓在此开店，故名。聚落呈散状分布。有小学1所。经济以种植业为主，主产小麦、玉米、香菜、乌饭果、葡萄干、羽衣甘蓝、玉米尖、洋蓟、小包菜等。泰新公路经此。

## 埠阳庄 370902-B02-H02

[ Bùyángzhuāng ]

在区驻地岱庙街道东南方向14.6千米。邱家店镇辖自然村。人口1 100。因北依陵称"埠"，南面沿汶河朝"阳"，故名。聚落呈团块状分布。有文化广场2个、农家书屋1个。经济以种植业、旅游业为主，种植小麦、玉米、苗木等，有埠阳庄农家风情游，民俗旅游服务业发达。省道济临公路经此。通公交车。

## 前燕家庄 370902-B02-H03

[ Qiányànjiāzhuāng ]

在区驻地岱庙街道东北方向11.3千米。邱家店镇辖自然村。人口1 600。据传，因元朝燕帖古思太子途经此地病危得名晏驾，后因"晏驾"不祥，改称燕家。后按方位分三村，该村居南，故名。聚落呈团块状分布。有文化广场1个、文化大院1个、图书室1个、小学1所。经济以加工业、种植业为主，主要产业是再生纤维加工，产小麦、玉米。泰莱高速、省道济临公路经此。

## 渐汶河 370902-B02-H04

[ Jiànwènhé ]

在区驻地岱庙街道东南方向20.0千米。邱家店镇辖自然村。人口2 300。因此处为石汶河、牟汶河相汇处，故名。聚落沿公路呈团块状。有文化广场2个、文化大院1个、农家书屋1个、图书室1个、幼儿园1所、小学1所。经济以种植苗木为主。有公路经此。

## 前旧县 370902-B02-H05

[ Qiánjiùxiàn ]

在区驻地岱庙街道东南方向14.0千米。邱家店镇辖自然村。人口3 500。此村曾为春秋、秦、汉、隋、唐历代县城，宋开宝五年（972），县城迁至岱岳镇（今泰安城），城废，故名旧县。后分成三个村，此村居南，故名前旧县。聚落沿公路呈团块状。有文化广场1个、文化大院1个、农家书屋1个、图书室1个、幼儿园1所、小学1所。经济以种植业为主，主产小麦、玉米等。103省道经此。

## 石碑 370902-B02-H06

[ Shíbēi ]

在区驻地岱庙街道东方向18.0千米。

邱家店镇辖自然村。人口 1 500。北宋初年建村，初名顺河庄。因临石汶河，常遭水灾，传言有龟精作乱，元末因"龟驮碑、碑压龟"取庄名石碑，以治龟精作乱。聚落沿公路呈团块状。有文化广场 1 个、文化大院 1 个、图书室 1 个、小学 1 所。经济以种植业为主，主产小麦、玉米等。有公路经此。

### 大津口 370902–C01–H01
[ Dàjīnkǒu ]

大津口乡人民政府驻地。在区驻地岱庙街道北方向 11.7 千米。人口 3 900。因扼天津河口而得名。聚落呈团块状分布。有小学 1 所。经济以种植业、旅游业为主，土特产有泰山核桃、板栗、泰山煎饼、泰山女儿茶等。有公路经此。

### 讲书堂 370902–C01–H02
[ Jiǎngshūtáng ]

在区驻地岱庙街道东北方向 25.0 千米。大津口乡辖自然村。人口 27。清乾隆年间韩姓立村，相传，孔子曾在此讲学，故名讲书堂。聚落呈带状分布。经济以种植业为主，主要农作物有地瓜、花生、小麦、玉米等。

### 西沙岭 370902–C01–H03
[ Xīshālǐng ]

在区驻地岱庙街道东北方向 16.0 千米。大津口乡辖自然村。人口 400。清嘉庆年间，孙姓从藕池迁此立村，因在黄沙岭上，故取村名沙岭。为区别于东沙岭，遂名西沙岭。聚落呈团块状分布。经济以种植业为主。有泰山赤鳞鱼养殖场等。通公交车。

### 柴草河 370902–C01–H04
[ Cháicǎohé ]

在区驻地岱庙街道东北方向 9.8 千米。大津口乡辖自然村。人口 200。清乾隆年间，纪姓常在此放牧拾柴，后于此定居，日久成村，遂名柴草河。聚落呈团块状分布。经济以种植业为主，主要农作物有小麦、玉米、花生、地瓜等，盛产板栗、山楂、核桃、草果。

### 箭杆峪 370902–C01–H05
[ Jiàngǎnyù ]

在区驻地岱庙街道西北方向 4.3 千米。大津口乡辖自然村。人口 600。传说乾隆登泰山射出一箭落到此峪口，故名箭杆峪。聚落呈团块状分布。经济以种植业为主。

# 岱岳区

## 城市居民点

### 岱岳花园小区 370911–I01
[ Dàiyuè Huāyuán Xiǎoqū ]

在区境北部。人口 8 496。总面积 418.0 公顷。因地处岱岳区，环境如花园般美丽，故名岱岳花园小区。2000 年始建，2003 年正式使用。建筑总面积 360 000 平方米，多层住宅楼 57 栋，现代建筑风格。绿化率 35%，有超市、学校、诊所等配套设施。通公交车。

### 苹果园小区 370911–I02
[ Píngguǒyuán Xiǎoqū ]

在区境北部。人口 7 980。总面积 54.0 公顷。因原址是一片苹果园，故名。2010 年始建，2011 年正式使用。建筑总面积 300 000 平方米，高层住宅楼 31 栋，现代建筑风格。绿化率 35%，有超市、幼儿园、诊所等配套设施。通公交车。

## 岱下明珠小区 370911-I03

[ Dàixià Míngzhū Xiǎoqū ]

在区境西北部。人口 4 000。总面积 16.5 公顷。因地处泰山脚下，取小区如耀眼的明珠之意命名。2004 年始建，2005 年正式使用。建筑总面积 175 000 平方米，住宅楼 40 栋，其中小高层 4 栋、多层 36 栋，现代建筑风格。绿地面积 35 000 平方米，有幼儿园、超市等配套设施。通公交车。

## 大河小区 370911-I04

[ Dàhé Xiǎoqū ]

在区境西部。人口 4 000。总面积 11.0 公顷。因位于大河水库下游而得名。2000 年始建，2012 年正式使用。建筑总面积 130 000 平方米，多层住宅楼 25 栋，现代建筑风格。绿化率 25%，有超市、诊所等配套设施。通公交车。

## 花园洲 370911-I05

[ Huāyuánzhōu ]

在区境西部。人口 4 000。总面积 2.6 公顷。因地处泮河西岸，取繁花似锦、绿树成荫、环境美好之意命名。2008 年始建，2012 年正式使用。建筑总面积 40 000 平方米，住宅楼 30 栋，其中小高层 4 栋、多层 26 栋，有别墅 6 栋，现代建筑风格。绿化率 35%，有超市、幼儿园等配套设施。通公交车。

## 开元小区 370911-I06

[ Kāiyuán Xiǎoqū ]

在区境西南部。人口 3 600。总面积 4 公顷。因临开元路，故名开元小区。2000 年始建，2001 年正式使用。建筑总面积 60 000 平方米，多层住宅楼 24 栋，现代建筑风格。有超市、幼儿园等配套设施。通公交车。

# 农村居民点

## 下旺 370911-A01-H01

[ Xiàwàng ]

在区驻地粥店街道东南方向 3.6 千米。粥店街道辖自然村。人口 3 500。原名下望，意为自泰山顶向下能望见的村庄，后演变为下旺，取兴旺发达之意。聚落呈团块状分布。有省级文物保护单位下旺清真寺。经济以种植业为主。有公路经此。

## 上旺 370911-A01-H02

[ Shàngwàng ]

在区驻地粥店街道南方向 0.5 千米。粥店街道辖自然村。人口 1 500。因此村在泮河上游，取兴旺发达之吉祥嘉言，命名为上旺。聚落呈团块状分布。有文体广场 1 个、幼儿园 1 所。经济以种植业为主。有公路经此。

## 大陡山 370911-A02-H01

[ Dàdǒushān ]

在区驻地粥店街道西北方向 4.2 千米。天平街道辖自然村。人口 1 200。据《重修泰安县志》记载，清朝建村，因此村三面环山似斗，故名。聚落呈团块状分布。有文化广场 1 个、幼儿园 1 所、小学 1 所。名胜古迹有元君庙、莲花石等。经济以种植业、旅游业为主。特色产品有泰山极顶有机茶。有公路经此。

## 岩庄 370911-A02-H02

[ Yánzhuāng ]

在区驻地粥店街道西北方向 3.3 千米。天平街道辖自然村。人口 400。据《重修泰安县志》载，清朝建村，因闫姓迁此居住最早，故以姓氏取名闫家庄，后演化为岩庄。聚落呈团块状分布。有文化广场 1 个、农家书屋1个、幼儿园1所。经济以种植业为主，主要农作物有小麦、玉米、花生、地瓜等。有公路经此。

## 姜家庄 370911-A02-H03
[ Jiāngjiāzhuāng ]

在区驻地粥店街道东南方向6.9千米。天平街道辖自然村。人口1 600。据《重修泰安县志》载，据传，清朝初年，姜氏来此建村，且村南有姜家林，故名姜家庄。聚落呈团块状分布。有文化广场1个、农家书屋1个、幼儿园1所。经济以种植业为主，特色产品有红星苹果。京沪高速、京福高速经此。

## 孙家沟 370911-A02-H04
[ Sūnjiāgōu ]

在区驻地粥店街道南方向2.0千米。天平街道辖自然村。人口1 800。原名送驾沟，后村中孙姓居多，逐渐演化为孙家沟。聚落呈团块状分布。有文化广场1个、农家书屋1个、幼儿园1所。有名胜古迹关帝庙等。经济以种植业为主。主要农作物有花生、板栗、核桃、柿子、樱桃、梨等。有公路经此。

## 起驾店 370911-A02-H05
[ Qǐjiàdiàn ]

在区驻地粥店街道西方向7.0千米。天平街道辖自然村。人口1 400。据村中碑文记载，原名齐家店。因一齐姓最早在村西古槐树旁开店而得名。又传，原名十里长河店，清朝乾隆帝路过时住此村，第二天起程，遂改名起驾店。聚落呈团块状分布。有文化广场1个、农家书屋1个、幼儿园1所、小学1个。经济以种植业为主，主要农作物有小麦、玉米、花生。有公路经此。

## 黑水湾 370911-A02-H06
[ Hēishuǐwān ]

在区驻地粥店街道西南方向4.5千米。天平街道辖自然村。人口3 000。相传村中崇德桥边有一清水泉，泉水清澈甘甜，常年不枯，金牛山上的九十九头金牛每天到此饮水，放牧人查得金牛多出一头，想得金牛，故将其在泉边杀死，泉水被污变黑，从此村名黑水湾。聚落呈团块状分布。有文化广场1个、农家书屋1个、幼儿园1所、小学1所。经济以种植业为主，主要农作物有小麦、玉米等。有公路经此。

## 北集坡 370911-A03-H01
[ Běijípō ]

在区驻地粥店街道东南方向14.2千米。北集坡街道辖自然村。人口2 100。相传，唐朝末年建村，因四周积水成泊，原名北集泊，后因地壳变动，积水消失，形成坡，又因位于交通中心，周围百姓来此做生意，渐成集市，故改名北集坡。聚落呈团块状分布。有文化广场1个、幼儿园1所。经济以苗木种植业为主。有公路经此。

## 篦子店 370911-A03-H02
[ Bìzidiàn ]

在区驻地粥店街道东南方向9.4千米。北集坡街道辖自然村。人口2 600。据庙碑载，明建文二年（1400），村原名夏家店，后从江南来一叶姓专做篦子，教会本村人此手艺，村中人大多数做针篦，故村改名篦子店。聚落呈团块状分布。有文化广场1个、幼儿园1所。经济以种植业为主，主要农作物有小麦、玉米等。有公路经此。

## 庵上 370911-A03-H03
[ Ānshàng ]

在区驻地粥店街道东南方向16.0千米。

北集坡街道辖自然村。人口 3 100。据村中庵泉寺碑记载，元朝至元年间建村，村西北有一座尼姑庵，故村名庵上。聚落呈团块状分布。有文化广场 1 个、幼儿园 1 所。经济以种植业为主，主要农作物有草莓、香椿、花椒等。有公路经此。

## 北店子 370911-A03-H04
［Běidiànzi］

在区驻地粥店街道东南方向 14.3 千米。北集坡街道辖自然村。人口 2 500。据传，古时南河洼一带常有劫路者，故客店常把梭镖攒在店门口，待人多结伙持梭镖通行。有人见景生情，为客店题名"攒镖店"，后村名简称店子。又村落逐渐发展成两个村，此村居北边，故名北店子。聚落呈团块状分布。有文化广场 1 个、幼儿园 1 所、小学 1 所。经济以苗木种植业为主。有公路经此。

## 山口 370911-B01-H01
［Shānkǒu］

山口镇人民政府驻地。在区驻地粥店街道东北方向 33.0 千米。人口 6 500。昔日此地为往返济南出入山区之口，故名。聚落呈团块状分布。文化广场 1 个、综合文化服务中心 1 个、农家书屋 1 个、幼儿园 1 所、中学 1 所。经济以种植业为主，主要农作物有小麦、玉米等。济泰高速、103 省道过境。

## 东碾疃 370911-B01-H02
［Dōngniǎntuǎn］

在区驻地粥店街道东北方向 26.8 千米。山口镇辖自然村。人口 2 200。据传，隋朝建村，因位于石汶河西岸，村边曾有一片沙滩，故有"一面滩"之称。后因用石碾代替石槽碾米，村又在一条南北大道东侧，故改名东碾疃。聚落呈团块状分布。有综

合文化服务中心 1 个、农家书屋 1 个、幼儿园 1 所、小学 1 所。经济以种植业为主，主要农作物有小麦、玉米等。济泰高速、237 省道经此。

## 西碾疃 370911-B01-H03
［Xīniǎntuǎn］

在区驻地粥店街道东北方向 27.2 千米。山口镇辖自然村。人口 1 400。据传，明代中期建村，因村西北有碾盘山（又名磨盘山），故名碾盘山前庄，清末改名西碾疃。聚落呈团块状分布。有综合文化服务中心 1 个、文化广场 1 个、农家书屋 1 个。有集养殖、观光、旅游、餐饮于一体的金凤岭风景区。经济以种植业和畜牧业为主，主要农作物有小麦、玉米、花生等。有丽源工贸有限公司、山口力诺有限公司西碾疃建筑队、绿源奶牛养殖合作社。济泰高速经此。

## 油坊 370911-B01-H04
［Yóufáng］

在区驻地粥店街道东北方向 27.6 千米。山口镇辖自然村。人口 1 200。明代末期建村，原在新庄与洼里之间，清初村庄北移，故取名游房，清朝中期，村里有了榨油作坊，故名。聚落呈团块状分布。有文化广场 1 个、综合文化服务中心 1 个、农家书屋 1 个、幼儿园 1 所。经济以种植业和畜牧业为主，主要农作物有小麦、玉米等。有建筑公司、木器加工厂、面粉加工厂等企业。济泰高速、237 省道经此。

## 冶庄 370911-B01-H05
［Yězhuāng］

在区驻地粥店街道东北方向 27.7 千米。山口镇辖自然村。人口 1 700。据传，明朝初年，赵氏由山西省迁此立村，专做冶铸业，生意很兴隆，故村取名冶隆庄，后简称冶

庄。聚落呈团块状分布。有文化广场 1 个、综合文化服务中心 1 个、农家书屋 1 个。有县级文物保护单位冶铁遗址。经济以种植业为主,主要农作物有小麦、玉米等。济泰高速、泰莱高速、237 省道经此。

## 佟家庄 370911-B01-H06

[ Tóngjiāzhuāng ]

在区驻地粥店街道东北方向 30.4 千米。山口镇辖自然村。人口 1 200。相传,明初立村,因佟、马两姓迁入最早,故取名佟马庄。后马氏失传,逐渐改称佟家庄。聚落呈团块状分布。有文化广场 1 个、综合文化服务中心 1 个、农家书屋 1 个。经济以种植业为主,主要农作物有小麦、玉米等。泰莱高速经此。

## 祝阳 370911-B02-H01

[ Zhùyáng ]

祝阳镇人民政府驻地。在区驻地粥店街道东北方向 37.2 千米。人口 3 000。清顺治年间命名,因位于祝山之阳得名。聚落呈团块状分布。有中学 2 所、小学 1 所。经济以种植业、纺织业、商贸业为主,主要农作物有大蒜、小麦、玉米,有棉纺厂、服装厂等。有公路经此。

## 徐家楼 370911-B02-H02

[ Xújiālóu ]

在区驻地粥店街道东方向 28.2 千米。祝阳镇辖自然村。人口 800。据传,明朝初年建村,因村中徐姓多,并建有三座大楼,故名。聚落呈团块状分布。有文化广场 1 个、幼儿园 1 所。经济以种植业为主,主要农作物有青椒、栗子、苦瓜、蘑菇、豆瓣菜。有祝阳振兴织带厂。有公路经此。

## 永宁 370911-B02-H03

[ Yǒngníng ]

在区驻地粥店街道东方向 27.2 千米。祝阳镇辖自然村。人口 1 300。据石碑记载,清朝初年建,原村有一水沟,沟西为永安庄,沟东为永宁庄,后来合并为一村,定名为永宁。聚落呈团块状分布。有文化广场 1 个、幼儿园 1 所、小学 1 所。经济以种植业为主,主要农作物有大蒜、小麦、玉米、棉花、花生。有公路经此。

## 陈良 370911-B02-H04

[ Chénliáng ]

在区驻地粥店街道东方向 26.9 千米。祝阳镇辖自然村。人口 1 000。据传,明朝初年建村,因村南太平寺内有座大殿,用橡木盖起无梁,故名无梁店,又因地薄人穷,又称无粮店。中华人民共和国成立后,村民生活水平显著提高,村更名为陈粮,后演变为陈良。聚落呈团块状分布。有小学 1 所。经济以种植业为主,有亚麻厂、鑫星纺织厂等。有公路经此。

## 陡沟 370911-B02-H05

[ Dǒugōu ]

在区驻地粥店街道东方向 24.2 千米。祝阳镇辖自然村。人口 700。据《孙氏家谱》记载,清道光年间,孙氏由范镇岔河迁此定居,因地处两山夹一沟中,故村名陡沟。聚落呈团块状分布。有文化广场 1 个。经济以种植业为主,主要农作物有小麦、玉米、地瓜、花生。有公路经此。

## 范西 370911-B03-H01

[ Fànxī ]

范镇人民政府驻地。在区驻地粥店街道东方向 35.2 千米。人口 2 800。明初,范姓建村,名范家庄,后成集镇,名范镇,因位于范镇西侧，改称范西。聚落呈团块状分布。有文化广场 1 个、农家书屋 1 个、幼儿园 1 所、中学 1 所。经济以种植业为主，主要农作物有大蒜，另有苗木种植。辛大铁路、莱泰高速公路、341 国道经此。

## 岔河 370911-B03-H02
[ Chàhé ]

在区驻地粥店街道东方向 31.5 千米。范镇辖自然村。人口 1 600。西汉时建村，因村东的瀛汶河与村西的石汶河在村南汇合，形成三角地带，故村名岔河。聚落呈团块状分布。有文化广场 1 个、幼儿园 1 所、小学 1 所。经济以种植业为主，主要农作物有生姜、大蒜、玉米、小麦等。有泰安富德通信器材有限公司、泰鑫通信器材有限公司。辛大铁路、莱泰高速、341 国道经此。

## 施庄 370911-B03-H03
[ Shīzhuāng ]

在区驻地粥店街道东方向 35.3 千米。范镇辖自然村。人口 3 000。据传，明朝初年，施氏由山西洪洞县迁来建村，故名施庄。聚落呈团块状分布。有文化广场 1 个、幼儿园 1 所。经济以种植业为主，主要农作物有生姜、大蒜、大葱、山药、菠菜等。有公路经此。

## 马庄 370911-B03-H04
[ Mǎzhuāng ]

在区驻地粥店街道东方向 35.3 千米。范镇辖自然村。人口 2 000。据增福寺碑记载，明朝万历年间，有马氏家族迁此定居，故称马庄。聚落呈团块状分布。有文体广场 1 个、幼儿园 1 所。经济以种植业为主，主要农作物有大蒜、玉米等。辛大铁路、莱泰高速公路经此。

## 谷家庄 370911-B03-H05
[ Gǔjiāzhuāng ]

在区驻地粥店街道东方向 35.1 千米。范镇辖自然村。人口 2 000。明洪武末年，有谷氏在此居住，故名谷家庄。聚落呈团块状分布。有文体广场 1 个、幼儿园 1 所。经济以种植业为主，主要农作物有葱、姜、蒜等。有公路经此。

## 大沟头 370911-B03-H06
[ Dàgōutóu ]

在区驻地粥店街道东方向 35.8 千米。范镇辖自然村。人口 4 100。因一条水沟经村西往南流，另一条泉沟经村东往南流，两条沟在村西南方汇成一股流入汶河，两沟至此为尽头，故村取名沟头。后为与小沟头区别，称大沟头。聚落呈团块状分布。有文体广场 1 个、小学 1 所。经济以种植业为主，主要作物有玉米、大蒜等。341 国道经此。

## 郑家寨子 370911-B03-H07
[ Zhèngjiāzhàizi ]

在区驻地粥店街道东方向 43.2 千米。范镇辖自然村。人口 900。因村东靠汶河，河水经常泛滥成灾，村民便修坝拦洪水，村名汶阳寨。后以姓氏划分，因村中郑姓多，故定名郑家寨子。聚落呈团块状分布。有文体广场 1 个、农家书屋 1 个。经济以种植业为主，主要农作物有小麦、玉米、生姜、大蒜、金银花以及绿化苗木。有公路经此。

## 角西 370911-B04-H01
[ Juéxī ]

角峪镇人民政府驻地。在区驻地粥店街道东南方向 37.0 千米。人口 1 700。因地处岭、河之间，故取名角谷里，后讹传为角峪。又分东、西两村，该村因在西侧，故名。聚落团块状分布。有文化广场1个、幼儿园1所、中学1所。经济以种植业为主，主要农作物有玉米、地瓜。241省道经此。

## 苏庄 370911-B04-H02

[ Sūzhuāng ]

在区驻地粥店街道东方向33.0千米。角峪镇辖自然村。人口1 800。以姓氏命名。聚落呈团块状分布。有文化广场1个、小学1所。有市级文物保护单位阴佛寺。经济以种植业为主，主要农作物有生姜、大蒜、玉米、小麦等。有公路经此。

## 泉上 370911-B04-H03

[ Quánshàng ]

在区驻地粥店街道东方向33.0千米。角峪镇辖自然村。人口1 200。此处自古有两个泉子，泉水常年不断绕村而行并流入淘河，故村名清泉。清乾隆五十三年（1789），李氏全家从范镇沟头村迁此定居，取村名李家泉，后改为泉上。聚落呈团块状分布。有文化广场1个。经济以种植业为主，主要农作物有小麦、玉米、大蒜以及绿化苗木等。有公路经此。

## 鹿角 370911-B04-H04

[ Lùjiǎo ]

在区驻地粥店街道东方向34.0千米。角峪镇辖自然村。人口2 200。古时村前有一大道，来往行人常在此休息落脚，故村名落脚庄。清康熙年间，村民发现村的形状像鹿角，故改村名为鹿角。聚落呈团块状分布。有文化广场1个、幼儿园1所。有市级文物保护单位十字穿心阁。经济以种植业为主，主要农作物有大蒜、玉米、小麦，养殖桑蚕。有公路经此。

## 纸房 370911-B04-H05

[ Zhǐfáng ]

在区驻地粥店街道东方向40.0千米。角峪镇辖自然村。人口1 900。因此地靠近一泉，村曾名泉上庄。后张姓从鲁东冶迁至此处，以造纸为业，故村名改为纸房。聚落呈团块状分布。有文化广场1个、幼儿园1所、小学1所。经济以种植业为主，主要农作物有地瓜、花生、苹果、核桃、草莓、葡萄等。241省道经此。

## 南角峪 370911-B04-H06

[ Nánjiǎoyù ]

在区驻地粥店街道东方向33.1千米。角峪镇辖自然村。人口1 600。元至元年间，王瑞从化马湾迁此立村，因处在角峪以南，故取村名南角峪。聚落呈团块状分布。有文化广场1个。经济以种植业为主，主要农作物有玉米、小麦、生姜、大蒜、大樱桃、葡萄等。241省道经此。

## 南上庄 370911-B05-H01

[ Nánshàngzhuāng ]

徂徕镇人民政府驻地。在区驻地粥店街道东南方向34.0千米。人口4 200。因村处徂徕山北麓，境内南部地势较高，由东、北、西三面去此村皆为上坡路，故名难上庄，后演为今名。聚落呈团块状分布。有文体广场2个、幼儿园1所、小学1所、中学1所。经济以种植业为主，主要农作物有绿豆芽、猕猴桃、苦瓜、土豆、生菜。有公路经此。

## 桥沟 370911-B05-H02

[ Qiáogōu ]

在区驻地粥店街道东南方向16.7千米。徂徕镇辖自然村。人口2 000。古时村中有一条小河沟，由北向南流入汶河，村北、村南各架一小桥供东西来往，故村得名桥沟。聚落呈团块状分布。有文化广场 1 个、幼儿园 1 所。经济以种植业为主，主要农作物有小麦、玉米、花生、地瓜。有恒丰散热器厂。有公路经此。

## 崔家庄 370911-B05-H03
[ Cuījiāzhuāng ]

在区驻地粥店街道东南方向 24.7 千米。祖徕镇辖自然村。人口 3 400。崔氏二兄弟建村，取名崔家庄。聚落呈团块状分布。有文体广场 3 个、小学 1 个、幼儿园 2 个。经济以种植业为主，主要农作物有小麦、玉米以及绿化苗木。有公路经此。

## 北望 370911-B05-H04
[ Běiwàng ]

在区驻地粥店街道东南方向 16.0 千米。祖徕镇辖自然村。人口 3 800。清道光年间《泰安县志》载"南北王地方，古商王城"，证明此地是"古商王城"。北魏时，济州史羊深守商王，为北齐高欢所破，羊深遇害，因此村位于商王城北部，故取名北王。后演变为北望。聚落呈团块状分布。有文化广场 1 个、幼儿园 1 所、小学 1 所。经济以种植业为主，主要农作物有小麦、玉米、地瓜、花生。有公路经此。

## 留送 370911-B05-H05
[ Liúsòng ]

在区驻地粥店街道东南方向 21.0 千米。人口 2 500。据传，北宋时建村，因村北有一寺院，寺内有和尚。傍晚经常出外拦路抢劫，残害百姓，村中有位好心人见傍晚有外地人路过，便将其留下住宿，次日清晨再护送其出村。乡里百姓为颂扬该村义行，称村为留送。聚落呈团块状分布。有幼儿园 1 个。经济以种植业为主，主要农作物有小麦、玉米、大蒜。交通便利。

## 满庄北村 370911-B06-H01
[ Mǎnzhuāngběicūn ]

满庄镇人民政府驻地。在区驻地粥店街道南方向 16.0 千米。人口 2 200。战国时称满冢，清初改称满驾庄，后简称满庄，因该村位于满庄北侧，故名满庄北村。聚落呈团块状分布。有文体广场 2 个、幼儿园 1 所、小学 1 所。经济以建筑业、商贸业为主。有公路经此。

## 西肖家林 370911-B06-H02
[ Xīxiāojiālín ]

在区驻地粥店街道西南方向 8.0 千米。满庄镇辖自然村。人口 2 500。据传，此村建于明朝初年，因村北水多地凹泥稀，故叫西涝洼。明嘉靖壬戌年进士、太子太保、兵刑两部尚书肖大亨在村西建墓立坊，因村在肖大亨墓西，故改名西肖家林。聚落呈团块状分布。有文化广场 1 个、幼儿园 1 所、小学 1 所。经济以大樱桃种植为主。有公路经此。

## 滩清湾 370911-B06-H03
[ Tānqīngwān ]

在区驻地粥店街道南方向 11.3 千米。满庄镇辖自然村。人口 3 000。因村在沙河西岸，河水清澈长流，村东北隔河紧靠大沙滩，滩下临湾，故取名滩清湾。聚落呈团块状分布。有文体广场 3 个。经济以种植业为主，主要农作物有玉米、小麦、花生、地瓜。有公路经此。

## 东肖家林 370911-B06-H04
[ Dōngxiāojiālín ]

在区驻地粥店街道南方向 7.6 千米。满庄镇辖自然村。人口 1 700。据传，此村建于明朝初年，因地洼水涝，原名东涝洼。明嘉靖壬戌年进士、太子太保、兵刑两部尚书肖大亨在村西建墓立坊，因村在墓林东，故改名东肖家林。聚落呈团块状分布。有文化广场1个、幼儿园1所。有国家级文物保护单位萧大亨墓地石刻。经济以林果业为主，主要农作物有樱桃、苹果、梨等。有公路经此。

## 中淳于 370911-B06-H05

[ Zhōngchúnyú ]

在区驻地粥店街道南方向19.0千米。满庄镇辖自然村。人口4 000。因该村位于汉文帝时期太仓令淳于意之墓附近而得名。聚落呈团块状分布。有文体广场2个、小学1个。经济以种植业为主，主要农作物有小麦、玉米。有公路经此。

## 夏北 370911-B07-H01

[ Xiàběi ]

夏张镇人民政府驻地。在区驻地粥店街道西南方向11.0千米。夏张镇辖自然村。人口2 000。明万历年间，夏、张二姓来此定居，村得名夏张。聚落呈团块状分布。有文化广场1个、中学1所、小学1所、幼儿园1所。经济以种植业为主。有公路经此。

## 梨园旧村 370911-B07-H02

[ Líyuánjiùcūn ]

在区驻地粥店街道西南方向7.3千米。夏张镇辖自然村。人口1 100。明隆庆年间，村建一庙，庙内大殿无梁，故村名无梁殿。又村内有万亩古梨园，且年代久远，村更名为梨园旧村。聚落呈团块状分布。有文化广场1个、幼儿园1所。有省级文物保护单位无梁殿。经济以种植业为主，主要农作物有小麦、玉米等。有万亩梨园，有特色产品金坠子梨。有德润钢结构、群泰机械等企业。青兰高速经此。

## 上王庄 370911-B07-H03

[ Shàngwángzhuāng ]

在区驻地粥店街道西南方向15.9千米。夏张镇辖自然村。人口700。相传，清乾隆四年（1739），王氏三兄弟从山西洪洞县迁此建村，因落户于凤凰山脚下，故村名山王庄，后因地势较高，改为上王庄。聚落呈团块状分布。有文化广场1个、幼儿园1所。经济以种植业为主，主要农作物有小麦、玉米等。有公路经此。

## 律家庄 370911-B07-H04

[ Lùjiāzhuāng ]

在区驻地粥店街道西南方向10.5千米。夏张镇辖自然村。人口400。据传，清雍正年间，律姓从道朗李家庄迁此定居，故名。聚落呈团块状分布。有文化广场1个。有区级文物保护单位香水寺遗址。经济以种植业为主，主要农作物有小麦、玉米等。青兰高速经此。

## 鸡鸣返 370911-B07-H05

[ Jīmíngfǎn ]

在区驻地粥店街道西南方向8.3千米。夏张镇辖自然村。人口1 300。村名来历说法一，清乾隆皇帝南巡至此，朝中有事，请乾隆回京，追到此地正好鸡叫了，后在此建村，故名。村名来历说法二，东汉初，刘秀走南阳时深夜行至此，发现重要公文未带出，遂派人去取，去的人返回此地正好鸡鸣，故名。村名来历说法三，相传明永乐皇帝至此村，返回时正值鸡鸣，故名。聚落呈团块状分布。有文体广场1个。经济以种植业为主，主要农作物有小麦、玉米等，特色产品有大樱桃、蓝莓。有龙奎建筑材料公司等企业。青兰高速、104国道经此。

**王士店** 370911-B07-H06

[ Wángshìdiàn ]

在区驻地粥店街道西南方向 10.5 千米。夏张镇辖自然村。人口 2 100。传说，古时有一王子路过此地围猎射箭，故村名初称王射箭。元朝末年，因此处为南北交通要道，有王姓来此居住，多以开店为业，故村名王氏店，后为王士店。聚落呈团块状分布。有文化广场 1 个、幼儿园 1 所、小学 1 所。经济以种植业为主，主要农作物有小麦、玉米等。104 国道、泰东路经此。

**故县店** 370911-B07-H07

[ Gùxiàndiàn ]

在区驻地粥店街道西南方向 17.0 千米。夏张镇辖自然村。人口 1 700。据《重修泰安县志·古迹》引省志记载，因此村位于西汉泰山郡所辖蛇丘县故城北关，属交通要道，来往行人多，村内开设店铺颇多，故得名故县店。聚落呈团块状分布。有文化广场 1 个、幼儿园 1 所、小学 1 所。经济以种植业为主，主要农作物有小麦、玉米、花生等。有公路经此。

**道朗** 370911-B08-H01

[ Dàolǎng ]

道朗镇人民政府驻地。在区驻地粥店街道西北方向 22.0 千米。人口 2 500。因地形似走廊，"廊"后演变为"朗"，故名。聚落呈团块状分布。有文化广场 1 个、幼儿园 1 所、小学 1 所、中学 3 所。经济以种植业为主，主要农作物有小麦、玉米、地瓜、花生、核桃。有公路经此。

**二奇楼** 370911-B08-H02

[ Èrqílóu ]

在区驻地粥店街道西北方向 17.4 千米。道朗镇辖自然村。人口 200。据传，清朝中期，肖氏兄弟二人给石坞李家放牛，晚上在此住宿，为了防止野兽侵袭，盖了二层石楼，上层住人，下层拦牛，后成村，定村名为二起楼，后村名演变为二奇楼。聚落呈团块状分布。有文体广场 1 个。经济以种植业为主，主要农作物有核桃、香椿、花椒、谷子、地瓜。有公路经此。

**和顺** 370911-B08-H03

[ Héshùn ]

在区驻地粥店街道西北方向 10.7 千米。道朗镇辖自然村。人口 200。以美好寓意命名。聚落呈团块状分布。有文体广场 1 个。经济以林果种植业和养殖业为主。有公路经此。

**朱家洼** 370911-B08-H04

[ Zhūjiāwā ]

在区驻地粥店街道西北方向 13.7 千米。道朗镇辖自然村。人口 1 000。据石碑记载，清道光十三年（1833），朱氏祖官斗、官清兄弟二人从平邑县迁到肥城县朝泉，后又迁到鱼池北山定居，因村位于山岭下洼里而得名。聚落呈团块状分布。有文化广场 1 个、幼儿园 1 所。经济以种植业为主，主要农作物有花生、地瓜、小麦、玉米、板栗、核桃。有公路经此。

**黄前** 370911-B09-H01

[ Huángqián ]

黄前镇人民政府驻地。在区驻地粥店街道东北方向 38.0 千米。人口 1 200。明初建村，因位于黄坂土前，故村名黄坂前，清时简称黄前。聚落呈团块状分布。有文化站 1 个、幼儿园 1 所、小学 1 所、中学 1 所。经济以种植业为主，主要农作物有板栗、山楂、核桃。103 省道经此。

## 大地 370911-B09-H02
[ Dàdì ]

在区驻地粥店街道东北方向21.8千米。黄前镇辖自然村。人口100。相传，清乾隆年间，张氏由大官庄迁此建村，在一块五亩地大的地方盖房子，故村名大地。聚落呈团块状分布。有文化广场1个、幼儿园1所。经济以种植业为主，主要农作物有玉米、地瓜，特产板栗、山楂、柿子。有公路经此。

## 孟家庄 370911-B09-H03
[ Mèngjiāzhuāng ]

在区驻地粥店街道东北方向18.1千米。黄前镇辖自然村。人口1 100。相传，明崇祯年间，孟氏迁此立村，故称孟家庄。聚落呈团块状分布。有文化广场1个、幼儿园1所。经济以种植业为主，主要农作物有卷心菜、小胡瓜、西兰花等，特产板栗、山楂、核桃。有纸板厂、针织厂、家具厂、蓄电池厂等。有公路经此。

## 太平街 370911-B10-H01
[ Tàipíngjiē ]

大汶口镇人民政府驻地。在区驻地粥店街道南方向30.0千米。人口1 300。由太平街、山西会馆街、西门街组成，取太平无事之意，故名。聚落呈团块状分布。有文化广场1个、幼儿园1所。经济以种植业为主，主要农作物有小麦、玉米。有公路经此。

## 山西街 370911-B10-H02
[ Shānxījiē ]

在区驻地粥店街道南方向31.0千米。大汶口镇辖自然村。人口800。民国初年，因晋商在此经商得名。聚落呈团块状分布。有文体广场1个。有国家级文物保护单位大汶口古石桥、省级文物保护单位山西会馆。经济以种植业为主，主要农作物有小麦、玉米等。津浦铁路、泰汶公路经此。

## 卫驾庄 370911-B10-H03
[ Wèijiàzhuāng ]

在区驻地粥店街道东南方向35.0千米。大汶口镇辖自然村。人口2 200。据传，元末明初，魏氏友从山西洪洞县迁此建村，名魏家庄。后因此村曾驻过皇帝的卫队，故名卫驾庄。聚落呈团块状分布。有幼儿园1所、小学1所。有国家级文物保护单位大汶口遗址。经济以种植业为主，主要农作物有小麦、玉米等。有公路经此。

## 柏子 370911-B10-H04
[ Bǎizǐ ]

在区驻地粥店街道东南方向35.0千米。大汶口镇辖自然村。人口3 100。因村周围柏林茂密，村民采集柏籽换取谷物成为生活主要来源，购药商人与村民均以柏籽称村名，日久天长称为柏子。聚落呈团块状分布。有文体广场1个、中学1所、小学1所。经济以种植业和养殖业为主。有公路经此。

## 颜谢 370911-B10-H05
[ Yánxiè ]

在区驻地粥店街道南方向23.7千米。大汶口镇辖自然村。人口4 300。因村民颜、谢两姓居多，故得名颜谢。聚落呈团块状分布。有文化广场4个、幼儿园1所、小学1所。经济以种植业为主，主要农作物有小麦、玉米、花生、莲藕、葡萄。有公路经此。

## 东武家庄 370911-B10-H06
[ Dōngwǔjiāzhuāng ]

在区驻地粥店街道南方向35.0千米。大汶口镇辖自然村。人口3 000。据庙碑记载，北魏时称大汶镇。明初武氏迁此居住，更名武家庄。至清乾隆皇帝南巡时，保驾武士住此，曾名武驾庄，后恢复武家庄之名。为与西武家庄区别，故名东武家庄。聚落呈团块状分布。有文化广场2个。经济以种植业和养殖业为主，主要农作物有小麦、玉米。有泰山日出、泰山北斗两家酒业有限公司。有公路经此。

## 马家大吴 370911-B10-H07
[ Mǎjiādàwú ]

在区驻地粥店街道南方向23.0千米。大汶口镇辖自然村。人口1 700。据传，元末，西大吴村的汪氏迁居至此，后汪氏无后，马氏兴旺，故名马家大吴。聚落呈团块状分布。有文化广场1个、幼儿园1所。经济以种植业和养殖业为主，主要农作物有小麦、玉米。有公路经此。

## 大侯 370911-B10-H08
[ Dàhóu ]

在区驻地粥店街道南方向24.0千米。大汶口镇辖自然村。人口2 200。因主要姓氏而得名。聚落呈团块状分布。有幼儿园1个。经济以种植业为主，主要农作物有小麦、玉米等。有硅石英沙厂、生物肥厂、食品饮料厂、磷肥厂。有公路经此。

## 北苏 370911-B11-H01
[ Běisū ]

马庄镇人民政府驻地。在区驻地粥店街道南方向36.0千米。人口1 500。因位于赵王河码头北边且苏姓最多而得名。聚落呈团块状分布。有幼儿园1所、中学1所。经济以种植业为主，主要农作物有胡萝卜、白菜、芫荽等。有岩盐、石膏等资源。有公路经此。

## 李家大坡 370911-B11-H02
[ Lǐjiādàpō ]

在区驻地粥店街道西南方向18.9千米。马庄镇辖自然村。人口1 800。明朝末年立村，因位于苏家林东，曾名东苏家官庄，后李氏迁来，人口逐渐增多，又因村处于荒草坡间，故改名李家大坡。聚落呈团块状分布。有文化广场1个、小学1所。经济以种植业为主，主要农作物有小麦、玉米。有山东岱岳制盐有限公司。有公路经此。

## 泉头官庄 370911-B11-H03
[ Quántóuguānzhuāng ]

在区驻地粥店街道西南方向21.7千米。马庄镇辖自然村。人口600。原名戚家官庄，明正德年间，村西小漕河上涌出一泉，1922年改名为泉头官庄。聚落呈团块状分布。有文化广场3个。经济以种植业为主，主要农作物有白菜、莴苣、胡萝卜。有公路经此。

## 前营 370911-B11-H04
[ Qiányíng ]

在区驻地粥店街道西南方向24.5千米。马庄镇辖自然村。人口2 300。其中回族占100%。村内原有一古刹弘福寺，元朝探马赤军在此安营，该村在营前，初为界营前村，清嘉庆年间，改称前营。聚落呈团块状分布。有文化广场1个。有省级文物保护单位西界清真寺。经济以种植业为主，主要农作物有玉米、花生、小麦等。有公路经此。

## 北新庄 370911-B11-H05
[ Běixīnzhuāng ]

在区驻地粥店街道西南方向22.0千米。马庄镇辖自然村。人口100。1952年人民政府建立新村，因位于马庄北，故更名为北新庄。聚落呈团块状分布。经济以种植业为主，主要农作物有土豆、菜花、莴苣、西瓜等。有公路经此。

**平家** 370911-B11-H06

[ Píngjiā ]

在区驻地粥店街道西南方向 25.2 千米。马庄镇辖自然村。人口 1 800。元初村名邓家庄，至清初，邓氏无人，平氏家族兴旺，故改为平家。聚落呈团块状分布。有文化广场 1 个、幼儿园 1 所。经济以种植业为主，主要农作物有小麦、玉米、蔬菜等。有公路经此。

**房村** 370911-B12-H01

[ Fángcūn ]

房村镇人民政府驻地。在区驻地粥店街道东南方向 43.0 千米。人口 3 700。明朝立村，为防敌盗，故名防村。清顺治年间，改"防"为"房"，故名。聚落呈团块状分布。有小学 1 所。有徂徕山国家森林公园、徂徕山抗日武装起义纪念碑等。经济以种植业、养殖业为主，主要农作物有蔬菜、瓜果等。有公路经此。

**东南望** 370911-B12-H02

[ Dōngnánwàng ]

在区驻地粥店街道东南方向 20.9 千米。房村镇辖自然村。人口 1 700。据清乾隆年间《泰安县志》载，南北望地方为古商王城，村位于古商王城之东南，故取名东南王，后演变为东南望。聚落呈团块状分布。有文化广场 1 个、农家书屋 1 个、幼儿园 1 所。经济以种植业为主，主要农作物有小麦、玉米、花生。有公路经此。

**朱家庄** 370911-B12-H03

[ Zhūjiāzhuāng ]

在区驻地粥店街道南方向 35.0 千米。房村镇辖自然村。人口 2 700。明崇祯年间，朱姓来此定居，后繁衍成村，故名。聚落呈团块状分布。有文化广场 1 个、农家书屋 1 个、小学 1 所。经济以种植业、养殖业为主，主要农作物有小麦、玉米。有公路经此。

**北滕** 370911-B12-H04

[ Běiténg ]

在区驻地粥店街道南方向 36.0 千米。房村镇辖自然村。人口 3 000。相传，北宋宣和二年（1120）建村，因当时村周围沙岭上长满了藤萝，初名藤蔓，后改为藤村。因有两个藤村，此村居北，故名北滕。聚落呈团块状分布。有文化广场 1 个、农家书屋 1 个、小学 1 所。经济以林业、种植业、养殖业为主，主要农作物有花生、小麦、玉米。有岱银集团雷诺服装厂、矿山机械厂等。有公路经此。

**良西** 370911-B13-H01

[ Liángxī ]

良庄镇人民政府驻地。在区驻地粥店街道东南方向 33.0 千米。人口 2 700。因风景良好得名良庄，后分东、南、西、北四村，该村因位西，故名。聚落呈团块状分布。有文化广场 1 个、幼儿园 1 所。经济以种植业为主，主要农作物有土豆、菠菜、西红柿、豆角等。有公路经此。

**大延东** 370911-B13-H02

[ Dàyándōng ]

在区驻地粥店街道东南方向 38.6 千米。良庄镇辖自然村。人口 3 700。据传，明朝初年建村时，村西有延湾，且住户均在延湾以东居住，加上人多，故名。聚落呈团块状分布。有文化广场 1 个、幼儿园 1 所、小学 1 所。经济以蔬菜种植业为主。有公路经此。

**侯家宣洛** 370911-B13-H03

[ Hóujiāxuānluò ]

在区驻地粥店街道东南方向 37.8 千米。良庄镇辖自然村。人口 1 900。以姓氏和地域特点而得名。聚落呈团块状分布。有文化广场 1 个、小学 1 所、幼儿园 1 所。经济以种植业为主，主要农作物有玉米、梨、柚子、李子、青豆、芥菜苗、胡萝卜。有家具厂、农具厂、食品厂、轴承厂、肉联厂、包装制品厂。有公路经此。

**石楼** 370911-B13-H04

[ Shílóu ]

在区驻地粥店街道东南方向 46.0 千米。良庄镇辖自然村。人口 4 100。据传，明朝初年，有一蔡姓住户是出了名的富户，为居住方便和显示家庭的富裕，其在此盖起了 10 座楼房，其中有一座是三层，而且全部是用石头建成的，故村名石楼。聚落呈团块状分布。有文化广场 1 个、幼儿园 1 所、小学 1 所。特色产品为石楼菠菜。有公路经此。

**下港** 370911-B14-H01

[ Xiàgǎng ]

下港镇人民政府驻地。在区驻地粥店街道东北方向 37.0 千米。人口 1 700。传古为港口，有上港村，故村名下港。相对上港村得名。聚落呈团块状分布。有幼儿园 1 所、小学 1 所、中学 1 所。经济以种植业为主，主要农作物有小麦、玉米、花生、地瓜等，特产板栗、大樱桃、苹果、桃。有公路经此。

**八亩地** 370911-B14-H02

[ Bāmǔdì ]

在区驻地粥店街道东北方向 41.0 千米。下港镇辖自然村。人口 2 200。据传，乾隆年间，徐氏兄弟二人来此开荒，南四亩，北四亩，合为八亩，故村名八亩地。聚落呈团块状分布。有文化广场 3 个、幼儿园 1 所。有名胜古迹黄巢坟。经济以种植业、林果业为主，主要农作物有小麦、玉米、地瓜、花生等，特产板栗、苹果、樱桃等。有公路经此。

**黄巢观** 370911-B14-H03

[ Huángcháoguān ]

在区驻地粥店街道东北方向 29.0 千米。下港镇辖自然村。人口 300。据传，唐朝末年，黄巢战败于此，被尚义杀害，后将士们的头冠被埋于此地，因"头"称"冠"，故村亦名黄巢冠。清光绪年间，有人在此居住，由于"冠"与"观"同音，后村名演变成黄巢观。聚落呈团块状分布。有文化广场 1 个、幼儿园 1 所。经济以种植业、林果业为主，主要农作物有小麦、玉米、地瓜、花生等。有公路经此。

**北崖** 370911-C01-H01

[ Běiyá ]

化马湾乡人民政府驻地。在区驻地粥店街道东南方向 42.0 千米。人口 700。《刘氏宗卷》载，刘氏于明隆庆六年（1572）由陈家楼迁此立村，因村处化马湾北，地势北高南低，北有多处土石崖，故名。聚落呈团块状分布。有文化广场 1 个、幼儿园 1 所、小学 1 所、中学 1 所。经济以种植业为主，主要农作物有核桃、大樱桃、莲藕、扁桃。有公路经此。

**化马湾** 370911-C01-H02

[ Huàmǎwān ]

在区驻地粥店街道东南方向 45.0 千米。化马湾乡辖自然村。人口 900。据传，北宋末年，泥马渡康王从此路过，泥马饮湾中水而化，故得名化马湾。又据《县志》记载，明朝至清，此村设有驿站，送公文者，至此换马。村西有一大湾，村名换马湾，后演化为化马湾村。聚落呈团块状分布。有文化广场1个。经济以种植业和畜牧业为主，主要农作物有小麦、玉米、花生。有泰安市瑞丰工贸有限公司。有公路经此。

## 西庄 370911-C01-H03

[ Xīzhuāng ]

在区驻地粥店街道东南方向28.8千米。化马湾乡辖自然村。人口2 100。据石碑记载，明万历年间村名徐家庄，明末清初，因徐姓无人，且该村位于淘河以西，遂改称西庄。聚落呈团块状分布。有文化广场1个、幼儿园1所。经济以种植业为主，主要农作物有小麦、玉米等。有公路经此。

## 殷家林 370911-C01-H04

[ Yīnjiālín ]

在区驻地粥店街道东南方向35.9千米。化马湾乡辖自然村。人口700。据传，清宣统年间立村，因此处为新泰殷氏林地，殷姓住此成村，故取名殷家林。聚落呈团块状分布。有文化广场1个。经济以种植业为主，主要农作物有小麦、玉米等。有公路经此。

## 双泉 370911-C01-H05

[ Shuāngquán ]

在区驻地粥店街道东南方向52.0千米。化马湾乡辖自然村。人口600。据传，早年此处无人居住，山洞里常有狼出没，故名狼窝。后有一杨姓官员经此村住宿，嫌村名不雅，因村中有两个泉子，故改名双泉。聚落呈团块状分布。有文化广场1个。经济以种植业为主。有公路经此。

# 新泰市

## 农村居民点

## 行宫 370982-A01-H01

[ Xínggōng ]

在市驻地青云街道北方向4.0千米。青云街道辖自然村。人口800。清康熙年间渐成村落，以村内泰山行宫为村名。聚落呈团块状分布。有文化大院1个、农家书屋1个。经济以果树种植业为主。205国道经此。

## 胡家沟 370982-A01-H02

[ Hújiāgōu ]

在市驻地青云街道北方向2.5千米。青云街道辖自然村。人口1 800。明崇祯年间，当时胡姓迁此建村，因村有一条水沟，故取名胡家沟。聚落呈团块状分布。有文化大院1个、农家书屋1个。经济以商贸业为主。有公路经此。

## 果园 370982-A01-H03

[ Guǒyuán ]

在市驻地青云街道南方向1.7千米。青云街道辖自然村。人口2 200。明崇祯年间建村，原为官府花园，故名果园。聚落呈团块状分布。有文化大院1个、农家书屋1个。古迹有"九省通衢"驿路一段。经济以种植业为主。有公路经此。

## 林前 370982-A01-H04

[ Línqián ]

在市驻地青云街道南方向3.6千米。青云街道辖自然村。人口2 000。据碑文载，秦代此地为马家墓地，宋宁宗年间，村民在马家林前后筑室立村，按照方位呼之林前、林后，此村为林前。聚落呈团块状分布。有文化大院 1 个、农家书屋 1 个。有公路经此。

## 南师店 370982-A01-H05

[ Nánshīdiàn ]

在市驻地青云街道东北方向 7.3 千米。青云街道辖自然村。人口 400。《山东通志》载："师旷故里，县东北十五里，今名南师店、北师店。"因建水库搬迁至现址。聚落呈团块状分布。有文化大院 1 个、农家书屋 1 个。有市级文物保护单位师旷墓。经济以种植业为主，主要农作物有玉米、花生等。磁莱铁路、205 国道经此。

## 北师店 370982-A01-H06

[ Běishīdiàn ]

在市驻地青云街道东北方向 8.3 千米。青云街道辖自然村。人口 2 000。村位于南师店北，故名。聚落沿国道呈带状分布。有文化大院 1 个、农家书屋 1 个。经济以林果种植业为主。磁莱铁路、205 国道经此。

## 高峪铺 370982-A01-H07

[ Gāoyùpù ]

在市驻地青云街道东北方向 13.0 千米。青云街道辖自然村。人口 1 200。元中统年间建村，高氏迁此定居，因地处山峪交通要道，明清时官府在此铺递，遂名高峪铺。聚落沿国道呈带状分布。有文化大院 1 个、农家书屋 1 个。古迹有古代递铺遗址 1 个。经济以种植业为主。磁莱铁路、205 国道经此。

## 瑞山后 370982-A01-H08

[ Ruìshānhòu ]

在市驻地青云街道东北方向 8.6 千米。青云街道辖自然村。人口 3 500。始建于北宋末年，当时村南有山，苍松翠柏、遮天蔽日，山名黑山子，村取名为黑山后村。后人为求吉祥，改"黑"为"瑞"。聚落呈团块状分布。有文化大院 1 个、农家书屋 1 个。古迹有瑞山顶残存奎星阁。经济以林果种植业为主。有公路经此。

## 稠蒲河 370982-A01-H09

[ Chóupúhé ]

在市驻地青云街道东北方向 11.6 千米。青云街道辖自然村。人口 900。明成化年间建村，因河边长满臭蒲，遂名臭蒲河。后传李凤姐与明正德皇帝相会生子，在此洗尿布，故名臭布河。后更名稠蒲河，村以河名。聚落沿河呈带状分布。有文化大院 1 个、农家书屋 1 个。经济以林果种植业为主。有简易公路经此。

## 望驾山 370982-A01-H10

[ Wàngjiàshān ]

在市驻地青云街道东北方向 10.7 千米。青云街道辖自然村。人口 1 800。元至元年间建村。传说李凤姐兄妹开酒店，明正德皇帝经此与李凤姐有缘，许诺接她进宫，凤姐常在村西山盼望皇帝驾临，后山名望驾山，村以山名。聚落沿公路呈带状分布。有文化大院 1 个、农家书屋 1 个。古迹有明代关帝庙。经济以种植业为主。有公路经此。

## 花峪 370982-A01-H11

[ Huāyù ]

在市驻地青云街道东北方向 16.6 千米。青云街道辖自然村。人口 800。清雍正年间建村，因位于旋崮山前峪中，野花遍峪，故名花峪。聚落沿公路呈带状分布。有文化大院 1 个、农家书屋 1 个。经济以林果种植业为主。有公路经此。

**良村** 370982-A02-H01

［Liángcūn］

在市驻地青云街道西南方向 10.0 千米。新汶街道辖自然村。人口 2 200。相传，宋代时郑、王、李氏先后来居，取名良前庄。后建井花钱用升量，更村名为量钱庄。1950 年后称良村。聚落呈团块状分布。有文化大院 1 个、农家书屋 1 个。古迹有龙王庙、关帝庙、古石井等。有公路经此。

**东洛沟** 370982-A02-H02

［Dōngluògōu］

在市驻地青云街道南方向 6.5 千米。新汶街道辖自然村。人口 1 100。东汉时有人居住，明正德年间，刘氏先祖刘瑾举家逃荒至此建村，村内有水沟两条，村以沟名。聚落呈散状分布。有文化大院 1 个、农家书屋 1 个。古迹有节孝碑、圣旨碑。经济以服务业为主。有公路经此。

**黄山** 370982-A02-H03

［Huángshān］

在市驻地青云街道南方向 11.0 千米。新汶街道辖自然村。人口 3 000。相传，黄山东麓有一清泉，黄氏于泉旁筑室而居，称黄家泉，山称黄家山。明洪武年间始更今名。聚落呈散状分布。有文化大院 1 个、农家书屋 1 个。古迹有清代奎星楼，并有黄山古寨遗址。经济以林果种植业为主。泰新高速经此。

**云山** 370982-A02-H04

［Yúnshān］

在市驻地青云街道南方向 11.0 千米。新汶街道辖自然村。人口 2 000。因山庄对面山体云雾缭绕，得名云山。聚落呈散状分布。有文化大院 1 个、农家书屋 1 个。经济以种植业为主。泰新高速经此。

**大寺山** 370982-A02-H05

［Dàsìshān］

在市驻地青云街道西南方向 12.0 千米。新汶街道辖自然村。人口 3 000。唐代建村，因位于峙山北麓，原名峙山庄，后更名为大寺山。聚落呈团块状分布。有文化大院 1 个、农家书屋 1 个。经济以林果种植业为主。有公路经此。

**东西周** 370982-A03-H01

［Dōngxīzhōu］

在市驻地青云街道西方向 2.2 千米。新甫街道辖自然村。人口 1 100。相传，唐宣宗年间，周氏兄弟到此建村，取名周家庄。因位于新泰城西，北宋初年更名为西周家庄。后分为东西周、南西周、西西周 3 个村，该村为东西周。聚落呈团块状分布。有文化大院 1 个、农家书屋 1 个。经济以种植业为主，以加工业为辅。有公路经此。

**南西周** 370982-A03-H02

［Nánxīzhōu］

在市驻地青云街道南方向 3.9 千米。新甫街道辖自然村。人口 3 100。相传，唐宣宗年间，周氏兄弟到此建村，取名周家庄。因位于新泰城西，北宋初年更名为西周家庄。后分为东西周、南西周、西西周 3 个村，该村为南西周。聚落呈团块状分布。有文化大院 1 个、农家书屋 1 个。古迹有关帝庙、五里庙子、龙山文化遗址。经济以加工业、建筑业为主。有公路经此。

**泉北** 370982-A03-H03

［Quánběi］

在市驻地青云街道西方向 4.0 千米。新甫街道辖自然村。人口 1 400。相传建于唐朝，因位于龚家林北，称北龚家庄，后又演变为北公庄。1958 年设立城关公社时更名为北公大队。1964 年，因位于四清泉北，改名为泉北大队。1985 年改名为泉北村。聚落呈团块状分布。有文化大院 1 个、农家书屋 1 个。有公路经此。

### 万家庄 370982-A03-H04
［Wànjiāzhuāng］

在市驻地青云街道西南方向 3.8 千米。新甫街道辖自然村。人口 1 700。始建于明朝初，原名新丰庄，明末清初，以万姓村民居多改为万家庄。聚落呈团块状分布。有文化大院 1 个、农家书屋 1 个。经济以建筑业为主。有公路经此。

### 辉城 370982-A03-H05
［Huīchéng］

在市驻地青云街道西南方向 3.2 千米。新甫街道辖自然村。人口 1 200。始建于明洪武年间，传说官府在此建城未成，遗址称毁城。又传在此建石灰窑，称灰城。后名辉城。聚落呈团块状分布。有文化大院 1 个、农家书屋 1 个。经济以商贸业为主。有公路经此。

### 周全 370982-A03-H06
［Zhōuquán］

在市驻地青云街道西南方向 5.0 千米。新甫街道辖自然村。人口 1 400。周氏于元代后期迁此居住，村北有地下涌泉，取名周泉。1944 年因扩乡并村，改为周全。聚落呈团块状分布。有文化大院 1 个、农家书屋 1 个。古迹有观音庙、关帝庙。经济以建筑业为主。有公路经此。

### 西洛 370982-A03-H07
［Xīluò］

在市驻地青云街道西南方向 6.5 千米。新甫街道辖自然村。人口 1 200。始建于明嘉靖年间，崔氏在西周河边立村，后西迁至现址，名西挪庄。又因紧邻大洛沟，明崇祯年间更名为西洛庄。聚落呈团块状分布。有文化大院 1 个、农家书屋 1 个。经济以种植业为主。有公路经此。

### 葛沟河 370982-A03-H08
［Gěgōuhé］

在市驻地青云街道西南方向 6.3 千米。新甫街道辖自然村。人口 2 100。始建于明洪武年间，因与葛沟村、葛沟桥村相邻，故取名葛沟河。聚落呈团块状分布。有文化大院 1 个、农家书屋 1 个。经济以食品加工业为主。有公路经此。

### 前上庄 370982-A03-H09
［Qiánshàngzhuāng］

在市驻地青云街道西北方向 4.9 千米。新甫街道辖自然村。人口 1 500。唐末张氏建村，名张家庄。清乾隆年间，村中多人同时科举中榜，官员赞为"上等庄子"，后演化为上庄。后因位置定名前上庄。聚落呈团块状分布。有文化广场 1 个、农家书屋 1 个。有公路经此。

### 后上庄 370982-A03-H10
［Hòushàngzhuāng］

在市驻地青云街道西北方向 4.9 千米。新甫街道辖自然村。人口 2 300。唐末张氏建村，名张家庄。清乾隆年间，村中多人同时科举中榜，官员赞为"上等庄子"，后演化为上庄。后因位置定名后上庄。聚落呈团块状分布。有文化大院 1 个、农家书屋 1 个。经济以种植业为主，加工业、建筑业等为辅。有永丰面业集团。有公路经此。

### 渭河 370982-A03-H11
［Wèihé］

在市驻地青云街道北方向 6.0 千米。新甫街道辖自然村。人口 1 500。明崇祯年间，魏、胡两姓建村，遂名魏胡庄。清乾隆年间，村民因河环村而流，改称围河庄，后演变为今名。聚落呈团块状分布。有文化大院1个、农家书屋1个。经济以种植业为主。有公路经此。

## 桃花村 370982-A03-H12

［Táohuācūn］

在市驻地青云街道西北方向7.7千米。新甫街道辖自然村。人口500。清乾隆年间，万、杨两家到此建村，因桃树成片，称桃园子，遂名桃园村。1985年更名为桃花村。聚落呈散状分布。有文化大院1个、农家书屋1个。经济以林果业和种植业为主。有公路经此。

## 上西峪 370982-A03-H13

［Shàngxīyù］

在市驻地青云街道北方向5.6千米。新甫街道辖自然村。人口1 100。明天启年间，吴氏家族由小河西迁来建村，村位于下西峪村上游，故名上西峪。聚落呈散状分布。有文化大院1个、农家书屋1个。经济以种植业为主。有公路经此。

## 东都二村 370982-B01-H01

［Dōngdū'èrcūn］

在青云街道南方向7.9千米。东都镇辖自然村。人口2 400。1982年自东都生产大队析出，建立东都第二生产大队。1984年改建为东都二村。聚落呈散状分布。有文化大院1个、农家书屋1个。古迹有三官庙。经济以生产制造业、服务业为主。有公路经此。

## 王家庄 370982-B01-H02

［Wángjiāzhuāng］

在市驻地青云街道西南方向7.7千米。东都镇辖自然村。人口1 900。明景泰年间，

王氏兄弟在此拓荒种地，日久成村，遂名王家庄。聚落呈团块状分布。有文化大院1个、农家书屋1个。古迹有汉代聚落遗址。经济以运输业为主。333省道经此。

## 余粮庄 370982-B01-H03

［Yúliángzhuāng］

在市驻地青云街道东南方向7.9千米。东都镇辖自然村。人口1 200。建于明永乐年间，因连年五谷丰登，遂定村名为余粮庄。1983年该村为支援矿区建设由原址迁现址。聚落呈团块状分布。有文化大院1个、农家书屋1个。古迹有大汶口文化遗迹、汉代古墓。经济以种植业为主。有公路经此。

## 西桥 370982-B01-H04

［Xīqiáo］

在市驻地青云街道南方向6.0千米。东都镇辖自然村。人口1 800。清顺治年间，仇氏建村，名仇家庄。清嘉庆年间，洪水冲庄巧剩庄角，谓东巧庄、西巧庄、南巧庄，俗称三巧（桥）庄。后三村建石桥，以桥方位命名村为东、西、南桥，该村为西桥。聚落呈团块状分布。有文化大院1个、农家书屋1个。古迹有万寿桥。经济以建筑、医疗器材制造为主。有公路经此。

## 沈村 370982-B01-H05

［Shěncūn］

在市驻地青云街道南方向8.0千米。东都镇辖自然村。人口1 700。汉时建村，始名无考。后因纪念朝廷沈姓官员，故名沈村。聚落呈团块状分布。有文化大院1个、农家书屋1个。古迹有七圣堂古庙。经济以种植业为主。东平铁路、泰新高速、333省道经此。

**尚庄** 370982–B01–H06
［Shàngzhuāng］

在市驻地青云街道东南方向 8.5 千米。东都镇辖自然村。人口 1 700。明正德年间，杨千由山西大槐树迁此建村，因村在崇福寺南，故名上庄。后"上"渐演化为"尚"字。聚落呈团块状分布。有文化大院 1 个、农家书屋 1 个。古迹有崇福寺、古寨遗址。有东平铁路、泰新高速、333 省道经此。

**南鲍** 370982–B01–H07
［Nánbào］

在市驻地青云街道东南方向 9.0 千米。东都镇辖自然村。人口 4 000。宋末，李氏迁此建村，始名麒麟庄。后因村在鲍叔牙墓南，故更名为南鲍。聚落呈团块状分布。有文化大院 1 个、农家书屋 1 个。经济以种植业为主。东平铁路、333 省道经此。

**羊蹄庄** 370982–B01–H08
［Yángtízhuāng］

在市驻地青云街道东南方向 12.4 千米。东都镇辖自然村。人口 300。相传，北宋末年，康王赵构与金兀术在此对峙，宋兵悬羊擂鼓，赵构就此脱身，故名羊蹄山。明洪武年间，村民迁至羊蹄山下立村，村以山名。聚落呈散状分布。有农家书屋 1 个、小学 1 所。古迹有康王寨。经济以林果种植业为主。有公路经此。

**东牛家庄** 370982–B01–H09
［Dōngniújiāzhuāng］

在市驻地青云街道东南方向 15.0 千米。东都镇辖自然村。人口 3 700。明正德、嘉靖年间，牛岗迁此建村，遂名牛家庄。后更今名。聚落呈散状分布。有农家书屋 1 个、小学 1 所。经济以中药材种植业、商贸业为主。东平铁路经此。

**徐庄** 370982–B01–H10
［Xúzhuāng］

在市驻地青云街道东南方向 13.0 千米。东都镇辖自然村。人口 700。清顺治年间建村，村南有石似龙，故名石龙村。后徐氏迁此，改名为徐家庄。因重名，1983 年更名卧虎庄。后更名为徐庄。聚落呈团块状分布。有文化大院 1 个、农家书屋 1 个。古迹有八宝琉璃井、打鼓桥等。经济以种植业和商贸业为主。有公路经此。

**酒台** 370982–B01–H11
［Jiǔtái］

在市驻地青云街道东南方向 12.6 千米。东都镇辖自然村。人口 1 000。晋时建村，始名无考。村南有古台，相传李白等"竹溪六逸"到此台饮酒赋诗，故村名酒台。聚落呈散状分布。有文化大院 1 个、农家书屋 1 个。有市级文物保护单位酒台遗址。经济以种植业和商贸业为主。有公路经此。

**乌珠台** 370982–B01–H12
［Wūzhūtái］

在市驻地青云街道东南方向 11.0 千米。东都镇辖自然村。人口 1 400。初名富山庄，村名无考。后因村内有无主土台，故村名无主台，谐音讹传为母猪台，后人嫌名不雅，故更今名。聚落呈散状分布。有文化大院 1 个、农家书屋 1 个。经济以种植业为主。有公路经此。

**郭家泉** 370982–B01–H13
［Guōjiāquán］

在市驻地青云街道西南方向 11.1 千米。小协镇辖自然村。人口 3 000。明洪武二年（1369），郭氏迁此建村，村东有古泉，故名泉里庄。后郭氏人丁兴旺，村更名为郭家泉。聚落呈团块状分布。有文化大院 1

个、农家书屋 1 个。古迹有东周墓群。经济以建筑业和种植业为主。333 省道经此。

## 横山 370982-B01-H14
［Héngshān］

在市驻地青云街道西南方向 15.8 千米。小协镇辖自然村。人口 2 500。明洪武年间建村，村以山名，因有南横山，此村曾名北横山，后改为今名。聚落呈散状分布。有文化大院 1 个、农家书屋 1 个。经济以商贸业为主。有公路经此。

## 大协 370982-B02-H01
［Dàxié］

在市驻地青云街道西南方向 14.4 千米。小协镇辖自然村。人口 4 800。北宋，谢氏立村，名大谢家庄，后更名为大协。聚落呈团块状分布。有文化大院 1 个、农家书屋 1 个。有省级文物保护单位日军所建炮楼。经济以建筑业和种植业为主。有公路经此。

## 陈角峪 370982-B02-H02
［Chénjiǎoyù］

在市驻地青云街道西南方向 13.1 千米。小协镇辖自然村。人口 2 200。明崇祯年间，陈氏迁此建村，因处山峪中，遂名陈角峪。后曹、张、柏、尹等姓迁入。聚落呈散状分布。有文化大院 1 个、农家书屋 1 个。名胜古迹有王敖洞。经济以种植业为主。有公路经此。

## 碗窑头 370982-B02-H03
［Wǎnyáotóu］

在市驻地青云街道西南方向 16.0 千米。小协镇辖自然村。人口 1 300。古称陶瓷之乡，村建于碗窑之西，故定名碗窑头。聚落沿公路呈带状分布。有文化大院 1 个、农家书屋 1 个。经济以种植业为主。有公路经此。

## 大沟 370982-B02-H04
［Dàgōu］

在市驻地青云街道西南方向 17.5 千米。小协镇辖自然村。人口 400。明崇祯年间建村，因村南有一条大沟，故名。聚落呈带状分布。有文化大院 1 个、农家书屋 1 个。经济以种植业为主。有公路经此。

## 云明 370982-B02-H05
［Yúnmíng］

在市驻地青云街道西南方向 15.0 千米。小协镇辖自然村。人口 1 200。明洪武年间，丁氏迁此建村，遂名丁家庄。因重名，1983 年更今名。聚落呈散状分布。有文化大院 1 个、农家书屋 1 个。经济以商贸业为主。有公路经此。

## 西牛 370982-B02-H06
［Xīniú］

在市驻地青云街道西南方向 17.3 千米。小协镇辖自然村。人口 1 000。明正统年间，牛氏建村，与东牛家庄对称，故称西牛家庄。因村民习惯将西牛家庄叫为西牛，故名。聚落呈团块状分布。有文化大院 1 个、农家书屋 1 个。经济以种植业为主。有公路经此。

## 雷明 370982-B02-H07
［Léimíng］

在市驻地青云街道西南方向 16.2 千米。小协镇辖自然村。人口 800。据《王氏家谱》载，明洪武年间，王氏迁此建村，遂名王家庄。因重名，1983 年各取雷山与光明水库地名一字更名为雷明。聚落呈散状分布。有文化大院 1 个、农家书屋 1 个。经济以种植业为主。有公路经此。

**龙泉** 370982-B02-H08

［Lóngquán］

在市驻地青云街道西南方向 18.3 千米。小协镇辖自然村。人口 600。明弘治年间，焦氏迁此建村。村内有池塘，池旁建有龙王庙，村始名龙塘，后更今名。聚落呈散状分布。有文化大院 1 个、农家书屋 1 个。经济以种植业为主。有公路经此。

**陈家庄** 370982-B02-H09

［Chénjiāzhuāng］

在市驻地青云街道西南方向 12.3 千米。小协镇辖自然村。人口 900。明洪武年间，陈氏迁此建村，名陈家庄。聚落呈团块状分布。有文化大院 1 个、农家书屋 1 个。经济以种植业、商贸业为主。磁莱铁路、333 省道经此。

**翟家庄** 370982-B03-H01

［Zháijiāzhuāng］

翟镇人民政府驻地。在市驻地青云街道西北方向 10.0 千米。人口 4 800。明洪武年间，翟氏在此建村，故名翟家庄。聚落呈团块状分布。有小学 2 所、幼儿园 2 所。有新泰市非物质文化遗产"打铁花"。经济以矿产开采业为主。翟镇煤矿专线铁路经此。

**汶河北村** 370982-B03-H02

［Wènhéběicūn］

在市驻地青云街道西方向 7.0 千米。翟镇辖自然村。人口 1 700。明洪武年间，杨氏迁此建村，因地处洼地，故名杨家洼。因重名，又因地处柴汶河北岸，1983 年更名汶河北村。聚落呈团块状分布。有文化大院 1 个、农家书屋 1 个。经济以种植业为主。有公路经此。

**史家庄** 370982-B03-H03

［Shǐjiāzhuāng］

在市驻地青云街道西方向 9.4 千米。翟镇辖自然村。人口 700。清康熙年间，史氏由翟家庄迁此建村，遂名史家庄。聚落呈团块状分布。有文化大院 1 个、农家书屋 1 个。经济以种植业、商贸业为主。有公路经此。

**董家庄** 370982-B03-H04

［Dǒngjiāzhuāng］

在市驻地青云街道西方向 8.6 千米。翟镇辖自然村。人口 800。明崇祯年间，董氏由前上庄（今新甫街道董家街）迁此建村，遂名董家庄。聚落呈团块状分布。有文化大院 1 个、农家书屋 1 个。经济以种植业、商贸业为主。有公路经此。

**崖头** 370982-B03-H05

［Yátóu］

在市驻地青云街道西方向 11.0 千米。翟镇辖自然村。人口 1 600。明天顺年间建村，先是有孟、林、姜、李等姓，始名兴隆庄。因庄东迈莱河岸有大崖头，后更名为崖头。聚落呈团块状分布。有文化大院 1 个、农家书屋 1 个。经济以种植业、商贸业为主。有公路经此。

**小港** 370982-B03-H06

［Xiǎogǎng］

在市驻地青云街道西方向 12.0 千米。翟镇辖自然村。人口 2 100。相传，此地曾建有行船码头。明正德年间，宋、林等迁此立村，因南有大港村，遂称村小港。聚落呈团块状分布。有文化大院 1 个、农家书屋 1 个。古迹有古代港口遗址。经济以种植业、商贸业为主。企业有明兴矿业。有公路经此。

**后羊** 370982-B03-H07

[Hòuyáng]

在市驻地青云街道西方向 9.4 千米。翟镇辖自然村。人口 2 900。明洪武年间建村，因位于两河之间，始名中家行，后羊氏迁居村北，更名为后羊。聚落呈团块状分布。有文化大院 1 个、农家书屋 1 个。古迹有羊村湖遗址。经济以林果种植业为主。有公路经此。

**前羊** 370982-B03-H08

[Qiányáng]

在市驻地青云街道西方向 9.4 千米。翟镇辖自然村。人口 1 900。明洪武年间，宋氏由淄川迁来建村，姓名宋家羊村，后因位于后羊村之南，故名。聚落呈团块状分布。有文化大院 1 个、农家书屋 1 个。古迹有羊村湖遗址。经济以种植业为主。有公路经此。

**刘官庄** 370982-B03-H09

[Liúguānzhuāng]

在市驻地青云街道西方向 11.1 千米。翟镇辖自然村。人口 3 700。明洪武年间，刘氏迁此建村，因刘氏是京城官员，遂叫刘官庄。聚落呈散状分布。有文化大院 1 个、农家书屋 1 个。经济以种植业为主。有公路经此。

**玥庄** 370982-B03-H10

[Yuèzhuāng]

在市驻地青云街道西方向 13.1 千米。翟镇辖自然村。人口 1 900。据碑载，明万历年间，牛氏迁此建村，名牛家庄，后更名挪庄。因"挪""玥"二字发音相近，后演变为玥庄。聚落呈团块状分布。有文化大院 1 个、农家书屋 1 个。经济以种植业、商贸业为主。有公路经此。

**大港** 370982-B03-H11

[Dàgǎng]

在市驻地青云街道西方向 12.1 千米。翟镇辖自然村。人口 2 300。明洪武年间，建村，因村东有羊村湖，村西有两股水流交汇，并有较大港口，故名大港。聚落呈团块状分布。有文化大院 1 个、农家书屋 1 个。经济以种植业为主。有公路经此。

**红石板** 370982-B03-H12

[Hóngshíbǎn]

在市驻地青云街道西方向 8.2 千米。翟镇辖自然村。人口 1 800。明崇祯年间，范姓由葛沟迁此建村，始名小范庄。清顺治年间，王氏由古河迁入，因村内有大片红石板，遂名红石板。聚落呈团块状分布。有文化大院 1 个、农家书屋 1 个。经济以种植业为主。有公路经此。

**榆山** 370982-B03-H13

[Yúshān]

在市驻地青云街道西方向 6.2 千米。翟镇辖自然村。人口 2 000。明洪武年间建村，因村后有山，长满榆树，名榆山，村以山名。聚落呈散状分布。有文化大院 1 个、农家书屋 1 个。古迹有古代观音庙。经济以种植业、商贸业为主。有公路经此。

**兴隆屯** 370982-B03-H14

[Xīnglóngtún]

在市驻地青云街道西方向 7.3 千米。翟镇辖自然村。人口 1 500。清乾隆十八年（1753），村民为求村中兴隆，共定村名为兴隆屯。聚落呈团块状分布。有文化大院 1 个、农家书屋 1 个。经济以种植业、商贸业为主。有公路经此。

**泉沟** 370982-B04-H01

[ Quángōu ]

泉沟镇人民政府驻地。在市驻地青云街道西方向 13.0 千米。人口 2 000。清中期建村，四周有沟，沟沟有泉，故名。聚落呈团块状分布。有中学 1 所、小学 1 所。经济以采矿业为主，盛泉矿业驻此。有公路经此。

**张家兰子** 370982-B04-H02

[ Zhāngjiālánzi ]

在市驻地青云街道西方向 12.3 千米。泉沟镇辖自然村。人口 1 800。相传，唐乾宁年间建村，村北有山名凤凰头，有张落之势，村遂名张过来，后演化成今名。聚落呈散状分布。有文化大院 1 个、农家书屋 1 个。经济以种植业为主，主要农产品有花生。有公路经此。

**魏家峪** 370982-B04-H03

[ Wèijiāyù ]

在市驻地青云街道西方向 13.3 千米。泉沟镇辖自然村。人口 2 000。明天顺年间，魏氏建村，因位于莲花山前峪中，故名魏家峪。聚落呈团块状分布。有文化大院 1 个、农家书屋 1 个。经济以种植业为主。有公路经此。

**宫山前** 370982-B04-H04

[ Gōngshānqián ]

在市驻地青云街道西方向 13.0 千米。泉沟镇辖自然村。人口 400。清顺治年间建村，因位于宫山之阳，故名宫山前。聚落呈散状分布。有文化大院 1 个、农家书屋 1 个。古迹有汉代宫室遗址。经济以种植业为主，主要农产品有花生。有公路经此。

**周家泉** 370982-B04-H05

[ Zhōujiāquán ]

在市驻地青云街道西方向 12.8 千米。泉沟镇辖自然村。人口 1 300。明崇祯年间建村，原名东南峪，后因村内有一泉日夜喷涌，且村内周姓居多，故改名周家泉。聚落呈散状分布。有文化大院 1 个、农家书屋 1 个。古迹有清代护泉碑刻。经济以种植业为主。有公路经此。

**高崖头** 370982-B04-H06

[ Gāoyátóu ]

在市驻地青云街道西方向 11.9 千米。泉沟镇辖自然村。人口 1 900。明洪武年间，高氏迁此建村，村东有大土崖，故名。聚落呈团块状分布。有文化大院 1 个、农家书屋 1 个。古迹有土寨，为汉代莲花山"四大候城"之一，曾出土陶器、青铜器等文物。经济以种植业为主，主要农产品有小麦。有公路经此。

**上河** 370982-B04-H07

[ Shànghé ]

在市驻地青云街道西方向 15.8 千米。泉沟镇辖自然村。人口 1 300。明洪武年间，杨氏迁此建村，因有一楼房，遂名杨家楼。后孙家庄村民为种地方便，迁此定居。因村在河上游，故更今名。聚落呈散状分布。有文化大院 1 个、农家书屋 1 个。经济以种植业为主，主要农产品有花生。有公路经此。

**曹家庄** 370982-B04-H08

[ Cáojiāzhuāng ]

在市驻地青云街道西方向 10.7 千米。泉沟镇辖自然村。人口 1 200。明天顺年间，毛氏迁此建村，遂名毛家庄。明朝末年，毛氏迁出，曹氏由石灰峪迁此落户，更名为曹家庄。聚落呈团块状分布。有文化大院1个、农家书屋1个。经济以种植业为主，主要农产品有花生、地瓜。有公路经此。

### 孙家庄 370982-B04-H09
[Sūnjiāzhuāng]

在市驻地青云街道西方向10.8千米。泉沟镇辖自然村。人口1 500。明正德年间，孙氏迁此定居，故名孙家庄。聚落呈散状分布。有文化大院1个、农家书屋1个。经济以种植业为主，主要农产品有花生、地瓜。有公路经此。

### 运舟湖 370982-B04-H10
[Yùnzhōuhú]

在市驻地青云街道西方向14.2千米。泉沟镇辖自然村。人口2 300。相传，此地原为一片湖泊，因常从果都运粮至此，故名运粮湖。清顺治年间改名运舟湖。聚落呈团块状分布。有文化大院1个、农家书屋1个。经济以种植业为主，主要农产品有花生、地瓜。有公路经此。

### 杨家牌 370982-B04-H11
[Yángjiāpái]

在市驻地青云街道西方向15.8千米。泉沟镇辖自然村。人口1 900。明洪武年间，杨氏建村。清顺治年间，因人口较多，村分为杨家牌、刘家牌、庙子牌、靳家牌，并称"四大牌"，该村名杨家牌。聚落呈团块状分布。有文化大院1个、农家书屋1个。古迹有"御举府"遗址。经济以种植小麦、玉米为主。有公路经此。

### 黄崖 370982-B04-H12
[Huángyá]

在市驻地青云街道西方向17.0千米。泉沟镇辖自然村。人口1 600。清初建村，村后有九个山头像凤凰，遂名凤凰岭。后因村西有大黄土崖，故更今名。聚落呈散状分布。有文化大院1个、农家书屋1个。经济以种植小麦、玉米、花生为主。有公路经此。

### 袜子铺 370982-B04-H13
[Wàzipù]

在市驻地青云街道西方向17.2千米。泉沟镇辖自然村。人口1 600。汉武帝驾临新甫山寻仙并屯兵于此，建四大候城，因此地卖鞋袜，后成聚落，故名袜子铺。聚落呈散状分布。有文化大院1个、农家书屋1个。有市级非物质文化遗产翟氏正骨。经济以种植业为主，主要农产品有花生、地瓜。有公路经此。

### 小河南 370982-B05-H01
[Xiǎohénán]

羊流镇人民政府驻地。在市驻地青云街道西方向22.1千米。人口800。明万历年间，万氏于此建村，遂名万家庄，后万氏失传，因村在羊流河南岸，遂更今名。聚落呈团块状分布。有文化大院1个、农家书屋1个、初中1所、幼儿园3所。有古迹五圣堂。经济以种植业为主，主要农产品有小麦、玉米。工业以起重机械制造业为主。有公路经此。

### 雁翎关 370982-B05-H02
[Yànlíngguān]

在市驻地青云街道西北方向24.0千米。羊流镇辖自然村。人口1 000。《新泰县志》载："雁翎关山，距城六十里，两崖绵峻中，为新、莱接界往来要路，系古险塞。"春秋时建村，地势有雁过拔翎之势，故名。聚落呈带状分布。有文化大院1个、农家书屋1个。古迹有古代关隘遗址。经济以种植业为主，主要农作物有小麦、玉米。有公路经此。

**羊流** 370982-B05-H03

［Yángliú］

在市驻地青云街道西方向 22.5 千米。羊流镇辖自然村。人口 4 900。西汉建村，因村北有一荒岭，始名秃丘，后以此地有"羊氏之流风"更名羊流，曾名羊流店。聚落呈团块状分布。有文化大院 1 个、农家书屋 1 个。古迹有羊公祠、羊流驿站。经济以起重机械制造业为主。103 省道经此。

**沟西** 370982-B05-H04

［Gōuxī］

在市驻地青云街道西方向 21.8 千米。羊流镇辖自然村。人口 2 600。明洪武年间，村民由河北枣强迁此建村，因大马庄与沟西之间有条大沟，故村名沟西。聚落呈团块状分布。有文化大院 1 个、农家书屋 1 个。有省级文物保护单位羊氏墓地。经济以起重机械制造业为主，另有农产品加工业务等。有公路经此。

**南羊流** 370982-B05-H05

［Nányángliú］

在市驻地青云街道西方向 22.4 千米。羊流镇辖自然村。人口 3 600。明洪武年间建村，始名新兴庄，后因在羊流南更今名。聚落呈团块状分布。有文化大院 1 个、农家书屋 1 个、小学 1 所。古迹有大汶口文化遗址。经济以服务业为主。103 省道经此。

**羊家庄** 370982-B05-H06

［Yángjiāzhuāng］

在市驻地青云街道西方向 21.4 千米。羊流镇辖自然村。人口 800。相传西晋时建村，为太傅羊祜家族后人居住，故名羊家庄。后杨氏迁入，称杨家庄。1983 年改名立新庄。后定名羊家庄。聚落呈团块状分布。有文化大院 1 个、农家书屋 1 个。经济以种植业为主。有公路经此。

**坦里** 370982-B05-H07

［Tǎnlǐ］

在市驻地青云街道西方向 24.4 千米。羊流镇辖自然村。人口 2 300。明洪武年间，侯氏迁此建村，故名侯家庄。后侯氏失传，刘氏兴旺，更名疃里，又更名为坦里。聚落呈团块状分布。有文化大院 1 个、农家书屋 1 个。经济以服务业为主。有公路经此。

**云河庄** 370982-B05-H08

［Yúnhézhuāng］

在市驻地青云街道西方向 23.6 千米。羊流镇辖自然村。人口 1 800。明洪武年间建村，因村东有云河，故名云河庄。聚落呈团块状分布。有文化大院 1 个、农家书屋 1 个。经济以种植业和养殖业为主。有公路经此。

**新张庄** 370982-B05-H09

［Xīnzhāngzhuāng］

在市驻地青云街道西方向 25.6 千米。羊流镇辖自然村。人口 2 100。明洪武年间，张氏迁此建村。因在羊流西，原名西张庄，后因重名，1983 年更今名。聚落呈团块状分布。有文化大院 1 个、农家书屋 1 个。经济以种植业和养殖业为主。有公路经此。

**和庄** 370982-B05-H10

［Hézhuāng］

在市驻地青云街道西方向 18.0 千米。羊流镇辖自然村。人口 1 600。五代后晋天福五年（940），和氏迁此建村，故名和庄。聚落呈团块状分布。有文化大院 1 个、农家书屋 1 个。经济以种植业和养殖业为主。有公路经此。

**东王庄** 370982-B05-H11

［Dōngwángzhuāng］

在市驻地青云街道西方向 21.4 千米。

羊流镇辖自然村。人口 2 600。元至元年间，王氏迁此建村，名大王庄。后因方位定名东王庄。聚落呈团块状分布。有文化大院 1 个、农家书屋 1 个。古迹有殷氏家庙。经济以服务业为主。

**西梁庄** 370982-B05-H12
[ Xīliángzhuāng ]

在市驻地青云街道西方向 20.3 千米。羊流镇辖自然村。人口 1 600。明天顺年间，田、晋、李、乔四姓建村，始名无考。明正德年间，梁氏迁此定居，村名梁家庄。后因方位定名西梁庄。聚落呈团块状分布。有文化大院 1 个、农家书屋 1 个。经济以加工业为主。

**苏庄** 370982-B05-H13
[ Sūzhuāng ]

在市驻地青云街道西方向 18.4 千米。羊流镇辖自然村。人口 1 600。明洪武年间，苏氏迁此建村，因此地有一条芦苇沟，沟东村名苏庄，沟西村名孙屯，日久年远，两村连为一体，统称苏庄。聚落呈团块状分布。有文化大院 1 个、农家书屋 1 个。经济以种植业为主。有公路经此。

**东官庄** 370982-B05-H14
[ Dōngguānzhuāng ]

在市驻地青云街道西方向 18.5 千米。羊流镇辖自然村。人口 1 500。宋天圣年间，官氏迁此建村，因邻里和睦，人丁兴旺，且官氏家中有数人升官，故村名公兴官庄。又该村在羊流东，1958 年更名。聚落呈散状分布。有文化大院 1 个、农家书屋 1 个。经济以种植业和养殖业为主。有公路经此。

**西天井峪** 370982-B05-H15
[ Xītiānjǐngyù ]

在市驻地青云街道西方向 21.4 千米。

羊流镇辖自然村。人口 400。元大德年间建村，因村北一井高于村庄，取名天井，故村名天井峪。1958 年因建水库搬迁，按照方位分为 3 个天井峪，该村在西，故名。聚落呈散状分布。有文化大院 1 个、农家书屋 1 个。经济以种植业和养殖业为主。有公路经此。

**官桥** 370982-B05-H16
[ Guānqiáo ]

在市驻地青云街道西方向 28.6 千米。羊流镇辖自然村。人口 2 800。春秋时建村，位处交通要道，因村东大石桥由官府修建，故名官桥。聚落呈团块状分布。有文化大院 1 个、农家书屋 1 个。经济以种植业、养殖业和加工业为主。有公路经此。

**旧关** 370982-B05-H17
[ Jiùguān ]

在市驻地青云街道西方向 28.9 千米。羊流镇辖自然村。人口 900。春秋时建村，历史上，此处为齐鲁交通要塞，设有一关台，村在台北，称关后村，后演变为旧关。聚落呈团块状分布。有文化大院 1 个、农家书屋 1 个。古迹有春秋时关台遗址。经济以种植业、养殖业和加工业为主。有公路经此。

**杨家洼** 370982-B05-H18
[ Yángjiāwā ]

在市驻地青云街道西方向 24.5 千米。羊流镇辖自然村。人口 1 300。明永乐七年（1409），杨氏由苇池村迁此建村，因地处山岭环抱的洼地，故名。聚落呈散状分布。有文化大院 1 个、农家书屋 1 个。经济以种植业为主，主要农作物有地瓜、花生等。有公路经此。

**苇池** 370982-B05-H19
[ Wěichí ]

在市驻地青云街道西方向 23.8 千米。羊流镇辖自然村。人口 300。相传春秋时有村落，因此地有一水湾，遍生芦苇，遂名苇池。聚落呈团块状分布。有文化大院 1 个、农家书屋 1 个。经济以种植业、养殖业为主。有公路经此。

**东石棚** 370982-B05-H20
[ Dōngshípéng ]

在市驻地青云街道西方向 23.0 千米。羊流镇辖自然村。人口 1 200。宋元祐年间建村，因村北有一天然石棚，村名大石棚。明洪武年间在村西又立一村，因小，取名小石棚，后以方位称东石棚。聚落呈散状分布。有文化大院 1 个、农家书屋 1 个。经济以种植业、养殖业为主。有公路经此。

**香水河** 370982-B05-H21
[ Xiāngshuǐhé ]

在市驻地青云街道西方向 27.2 千米。羊流镇辖自然村。人口 400。明天启年间，张、齐、刘三姓迁此建村，因和睦相处，村名三义村。村东有一山泉，长流成河，被誉为香水，故村更名为香水河。聚落呈散状分布。有文化大院 1 个、农家书屋 1 个。经济以种植业和商贸业为主。有公路经此。

**东山草峪** 370982-B05-H22
[ Dōngshāncǎoyù ]

在市驻地青云街道西方向 26.0 千米。羊流镇辖自然村。人口 2 300。明洪武年间建村，因村四周荒岭上长满黄山草，始名山草峪。后河西岸也建有一村称山草峪，故有东、西山草峪之分。聚落呈散状分布。有文化大院 1 个、农家书屋 1 个。经济以种植业和商贸业为主。有公路经此。

**西山草峪** 370982-B05-H23
[ Xīshāncǎoyù ]

在市驻地青云街道西方向 26.8 千米。羊流镇辖自然村。人口 1 100。明洪武年间建村，因村四周荒岭上长满黄山草，始名山草峪。后河西岸也建有一村称山草峪，故有东、西山草峪之分。聚落呈散状分布。聚落呈散状分布。有文化大院 1 个、农家书屋 1 个。经济以种植业和商贸业为主。有公路经此。

**上柳杭** 370982-B05-H24
[ Shàngliǔháng ]

在市驻地青云街道西方向 32.7 千米。羊流镇辖自然村。人口 400。明洪武年间，在此相距不远的南、北处同时建有两村，因杨柳成行，遂名柳行村。后将南边柳行村改称大柳行，北村为上柳行，后"行"渐演变为"杭"。聚落呈散状分布。有文化大院 1 个、农家书屋 1 个。经济以种植业为主。有公路经此。

**大柳杭** 370982-B05-H25
[ Dàliǔháng ]

在市驻地青云街道西方向 32.1 千米。羊流镇辖自然村。人口 800。明洪武年间，在此相距不远的南、北处同时建有两村，因杨柳成行，遂名柳行村。后将南边柳行村改称大柳行，后"行"渐演变为"杭"。聚落呈散状分布。有文化大院 1 个、农家书屋 1 个。经济以种植业、养殖业为主。有公路经此。

**秦家庄** 370982-B05-H26
[ Qínjiāzhuāng ]

在市驻地青云街道西方向 30.5 千米。羊流镇辖自然村。人口 1 000。唐武德年间，秦氏迁此建村，故名。聚落呈团块状分布。

有文化大院 1 个、农家书屋 1 个。有市级文物保护单位千年古刹崇福寺。经济以种植业、养殖业为主。有公路经此。

## 龙石崖 370982-B05-H27
[ Lóngshíyá ]

在市驻地青云街道西方向 31.0 千米。羊流镇辖自然村。人口 1 000。元至正年间建村，村东北有巨大石崖，酷似蛟龙，故名。聚落呈散状分布。有文化大院 1 个、农家书屋 1 个。经济以种植业、养殖业为主。有公路经此。

## 李官庄 370982-B05-H28
[ Lǐguānzhuāng ]

在市驻地青云街道西方向 30.1 千米。羊流镇辖自然村。人口 600。清康熙年间有人来此定居，一狼于村头石碾下生一窝狼崽，村遂名狼窝庄。后来人口渐多，为求吉利，命名为南官庄。因重名，1983 年更今名。聚落呈散状分布。有文化大院 1 个、农家书屋 1 个。经济以种植业为主，特色农产品有黄花菜。泰新高速经此。

## 西安 370982-B05-H29
[ Xī'ān ]

在市驻地青云街道西方向 30.1 千米。羊流镇辖自然村。人口 600。清乾隆年间，村民渠乐天迁此建村。因渠家有人为官，得名官庄。又为羊流西部，亦称西官庄。因重名，1983 年更今名。聚落呈散状分布。有文化大院 1 个、农家书屋 1 个。经济以种植业、养殖业为主。103 省道经此。

## 下裴家庄 370982-B05-H30
[ Xiàpéijiāzhuāng ]

在市驻地青云街道西方向 27.3 千米。羊流镇辖自然村。人口 400。明洪武年间，裴氏由山西洪洞县迁此定居，村名裴庄。

为别于上裴家庄，故名下裴家庄。聚落呈散状分布。有文化大院 1 个、农家书屋 1 个。经济以种植业为主，特色农产品有大樱桃。有公路经此。

## 果都 370982-B06-H01
[ Guǒdū ]

果都镇人民政府驻地。在市驻地青云街道西方向 24.0 千米。人口 2 800。始建于秦，名德性庄。传汉武帝东巡驻此召见神医李浮邱，簪冠学道，故名裹头城，后改果都城，又简化为果都。聚落呈团块状分布。有中学 1 所。经济以机械制造、配件铸造业为主。泰新高速经此。

## 杜家庄 370982-B06-H02
[ Dùjiāzhuāng ]

在市驻地青云街道西方向 32.0 千米。果都镇辖自然村。人口 1 400。明永乐年间，杜传仓迁至该地立村，故名杜家庄。聚落呈团块状分布。有文化大院 1 个、农家书屋 1 个。经济以种植业为主。有公路经此。

## 杨家官庄 370982-B06-H03
[ Yángjiāguānzhuāng ]

在青云街道西方向 28.4 千米。果都镇辖自然村。人口 1 200。明洪武年间，杨、马二姓迁此建村，因杨氏有人为官，故名官庄。后杨氏兴旺，故更名杨官庄。后又更名为杨家官庄。聚落呈团块状分布。有文化大院 1 个、农家书屋 1 个。经济以种植业为主。有公路经此。

## 毛家庄 370982-B06-H04
[ Máojiāzhuāng ]

在市驻地青云街道西方向 26.0 千米。果都镇辖自然村。人口 1 700。明天顺年间，毛氏由山西洪洞县迁此建村，遂名毛家庄。聚落呈团块状分布。有文化大院 1 个、农家书屋 1 个。经济以种植业为主。有公路经此。

## 杨家楼 370982-B06-H05
[ Yángjiālóu ]

在市驻地青云街道西方向 26.5 千米。果都镇辖自然村。人口 1 000。秦汉有村落，南宋末年宋氏祖来此定居，名宋家庄。明洪武年间，杨氏从山西洪洞县迁此，因村中有古楼，遂改名为杨家楼。聚落呈团块状分布。有文化大院 1 个、农家书屋 1 个。古迹有古楼遗址。经济以种植业为主。有公路经此。

## 坡里 370982-B06-H06
[ Pōlǐ ]

在市驻地青云街道西方向 22.0 千米。果都镇辖自然村。人口 1 300。元顺帝年间，为避战乱，刘文举（庠生）由沛县迁入上汪村，其三子刘铭迁此建村，因庄北泥沟河桥东有一涌泉，形成一片水泊，故取村名泊里，后逐渐演变为坡里。聚落呈团块状分布。有文化大院 1 个、农家书屋 1 个。经济以种植业为主。有公路经此。

## 蒋家石沟 370982-B06-H07
[ Jiǎngjiāshígōu ]

在市驻地青云街道西方向 23.0 千米。果都镇辖自然村。人口 1 500。明天启年间建村，因位于大石沟东，故名东石沟。清同治年间，蒋氏兄弟从宁阳蒋集迁此，改村名为蒋家石沟。聚落呈团块状分布。有文化大院 1 个、农家书屋 1 个。经济以种植业为主。有公路经此。

## 东石沟 370982-B06-H08
[ Dōngshígōu ]

在市驻地青云街道西方向 26.0 千米。果都镇辖自然村。人口 1 400。明万历年间，

陈氏由大石沟迁此建村，名小石沟。因在大石沟东，又更名为东石沟。聚落呈团块状分布。有文化大院 1 个、农家书屋 1 个。经济以种植业为主。有公路经此。

## 瑞谷庄 370982-B06-H09
[ Ruìgǔzhuāng ]

在市驻地青云街道西方向 24.0 千米。果都镇辖自然村。人口 1 600。明洪武年间建村，因村内一沟经年久冲刷，形成天然深谷，名水沟庄。清初，村民为祈求丰收，更村名为瑞谷庄。聚落呈团块状分布。有文化大院 1 个、农家书屋 1 个。经济以种植业为主。有公路经此。

## 大霞雾 370982-B06-H10
[ Dàxiáwù ]

在市驻地青云街道西方向 21.0 千米。果都镇辖自然村。人口 1 900。明洪武年间，李氏迁此定居，因村西有水潭朝夕雾气茫茫，谓之霞雾，又因人多村大，取名大霞雾。聚落呈团块状分布。有文化大院 1 个、农家书屋 1 个。经济以种植业为主。有公路经此。

## 杨莫庄 370982-B06-H11
[ Yángmòzhuāng ]

在市驻地青云街道西方向 21.0 千米。果都镇辖自然村。人口 1 300。杨氏于明建文年间迁此定居，故名杨家莫庄。后更名为杨莫庄。聚落呈团块状分布。有文化大院 1 个、农家书屋 1 个。经济以种植业为主。有公路经此。

## 西张庄 370982-B07-H01
[ Xīzhāngzhuāng ]

西张庄镇人民政府驻地。在市驻地青云街道西方向 16.1 千米。人口 2 200。明洪武二年（1369），张氏自山西洪洞县老鸹

窝迁此定居，名张庄。1979 年分东、西两个村，以位西名西张庄。聚落呈团块状分布。有中学 1 所、小学 1 所。经济以种植业为主。有公路经此。

### 司家庄 370982-B07-H02

[ Sījiāzhuāng ]

在市驻地青云街道西方向 16.1 千米。西张庄镇辖自然村。人口 1 300。清顺治年间，司氏来此立村，故名司家庄。聚落呈团块状分布。有文化大院 1 个、农家书屋 1 个。古迹有晋代孙夫人碑。经济以种植业为主。有公路经此。

### 东车庄 370982-B07-H03

[ Dōngchēzhuāng ]

在市驻地青云街道西方向 16.2 千米。西张庄镇辖自然村。人口 1 700。明洪武七年（1374）建村，据传开挖运粮河时在此存放车辆，故名车庄。后分为两个自然村，在东称东车庄，在西称西车庄。聚落呈团块状分布。有文化大院 1 个、农家书屋 1 个、小学 1 所。经济以种植业为主。有公路经此。

### 前高佐 370982-B07-H04

[ Qiángāozuǒ ]

在市驻地青云街道西方向 17.0 千米。西张庄镇辖自然村。人口 2 200。明洪武年间，高氏由安丘迁此建村，村名立行。明朝末年，洪水淹没周围村庄，唯此村因地势高而安然无恙，遂更名高坐，渐演变为高佐。后分南、北两村，此村在南，称前高佐。聚落呈团块状分布。有文化大院 1 个、农家书屋 1 个。经济以种植业为主。有公路经此。

### 西韩庄 370982-B07-H05

[ Xīhánzhuāng ]

在市驻地青云街道西方向 19.0 千米。西张庄镇辖自然村。人口 2 400。明洪武二

年（1369），韩氏迁此建村，名韩庄。后韩氏他迁，王财富等由琅琊（今临沂）迁此落户。后分东、西两村，该村为西韩庄。聚落呈团块状分布。有文化大院 1 个、农家书屋 1 个。经济以种植业为主。有公路经此。

### 中兴官庄 370982-B07-H06

[ Zhōngxīngguānzhuāng ]

在市驻地青云街道西方向 17.6 千米。西张庄镇辖自然村。人口 2 500。明洪武年间，钟氏由山西洪洞县迁此建村，取"钟氏兴旺"之意命名为钟兴。后钟氏家族有人为官，故更名为钟兴官庄。后"钟"演变为"中"。聚落呈团块状分布。有文化大院 1 个、农家书屋 1 个。经济以种植业为主。有公路经此。

### 东白沙 370982-B07-H07

[ Dōngbáishā ]

在市驻地青云街道西方向 25.0 千米。西张庄镇辖自然村。人口 1 400。明洪武二年（1369），范氏两兄弟从山西经河北省枣强县迁此建村，因村南柴汶河岸一片白沙滩，遂名大白沙庄。1961 年分东、西两村，称东白沙、西白沙，本村位东，故名。聚落呈散状分布。有文化大院 1 个、农家书屋 1 个。经济以种植业为主。有公路经此。

### 西白沙 370982-B07-H08

[ Xībáishā ]

在市驻地青云街道西方向 25.0 千米。西张庄镇辖自然村。人口 1 800。明洪武二年（1369），范氏两兄弟从山西经河北省枣强县迁此建村，因村南柴汶河岸一片白沙滩，遂名大白沙庄。1961 年分东、西两村，称东白沙、西白沙，本村在西，故名。聚落呈团块状分布。有文化大院 1 个、农家书屋 1 个。经济以种植业为主。有公路经此。

**圣德庄** 370982-B07-H09
[ Shèngdézhuāng ]

在市驻地青云街道西南方向 15.0 千米。西张庄镇辖自然村。人口 900。明万历二十九年（1601），周、刘、葛、赵姓氏在此立村，取名盛德庄，后林、郭等姓氏陆续迁入，村名演化为圣德庄。聚落呈团块状分布。有文化大院 1 个、农家书屋 1 个。经济以种植业为主。有公路经此。

**浮邱** 370982-B07-H10
[ Fúqiū ]

在市驻地青云街道西方向 15.0 千米。西张庄镇辖自然村。人口 2 300。西汉时建村，因村内有一名医李浮邱，医术高超，被誉为神医，后人为了纪念地，遂定村名为浮邱。聚落呈团块状分布。有文化大院 1 个、农家书屋 1 个。古迹有烽火台、驿路遗址。经济以种植业为主。有公路经此。

**四槐树** 370982-B07-H11
[ Sìhuáishù ]

在市驻地青云街道西方向 13.0 千米。西张庄镇辖自然村。人口 1 000。明洪武年间，柴氏从山西洪洞县迁此立村，取名大兴庄。清康熙年间，更名为四槐树。聚落呈团块状分布。有文化大院 1 个、农家书屋 1 个。经济以种植业为主。有公路经此。

**肖家庄** 370982-B07-H12
[ Xiāojiāzhuāng ]

在市驻地青云街道西方向 20.0 千米。西张庄镇辖自然村。人口 1 100。明洪武元年（1368），村民肖仔风由河北枣强县迁此建村，故名肖家庄。聚落呈团块状分布。有文化大院 1 个、农家书屋 1 个。古迹有碧霞元君祠。经济以种植业为主。103 省道经此。

**天宝** 370982-B08-H01
[ Tiānbǎo ]

天宝镇人民政府驻地。在市驻地青云街道西方向 35.6 千米。人口 7 000。回汉族聚居。隋开皇十一年（591）建村，取吉祥之意命名。聚落呈团块状分布。有幼儿园 1 所、小学 1 所。经济以种植业为主，主要农作物有小麦、玉米、花生、地瓜等。有公路经此。

**夏疃** 370982-B08-H02
[ Xiàtuǎn ]

在市驻地青云街道西方向 35.2 千米。天宝镇自然村。人口 2 000。明洪武年间，夏氏于此小平原立村，故名夏疃。后夏氏他迁，仍名夏疃。聚落呈散状分布。有文化大院 1 个、农家书屋 1 个。经济以种植业为主。有公路经此。

**时家庄** 370982-B08-H03
[ Shíjiāzhuāng ]

在市驻地青云街道西方向 38.2 千米。天宝镇自然村。人口 3 200。据《时氏家谱》载，金代中期建村。唐末，时氏因避朱梁之乱，由山西太原迁至天宝。时氏后人从天宝寨迁此，于墓北安家守墓，渐成村落，遂名时家庄。聚落呈团块状分布。有文化大院 1 个、农家书屋 1 个。古迹有陇西郡开国侯时珍墓。经济以种植业为主。有公路经此。

**西羊舍** 370982-B08-H04
[ Xīyángshě ]

在市驻地青云街道西方向 39.0 千米。天宝镇辖自然村。人口 3 000。相传晋代名臣羊祜封邑在此，后有人迁入此地居住，故称羊舍村。又因有一条小河将羊舍分为东、西两半，又出现了西、东羊舍之称。

聚落呈散状分布。有文化大院 1 个、农家书屋 1 个。古迹有泰山羊氏遗迹。经济以种植业为主。有公路经此。

## 古城 370982-B08-H05
[ Gǔchéng ]

在市驻地青云街道西方向 38.0 千米。天宝镇辖自然村。人口 500。传为羊祜古城，城西有羊舍，再西有演武厅，柴汶河之南有东营、西营，为屯兵之所。另说始建于东汉时期，因村内建有梁父县城而名古城。聚落呈团块状分布。有文化大院 1 个、农家书屋 1 个。古迹有古城遗址。经济以种植业为主。有公路经此。

## 城东 370982-B08-H06
[ Chéngdōng ]

在市驻地青云街道西方向 36.6 千米。天宝镇辖自然村。人口 2 200。始建于晋代，因位于羊祜城遗址（今古城）东侧，故名。聚落呈团块状分布。有文化大院 1 个、农家书屋 1 个。古迹有羊祜城遗址。经济以种植业为主。有公路经此。

## 上官庄 370982-B08-H07
[ Shàngguānzhuāng ]

在市驻地青云街道西方向 39.0 千米。天宝镇辖自然村。人口 2 400。明洪武年间立村，因村内有官庙，故称大官庙庄，后改称大官庄。由于重名，1983 年更名为上官庄。聚落呈团块状分布。有文化大院 1 个、农家书屋 1 个。古迹有关帝庙遗迹。经济以种植业为主。有公路经此。

## 颜前 370982-B08-H08
[ Yánqián ]

在市驻地青云街道西方向 35.6 千米。天宝镇辖自然村。人口 2 800。据元皇庆二年（1313）《冀氏族谱》载，元朝初年，颜氏迁此建村，遂名颜家庄。1962 年分颜前、颜后两村。聚落呈团块状分布。有文化大院 1 个、农家书屋 1 个。有省级文物保护单位新泰羊氏墓地。经济以种植业为主。有公路经此。

## 年家峪 370982-B08-H09
[ Niánjiāyù ]

在市驻地青云街道西方向 37.5 千米。天宝镇辖自然村。人口 800。明万历年间，余氏迁此建村，因位于峪中，峪中有石碾，遂名碾子峪，后演化为今名。聚落呈散状分布。有文化大院 1 个、农家书屋 1 个。经济以种植业为主，特色农产品有大樱桃。有公路经此。

## 大东庄 370982-B08-H10
[ Dàdōngzhuāng ]

在市驻地青云街道西方向 28.9 千米。天宝镇辖自然村。人口 2 500。元至元年间建村，因在西庄河东侧，遂名东庄，后因有小东庄，故更今名。聚落呈团块状分布。有文化大院 1 个、农家书屋 1 个。古迹有天齐庙。经济以商贸业为主。有公路经此。

## 西朴里 370982-B08-H11
[ Xīpǔlǐ ]

在市驻地青云街道西方向 29.8 千米。天宝镇辖自然村。人口 3 000。明洪武年间建村，始名坡里，后因有村称坡里，故更名西坡里，渐演变为今名。聚落呈散状分布。有文化大院 1 个、农家书屋 1 个。经济以种植业为主。有公路经此。

## 庄庄 370982-B08-H12
[ Zhuāngzhuāng ]

在市驻地青云街道西方向 31.5 千米。天宝镇辖自然村。人口 1 900。元至顺年间，庄氏迁此建村，故名庄庄。聚落呈团块状分布。有文化大院 1 个、农家书屋 1 个。经济以种植业为主。有公路经此。

**松棚** 370982-B08-H13

[ Sōngpéng ]

在市驻地青云街道西方向 31.0 千米。天宝镇辖自然村。人口 1 800。元至顺年间建村。松棚村地处徂徕山下、新泰市西北角，属丘陵地带，因西山松柏遮天蔽日，故名松棚。聚落呈散状分布。有文化大院 1 个、农家书屋 1 个。经济以种植业为主。有公路经此。

**楼德** 370982-B09-H01

[ Lóudé ]

楼德镇人民政府驻地。在市驻地青云街道西方向 40.9 千米。人口 10 600。清同治元年（1862）改楼底，后演化为今名。聚落呈团块状分布。有高中 1 所、小学 1 所。经济以种植业为主，主要农作物有小麦、玉米等。磁莱铁路经此。

**南泉** 370982-B09-H02

[ Nánquán ]

在市驻地青云街道西方向 41.3 千米。楼德镇辖自然村。人口 2 800。原属楼德，1949 年前划分出南泉，因当地泉水多，并位于楼德村南部，故名。聚落呈团块状分布。有文化大院 1 个、农家书屋 1 个。经济以服务业为主。磁莱铁路、333 省道经此。

**颜庄** 370982-B09-H03

[ Yánzhuāng ]

在市驻地青云街道西方向 39.5 千米。楼德镇辖自然村。人口 2 500。颜氏于元至元年间迁此建村，遂名颜庄。聚落呈团块状分布。有文化大院 1 个、农家书屋 1 个。古迹有新石器时代遗址。经济以种植业为主。有公路经此。

**苗庄** 370982-B09-H04

[ Miáozhuāng ]

在市驻地青云街道西方向 41.8 千米。楼德镇辖自然村。人口 2 200。元至元年间，苗氏迁此建村，遂名苗庄。聚落呈团块状分布。有文化大院 1 个、农家书屋 1 个。经济以种植业为主。有公路经此。

**中赤坂** 370982-B09-H05

[ Zhōngchìbǎn ]

在市驻地青云街道西方向 44.7 千米。楼德镇辖自然村。人口 600。建于洪武年间，族人由山西洪洞县迁此定居，此处土质呈红色，适宜人居住，村名赤坂，后按方位分为前、中、后三村。聚落呈团块状分布。有文化大院 1 个、农家书屋 1 个。经济以种植业为主。有公路经此。

**前赤坂** 370982-B09-H06

[ Qiánchìbǎn ]

在市驻地青云街道西方向 44.6 千米。楼德镇辖自然村。人口 500。建于洪武年间，族人由山西洪洞县迁此定居，此处土质呈红色，适宜人居住，村名赤坂，后按方位分为前、中、后三村。聚落呈团块状分布。有文化大院 1 个、农家书屋 1 个。经济以种植业为主。有公路经此。

**后赤坂** 370982-B09-H07

[ Hòuchìbǎn ]

在市驻地青云街道西方向 44.6 千米。楼德镇辖自然村。人口 600。建于洪武年间，族人由山西洪洞县迁此定居，此处土质呈红色，适宜人居住，村名赤坂，后按方位分为前、中、后三村。聚落呈团块状分布。有文化大院 1 个、农家书屋 1 个。经济以种植业为主。有公路经此。

**寺岭** 370982-B09-H08
[Sìlǐng]

在市驻地青云街道西方向 45.8 千米。楼德镇辖自然村。人口 1 400。元至正年间建村，因村建于丘岭之上，村内建有寺庙，故名寺岭。聚落呈散状分布。有文化大院 1 个、农家书屋 1 个。经济以种植业为主。有公路经此。

**青龙** 370982-B09-H09
[Qīnglóng]

在市驻地青云街道西方向 38.9 千米。楼德镇辖自然村。人口 3 000。唐贞观年间，薛氏迁此建村，取名薛家庄。因重名，1983 年取青龙岭之名命名为青龙。聚落呈团块状分布。有文化大院 1 个、农家书屋 1 个。经济以种植业为主。有公路经此。

**力里** 370982-B09-H10
[Lìlǐ]

在市驻地青云街道西方向 40.2 千米。楼德镇辖自然村。人口 2 400。始建于南宋绍兴年间。相传古代 20 户为一里，因此取名里里村。为了排涝，村民齐心协力在村北挖河，取名里沟河。为取"齐心合力"之意，故改名力里。聚落呈团块状分布。有文化大院 1 个、农家书屋 1 个。经济以种植业为主。有公路经此。

**前柴城** 370982-B09-H11
[Qiáncháichéng]

在市驻地青云街道西方向 43.7 千米。楼德镇辖自然村。人口 3 000。始建于春秋，原名柴城，曾用名东柴城。相传孔子弟子高柴为柴城村人，遂定名前柴城。聚落呈团块状分布。有文化大院 1 个、农家书屋 1 个。有市级文物保护单位柴城遗址。经济以种植业为主。有公路经此。

**东安门** 370982-B09-H12
[Dōng'ānmén]

在市驻地青云街道西方向 43.6 千米。楼德镇辖自然村。人口 1 200。始建于明天启年间，因村西有一庙，名金罗庵，庵门朝东，故名东庵门，后演变为东安门。聚落呈团块状分布。有文化大院 1 个、农家书屋 1 个。古迹有金罗庵遗址。有公路经此。

**甘露** 370982-B09-H13
[Gānlù]

在市驻地青云街道西方向 39.9 千米。楼德镇辖自然村。人口 2 500。始建于北宋元丰年间，原名甘露滩。清乾隆年间，因村内有一泉水，水质甘甜，故改村名为甘露。聚落呈散状分布。有文化大院 1 个、农家书屋 1 个。经济以种植业为主。有公路经此。

**霄岚** 370982-B09-H14
[Xiāolán]

在市驻地青云街道西方向 41.1 千米。楼德镇辖自然村。人口 4 000。建于北宋太平兴国年间，原名青草峪。村西霄岚山（五云山、云云山）传为帝王封禅圣地，因山顶云雾弥漫，元至元年间改村名为霄岚。聚落呈团块状分布。有文化大院 1 个、农家书屋 1 个。古迹有羽林坡等遗址。经济以种植业为主。有公路经此。

**禹村** 370982-B10-H01
[Yǔcūn]

禹村镇人民政府驻地。在市驻地青云街道西南方向 35.7 千米。人口 4 600。其中回族占 20%。相传夏代已有聚落，大禹治水曾居此，故名。后因战乱，村民修筑寨墙，遂分三寨，沿传至今。聚落呈团块状分布。

有中小学 3 所、幼儿园 2 所。古迹有大生寺。农业以种植业为主。磁莱铁路经此。

## 东沈 370982-B10-H02
［Dōngshěn］

在市驻地青云街道西南方向 37.5 千米。禹村镇辖自然村。人口 5 200。其中回族占 50%。唐末，回族米姓由济南来此居住。明洪武年间，沈氏迁此建村，始称沈村。1961 年分为两个村，回族属东沈村。聚落呈团块状分布。有文化大院 1 个、农家书屋 1 个。经济以种植业、畜牧业为主。有公路经此。

## 汤家禹 370982-B10-H03
［Tāngjiāyǔ］

在市驻地青云街道西南方向 38.7 千米。禹村镇辖自然村。人口 700。清顺治年间，汤氏由楼德霄岚村迁此建村，因邻近赵家禹村，故以姓氏命名为汤家禹。聚落呈团块状分布。有文化大院 1 个、农家书屋 1 个。经济以种植业为主。333、244 省道经此。

## 西杜 370982-B10-H04
［Xīdù］

在市驻地青云街道西南方向 35.7 千米。禹村镇辖自然村。人口 1 300。元天历年间，杜氏迁此建村，故名杜村。明洪武二年（1369），赵氏由山西经河北枣强迁此。1961 年因建煤矿迁今址，分为东、西两村，本村在西，故名。聚落呈团块状分布。有文化大院 1 个、农家书屋 1 个。经济以种植业为主。有公路经此。

## 韩山 370982-B10-H05
［Hánshān］

在市驻地青云街道西南方向 38.7 千米。禹村镇辖自然村。人口 2 200。明洪武年间，韩氏迁寒山脚下建村，传一叫韩士德的牛倌放牛来到凤凰峪，喝下两位下棋老人的水，结果成了仙，从此，寒山改为韩山，村以山名。聚落呈散状分布。有文化大院 1 个、农家书屋 1 个。经济以种植业为主。有公路经此。

## 琵琶庵 370982-B10-H06
［Pípa'ān］

在市驻地青云街道西南方向 37.7 千米。禹村镇辖自然村。人口 1 200。明成化年间，宋氏由山西迁此建村，因村北龙泉山上所建明代道观朝阳洞后名琵琶庵，故以此庵名村为琵琶庵。聚落呈团块状分布。有文化大院 1 个、农家书屋 1 个。古迹有琵琶庵遗址。经济以种植业为主。有公路经此。

## 南峪 370982-B10-H07
［Nányù］

在市驻地青云街道西南方向 36.1 千米。禹村镇辖自然村。人口 2 600。元天历年间，吴、姬、柏、周、贾五姓建村，始称南五家村。因地处青龙山、卧虎山间的南峪中，故称南峪。聚落呈散状分布。有文化大院 1 个、农家书屋 1 个。古迹有古庙遗址。经济以种植业为主。有公路经此。

## 田村 370982-B10-H08
［Tiáncūn］

在市驻地青云街道西南方向 32.2 千米。禹村镇辖自然村。人口 3 000。新石器时代晚期就有人在此生息。据传，汉代，田氏由山西迁来建村，故名田村。聚落呈团块状分布。有文化大院 1 个、农家书屋 1 个。古迹有东大庙、南大庙、北阁子、李家林。经济以种植业为主。有公路经此。

## 北清泥沟 370982-B10-H09
［Běiqīngnígōu］

在市驻地青云街道西南方向 31.0 千米。

禹村镇辖自然村。人口 1 800。宋建隆年间，李氏由泗水县迁来建村，村西边的山叫九龙山，故村名青龙沟，后改名青泥沟。因分为南北两村，此村在北，故名北清泥沟。聚落呈散状分布。有文化大院 1 个、农家书屋 1 个。古迹有青龙桥。经济以种植业为主。有公路经此。

## 程家峪 370982-B10-H10
[ Chéngjiāyù ]

在市驻地青云街道西南方向 32.1 千米。禹村镇辖自然村。人口 2 100。南宋建炎年间，程氏由泰安桥沟迁此建村，因村位于金鸡山和北部丘陵之中，遂名程家峪。聚落呈散状分布。有文化大院 1 个、农家书屋 1 个。古迹有观音庙、通府桥等。经济以种植业为主。有公路经此。

## 大山东 370982-B10-H11
[ Dàshāndōng ]

在市驻地青云街道西南方向 33.3 千米。禹村镇辖自然村。人口 3 800。其中回族占40%。齐氏最早来此居住。元末，回族宋、张、方、丁四姓由济南金家庄来此，明洪武年间，赵氏由杜村迁此。因位于玉皇山东而得名，后称大山东。聚落呈散状分布。有文化大院 1 个、农家书屋 1 个。古迹有清真寺、王家大院。经济以种植业为主。有公路经此。

## 垤路 370982-B10-H12
[ Diélù ]

在市驻地青云街道西南方向 32.4 千米。禹村镇辖自然村。人口 1 000。明崇祯年间，李氏由现天宝镇赵庄迁此建村。相传有位吕娘娘进宫经过该村，嫌路多垤难行，故名。孟氏和夏氏也先后来此居住。聚落呈散状分布。有文化大院 1 个、农家书屋 1 个。古迹有古庙遗址。经济以种植业为主。有公路经此。

## 宫里 370982-B11-H01
[ Gōnglǐ ]

宫里镇人民政府驻地。在市驻地青云街道西南方向 30.4 千米。人口 5 000。汉武帝曾在此建行宫，故名。聚落呈团块状分布。有中学 1 所、小学 1 所。有汉武帝行宫遗迹。经济以种植业、食品加工业为主，主要农作物有小麦、玉米、地瓜等。磁莱铁路、333 省道经此。

## 马跑泉 370982-B11-H02
[ Mǎpǎoquán ]

在市驻地青云街道西南方向 28.6 千米。宫里镇辖自然村。人口 600。相传，汉光武帝刘秀路经此地，马渴人饥，坐骑刨出一泉，泉遂名马刨泉，后演变为马跑泉。此村建于清嘉庆、道光年间，村以泉名。聚落呈散状分布。有文化大院 1 个、农家书屋 1 个。经济以种植业为主。有公路经此。

## 白家庄 370982-B11-H03
[ Báijiāzhuāng ]

在市驻地青云街道西南方向 30.7 千米。宫里镇辖自然村。人口 2 300。建于东汉建武年间，传有白姓将军随光武帝刘秀赴南阳经此，后于此居住，遂名白家庄。聚落呈团块状分布。有文化大院 1 个、农家书屋 1 个。经济以食品加工业为主。有公路经此。

## 安庄 370982-B11-H04
[ Ānzhuāng ]

在市驻地青云街道西南方向 28.7 千米。宫里镇辖自然村。人口 3 400。据《安氏族谱》载，安氏始祖于元至正年间，由东鲁费邑关阳川迁来本址立村，遂名安庄。聚落呈散状分布。有文化大院 1 个、农家书屋 1 个。有古庙遗址。经济以种植业为主。有公路经此。

**汶城** 370982-B11-H05
[Wénchéng]

在市驻地青云街道西南方向 30.3 千米。宫里镇辖自然村。人口 3 000。汉建元年间，王氏迁此建村。相传，碧霞元君见此地势好，欲造山未成，将土洒向泰安，形成泰山。人们认为这里是泰安古城旧址，故村名安古城，后改名城里。1983 年更今名。聚落呈团块状分布。有文化大院 1 个、农家书屋 1 个。经济以种植业为主。有公路经此。

**镇里** 370982-B11-H06
[Zhènlǐ]

在市驻地青云街道西南方向 30.9 千米。宫里镇辖自然村。人口 2 000。明崇祯年间，万姓由山西洪洞县老鸹窝迁此建村，因东边为城里，城镇相连，故名镇里。聚落呈团块状分布。有文化大院 1 个、农家书屋 1 个。经济以种植业为主。有公路经此。

**金马庄** 370982-B11-H07
[Jīnmǎzhuāng]

在市驻地青云街道西南方向 31.3 千米。宫里镇辖自然村。人口 1 200。明洪武年间，于氏立村。传说村内神女陈士妮养有"神金马"，神马后被南人盗去，至今蹄印犹在，村名由此而起。聚落呈团块状分布。有文化大院 1 个、农家书屋 1 个。经济以种植业为主。有公路经此。

**东柳** 370982-B11-H08
[Dōngliǔ]

在市驻地青云街道西南方向 32.6 千米。宫里镇辖自然村。人口 2 000。清康熙年间，夏氏由西柳迁此立村，因与西柳对称，故称东柳。聚落呈团块状分布。有文化大院 1 个、农家书屋 1 个。有古庙遗址。经济以种植业为主。有公路经此。

**贺庄** 370982-B11-H09
[Hèzhuāng]

在市驻地青云街道西南方向 31.5 千米。宫里镇辖自然村。人口 4 500。始建年代不详。明崇祯年间，扈氏迁此居住，始名扈家庄。清康熙年间，村内大力士爱打抱不平，邻村皆来祝贺，村改名贺庄。聚落呈散状分布。有文化大院 1 个、农家书屋 1 个。古迹有古代石刻、岩画。经济以种植业为主。有公路经此。

**石桥子** 370982-B11-H10
[Shíqiáozi]

在市驻地青云街道西南方向 30.9 千米。宫里镇辖自然村。人口 400。清光绪年间，贺庄部分村民迁此立村，始名四合庄。后因村北有一石桥，遂改名石桥子。聚落呈散状分布。有农家书屋 1 个。有清代石桥。经济以种植业为主。有公路经此。

**绳家峪** 370982-B11-H11
[Shéngjiāyù]

在市驻地青云街道西南方向 27.4 千米。宫里镇辖自然村。人口 2 100。唐贞观年间，闫氏迁此立村，因村民善打草绳，且居住在峪中，故名。聚落呈团块状分布。有文化大院 1 个、农家书屋 1 个。有多座古庙遗址。经济以种植业为主。有公路经此。

**胡树顶** 370982-B11-H12
[Húshùdǐng]

在市驻地青云街道西南方向 28.6 千米。宫里镇辖自然村。人口 300。清宣统年间立村，传说建村时在岭上植槲树一棵，后"槲"俗称"胡"，故名胡树顶。聚落呈散状分布。有文化大院 1 个、农家书屋 1 个。经济以种植业为主。有公路经此。

**苏泉庄** 370982-B11-H13

［Sūquánzhuāng］

在市驻地青云街道西南方向 29.8 千米。宫里镇辖自然村。人口 700。明崇祯年间，苏氏迁此立庄，故名苏家庄，因附近有泉，1983 年改名为苏泉庄。聚落呈散状分布。有文化大院 1 个、农家书屋 1 个。经济以种植业为主。有公路经此。

**郭家沟** 370982-B11-H14

［Guōjiāgōu］

在市驻地青云街道西南方向 31.3 千米。宫里镇辖自然村。人口 600。清顺治年间，郭氏迁此建村，村内有大沟，故名郭家沟。聚落呈散状分布。有文化大院 1 个、农家书屋 1 个。经济以种植业为主。有公路经此。

**北谷里** 370982-B12-H01

［Běigǔlǐ］

谷里镇人民政府驻地。在市驻地青云街道西方向 20.5 千米。人口 7 000。谷里之名始于唐代之前，后因与南谷里对称，故称北谷里。聚落呈团块状分布。有中小学、幼儿园。经济以商贸业为主。有公路经此。

**南谷里** 370982-B12-H02

［Nángǔlǐ］

在市驻地青云街道西方向 20.5 千米。谷里镇辖自然村。人口 2 200。清乾隆二十年（1755）建村，因地处谷里南，故名南谷里。聚落呈团块状分布。有文化大院 1 个、农家书屋 1 个。有省级非物质文化遗产逛荡灯。经济以商贸业、种植业为主。333 省道经此。

**大窑沟** 370982-B12-H03

［Dàyáogōu］

在市驻地青云街道西南方向 18.0 千米。谷里镇辖自然村。人口 1 500。隋大业十年（614），村民为躲避战乱迁此定居，以烧制陶瓷为生，村中有一沟，故名窑沟。聚落呈团块状分布。有文化大院 1 个、农家书屋 1 个。古迹有张氏宗祠、节孝碑。经济以种植业为主。333 省道经此。

**山后** 370982-B12-H04

［Shānhòu］

在市驻地青云街道西南方向 17.6 千米。谷里镇辖自然村。人口 1 100。元至元年间，尹氏为避战乱迁此建村，因村处玉皇山后，故名。聚落呈团块状分布。有文化大院 1 个、农家书屋 1 个。经济以种植业为主，主要农产品有花生、地瓜。有公路经此。

**银河圈** 370982-B12-H05

［Yínhéquān］

在市驻地青云街道西南方向 18.8 千米。谷里镇辖自然村。人口 600。清康熙十年（1671），汪、康两姓建村，因人少，取名意合村。后因村南玉皇山下有人开采银矿，矿水环村北流，遂更名为银河圈。聚落呈散状分布。有文化大院 1 个、农家书屋 1 个。经济以种植业为主。有公路经此。

**东蒲** 370982-B12-H06

［Dōngpú］

在市驻地青云街道西南方向 19.3 千米。谷里镇辖自然村。人口 400。相传孔子令弟子子路守龟山，期间，子路在村东沟内种植菖蒲，后人有"守山植蒲"之说，以此命名为蒲家庄子。唐代以山为界分为两村，按照方位名东蒲、西蒲。聚落呈散状分布。有文化大院 1 个、农家书屋 1 个。古迹有雨坛山寨。经济以种植业为主。有公路经此。

**西南佐**　370982-B12-H07
［Xīnánzuǒ］

在市驻地青云街道西南方向24.0千米。谷里镇辖自然村。人口1 800。西汉初年建村，因村南有片杏树林，故名杏花村。相传东汉光武帝刘秀路经此处并建南御座、北御座，后更名南座、北座，"座"又演变为"佐"，以月牙河为界分为东南佐、西南佐。聚落呈散状分布。有文化大院1个、农家书屋1个。经济以种植业为主。有公路经此。

**岱家庄**　370982-B12-H08
［Dàijiāzhuāng］

在市驻地青云街道西南方向26.0千米。谷里镇辖自然村。人口1 400。明洪武年间建村，始名关阳庄。明崇祯十年（1637），村民岱文秀暴富，修桥筑路，打井建庙，人称"岱善人"，村名遂更为岱家庄。聚落呈散状分布。有文化大院1个、农家书屋1个。经济以种植业为主。有公路经此。

**南王庄**　370982-B12-H09
［Nánwángzhuāng］

在市驻地青云街道西南方向21.4千米。谷里镇辖自然村。人口2 400。元中统年间，王氏迁此建村，村名王庄。清光绪年间，月牙河东渐成村落，称东王庄，本村遂更名西王村，后更名为南王庄。聚落呈散状分布。有文化大院1个、农家书屋1个。经济以种植业为主。有公路经此。

**立庄**　370982-B12-H10
［Lìzhuāng］

在市驻地青云街道西南方向21.7千米。谷里镇辖自然村。人口1 200。明洪武十年（1377），立氏迁此建村，遂名立庄。聚落呈散状分布。有文化大院1个、农家书屋1个。经济以种植业为主。有公路经此。

**五龙庄**　370982-B12-H11
［Wǔlóngzhuāng］

在市驻地青云街道西南方向22.6千米。谷里镇辖自然村。人口1 000。明成化年间，梁氏迁此定居，村南有五道岭，蜿蜒曲折，似龙横卧，遂名五龙庄。后改村名为肖家庄，1983年复今名。聚落呈散状分布。有文化大院1个、农家书屋1个。经济以种植业为主。有公路经此。

**龟山店**　370982-B12-H12
［Guīshāndiàn］

在市驻地青云街道西南方向23.7千米。谷里镇辖自然村。人口1 600。明永乐年间，李氏在龟山前交通要道开设店铺，遂有人家在此落户成村，因村南有高山名龟山，遂取村名龟山店。聚落呈散状分布。有文化大院1个、农家书屋1个。有古庙遗址。经济以种植业为主。有公路经此。

**于家枣林峪**　370982-B12-H13
［Yújiāzǎolínyù］

在市驻地青云街道西南方向24.2千米。谷里镇辖自然村。人口400。明建文三年（1401），于氏由羊流迁此定居，因四周环峪，峪周枣林繁茂，故取名早立峪，后改名枣林峪。因于氏兴旺，故名于家枣林峪。聚落呈散状分布。有文化大院1个、农家书屋1个。经济以种植业为主。有公路经此。

**杏山峪**　370982-B12-H14
［Xìngshānyù］

在市驻地青云街道西南方向23.2千米。谷里镇辖自然村。人口600。明成化年间建村，地处黄山与杏山沟间，始名黄山沟。因重名，1983年更今名。聚落呈散状分布。有文化大院1个、农家书屋1个。经济以种植业为主。有公路经此。

## 老牛沟 370982-B12-H15

[ Lǎoniúgōu ]

在市驻地青云街道西南方向 25.8 千米。谷里镇辖自然村。人口 1 300。始建于明成化年间，因村内会武术者多，盗贼不敢入村，因此得名保安村。后因该村牛多，村内有一条沟，改名为老牛沟。聚落呈散状分布。有文化大院 1 个、农家书屋 1 个。经济以种植业为主。有公路经此。

## 东高平 370982-B12-H16

[ Dōnggāopíng ]

在市驻地青云街道西南方向 26.8 千米。谷里镇辖自然村。人口 1 600。明正统元年（1436），姓高名平的人迁此建村，此人为人平和，德高望重，遂以人名为村名，日久渐成四村：东高平、西高平、北高平、南高平，俗称"四大高平"。聚落呈散状分布。有文化大院 1 个、农家书屋 1 个。经济以种植业为主。有公路经此。

## 大车峪 370982-B12-H17

[ Dàchēyù ]

在市驻地青云街道西南方向 26.6 千米。谷里镇辖自然村。人口 200。清同治十年（1871）建村，张氏兄弟由大窑沟迁此定居，拓荒度日，因家中有一辆大车，又位处峪旁，故命今名。聚落呈散状分布。有文化大院 1 个、农家书屋 1 个。经济以种植业为主。有公路经此。

## 东石莱 370982-B13-H01

[ Dōngshílái ]

石莱镇人民政府驻地。在市驻地青云街道西南方向 29.0 千米。人口 8 600。据碑文记载，唐大顺二年（891）建村，因地处边远，遂取名石砬，又名石旮、石城，后演为石莱。分东石莱、西石莱。聚落呈团块状分布。有中小学各 1 所。古迹有石城寺遗址。经济以种植业为主，主要农作物有苹果、山楂等。有公路经此。

## 苏家峪 370982-B13-H02

[ Sūjiāyù ]

在市驻地青云街道西南方向 29.0 千米。石莱镇辖自然村。人口 1 300。元至正年间，苏氏迁此建村，遂名苏家庄。1983 年因重名，更名为苏家峪。聚落呈散状分布。有文化大院 1 个、农家书屋 1 个。经济以养殖业为主。有公路经此。

## 东碾子峪 370982-B13-H03

[ Dōngniǎnziyù ]

在市驻地青云街道南方向 24.0 千米。石莱镇辖自然村。人口 2 400。元至顺年间，刘氏迁此建村。刘氏长子在外讨饭，定居于徂徕山前，刘氏想念孩子，定村名为念子峪。后演化为今名。聚落呈散状分布。有文化大院 1 个、农家书屋 1 个、小学 1 所。经济以养殖业为主。有公路经此。

## 左家沟 370982-B13-H04

[ Zuǒjiāgōu ]

在市驻地青云街道西南方向 25.5 千米。石莱镇辖自然村。人口 1 400。明崇祯年间，左氏迁此建村，因位处沟旁，遂名左家沟。聚落呈散状分布。有文化大院 1 个、农家书屋 1 个。经济以养殖业为主。有公路经此。

## 西碾子峪 370982-B13-H05

[ Xīniǎnziyù ]

在市驻地青云街道西南方向 25.1 千米。石莱镇辖自然村。人口 2 100。明洪武年间建村，与东碾子峪对称，故名西碾子峪。聚落呈散状分布。有文化大院 1 个、农家书屋 1 个。经济以种植业、养殖业为主。有公路经此。

**赵家沟** 370982-B13-H06

［Zhàojiāgōu］

在市驻地青云街道西南方向 25.9 千米。石莱镇辖自然村。人口 1 800。明弘治年间，赵氏迁此建村，因位处两岭之间沟中，故名赵家沟。聚落呈散状分布。有文化大院 1 个、农家书屋 1 个。经济以种植业为主。有公路经此。

**张家峪** 370982-B13-H07

［Zhāngjiāyù］

在市驻地青云街道西南方向 27.6 千米。石莱镇辖自然村。人口 1 400。明洪武年间，张氏迁此建村，因处山峪，故名张家峪。聚落呈散状分布。有文化大院 1 个、农家书屋 1 个。经济以养殖业为主。有公路经此。

**下马家峪** 370982-B13-H08

［Xiàmǎjiāyù］

在市驻地青云街道西南方向 27.6 千米。石莱镇辖自然村。人口 2 000。明万历年间，马氏迁此建村，名马家峪，日久渐成两村，下马家峪位处峪中小溪下游，故名。聚落呈带状分布。有文化大院 1 个、农家书屋 1 个。经济以种植业、养殖业为主。有公路经此。

**南孙家泉** 370982-B13-H09

［Nánsūnjiāquán］

在市驻地青云街道西南方向 32.3 千米。石莱镇辖自然村。人口 800。金大定年间，徐氏迁此建村，村内有泉，名徐家泉。后孙氏迁入，家族兴旺，更为孙家泉。1962 年分为南、北两村。聚落呈散状分布。有文化大院 1 个、农家书屋 1 个。经济以铁矿开采业为主，有石莱矿业。有公路经此。

**北孙家泉** 370982-B13-H10

［Běisūnjiāquán］

在市驻地青云街道西南方向 32.3 千米。石莱镇辖自然村。人口 600。金大定年间，徐氏迁此建村，村内有泉，名徐家泉。后孙氏迁入，家族兴旺，更为孙家泉。1962 年分为南、北两村。聚落呈散状分布。有文化大院 1 个、农家书屋 1 个。经济以种植业为主。有公路经此。

**东搬倒井** 370982-B13-H11

［Dōngbāndǎojǐng］

在市驻地青云街道西南方向 32.6 千米。石莱镇辖自然村。人口 600。传说汉武帝刘秀经此口渴，见有一井，遂道："能把井搬倒就好了。"他话音刚落，井就倒了，井遂名搬倒井。后人在此定居，村以井名。后分东、西两村。聚落呈散状分布。有文化大院 1 个、农家书屋 1 个。经济以养殖业为主。有公路经此。

**西搬倒井** 370982-B13-H12

［Xībāndǎojǐng］

在市驻地青云街道西南方向 32.6 千米。石莱镇辖自然村。人口 600。传说汉武帝刘秀经此口渴，见有一井，遂道："能把井搬倒就好了。"他话音刚落，井就倒了，井遂名搬倒井。后人在此定居，村以井名。后分东、西两村。聚落呈散状分布。有文化大院 1 个、农家书屋 1 个。古迹有清代尼姑庵遗址。经济以畜牧业为主。有公路经此。

**饮马泉** 370982-B13-H13

［Yìnmǎquán］

在市驻地青云街道西南方向 33.8 千米。石莱镇辖自然村。人口 900。始建于东汉建武年间，传说刘秀路经此地，人饥马渴，危难之时所骑战马踏出清泉，故泉得名饮马泉。后有人迁此立村，村因泉名。聚落呈散状分布。有文化大院1个、农家书屋1个。经济以种植业为主。有公路经此。

## 木厂峪 370982-B13-H14
[ Mùchǎngyù ]

在市驻地青云街道西南方向25.1千米。石莱镇辖自然村。人口2 500。北宋太平兴国年间建村，此地设集市，曾名集会峪。早年有人在此伐木烧炭，名木场峪，日久"场"变为"厂"，演变为今名。聚落呈散状分布。有文化大院1个、农家书屋1个。经济以种植业为主。有公路经此。

## 观音堂 370982-B13-H15
[ Guānyīntáng ]

在市驻地青云街道西南方向26.8千米。石莱镇辖自然村。人口1 400。明建文年间建村，村内有观音庙，故名。聚落呈团块状分布。有文化大院1个、农家书屋1个。经济以种植业为主。有公路经此。

## 南桥 370982-B13-H16
[ Nánqiáo ]

在市驻地青云街道西南方向27.8千米。石莱镇辖自然村。人口300。清康熙年间建村，村南有小桥，故名桥庄。后因与北桥对称，改称南桥。聚落呈团块状分布。有文化大院1个、农家书屋1个。经济以种植业为主，主要农作物有核桃等。有公路经此。

## 路良山 370982-B13-H17
[ Lùliángshān ]

在市驻地青云街道西南方向28.7千米。石莱镇辖自然村。人口200。明万历年间建村，传一青年背母逃荒要饭，落此定居，取村名背娘山，后演化为今名。聚落呈散状分布。有文化大院1个、文化广场1个。经济以种植业、畜牧业为主。有公路经此。

## 崔家庄 370982-B13-H18
[ Cuījiāzhuāng ]

在市驻地青云街道西南方向28.3千米。石莱镇辖自然村。人口1 500。元至正年间，崔氏迁此建村，遂名崔家庄。聚落呈团块状分布。有文化大院1个、农家书屋1个。经济以养殖业为主。有公路经此。

## 韩家河 370982-B13-H19
[ Hánjiāhé ]

在市驻地青云街道西南方向31.5千米。石莱镇辖自然村。人口1 000。明洪武年间韩氏迁此建村，因村前有小河，故名。聚落呈团块状分布。有文化大院1个、农家书屋1个。经济以种植业为主。有公路经此。

## 道泉峪 370982-B13-H20
[ Dàoquányù ]

在市驻地青云街道西南方向30.0千米。石莱镇辖自然村。人口1 500。唐天佑年间建村，村南有泉，因泉南二龙山有强盗，村被称为盗泉。后以泉水倒流改为倒泉峪。1924年，本村乡绅改"盗"为"道"。聚落呈团块状分布。有文化大院1个、农家书屋1个。经济以林果种植业为主。有公路经此。

## 琵琶庄 370982-B13-H21
[ Pípazhuāng ]

在市驻地青云街道西南方向26.6千米。石莱镇辖自然村。人口1 200。明洪武年间，一刘姓艺人怀抱琵琶，边弹边要饭至此定居，后人以此定村名为琵琶庄。聚落呈散状分布。有文化大院1个、农家书屋1个。经济以林果种植业、养殖业为主。有公路经此。

**顺河庄** 370982-B13-H22
［Shùnhézhuāng］

在市驻地青云街道西南方向 26.2 千米。石莱镇辖自然村。人口 500。清乾隆年间，宋氏迁此建村，名宋家庄。因重名，又以聚落沿河延伸，1983 年更名为顺河庄。聚落沿河岸呈带状分布。有文化大院 1 个、农家书屋 1 个。经济以养殖业为主。有公路经此。

**东万家峪** 370982-B13-H23
［Dōngwànjiāyù］

在市驻地青云街道西南方向 25.5 千米。石莱镇辖自然村。人口 1 100。明万历年间，赵氏迁此建村，名赵家庄。后取人多之意，更名为万家峪。后按照方位又分西万家峪、东万家峪。聚落呈散状分布。有文化大院 1 个、农家书屋 1 个。经济以种植业、畜牧业为主。有公路经此。

**放城** 370982-B14-H01
［Fàngchéng］

放城镇人民政府驻地。在市驻地青云街道西南方向 29.0 千米。人口 5 900。其中回族占 30%。春秋时建村。《山东通志》载："放城在县（泰安县）东南一百八十里，春秋臧氏防邑，今俗传为林放故里。"1968 年分为东街、放城两村。聚落呈团块状分布。有小学 1 所、幼儿园 1 所。经济以种植业为主。有公路经此。

**上峪** 370982-B14-H02
［Shàngyù］

在市驻地青云街道西南方向 23.0 千米。放城镇辖自然村。人口 1 500。清顺治年间建村，因位于太平顶山下峪口、溪流上游，故名。聚落呈散状分布。有文化大院 1 个、农家书屋 1 个。经济以种植业为主。有公路经此。

**三小庄** 370982-B14-H03
［Sānxiǎozhuāng］

在市驻地青云街道西南方向 21.2 千米。放城镇辖自然村。人口 1 600。清雍正年间，上峪部分村民迁此建村，原为三个自然村，规模均不大，故名三小庄，后发展成为一个自然村。聚落呈团块状分布。有文化大院 1 个、农家书屋 1 个。经济以种植业为主。有公路经此。

**菅家峪** 370982-B14-H04
［Jiānjiāyù］

在市驻地青云街道西南方向 24.8 千米。放城镇辖自然村。人口 1 500。明正德年间，菅氏迁此建村，因位处乌龙山、樊家山、长山三山怀抱之中，得名菅家峪。聚落呈团块状分布。有文化大院 1 个、农家书屋 1 个。古迹有古庙一座。经济以种植业为主。有公路经此。

**下峪** 370982-B14-H05
［Xiàyù］

在市驻地青云街道西南方向 24.6 千米。放城镇辖自然村。人口 2 100。明万历年间，魏氏迁此建村，因位于山峪下，得名魏家峪。清康熙年间，因山峪上游有上峪村，故取名下峪。聚落呈散状分布。有文化大院 1 个、农家书屋 1 个。经济以种植业为主。有公路经此。

**郗家峪** 370982-B14-H06
［Xījiāyù］

在市驻地青云街道西南方向 32.4 千米。放城镇辖自然村。人口 1 200。春秋时建村，始名河西庄，因位于放城河西得名，后村民迁离。明万历年间，郗氏迁此定居，更名郗家峪。聚落呈散状分布。有文化大院 1 个、农家书屋 1 个。经济以种植业为主。有公路经此。

**马家寨** 370982-B14-H07

[ Mǎjiāzhài ]

在市驻地青云街道西南方向 31.9 千米。放城镇辖自然村。人口 600。唐贞观年间建村，传说马娘娘在黄山顶安营扎寨，遂名马家寨。聚落呈团块状分布。有文化大院 1 个、农家书屋 1 个。经济以种植业为主，特色农产品有香椿。有公路经此。

**邱子峪** 370982-B14-H08

[ Qiūzǐyù ]

在市驻地青云街道西南方向 26.3 千米。放城镇辖自然村。人口 2 200。相传春秋建村时，学者邱子与林放同为孔子学生，因二人政见不同，邱子不愿与林放见面，便到村南躲避，后失踪。为纪念邱子，又因村处峪中，故取名邱子峪。聚落沿公路呈带状分布。有文化大院 1 个、农家书屋 1 个。经济以种植业为主。有公路经此。

**东石井** 370982-B14-H09

[ Dōngshíjǐng ]

在市驻地青云街道西南方向 33.2 千米。放城镇辖自然村。人口 2 000。唐贞观年间建村，因河东有一天然石井，井水清澈，故名。聚落呈散状分布。有文化大院 1 个、农家书屋 1 个。经济以种植业为主。东平铁路经此。

**南涝坡** 370982-B14-H10

[ Nánlàopō ]

在市驻地青云街道西南方向 22.8 千米。放城镇辖自然村。人口 2 300。唐乾宁年间建村，因位于山坡之阳与涝洼结合处而得名。聚落呈散状分布。有文化大院 1 个、农家书屋 1 个。经济以种植业为主。有公路经此。

**刘杜** 370982-B15-H01

[ Liúdù ]

刘杜镇人民政府驻地。在市驻地青云街道西南方向 15.4 千米。人口 1 500。明洪武年间建村，以刘、杜二姓得名。1958 年因建光明水库东迁至此。聚落呈团块状分布。有小学 1 所、幼儿园 1 所。经济以种植业为主，特色农产品有山楂。有公路经此。

**联盟** 370982-B15-H02

[ Liánméng ]

在市驻地青云街道西南方向 15.8 千米。刘杜镇辖自然村。人口 3 200。1958 年修建光明水库时，西刘杜、小刘杜、泉上庄搬迁至此，与曹家庄、郭家庄、吕家庄合为一体，由时任党支部书记张西元定名联盟。聚落呈团块状分布。有文化大院 1 个、农家书屋 1 个。经济以铸造业为主。有公路经此。

**楼台** 370982-B15-H03

[ Lóutái ]

在市驻地青云街道西南方向 21.0 千米。刘杜镇辖自然村。人口 1 700。清嘉庆十四年（1809），娄氏迁此建村，因地处山峪，形似一篓子，始名篓子峪，后演化为今名。聚落呈散状分布。有文化大院 1 个、农家书屋 1 个。经济以种植业为主，主要农产品有花生。有公路经此。

**南流泉** 370982-B15-H04

[ Nánliúquán ]

在市驻地青云街道西南方向 13.3 千米。刘杜镇辖自然村。人口 2 200。始建于明朝洪武年间，因泉水向南流，故名。聚落呈团块状分布。有文化大院 1 个、农家书屋 1 个。经济以种植业为主，特色农产品有山楂。有公路经此。

**高家圈** 370982-B15-H05
[ Gāojiāquān ]

在市驻地青云街道西南方向 16.1 千米。刘杜镇辖自然村。人口 2 200。始建于明洪武年间，高氏在此建村，因三面环岭、一面临河，村被围成圈状，故名高家圈。聚落呈团块状分布。有文化大院 1 个、农家书屋 1 个。经济以种植业为主，主要农作物有土豆。有公路经此。

**上盐店** 370982-B15-H06
[ Shàngyándiàn ]

在市驻地青云街道西南方向 21.8 千米。刘杜镇辖自然村。人口 900。明天启年间，两位盐商来此开设盐店并居住，故名盐店。后分为南、北两村，因本村处南侧，故称上盐店，又称南盐店。聚落呈团块状分布。有文化大院 1 个、农家书屋 1 个。经济以林果种植业为主。有公路经此。

**围山庄** 370982-B15-H07
[ Wéishānzhuāng ]

在市驻地青云街道西南方向 18.8 千米。刘杜镇辖自然村。人口 1 700。唐光化年间建村，因位于山中，故名卫山庄，后将"卫"写作"围"，故名。聚落呈团块状分布。有文化大院 1 个、农家书屋 1 个。经济以林果种植业为主。有公路经此。

**鲍庄** 370982-B16-H01
[ Bàozhuāng ]

汶南镇人民政府驻地。在市驻地青云街道南方向 10.2 千米。人口 2 200。传说春秋时期鲍氏建村，故名。聚落呈团块状分布。有中学 1 所。古迹有鲍叔牙故居遗址、管鲍分金处等。经济以种植业为主，兼有饲料加工业、丝绸生产业。有公路经此。

**青沙庄** 370982-B16-H02
[ Qīngshāzhuāng ]

在市驻地青云街道南方向 9.9 千米。汶南镇辖自然村。人口 1 000。任氏于明洪武年间迁此建村，因处于青沙岭北侧，故名。聚落呈团块状分布。有文化大院 1 个、农家书屋 1 个。经济以种植业为主。有公路经此。

**公家庄子** 370982-B16-H03
[ Gōngjiāzhuāngzi ]

在市驻地青云街道南方向 12.5 千米。汶南镇辖自然村。人口 600。清顺治年间，公氏迁此建村，遂名公家庄子。聚落呈团块状分布。有文化大院 1 个、农家书屋 1 个。经济以种植业为主。有公路经此。

**盘古庄** 370982-B16-H04
[ Pángǔzhuāng ]

在市驻地青云街道南方向 12.6 千米。汶南镇辖自然村。人口 500。明洪武年间建村，因村南有牝牛窖，人称"扒（新泰方言发音 pɑ）牯庄"，后人嫌村名不雅，取谐音更名为盘古庄。聚落呈团块状分布。有文化大院 1 个、农家书屋 1 个。经济以种植业为主。有公路经此。

**仙人桥** 370982-B16-H05
[ Xiānrénqiáo ]

在市驻地青云街道南方向 12.4 千米。汶南镇辖自然村。人口 900。元至正年间建村，村东有石桥，传说仙人从桥上走过，留有脚印，故名仙人桥。聚落呈团块状分布。有文化大院 1 个、农家书屋 1 个。古迹有清代关帝庙。经济以种植业为主。有公路经此。

## 分水岭 370982-B16-H06
[ Fēnshuǐlǐng ]

在市驻地青云街道南方向 13.8 千米。汶南镇辖自然村。人口 1 400。元至顺年间建村，因村西有条长岭，流水分别从岭的两侧流入汶河，故取名分水岭。聚落呈散状分布。有文化大院 1 个、农家书屋 1 个。经济以种植业为主。有公路经此。

## 果庄 370982-B16-H07
[ Guǒzhuāng ]

在市驻地青云街道南方向 12.8 千米。汶南镇辖自然村。人口 1 700。据传，明朝之前，曾有一熊姓人家在此居住，村名汶上。明代后期，尚书公鼐建一阁子楼，遂名阁庄。1954 年由蒙阴划归新泰时按谐音更名为果庄。聚落呈团块状分布。有文化大院 1 个、农家书屋 1 个。古迹有公鼐别墅遗址、公氏墓地。经济以种植业为主。东平铁路经此。

## 重兴庄 370982-B16-H08
[ Chóngxīngzhuāng ]

在市驻地青云街道南方向 12.8 千米。汶南镇辖自然村。人口 1 300。清顺治年间建村。传说有大虫行至土地庙小憩，村改名为虫行庄。后按谐音，又取重新振兴之意，更名为重兴庄。聚落呈散状分布。有文化大院 1 个、农家书屋 1 个。古迹有古关帝庙。东平铁路经此。

## 两桥庄 370982-B16-H09
[ Liǎngqiáozhuāng ]

在市驻地青云街道南方向 14.6 千米。汶南镇辖自然村。人口 900。明天启年间建村，始名猴子坡，后因村东建一石桥，村南有一木桥，遂更名为两桥庄。聚落呈团块状分布。有文化大院 1 个、农家书屋 1 个。

古迹有关帝庙。经济以种植业为主。有公路经此。

## 李家楼 370982-B16-H10
[ Lǐjiālóu ]

在市驻地青云街道南方向 16.4 千米。汶南镇辖自然村。人口 2 000。相传，李氏先祖李通隐居于太平山北麓一带，后因村内建有过街楼，故名李家楼。聚落呈团块状分布。有文化大院 1 个、农家书屋 1 个。经济以种植业、畜牧业为主。有公路经此。

## 东鲁庄 370982-B16-H11
[ Dōnglǔzhuāng ]

在市驻地青云街道南方向 17.0 千米。汶南镇辖自然村。人口 2 600。清顺治年间，鲁氏迁此定居，其两子一东一西，筑室分居，日久成村。居东者村为大鲁家庄，1964 年更名为东鲁庄。聚落呈团块状分布。有文化大院 1 个、农家书屋 1 个。经济以种植业为主。有公路经此。

## 盘车沟 370982-B16-H12
[ Pánchēgōu ]

在市驻地青云街道南方向 19.1 千米。汶南镇辖自然村。人口 3 200。明正德年间，先有宋氏、陈氏在此定居，由于往来车辆因沟通行困难，沟称盘车沟，渐成村名，沿用至今。聚落呈团块状分布。有文化大院 1 个、农家书屋 1 个。古迹有清乾隆年间火神庙。经济以种植业为主。有公路经此。

## 大山口 370982-B16-H13
[ Dàshānkǒu ]

在市驻地青云街道南方向 19.5 千米。汶南镇辖自然村。人口 600。明成化年间建村，因处于扒石山与东山之间，故名山口，为与蒙阴县小山口区分，改称大山口。聚落呈散状分布。有文化大院 1 个、农家书屋1个。经济以种植业为主,特色农产品为中草药。有公路经此。

### 沈家庄 370982-B16-H14
［Shěnjiāzhuāng］

在市驻地青云街道南方向5.0千米。汶南镇辖自然村。人口1300。明洪武年间建村,原名北辰,因处七星岭北端而得名。明万历三年(1575),沈氏迁此,更名沈家庄。聚落呈团块状分布。有文化大院1个、农家书屋1个。经济以种植业为主。205国道经此。

### 北鲍 370982-B16-H15
［Běibào］

在市驻地青云街道南方向4.5千米。汶南镇辖自然村。人口2800。元至元年间,朱氏始祖朱荣在此建村,因位于鲍叔牙墓北,故名北鲍。该村与东都镇南鲍和本镇鲍庄、鲍音,合称为"四大鲍庄"。聚落呈团块状分布。有文化大院1个、农家书屋1个。经济以种植业为主。有公路经此。

### 北礛阳 370982-B16-H16
［Běi'áoyáng］

在市驻地青云街道东南方向8.1千米。汶南镇辖自然村。人口1900。明洪武年间建村,因位处礛山之阳,为区别于村南的南礛阳,故名北礛阳。聚落呈团块状分布。有文化大院1个、农家书屋1个。经济以种植业为主。有公路经此。

### 青云山 370982-B16-H17
［Qīngyúnshān］

在市驻地青云街道东南方向7.0千米。汶南镇辖自然村。人口400。元至元年间建村,原名礛山。清康熙元年(1662),时任兵部尚书兼都察院左副都御史蔡士英在礛山立碑,将礛山改称青云山。该村随之

更名为青云山。聚落呈散状分布。有文化大院1个、农家书屋1个。经济以种植业为主。有公路经此。

### 南礛阳 370982-B16-H18
［Nán'áoyáng］

在市驻地青云街道东南方向8.6千米。汶南镇辖自然村。人口2600。汉代形成村落,因位于礛山之阳而名礛阳,后与北礛阳对称,故名。聚落呈团块状分布。有文化大院1个、农家书屋1个。遗迹有"九省通衢"驿路递铺遗址、梁氏祠堂、牛氏大院古建筑遗址。经济以种植业为主。205国道经此。

### 孚泽庙 370982-B16-H19
［Fúzémiào］

在市驻地青云街道东南方向5.4千米。汶南镇辖自然村。人口1500。据传,唐大将秦琼、程咬金等六人被隋军困于此,青云山西头一老者救急助他们脱难,人们认为老者是"福泽"之神。唐李氏称帝后,建孚泽庙以作纪念,村以庙得名。聚落呈团块状分布。有文化大院1个、农家书屋1个。经济以种植业为主,特色农产品有黄花菜。有公路经此。

### 东周 370982-B16-H20
［Dōngzhōu］

在市驻地青云街道东南方向4.1千米。汶南镇辖自然村。人口2000。明洪武年间建村,因新泰城西有村名西周,该村隔城与西周对称,故名东周。聚落呈团块状分布。有文化大院1个、农家书屋1个。有市级文物保护单位东周化石遗址。经济以种植业为主。有公路经此。

**老龙窝** 370982-B16-H21

[ Lǎolóngwō ]

在市驻地青云街道东南方向 3.7 千米。汶南镇辖自然村。人口 300。明崇祯年间建村，始有朱氏居此，村民认为豆沫可以肥"猪"，故村名为豆沫子沟。后韩氏、王氏迁此村，更名为老龙窝。聚落呈团块状分布。有文化大院 1 个、农家书屋 1 个。经济以种植业为主。有公路经此。

**东杨家洼** 370982-B16-H22

[ Dōngyángjiāwā ]

在市驻地青云街道东南方向 4.5 千米。汶南镇辖自然村。人口 1 000。明天启年间，杨姓迁此建村，因位处低洼处，以姓氏加地势为名，称杨家洼。因有重名村，1983 年更名为东杨家洼。聚落呈团块状分布。有文化大院 1 个、农家书屋 1 个。经济以种植业为主，主要农作物为反季节蔬菜。有公路经此。

**陈粮庄** 370982-B16-H23

[ Chénliángzhuāng ]

在市驻地青云街道东南方向 4.7 千米。汶南镇辖自然村。人口 800。明崇祯年间，先民由外地逃荒至此定居，期盼富裕，取村名陈粮庄。聚落呈团块状分布。有文化大院 1 个、农家书屋 1 个。经济以机械制造业为主。有公路经此。

**涝坡** 370982-B16-H24

[ Làopō ]

在市驻地青云街道东南方向 11.0 千米。汶南镇辖自然村。人口 2 000。明朝初年建村，村内有"先有宁家林、后有涝坡村"之说。因村南有岭似龙，始名青龙庄，又改兴隆庄。因村西有涝坡，明朝末年更名为涝坡。聚落呈团块状分布。有文化大院 1 个、农家书屋 1 个。经济以种植业为主。有公路经此。

**双山** 370982-B16-H25

[ Shuāngshān ]

在市驻地青云街道东南方向 9.1 千米。汶南镇辖自然村。人口 800。南宋咸淳年间建村，村内有一古树，人称金钱树，村名钱筐。因村北有两座小土山，明朝初年更名为双山。聚落呈团块状分布。有文化大院 1 个、农家书屋 1 个。古迹有清代新泰县令立保护山林碑 1 块。经济以干果生产为主。有公路经此。

**洼子** 370982-B16-H26

[ Wāzi ]

在市驻地青云街道东南方向 9.9 千米。汶南镇辖自然村。人口 600。明天启年间，于氏在此建村，因此村地处低洼地，故名洼子。聚落呈带状分布。有文化大院 1 个、农家书屋 1 个。经济以种植业为主。205 国道经此。

**龙廷** 370982-B17-H01

[ Lóngtíng ]

龙廷镇人民政府驻地。在市驻地青云街道东方向 13.7 千米。人口 2 200。传古时有秃尾龙经此停憩，得名龙停，后演为龙廷。1967 年曾名东风，1979 年复名。聚落呈团块状分布。有中学 1 所、幼儿园 1 所。古迹有汉代礼学博士高堂生墓、玉皇庙等遗址。经济以种植业为主。有公路经此。

**苗东** 370982-B17-H02

[ Miáodōng ]

在市驻地青云街道东方向 12.1 千米。龙廷镇辖自然村。人口 1 300。元至元年间，苗氏迁此定居，遂名苗庄。后村庄扩大，1958 年按照方位分为苗东、苗西两村。聚落呈团块状分布。有文化大院 1 个、农家书屋 1 个。经济以种植业为主。有公路经此。

**苗西** 370982-B17-H03

[ Miáoxī ]

在市驻地青云街道东方向 12.0 千米。龙廷镇辖自然村。人口 2 100。元至元年间，苗氏迁此定居，遂名苗庄。后村庄扩大，1958 年按照方位分为苗东、苗西两村。有文化大院 1 个、农家书屋 1 个。有明代工部尚书崔文奎故居遗址。经济以种植业为主，主要农作物有花生、地瓜。有公路经此。

**沙坡** 370982-B17-H04

[ Shāpō ]

在市驻地青云街道东南方向 9.9 千米。龙廷镇辖自然村。人口 3 000。元至元年间建村，因位处沙岭上，称大沙坡，后简化为沙坡。聚落呈散状分布。有文化大院 1 个、农家书屋 1 个。经济以种植业为主，主要农作物有西瓜、花生等。有公路经此。

**老莫旺** 370982-B17-H05

[ Lǎomòwàng ]

在市驻地青云街道东方向 12.4 千米。龙廷镇辖自然村。人口 1 000。清乾隆年间建村，村西有莫山子，山下有汪，遂名老莫汪，后"汪"演化为"旺"。聚落呈散状分布。有文化大院 1 个、农家书屋 1 个。经济以种植业为主。有公路经此。

**野猪旺** 370982-B17-H06

[ Yězhūwàng ]

在市驻地青云街道东方向 10.3 千米。龙廷镇辖自然村。人口 900。元至正年间，传说村东黄山有野猪，饥渴难耐，便下山觅食，口渴了便到山脚下的芦苇汪喝水，故地名野猪汪。后人取旺盛之意，改村名为野猪旺。聚落呈散状分布。有文化大院 1 个、农家书屋 1 个。经济以种植业为主。有公路经此。

**黑沟** 370982-B17-H07

[ Hēigōu ]

在市驻地青云街道东方向 17.6 千米。龙廷镇辖自然村。人口 800。清光绪十五年（1889）建村，村东有大黑沟、小黑沟两沟，村以沟命名。聚落呈散状分布。有文化大院 1 个、农家书屋 1 个。经济以种植业为主。有公路经此。

**上豹峪** 370982-B17-H08

[ Shàngbàoyù ]

在市驻地青云街道东方向 13.5 千米。龙廷镇辖自然村。人口 800。明崇祯年间建村，因村北有下豹峪，遂名上豹峪。聚落呈散状分布。有文化大院 1 个、农家书屋 1 个。经济以林业为主。有公路经此。

**掌平洼** 370982-B17-H09

[ Zhǎngpíngwā ]

在市驻地青云街道东方向 13.6 千米。龙廷镇辖自然村。人口 1 200。明洪武年间建村，因建在形似手掌的洼地上，故名掌平洼。聚落呈散状分布。有文化大院 1 个、农家书屋 1 个。经济以林果种植业为主。有公路经此。

**太公峪** 370982-B17-H10

[ Tàigōngyù ]

在市驻地青云街道东方向 15.0 千米。龙廷镇辖自然村。人口 2 200。元至元年间建村，传姜太公曾到此，因村内有太公庙，又处山峪中，故名。聚落呈团块状分布。有小学 1 所。经济以种植业为主，主要农作物有苹果、山楂、板栗。有公路经此。

**龙溪庄** 370982-B17-H11

[ Lóngxīzhuāng ]

在市驻地青云街道东方向 14.4 千米。

龙廷镇辖自然村。人口 1 800。元至元年间建村，村西小河蜿蜒曲折，似龙摇摆，故名。聚落呈团块状分布。有文化大院 1 个、农家书屋 1 个。经济以种植业为主。有公路经此。

## 龙池庙 370982-B17-H12
[ Lóngchímiào ]

在市驻地青云街道东北方向 16.8 千米。龙廷镇辖自然村。人口 500。清顺治年间建村，因村前有龙池，池旁建有一庙，故名。聚落呈散状分布。有文化大院 1 个、农家书屋 1 个。经济以种植业和林果业为主。有公路经此。

## 土门 370982-B17-H13
[ Tǔmén ]

在市驻地青云街道东方向 16.0 米。龙廷镇辖自然村。人口 2 000。元至元年间建村，因村西有一土崖头，形状似门，故名。聚落呈团块状分布。有文化大院 1 个、农家书屋 1 个。经济以种植业为主，主要农作物有苹果。有公路经此。

## 鳌阴 370982-B17-H14
[ Áoyīn ]

在市驻地青云街道东方向 7.1 千米。龙廷镇辖自然村。人口 1 200。明洪武年间建村，因位于鳌山之阴，故名。1985 年 12 月改名乔阴，2001 年恢复鳌阴地名。聚落呈团块状分布。有文化大院 1 个、中学 1 所、小学 1 所。经济以种植业为主。有公路经此。

## 平子 370982-B17-H15
[ Píngzi ]

在市驻地青云街道东方向 7.7 千米。龙廷镇辖自然村。人口 1 900。元至元年间建村，原址西北有一大土坪，遂名坪子，后"坪"演化为"平"。聚落呈团块状分布。

有文化大院 1 个、农家书屋 1 个。经济以种植业为主。有公路经此。

## 将军堂 370982-B17-H16
[ Jiāngjūntáng ]

在市驻地青云街道东方向 12.5 千米。龙廷镇辖自然村。人口 1 500。相传，明朝有一韩将军驻扎于青龙崮山寨，死后葬于此地，后有人修庙纪念，庙名将军堂，村以庙名。聚落呈散状分布。有文化大院 1 个、农家书屋 1 个。有将军堂遗址。经济以种植业为主。有公路经此。

## 崇本庄 370982-B17-H17
[ Chóngběnzhuāng ]

在市驻地青云街道东方向 7.7 千米。龙廷镇辖自然村。人口 2 000。明万历年间建村。相传，在村南山谷中有两条大虫，每晚到村内饮泉水，故始名虫奔庄，后演化为今名。聚落呈团块状分布。有文化大院 1 个、农家书屋 1 个。经济以种植业为主。有公路经此。

## 辉德 370982-C01-H01
[ Huīdé ]

岳家庄乡人民政府驻地。在市驻地青云街道西南方向 16.4 千米。人口 1 800。明洪武年间建村，村西北凤凰岭煜煜生辉，后人取"辉"字与村内崇德楼"德"字作村名。聚落呈团块状分布。有小学 1 所、幼儿园 1 所。经济以种植业为主。有公路经此。

## 岳家庄 370982-C01-H02
[ Yuèjiāzhuāng ]

在市驻地青云街道西南方向 17.2 千米。岳家庄乡辖自然村。人口 1 900。元天历年间，岳氏从安徽迁入此地建村，故名岳家庄。聚落沿公路呈带状分布。有文化大院 1 个、农家书屋 1 个。经济以种植业为主。有公路经此。

## 山头 370982-C01-H03
[ Shāntóu ]

在市驻地青云街道西南方向 20.6 千米。岳家庄乡辖自然村。人口 1 700。元至元年间，石、乔二姓在此建村，多姓陆续来此，称姓全庄。清光绪年间，大户马司孔在此置大片良田，有"马司孔的庄子——好山头"之说，故村得名山头。聚落呈散状分布。有文化大院 1 个、农家书屋 1 个。经济以种植业为主。有公路经此。

## 冯家 370982-C01-H04
[ Féngjiā ]

在市驻地青云街道西南方向 19.3 千米。岳家庄乡辖自然村。人口 1 800。据记载，明嘉靖年间，原以尹、冯两家居住，始称尹冯村，因后来冯氏家族兴旺，改为冯家。聚落呈团块状分布。有文化大院 1 个、农家书屋 1 个。经济以种植业为主。有公路经此。

## 岔河 370982-C01-H05
[ Chàhé ]

在市驻地青云街道西南方向 16.3 千米。岳家庄乡辖自然村。人口 3 200。明洪武年间立村，因位于光明河上游两大支流交汇口，故名岔河。聚落呈散状分布。有文化大院 1 个、农家书屋 1 个。经济以种植业为主。有公路经此。

## 马头庄 370982-C01-H06
[ Mǎtóuzhuāng ]

在市驻地青云街道西南方向 13.4 千米。岳家庄乡辖自然村。人口 2 400。明洪武年间建村，因村北两山并拢，前后顶拒，像似马头，故取名马头埝，后改称马头庄。

聚落呈散状分布。有文化大院 1 个、农家书屋 1 个。经济以种植业为主。有公路经此。

## 婆婆峪 370982-C01-H07
[ Pópoyù ]

在市驻地青云街道西南方向 15.0 千米。岳家庄乡辖自然村。人口 1 900。明弘治年间立村，村东有一块酷似人像的石头，人称石婆婆，又因村庄在峪底，故而得名。聚落呈散状分布。有文化大院 1 个、农家书屋 1 个。经济以种植业为主。有公路经此。

## 良义庄 370982-C01-H08
[ Liángyìzhuāng ]

在市驻地青云街道西南方向 15.8 千米。岳家庄乡辖自然村。人口 1 600。清道光年间，因村民品性善良，取名良义庄。聚落呈散状分布。有文化大院 1 个、农家书屋 1 个。经济以种植业为主，主要农作物有花生、土豆。省道新枣公路经此。

## 南杨庄 370982-C01-H09
[ Nányángzhuāng ]

在市驻地青云街道西南方向 17.4 千米。岳家庄乡辖自然村。人口 2 200。明正德年间，侯、蒋两姓在"三丘"以南立村，名邱邻庄。明末，杨氏迁此并逐渐兴旺，改名杨家庄。因重名，1983 年更名南杨庄。聚落呈团块状分布。有文化大院 1 个、农家书屋 1 个。经济以种植业为主。有公路经此。

## 东邱 370982-C01-H10
[ Dōngqiū ]

在市驻地青云街道西南方向 17.1 千米。岳家庄乡辖自然村。人口 2 100。据传，明崇祯年间，起义军与官军在此激战，三将领葬此并立三丘，名三丘林。后人迁此建村，村名丘林庄。后按居住方位称为东邱、西邱、北邱。该村位东，故名。聚落呈团块状分布。

有文化大院 1 个、农家书屋 1 个。经济以种植业为主。有公路经此。

### 西邱 370982-C01-H11
[ Xīqiū ]

在市驻地青云街道西南方向 17.1 千米。岳家庄乡辖自然村。人口 1 800。据传，明崇祯年间，起义军与官军在此激战，三将领葬此并立三丘，名三丘林。后人迁此建村，村名丘林庄。后按居住方位称为东邱、西邱、北邱。该村位西，故名。聚落呈团块状分布。有文化大院 1 个、农家书屋 1 个。经济以种植业为主。有公路经此。

# 肥城市

## 城市居民点

### 石横特钢小区 370983-I01
[ Shíhéngtègāng Xiǎoqū ]

在市区西部。人口 4 000。总面积 67 公顷。因该地为石横特钢职工、家属生活区，故名。1995 年始建，1997 年正式使用。多层住宅楼 69 栋，中式建筑风格。绿化率 25%，有幼儿园、文体广场、卫生室、超市等配套设施。

### 润园小区 370983-I02
[ Rùnyuán Xiǎoqū ]

在市区西部。人口 4 000。总面积 12.41 公顷。以美好寓意得名。2001 年始建，2004 年正式使用。多层住宅楼 42 栋，中式建筑风格。绿化率 25%，有幼儿园、文体广场、卫生室、超市等配套设施。

### 永安小区 370983-I03
[ Yǒng'ān Xiǎoqū ]

在市区中部。人口 14 100。总面积 27.08 公顷。以美好寓意得名。2002 年始建，2004 年正式使用。多层住宅楼 84 栋，中式建筑风格。绿化率 25%，有幼儿园、文体广场、卫生室、超市等配套设施。

### 河西小区 370983-I04
[ Héxī Xiǎoqū ]

在市区中部。人口 14 100。总面积 14.8 公顷。因位于龙山河以西，故名。1992 年始建，1994 年正式使用。建筑总面积 103 700 平方米，多层住宅楼 38 栋，中式建筑风格。绿化率 30%，有幼儿园、小学、文体广场、卫生室、超市等配套设施。

### 桃都国际城 370983-I05
[ Táodū Guójìchéng ]

在市区西部。人口 8 559。总面积 38.31 公顷。因南临十万亩桃园，故称桃都。2004 年始建，2008 年正式使用。建筑总面积 650 000 平方米，住宅楼 45 栋，其中高层 13 栋、多层 32 栋，中式建筑风格。绿化率 25%，有幼儿园、文体广场、卫生室、游泳馆、超市等配套设施。

### 景苑小区 370983-I06
[ Jǐngyuàn Xiǎoqū ]

在市区东部。人口 2 873。总面积 5.5 公顷。因开发单位为肥城景苑房地产开发有限公司，故名。2002 年始建，2005 年正式使用。建筑总面积 90 000 平方米，多层住宅楼 18 栋，现代建筑风格。绿化率 25%，有幼儿园、文体广场、卫生室、超市等配套设施。

### 建设小区 370983-I07
[ Jiànshè Xiǎoqū ]

在市区东部。人口 4 880。总面积 9.67 公顷。因开发单位为肥城城建房地产开发有限公司，故名。2011 年始建，2013 年正式使用。建筑总面积 110 000 平方米，多层住宅楼 34 栋，现代建筑风格。绿化率 25%，有幼儿园、文体广场、卫生室、超市等配套设施。

### 兴润富丽桃源小区 370983-I08
[ Xīngrùn Fùlì Táoyuán Xiǎoqū ]

在市区东部。人口 3 631。总面积 8.4 公顷。取富饶、美丽之意，又因开发单位为兴润公司，故名。2008 年始建，2010 年正式使用。建筑总面积 124 000 平方米，多层住宅楼 28 栋，现代建筑风格。绿化率 30%，有幼儿园、文体广场、卫生室、超市等配套设施。

### 特钢小区 370983-I09
[ Tègāng Xiǎoqū ]

在市区西部。人口 3 525。总面积 40 公顷。以单位名称命名。2009 年始建，2011 年正式使用。建筑总面积 140 000 平方米，住宅楼 34 栋，其中高层 6 栋、多层 28 栋，现代建筑风格。绿化率 30%，有幼儿园、文体广场、卫生室、超市等配套设施。

### 御景苑 370983-I10
[ Yùjǐng Yuàn ]

在市区西部。人口 8 733。总面积 10.35 公顷。因取皇宫花苑之意，故名。2010 年始建，2011 年正式使用。建筑总面积 372 100 平方米，高层住宅楼 33 栋，现代建筑风格。绿化率 30%，有幼儿园、文体广场、卫生室、超市等配套设施。

### 汶滨嘉苑小区 370983-I11
[ Wènbīn Jiāyuàn Xiǎoqū ]

在市区东南部。人口 1 700。总面积 4.4 公顷。因临汶滨大街，故名。1998 年始建，1999 年正式使用。建筑总面积 60 000 平方米，多层住宅楼 11 栋，现代建筑风格。绿化率 28%，有幼儿园、文体广场、超市等配套设施。

## 农村居民点

### 刘家庄 370983-A01-H01
[ Liújiāzhuāng ]

在市驻地新城街道东南方向 21.4 千米。新城街道辖自然村。人口 700。据传，明万历年间，刘氏迁此建村，故名。聚落呈散状分布。有中学 1 所、幼儿园 1 所。经济以种植业为主，主要农作物有小麦、玉米等。有公路经此。

### 巧山 370983-A01-H02
[ Qiǎoshān ]

在市驻地新城街道西北方向 1.0 千米。新城街道辖自然村。人口 2 700。据传肥城城墙改为石墙时，所用石块为巧山之石，城墙完工此山用尽，故村取名巧山。聚落呈散状分布。有文化广场 1 个、幼儿园 1 所。经济以种植业和商贸业为主，主要农作物有小麦、玉米等。有公路经此。

### 井楼 370983-A01-H03
[ Jǐnglóu ]

在市驻地新城街道西北方向 1.8 千米。新城街道辖自然村。人口 1 200。因地处盖有小楼的水井旁，故村名井楼。聚落呈环状分布。有文化广场 1 个、幼儿园 1 所。经济以种植业为主，主要农作物有小麦、玉米等。有公路经此。

### 沙沟 370983-A01-H04
[ Shāgōu ]

在市驻地新城街道东北方向 1.9 千米。新城街道辖自然村。人口 1 800。因该村三面环沙河、一面邻沟，故取名沙沟。聚落呈环状分布。有文化广场1个、幼儿园1所。有普济大寺、天齐庙、关帝庙、玄帝庙、药王庙等古建筑。经济以种植业为主，主要农作物有有机绿芦笋、有机油桃、有机核桃及花卉苗木等。有公路经此。

### 伊家沟 370983-A01-H05
[ Yījiāgōu ]

在市驻地新城街道西北方向2.3千米。新城街道辖自然村。人口2 600。明洪武年间，伊氏、陈氏自山西省洪洞县迁来安居，以两姓氏名村伊陈村。后因该村村东北大坑内有泉眼一个，泉水和东来之水汇流穿村西去，天长日久冲成一条小河沟，清初以此定村名为伊家沟。聚落呈环状分布。有文化广场1个、幼儿园1所。名胜古迹有玄帝庙。经济以种植业和商贸业为主。329省道经此。

### 东付村 370983-A01-H06
[ Dōngfùcūn ]

在市驻地新城街道西北方向4.6千米。新城街道辖自然村。人口3 500。元朝末年，付氏迁此立村，故名付村。至明朝初年，付氏为方便耕种康王河西岸的庙地迁居西岸，后迁居的人口逐步增多，称西付村，东岸的原付村即改称东付村。聚落呈带状分布。有文化广场1个、幼儿园1所、小学1所。经济以商贸业为主。329省道经此。

### 西付村 370983-A01-H07
[ Xīfùcūn ]

在市驻地新城街道西北方向5.8千米。新城街道辖自然村。人口1 500。据碑文记载，明朝初，付氏自东付村迁此立村，因位于东付村西侧，故名西付村。聚落呈带状分布。有文化广场1个、幼儿园1所、中学1所。经济以种植业为主，主要农作物有小麦、玉米等。有公路经此。

### 古店 370983-A01-H08
[ Gǔdiàn ]

在市驻地新城街道西方向6.8千米。新城街道辖自然村。人口1 400。据《鹿氏族谱》载，明万历年间，鹿氏自北仪仙村迁此建村，因村坐落在一座古旅店遗址旁，故名古店。聚落呈散状分布。有幼儿园1所、小学1所。名胜古迹有古店关公庙。经济以工业加工业为主，主要产业是钢球加工。有公路经此。

### 孙家小庄 370983-A01-H09
[ Sūnjiāxiǎozhuāng ]

在市驻地新城街道西南方向3.3千米。新城街道辖自然村。人口2 400。明正德十三年（1518），孙氏族人由县市内孙家庄村迁此定居，以姓氏定名为孙家小庄。聚落呈散状分布。有文化广场1个、幼儿园1所。经济以种植业为主，主要农作物有小麦、玉米等。有公路经此。

### 东赵庄 370983-A01-H10
[ Dōngzhàozhuāng ]

在市驻地新城街道西南方向2.5千米。新城街道辖自然村。人口1 100。明朝初年，赵氏自河北枣强迁来定居，以姓氏名村赵庄。后分为东赵庄、西赵庄，此村为东赵庄。聚落呈散状分布。有文化广场1个、农家书屋1个、幼儿园1所。经济以商贸业为主。有公路经此。

### 西赵庄 370983-A01-H11
[ Xīzhàozhuāng ]

在市驻地新城街道西南方向3.0千米。新城街道辖自然村。人口100。明朝初年，赵氏自河北枣强迁来定居，以姓氏名村赵庄。后分为东赵庄、西赵庄，此村为西赵庄。聚落呈带状分布。有文化广场1个、农家书屋1个、幼儿园1所。经济以商贸业为主。有公路经此。

**沙窝** 370983-A01-H12
[ Shāwō ]

在市驻地新城街道西南方向 3.4 千米。新城街道辖自然村。人口 800。据传该村建于元朝末年，因村址附近沙多而得名。聚落呈团块状分布。有农家书屋 1 个、文化广场 2 个。经济以商贸业为主。有公路经此。

**西尚里** 370983-A01-H13
[ Xīshànglǐ ]

在市驻地新城街道西南方向 6.8 千米。新城街道辖自然村。人口 1 300。明洪武年间，有李氏兄弟二人从山西洪洞县迁来定居，村原名尚礼，后发展到村西，遂改名西尚礼。因"礼"与"里"同音，后演变为西尚里。聚落呈散状分布。有文化广场 1 个、农家书屋 1 个、幼儿园 1 所。古迹有玄帝庙、汉代千年石棺等。经济以种植业为主，主要农作物有桃等。有公路经此。

**花园** 370983-A01-H14
[ Huāyuán ]

在市驻地新城街道西北方向 0.9 千米。新城街道辖自然村。人口 2 700。据传，该村建于明朝末年，此处原是巧山一富户的花园，孙氏迁来定居，遂命村名为花园。聚落呈散状分布。有文化广场 1 个、农家书屋 1 个、幼儿园 1 所。经济以种植业为主，主要农作物有小麦、玉米等。有公路经此。

**北军寨** 370983-A01-H15
[ Běijūnzhài ]

在市驻地新城街道西方向 7.1 千米。新城街道辖自然村。人口 900。据辛氏族谱记载，明天启年间，因有军队在此安营设寨，该村居北，故称北军寨。聚落呈散状分布。有文化广场 1 个、农家书屋 1 个、幼儿园 1 所。古迹有土地庙。经济以工业加工业为主，主要产业是钢球加工。有公路经此。

**孙家庄** 370983-A01-H16
[ Sūnjiāzhuāng ]

在市驻地新城街道西北方向 2.6 千米。新城街道辖自然村。人口 1 500。明初，孙氏从江苏淮安迁来定居建村，以姓氏名村。聚落呈散状分布。有文化广场 1 个、农家书屋 1 个、幼儿园 1 所。经济以种植业和商贸业为主，主要农作物有小麦、玉米等。有公路经此。

**老城** 370983-A02-H01
[ Lǎochéng ]

在市驻地新城街道西北方向 2.4 千米。老城街道辖自然村。人口 1 800。原名城关。据史载，元朝在此建县城后，除当地人丁外，四乡手工业者、餐饮业户亦进入县城，部分农民也从四面八方迁来寻求商机，从小官庙至北门里逐渐繁盛，人丁日增。中华人民共和国成立后，曾设一、二街分村，后称老城村，搬迁后仍沿用此名。聚落呈散状分布。有文化广场 1 个、幼儿园 1 所。经济以种植业为主，主要农作物有小麦、玉米等。有公路经此。

**东关** 370983-A02-H02
[ Dōngguān ]

在市驻地新城街道西北方向 2.4 千米。老城街道辖自然村。人口 1 500。因居于城东门内外，故称东关。聚落呈散状分布。有文化广场 1 个、农家书屋 1 个、幼儿园 1 所。经济以种植业和商贸业为主，主要农作物有小麦、玉米等。有公路经此。

**项家峪** 370983-A02-H03
[ Xiàngjiāyù ]

在市驻地新城街道西北方向 12.1 千米。老城街道辖自然村。人口 200。据传，明朝末年，项氏迁此建村后，因村坐落在山峪中，故名项家峪。聚落呈散状分布。有文化广场1个、农家书屋1个、幼儿园1所。经济以种植业为主，主要农作物有小麦、玉米等。有公路经此。

## 杨庄 370983-A02-H04
[Yángzhuāng]

在市驻地新城街道西北方向8.3千米。老城街道辖自然村。人口2 700。据《杨氏族谱》记载，明崇祯年间，杨氏自今山东省高青县迁此建村，故名杨家庄，后简称杨庄。聚落呈团块状分布。有文化广场1个、农家书屋1个、幼儿园1所。古迹有八角琉璃井、古城墙、跑马道等。经济以种植业为主，主要农作物有小麦、玉米等。有公路经此。

## 尚质 370983-A02-H05
[Shàngzhì]

在市驻地新城街道西北方向2.5千米。老城街道辖自然村。人口1 800。据清光绪十七年（1891）《肥城县志·方域》载："榆城乡·坊廓社·尚质村。"据史载，元至元年间，李氏自外地迁来立村，因紧邻县城，村民多经营小生意，外地商人也多有定居者，故取名商庄。后村名演变为尚质。聚落呈散状分布。有文化广场1个、农家书屋1个、幼儿园1所。经济以商贸业为主。有公路经此。

## 河东 370983-A02-H06
[Hédōng]

在市驻地新城街道北方向5.1千米。老城街道辖自然村。人口1 600。据《刘氏族谱》载，明崇祯年间，刘氏自山西洪洞县迁至城东河东侧建村，故村名河东，1980年因地下采煤，村南迁，仍沿用原村名。聚落呈散状分布。有文化广场1个、农家书屋1个、幼儿园1所。经济以木器加工业为主。有公路经此。

## 李屯 370983-A02-H07
[Lǐtún]

在市驻地新城街道西北方向5.0千米。老城街道辖自然村。人口1 600。明洪武年间，李氏家族由福建莆田迁此，尹氏家族由山西洪洞县迁此，因李氏家族人数更多，所以取村名为李屯。聚落呈散状分布。有文化广场1个、农家书屋1个、幼儿园1所。经济以商贸业和种植业为主，主要农作物有小麦、玉米等。有公路经此。

## 东百尺 370983-A02-H08
[Dōngbǎichǐ]

在市驻地新城街道北方向5.0千米。老城街道辖自然村。人口1 600。王氏、张氏自山西洪洞县迁此建村，因两姓所建宗祠相距百尺，且该村位于东侧，故名东百尺。聚落呈团块状分布。有文化广场1个、农家书屋1个、幼儿园1所。经济以种植业和商贸业为主，主要农作物有小麦、玉米等。有公路经此。

## 毛小庄 370983-A02-H09
[Máoxiǎozhuāng]

在市驻地新城街道北方向3.7千米。老城街道辖自然村。人口1 300。据《毛氏族谱》记载，明崇祯年间，毛氏由平阴县毛家铺迁来建村，当时因人少，故取名毛家小庄，后简称毛小庄。聚落呈团块状分布。有文化广场1个、农家书屋1个、幼儿园1所。经济以种植业、运输业为主，主要农作物有小麦、玉米等。有公路经此。

## 罗窑 370983-A02-H10
[Luóyáo]

在市驻地新城街道北方向6.7千米。老城街道辖自然村。人口1 600。据《罗氏族谱》记载，明万历年间，罗氏由山西洪洞县迁此地建村，因经营土陶业，故取村名罗家窑，后简称罗窑。聚落呈散状分布。有文化广场1个、农家书屋1个、幼儿园1所。经济以商贸业、种植业为主，主要农作物有小麦、玉米等。有公路经此。

## 曹庄 370983-A02-H11
[ Cáozhuāng ]

在市驻地新城街道西北方向6.6千米。老城街道辖自然村。人口2 000。据清光绪十七年（1891）《肥城县志·方域》载："榆城乡·坊廓社·曹家庄。"据传，明朝初，曹氏由外地迁来建村，以姓氏名村曹家庄，后简称曹庄。聚落呈散状分布。有文化广场1个、农家书屋1个、幼儿园1所。古迹有李氏族谱碑。经济以商贸业、种植业为主，主要农作物有小麦、玉米等。有公路经此。

## 栾庄 370983-A02-H12
[ Luánzhuāng ]

在市驻地新城街道西北方向5.1千米。老城街道辖自然村。人口1 300。据传，明朝时期先有栾家茔，后修肥城县大堂，又栾氏先于王氏建村，故栾氏徙出后，王氏仍沿用栾庄村名。聚落呈散状分布。有文化广场1个、农家书屋1个、幼儿园1所。经济以种植业和商贸业为主，主要农作物有小麦、玉米等。有公路经此。

## 乔庄 370983-A02-H13
[ Qiáozhuāng ]

在市驻地新城街道西北方向10.3千米。老城街道辖自然村。人口1 300。据传，明崇祯年间，乔氏自山西洪洞县迁来定居后，以姓氏名村乔家庄，后简称乔庄。聚落呈散状分布。有文化广场1个、农家书屋1个、幼儿园1所。经济以种植业和商贸业为主，主要农作物有小麦、玉米等。有公路经此。

## 红五村 370983-A02-H14
[ Hóngwǔcūn ]

在市驻地新城街道北方向8.7千米。老城街道辖自然村。人口1 700。据传，明崇祯十六年（1643），李姓迁来建村，因村坐落在供奉关公、龙王、马王、财神、土地的五圣堂西，故取村名五神庙。为破除迷信，1966年该村又因辖五个自然村，故更名为红五村。聚落呈散状分布。有文化广场1个、农家书屋1个、幼儿园1所。经济以种植业和商贸业为主，主要农作物有小麦、玉米、花生等。有公路经此。

## 花园 370983-A02-H15
[ Huāyuán ]

在市驻地新城街道西北方向0.9千米。老城街道辖自然村。人口300。据传，该村建于明朝末年，此处原是巧山一富户的花园，孙氏迁来定居，遂命村名为花园。聚落呈散状分布。有文化广场1个、农家书屋1个、幼儿园1所。经济以种植业和商贸业为主，主要农作物有小麦、玉米等。有公路经此。

## 王东 370983-A03-H01
[ Wángdōng ]

在市驻地新城街道西北方向8.2千米。王瓜店街道辖自然村。人口3 700。清初，因陈氏种黄瓜大而脆，负有盛名，后村泛称黄瓜店。清同治年间，王氏成王族后，又以姓氏更村名为王瓜店。1955年，全村分为前进社、英勇社。到1960年底，前进社改为王东大队，1984年王东大队改为王东村。聚落呈散状分布。有文化广场1个、农家书屋1个、小学1所。经济以种植业为主，主要农作物有小麦、玉米等。有山东振远建设工程有限公司、山东嘉安远隆食品有限公司、肥城市幸福食品研发有限公司等。有公路经此。

**王西** 370983-A03-H02

[ Wángxī ]

在市驻地新城街道西北方向 9.3 千米。王瓜店街道辖自然村。人口 3 100。清初，因陈氏新种黄瓜负盛名，故村泛称黄瓜店，后演变为王瓜店。1955 年，全村分为前进社、英勇社。到 1960 年底，英勇社改为王西大队，1984 年王西大队改为王西村。聚落呈散状分布。有农家书屋 1 个、中学 1 所、小学 1 所、幼儿园 1 所。经济以种植业和商贸业为主，主要农作物有小麦、玉米等。有潍坊新时代食品有限公司肥城分公司、泰安凤旺畜牧有限公司、肥城和康源公司、山东省肥城市腾达实业总公司等。有公路经此。

**新镇** 370983-A03-H03

[ Xīnzhèn ]

在市驻地新城街道西方向 8.8 千米。王瓜店街道辖自然村。人口 2 900。据传，元朝初年，冉氏自本镇冉庄迁来后，另有姜、胡等氏相继迁入，以吉祥嘉言曾取村名青龙镇。明永乐年间，因遭兵祸，该村被毁，后重建，遂更名为新镇。聚落呈散状分布。有文化广场 1 个、农家书屋 1 个、幼儿园 1 所。古迹有戴守备墓林石雕。经济以种植业和商贸业为主，主要农作物有小麦、玉米等。有公路经此。

**姜庄** 370983-A03-H04

[ Jiāngzhuāng ]

在市驻地新城街道西北方向 8.8 千米。王瓜店街道辖自然村。人口 2 100。据传，明洪武年间，姜氏自山西省洪洞县迁此立村，村名姜庄。聚落呈散状分布。有文化广场 1 个、幼儿园 1 所。名胜古迹有三皇阁。经济以种植业和商贸业为主，主要农作物有小麦、玉米等。有公路经此。

**蒋庄** 370983-A03-H05

[ Jiǎngzhuāng ]

在市驻地新城街道西北方向 7.9 千米。王瓜店街道辖自然村。人口 2 800。据蒋家寺碑文载，明洪武年间，蒋氏自山西洪洞县迁此建村，以姓氏名村。聚落呈散状分布。有文化广场 1 个、农家书屋 1 个、幼儿园 1 所。名胜古迹有蒋庄战斗遗址。经济以种植业和商贸业为主，主要农作物有小麦、玉米等。有公路经此。

**北仪仙** 370983-A03-H06

[ Běiyíxiān ]

在市驻地新城街道西北方向 6.6 千米。王瓜店街道辖自然村。人口 4 100。据传，北宋末年，屈氏自江苏海阳迁此建村后，据村西北奶奶庙碑上雕刻的"凤凰来宜，仙仙舞貌"的佳句，取村名宜仙，后谐音演变为仪仙。明洪武年间，邹氏自山西洪洞县迁村南建村，随同该村取村名为南仪仙，该村亦相应更名为北仪仙。聚落呈散状分布。有幼儿园 1 所、小学 1 所。名胜古迹有天齐庙、中大殿、戏楼、班珍奶奶庙、官爷庙、菩萨庙、石庙、土地庙、路家牌坊、香火会碑、李家楼。经济以种植业和商贸业为主，主要农作物有小麦、玉米等。有曹庄煤矿、泰王物业公司、泛太特种纸业、阿斯德热电厂、山东农大肥业等。有公路经此。

**南军寨** 370983-A03-H07

[ Nánjūnzhài ]

在市驻地新城街道西方向 7.6 千米。王瓜店街道辖自然村。人口 1 100。清咸丰年间，为避兵乱，村民联防曾筑寨台，设军寨，因该村居南侧，故名南军寨。聚落呈散状分布。有文化广场 1 个、农家书屋 1 个、幼儿园 1 所。经济以种植业和商贸业为主。有公路经此。

**冉庄** 370983-A03-H08

[ Rǎnzhuāng ]

在市驻地新城街道西方向 10.4 千米。王瓜店街道辖自然村。人口 3 100。以姓氏得名。聚落呈散状分布。有文化广场 1 个、农家书屋 1 个、幼儿园 1 所。经济以商贸业为主，种植业为辅。有公路经此。

**金槐村** 370983-A03-H09

[ Jīnhuáicūn ]

在市驻地新城街道西方向 10.9 千米。王瓜店街道辖自然村。人口 2 100。据清光绪十七年（1891）《肥城县志·方域》载："安乐乡·颜村社·张家庄。"1958 年人民公社时称张庄大队，1983 年改称金槐村。聚落呈散状分布。有文化广场 1 个、农家书屋 1 个、幼儿园 1 所。古迹有关帝庙、宣统三年（1911）立的风雨竹石碑。经济以种植业和商贸业为主，主要农作物有小毛豆、西兰花、菠菜。有公路经此。

**西大封** 370983-A03-H10

[ Xīdàfēng ]

在市驻地新城街道西北方向 11.8 千米。王瓜店街道辖自然村。人口 2 600。据传，元末明初，戴氏迁此建村后，以姓氏取村名戴庄。明万历年间，戴氏居官封爵后，更名为戴封。后由谐音演变为大封。因在金线河西，又名西大封。聚落呈散状分布。有文化广场 1 个、农家书屋 1 个、幼儿园 1 所。经济以种植业和商贸业为主。有公路经此。

**潘台** 370983-A03-H11

[ Pāntái ]

在市驻地新城街道西方向 12.2 千米。王瓜店街道辖自然村。人口 3 500。据《肥城县志·方域》载："安乐乡·颜村社·潘家台。"后简称潘台。聚落呈散状分布。经济以种植业和商贸业为主。有公路经此。

**黄叶** 370983-A03-H12

[ Huángyè ]

在市驻地新城街道西北方向 11.9 千米。王瓜店街道辖自然村。人口 1 100。据传，康熙皇帝下江南路过王瓜店北部御道，在山顶休息时，突然发现山谷柿子树落叶金黄发亮，有感而赞道："好大一片黄叶呀。"借康熙皇帝这句"圣言"，当地的山村便有了"黄叶"这个名称。聚落呈散状分布。有文化广场 1 个、农家书屋 1 个、幼儿园 1 所。经济以种植业和商贸业为主。有公路经此。

**穆庄** 370983-A03-H13

[ Mùzhuāng ]

在市驻地新城街道西北方向 10.3 千米。王瓜店街道辖自然村。人口 4 100。北宋靖康二年（1127），穆氏在此建村，称穆庄。淳熙十一年（1184），王氏由临淄迁穆庄定居。明洪武年间，楚氏、武氏等陆续迁至穆庄。2009 年全村南迁至泰湖铁路以南。聚落呈散状分布。有文化广场 1 个、农家书屋 1 个、幼儿园 1 所。经济以种植业和商贸业为主，主要农作物有小麦、玉米等。有公路经此。

**聂庄** 370983-A03-H14

[ Nièzhuāng ]

在市驻地新城街道西南方向 11.1 千米。王瓜店街道辖自然村。人口 2 900。据传，元朝末期，聂氏迁此建村，以姓氏命名。聚落呈散状分布。有文化广场 1 个、农家书屋 1 个、幼儿园 1 所。经济以种植业和商贸业为主。有公路经此。

**东大封** 370983-A03-H15

[ Dōngdàfēng ]

在市驻地新城街道西北方向 10.9 千米。王瓜店街道辖自然村。人口 4 300。因位于金线河东岸，故名东大封。聚落呈散状分布。有文化广场 1 个、农家书屋 1 个、幼儿园 1 所。经济以种植业和商贸业为主。有公路经此。

## 潮泉 370983-B01-H01
[ Cháoquán ]

潮泉镇人民政府驻地。在市驻地新城街道东北方向 5.3 千米。人口 2 300。由于该村地势低洼且潮湿，故更名为潮泉至今。聚落呈散状分布。有文化广场个、幼儿园 1 所、中小学 1 所。经济以种植业为主，主要农作物有小麦、玉米、樱桃、核桃等。有公路经此。

## 下寨 370983-B01-H02
[ Xiàzhài ]

在市驻地新城街道东北方向 6.4 千米。潮泉镇辖自然村。人口 2 200。黄巢起义军曾在此安营扎寨，后张、孙、赵氏迁来建村，因位于黄巢军营寨下坡处，故名下寨。聚落呈散状分布。有文化广场 1 个、幼儿园 1 所、中小学 1 所。经济以种植业和商贸业为主，主要农作物有小麦、玉米、草莓等。有公路经此。

## 上寨 370983-B01-H03
[ Shàngzhài ]

在市驻地新城街道东北方向 6.9 千米。潮泉镇辖自然村。人口 900。清乾隆年间，黄巢起义军曾在此安营扎寨，后尹氏、曹氏先后迁此建村，因地处下寨上坡，故取名上寨。聚落呈散状分布。有文化广场 1 个、幼儿园 1 所、中小学 1 所。经济以种植业和商贸业为主，主要农作物有小麦、玉米、苹果等。有公路经此。

## 黑山 370983-B01-H04
[ Hēishān ]

在市驻地新城街道东北方向 7.7 千米。潮泉镇辖自然村。人口 900。清康熙年间，田氏由本县田家峪迁此立村，因村旁山石呈黑色，故名大黑山，后演变为黑山。聚落呈散状分布。有文化广场 1 个、幼儿园 1 所、中小学 1 所。经济以种植业和商贸业为主，主要农作物有小麦、玉米、花生等。有公路经此。

## 大王庄 370983-B01-H05
[ Dàwángzhuāng ]

在市驻地新城街道东北方向 8.0 千米。潮泉镇辖自然村。人口 900。清乾隆年间，高氏、王氏迁来定居，村先以高氏得名高家庄，后来王氏成为望族，清朝末年改为大王庄。聚落呈散状分布。有文化广场 1 个、幼儿园 1 所、中小学 1 所。经济以种植业和商贸业为主，主要农作物有小麦、玉米、樱桃、核桃等。有公路经此。

## 白窑 370983-B01-H06
[ Báiyáo ]

在市驻地新城街道东北方向 6.2 千米。潮泉镇辖自然村。人口 1 100。清乾隆年间，白氏迁此村，因烧土窑为业，故名白家窑，简称白窑。聚落呈散状分布。有文化广场 1 个、幼儿园 1 所、中小学 1 所。经济以种植业和商贸业为主，主要农作物有小麦、玉米等。有公路经此。

## 宋庄 370983-B01-H07
[ Sòngzhuāng ]

在市驻地新城街道东北方向 7.7 千米。潮泉镇辖自然村。人口 400。明隆庆年间，宋氏迁此建村，以姓氏命名为宋庄。聚落呈散状分布。有文化广场 1 个、幼儿园 1 所、中小学 1 所。经济以种植业和商贸业为主，主要农作物有小麦、玉米、核桃等。有公路经此。

**冻冰峪** 370983-B01-H08

[ Dòngbīngyù ]

在市驻地新城街道东北方向 9.5 千米。潮泉镇辖自然村。人口 1 600。据张氏族谱记载，明万历年间，张氏自本镇大张庄迁此建村，因地处一条常年流水冬季结冰迟迟不化的山沟旁，故名冻冰峪。聚落呈散状分布。有文化广场 1 个、幼儿园 1 所、中小学 1 所。经济以种植业和商贸业为主，主要农作物有小麦、玉米、樱桃、核桃等。有公路经此。

**玉皇山** 370983-B01-H09

[ Yùhuángshān ]

在市驻地新城街道东北方向 3.7 千米。潮泉镇辖自然村。人口 800。据传，该村南有座小山叫塔山，后山上建了一座玉皇庙，因改名玉皇山，该村因山而得名。聚落呈散状分布。有文化广场 1 个、幼儿园 1 所、中小学 1 所。经济以种植业和商贸业为主，主要农作物有小麦、玉米等。有公路经此。

**范庄** 370983-B01-H10

[ Fànzhuāng ]

在市驻地新城街道东北方向 5.9 千米。潮泉镇辖自然村。人口 500。明隆庆年间，范氏自山西洪洞县迁此建村，以姓氏命名为范家庄，后改为范庄。聚落呈散状分布。有文化广场 1 个、幼儿园 1 所、中小学 1 所。经济以种植业和商贸业为主，主要农作物有小麦、玉米、樱桃、核桃等。有公路经此。

**屯头** 370983-B02-H01

[ túntóu ]

桃园镇人民政府驻地。在市驻地新城街道西南方向 15.2 千米。人口 5 300。该村隔首老槐树旁的石碑（现已无存）记载，在宋朝时期村名凤翔。至明朝，村西相继出现数屯（如鲍屯、穆屯、丁屯等），因该村居东，为各屯之首，故随之称为屯头。聚落呈散状分布。有文化广场 1 个、小学 1 所、中学 1 所。名胜古迹有鱼首鲁班井。经济以种植业和商贸业为主，主要农作物有小麦、玉米、土豆、白菜等。有公路经此。

**东伏庄** 370983-B02-H02

[ Dōngfúzhuāng ]

在市驻地新城街道西南方向 18.3 千米。桃园镇辖自然村。人口 2 400。该村赵姓为老户，明洪武年间迁居此地，建村取名佛凤庄，后简称佛庄，清朝末年，谐音称伏庄，又因西有老伏庄，故改名为东伏庄。聚落呈散状分布。有文化广场 1 个、幼儿园 1 所。经济以种植业和商贸业为主，主要农作物有小麦、玉米、土豆、白菜等。有公路经此。

**桑杭** 370983-B02-H03

[ Sāngháng ]

在市驻地新城街道西南方向 17.9 千米。桃园镇辖自然村。人口 1 500。清乾隆年间，郭、刘二家从东伏庄迁此耕种，因该处原有一片桑园，故村名桑杭。聚落呈散状分布。有文化广场 2 个、农家书屋 1 个、幼儿园 1 所。经济以种植业和商贸业为主，主要农作物有小麦、玉米、土豆、白菜等。有公路经此。

**前里留** 370983-B02-H04

[ Qiánlǐliú ]

在市驻地新城街道西南方向 19.4 千米。桃园镇辖自然村。人口 2 300。明永乐年间，周姓从山西洪洞县迁居此村，该村原名李留，后演变为里留。因该村位于后里留之前，故名。聚落呈散状分布。有文化广场 2 个、农家书屋 1 个、幼儿园 1 所。经济以种植业和商贸业为主，主要农作物有小麦、玉米、土豆、白菜、桃等。有公路经此。

**业长** 370983-B02-H05

[Yècháng]

在市驻地新城街道西南方向 21.4 千米。桃园镇辖自然村。人口 1 800。清康熙年间，阴姓从张里庄分支迁居此地建村，取吉祥之意，定村名为业长。聚落呈散状分布。有文化广场 1 个、农家书屋 1 个、幼儿园 1 所。名胜古迹有堂子庙。经济以种植业为主，主要农作物有小麦、玉米、土豆、白菜、桃等。有公路经此。

**北王** 370983-B02-H06

[BěiWáng]

在市驻地新城街道西方向 13.2 千米。桃园镇辖自然村。人口 1 900。明永乐年间，先民从山西洪洞县迁至此地，村名北望村，后因村中有一马王庙，清咸丰年间更名为北王庄，简称北王。聚落呈散状分布。有文化广场 1 个、农家书屋 1 个、幼儿园 1 所。经济以种植业和商贸业为主，主要农作物有小麦、玉米、土豆、白菜等。有公路经此。

**张里庄** 370983-B02-H07

[Zhānglǐzhuāng]

在市驻地新城街道西南方向 14.2 千米。桃园镇辖自然村。人口 2 000。庄名传说有二：一说薛仁贵在此打仗，从马上落下来，故村名张马庄；二说张姓于明宣宗年间从东里村迁居此地，村以姓氏得名张里庄。聚落呈散状分布。有文化广场 2 个、农家书屋 1 个、小学 1 所。经济以种植业和商贸业为主，主要农作物有小麦、玉米、土豆、白菜等。有公路经此。

**西里** 370983-B02-H08

[Xīlǐ]

在市驻地新城街道西南方向 12.3 千米。桃园镇辖自然村。人口 3 000。明洪武年间，

耿、李、王三姓从山西洪洞县迁至此地建村，取名西黄庄。明嘉靖年间，李邦珍在凤凰山（玉皇阁）前修建晒书城（孔庙），将西黄庄改为西礼村。至清朝末年，"礼"字演变为"里"字。聚落呈散状分布。有文化广场 2 个、农家书屋 1 个、幼儿园 1 所。经济以种植业和商贸业为主，主要农作物有小麦、玉米、土豆、白菜等。有公路经此。

**龙阳** 370983-B02-H09

[Lóngyáng]

在市驻地新城街道西南方向 8.8 千米。桃园镇辖自然村。人口 1 500。明洪武年间，杨姓从山西洪洞县迁至此地建村，以姓氏名村杨庄。1980 年地名普查时，该村已无姓杨，因附近城关仪阳王庄湖屯 12 个公社的杨庄重名较多，又因该村地处龙头寺山前，遂改名为龙阳。聚落呈散状分布。有文化广场 1 个、农家书屋 1 个、幼儿园 1 所。经济以种植业和商贸业为主，主要农作物有小麦、玉米、土豆、白菜等。有公路经此。

**大山洼** 370983-B02-H10

[Dàshānwā]

在市驻地新城街道西南方向 16.5 千米。桃园镇辖自然村。人口 1 500。清乾隆年间，郭、刘两家从东伏庄迁此耕种，因村东南有大山，在大山东北处有一片地，地势低洼，故村名随之称为大山洼。聚落呈散状分布。有文化广场 2 个、农家书屋 1 个、幼儿园 1 所。经济以种植业和商贸业为主，主要农作物有小麦、玉米、土豆、白菜等。有公路经此。

**后里留** 370983-B02-H11

[Hòulǐliú]

在市驻地新城街道西南方向 18.6 千米。桃园镇辖自然村。人口 1 500。明永乐年间，周姓从山西洪洞县迁居此村，该村原名李

留，后演变为里留。前里留建村以后，该村改名为后里留。聚落呈散状分布。有文化广场1个、农家书屋1个、幼儿园1所。经济以种植业和商贸业为主，主要农作物有小麦、玉米等。有公路经此。

## 老伏庄 370983-B02-H12
［Lǎofúzhuāng］

在市驻地新城街道西南方向19.5千米。桃园镇辖，自然村。人口1 200。明洪武二年（1369），郭氏自山西洪洞县迁此定居，村东有一铜佛庙，内有99尊铜佛像，村内有99窝蜂，因此取名为佛凤庄，后演变为伏庄。后东伏庄建立，该村改为老伏庄。聚落呈散状分布。有文化广场1个、农家书屋1个。名胜古迹有郭氏家庙、大石槽。经济以种植业和商贸业为主，主要农作物有小麦、玉米、土豆、白菜等。有公路经此。

## 南北王 370983-B02-H13
［Nánběiwáng］

在市驻地新城街道西方向13.3千米。桃园镇辖自然村。人口1 900。根据南北王村玉都观碑文（现已迁至肥城市新城西侧关帝庙）记载，明永乐二年（1404），蔡姓从山西洪洞县迁至此地建村，取名南望庄，清咸丰年间更名为南王庄，1956年与北王庄合并为一个村，称南北王。聚落呈散状分布。有文化广场1个、农家书屋1个。名胜古迹有玉都观（旧址）。经济以种植业和商贸业为主，主要农作物有小麦、玉米、土豆、白菜等。有公路经此。

## 双刘庄 370983-B02-H14
［Shuāngliúzhuāng］

在市驻地新城街道西南方向20.3千米。桃园镇辖自然村。人口1 100。明洪武年间，该村有一刘姓举人始任县令，后升为刑部主办，因处理官司受上司迫害，后幸免死罪，

因此在村内修庙两座，村名即为双庙刘庄，后简化为双刘庄。聚落呈散状分布。有文化广场1个、农家书屋1个。经济以种植业和商贸业为主，主要农作物有小麦、玉米、土豆、白菜等。有公路经此。

## 王庄 370983-B03-H01
［Wángzhuāng］

王庄镇人民政府驻地。 在市驻地新城街道西南方向21.5千米。人口1 500。以姓氏命名。聚落呈散状分布。有农家书屋1个、文体广场1个。古迹有玉皇庙遗址。经济以种植业和商贸业为主，主要农作物有小麦、玉米、土豆、白菜等。有公路经此。

## 北尚任 370983-B03-H02
［Běishàngrèn］

在市驻地新城街道西南方向18.4千米。王庄镇辖自然村。人口2 300。因据光绪十七年（1891）《肥城县志·方域》载："鸾翔乡固留社·北尚庄。"据传，南宋祥兴年间，尚任屯的尚任父子分居，其子迁此建村，因庄建在尚任屯北面，故村名北尚任。聚落呈团块状分布。有文体广场1个、农家书屋1个、幼儿园1所。经济以种植业和商贸业为主，主要农作物有玉米、土豆、白菜等。有公路经此。

## 邓庄 370983-B03-H03
［Dèngzhuāng］

在市驻地新城街道西南方向18.2千米。王庄镇辖自然村。人口1 000。据《邓氏族谱》记载，明洪武元年（1368），邓氏迁来定居，村以姓氏得名。聚落呈团块状分布。有文体广场1个、农家书屋1个、幼儿园1所。经济以种植业和商贸业为主，主要农作物有玉米、土豆、白菜等。有公路经此。

## 海子 370983-B03-H04
[ Hǎizi ]

在市驻地新城街道西南方向 20.2 千米。王庄镇辖自然村。人口 1 300。据传，南宋宝佑年间，有三个小村子，西边的村子叫海子，东边的村子叫老鸹巷，中间的村子叫王庄。聚落呈团块状分布。有文体广场 1 个、农家书屋 1 个、幼儿园 1 所。经济以种植业和商贸业为主，主要农作物有玉米、土豆、白菜、生姜等。有公路经此。

## 魏家坊 370983-B03-H05
[ Wèijiāfāng ]

在市驻地新城街道西南方向 18.9 千米。王庄镇辖自然村。人口 1 500。据光绪十七年（1891）《肥城县志·方域》载："鸾翔乡凤山社·魏家坊。"据《魏氏族谱》记载，明洪熙元年（1425），魏氏由山西洪洞县迁来定居，村名魏家坊。聚落呈团块状分布。有文体广场 1 个、农家书屋 1 个、幼儿园 1 所。经济以种植业和商贸业为主，主要农作物有玉米、土豆、白菜等。有公路经此。

## 郭辛 370983-B03-H06
[ Guōxīn ]

在市驻地新城街道西南方向 21.3 千米。王庄镇辖自然村。人口 1 800。据《戴氏族谱》记载，元至顺元年（1330），戴氏由山西洪洞县迁来定居，起初村名戴家庄，随后又有郭氏迁来渐成望族，村更名为郭家新庄，群众简称为郭新。又因"新"与"辛"同音，后演变为郭辛。聚落呈团块状分布。有文体广场 1 个、农家书屋 1 个、幼儿园 1 所。经济以种植业和商贸业为主，主要农作物有玉米、土豆、白菜等。有公路经此。

## 东孔 370983-B03-H07
[ Dōngkǒng ]

在市驻地新城街道西南方向 22.9 千米。王庄镇辖自然村。人口 2 600。据《孔子世家谱》记载，明嘉靖二十三年（1545），肥城县教谕孔诚之子孔公良秉承父意，从曲阜迁来，设馆教读，建立孔庄，至其孙时分大小孔庄，其次孙孔承高住小孔庄，后称东孔。聚落呈团块状分布。有文体广场 1 个、农家书屋 1 个、幼儿园 1 所。经济以种植业和商贸业为主，主要农作物有玉米、土豆、白菜等。有公路经此。

## 西刘庄 370983-B03-H08
[ Xīliúzhuāng ]

在市驻地新城街道西南方向 24.1 千米。王庄镇辖自然村。人口 1 900。据《苏氏碑文》载，该村原为苏家堂，明成化年间，刘氏由山西洪洞县迁此，成为望族后，更村名为刘庄。后改为西刘庄。聚落呈团块状分布。有文体广场 1 个、农家书屋 1 个、幼儿园 1 所。经济以种植业和商贸业为主，主要农作物有玉米、土豆、白菜等。有公路经此。

## 东湖东村 370983-B04-H01
[ Dōnghúdōngcūn ]

湖屯镇人民政府驻地。在市驻地新城街道西方向 17.4 千米。人口 2 400。明洪武年间，于氏自山西洪洞县迁此建村，因该村位于东湖屯的东侧，故名东湖东村。经济以种植业为主，主要农作物有小麦、玉米。有公路经此。

## 东穆河 370983-B04-H02
[ Dōngmùhé ]

在市驻地新城街道西北方向 14.1 千米。湖屯镇辖自然村。人口 1 300。根据穆河和方位统称该村为东穆家河，后简称为现村名。聚落呈团块状分布。有文体广场1个、农家书屋1个、幼儿园1所。经济以种植业和商贸业为主，主要农作物有小麦、玉米、棉花等。有公路经此。

### 张店 370983-B04-H03
[ Zhāngdiàn ]

在市驻地新城街道西北方向16.3千米。湖屯镇辖自然村。人口3 200。因当年村内大街是通名城咸阳的故道，村中张氏以开店为业，生意兴隆，故名张店。聚落呈团块状分布。有文体广场1个、农家书屋1个、幼儿园1所。经济以种植业和商贸业为主，主要农作物有小麦、玉米、棉花等。329国道经此。

### 曹家庄 370983-B04-H03
[ Cáojiāzhuāng ]

在市驻地新城街道西北方向15.5千米。湖屯镇辖自然村。人口2 000。因曹氏迁此建村，故名曹家庄。聚落呈团块状分布。有文体广场1个、农家书屋1个、幼儿园1所。经济以种植业和商贸业为主，主要农作物有小麦、玉米、棉花等。有公路经此。

### 山阳铺 370983-B04-H05
[ Shānyángpù ]

在市驻地新城街道西北方向18.7千米。湖屯镇辖自然村。人口1 300。因该村地处陶山之阳，大街又是交通要道，村内开店铺的较多，又是驿站，故名山阳铺。聚落呈团块状分布。有文体广场1个、农家书屋1个、幼儿园1所。经济以种植业和商贸业为主，主要农作物有小麦、玉米、棉花等。有公路经此。

### 小店 370983-B04-H06
[ Xiǎodiàn ]

在市驻地新城街道西北方向19.4千米。湖屯镇辖自然村。人口1 600。因地处泰安至平阴的交通要道上，并设有店铺，故名小店。聚落呈团块状分布。有文体广场1个、农家书屋1个、幼儿园1所。经济以种植业和商贸业为主，主要农作物有小麦、玉米、棉花等。有公路经此。

### 涧北 370983-B04-H07
[ Jiànběi ]

在市驻地新城街道西北方向17.6千米。湖屯镇辖自然村。人口1 600。该村建于东周时期，原村名卧虎庄，后因地处陶山南麓、山涧北岸，故名涧北。聚落呈团块状分布。有文体广场1个、农家书屋1个、幼儿园1所。经济以种植业和商贸业为主，主要农作物有小麦、玉米、棉花等。329国道经此。

### 栖幽寺 370983-B04-H08
[ Xīyōusì ]

在市驻地新城街道西北方向19.3千米。湖屯镇辖自然村。人口600。该村建于清乾隆年间，因范蠡见陶山山清水秀、绿树掩映，是隐居的好地方，又因秦代建陶公幽栖祠，故村名栖幽寺。有文化广场1个、农家书屋1个、幼儿园1所。经济以种植业和商贸业为主，主要农作物有小麦、玉米、棉花等。有公路经此。

### 前兴隆 370983-B04-H09
[ Qiánxīnglóng ]

在市驻地新城街道西北方向15.3千米。湖屯镇辖自然村。人口1 900。因村北汇河里的泉水像龙喷水一样兴旺，故此得村名兴龙庄，后改为兴隆庄。因在汇河以南，又改名前兴隆。聚落呈团块状分布。有文体广场1个、农家书屋1个、幼儿园1所。经济以种植业和商贸业为主，主要农作物有小麦、玉米、棉花等。有公路经此。

**小王庄** 370983-B04-H10

[ Xiǎowángzhuāng ]

在市驻地新城街道西方向 17.6 千米。湖屯镇辖自然村。人口 3 500。王氏迁此定居，因当时人少村小，故名小王庄。聚落呈团块状分布。有文化广场 1 个、农家书屋 1 个、幼儿园 1 所。经济以种植业和商贸业为主，主要农作物有小麦、玉米、棉花等。329 国道经此。

**中湖屯** 370983-B04-H11

[ Zhōnghútún ]

在市驻地新城街道西方向 13.5 千米。湖屯镇辖自然村。人口 2 500。因公元前 1027—221 年周时为湖，陶山以南有湖屯诸个，该村以东、以西分别建有东、西湖屯村，故该村名中湖屯。聚落呈团块状分布。有文体广场 1 个、农家书屋 1 个、幼儿园 1 所。经济以种植业和商贸业为主，主要农作物有小麦、玉米、棉花等。有公路经此。

**纸坊** 370983-B04-H12

[ Zhǐfáng ]

在市驻地新城街道西方向 15.0 千米。湖屯镇辖自然村。人口 1 800。因村建有王家手工造纸作坊，故名纸坊。聚落呈团块状分布。有文体广场 1 个、农家书屋 1 个、幼儿园 1 所。经济以种植业和商贸业为主，主要农作物有小麦、玉米、棉花等。329 国道经此。

**石横** 370983-B05-H01

[ Shíhéng ]

石横镇人民政府驻地。在市驻地新城街道西方向 22.0 千米。人口 9 200。始建于周，因附近山沟得名石沟，金代因陨石降落村北，横置于山坡上，改名石横。聚落呈团块状分布。古迹有石横四眼子井、泰山显灵宫、福山寺等。有省级文物保护单位泰山显灵宫。有国电石横发电厂、山东石横特钢集团有限公司。有公路经此。

**前衡鱼** 370983-B05-H02

[ Qiánhéngyú ]

在市驻地新城街道西方向 21.0 千米。石横镇辖自然村。人口 3 300。传始建于周，因舜帝在此建城得名都君庄，后因盛产鱼类改名衡鱼村。随村逐渐扩大，分成两村，此村按方位得名前衡鱼。聚落呈团块状分布。有农家书屋 1 个、文化广场 1 个。古迹有刘东海墓碑。经济以种植业为主。有公路经此。

**马坊** 370983-B05-H03

[ Mǎfáng ]

在市驻地新城街道西方向 20.0 千米。石横镇辖自然村。人口 1 000。明朝初年建村，因该村位于皇亲李武忱的马厩附近，故名马坊。聚落呈团块状分布。有文体广场 1 个、农家书屋 1 个、幼儿园 1 所。经济以种植业和商贸业、养殖业为主。有公路经此。

**北高余村** 370983-B05-H04

[ Běigāoyúcūn ]

在市驻地新城街道西北方向 23.1 千米。石横镇辖自然村。人口 3 300。据文献记载，北高余村始建于明朝，村址为山水长年冲积成的高淤之地，故取名高淤，遂后又改为高余，因三个高余村中此村地处最北端，最终取名北高余村。聚落呈团块状分布。有文体广场 1 个、农家书屋 1 个、幼儿园 1 所。经济以种植业和商贸业为主，主要农作物有小麦、玉米等。有公路经此。

**西铺** 370983-B05-H05

[ Xīpù ]

在市驻地新城街道西北方向 20.5 千米。

石横镇辖自然村。人口1 800。据文献记载，明洪武年间建村，为交通要道，各种店铺较多，杨姓迁此后取村名为杨家铺，因地处大留村西，后又改为西铺。聚落呈团块状分布。有文体广场1个、农家书屋1个、幼儿园1所。经济以种植业和商贸业为主，主要农作物有小麦、玉米等。有公路经此。

## 南大留 370983-B05-H06
[ Nándàliú ]

在市驻地新城街道西北方向19.4千米。石横镇辖自然村。人口3 500。明洪武年间建村，后因人口繁衍，村庄变大，分为南、北两村，该村居南，故定名为南大留。聚落呈团块状分布。有文体广场1个、农家书屋1个、幼儿园1所。经济以种植业和商贸业为主，主要农作物有小麦、玉米等。有公路经此。

## 汇北村 370983-B05-H07
[ Huìběicūn ]

在市驻地新城街道西方向20.0千米。石横镇辖自然村。人口2 000。据相关文献载，春秋时期建村，原名杨野村、瞭驾庄等。因这里曾是官道，皇帝南巡经常路过，当地村民便取村名龙庄，民国时又改为隆庄，1958年设汇北社，后又改为生产大队，后为汇北村。聚落呈团块状分布。有文体广场1个、农家书屋1个、幼儿园1所。经济以种植业和商贸业为主，主要农作物有小麦、玉米等。有公路经此。

## 幸福村 370983-B05-H08
[ Xìngfúcūn ]

在市驻地新城街道西南方向20.5千米。石横镇辖自然村。人口1 300。据史书记载，周朝建村，原名都君庄，因舜帝曾在此建都。后因这里盛产鱼类，改为衡鱼，又按方位称为东衡鱼村，1958年成立石横人民公社，东衡鱼村一分为三成立幸福社、幸福大队，后改为幸福村。聚落呈团块状分布。有文体广场1个、农家书屋1个、幼儿园1所。古迹有左丘明墓。经济以种植业和商贸业为主，主要农作物有小麦、玉米等。

## 红庙 370983-B05-H09
[ Hóngmiào ]

在市驻地新城街道西南方向19.3千米。石横镇辖自然村。人口1 600。元朝建村，该村原有一处牛马王庙，墙壁皆为红色，遂将村名改为红庙。聚落呈环状分布。有文化广场1个、农家书屋1个、幼儿园1所。经济以种植业和商贸业为主，主要农作物有小麦、玉米等。有公路经此。

## 旅店 70983-B05-H10
[ Lǚdiàn ]

在市驻地新城街道西南方向17.6千米。石横镇辖自然村。人口1 900。宋朝建村，因居南北交通要道处，旅店较多，故名旅店。聚落呈团块状分布。有文体广场1个、农家书屋1个、幼儿园1所。经济以种植业和商贸业为主，主要农作物有小麦、玉米等。

## 安临站 370983-B06-H01
[ Ānlínzhàn ]

安临站镇人民政府驻地。在市驻地新城街道西南方向13.1千米。人口2 600。据该村《布氏族谱》载，清初为安宁驿，清末改为安临站。聚落呈团块状分布。有文体广场1个、农家书屋1个、幼儿园1所。经济以种植业和商贸业为主，主要农作物有小麦等。有公路经此。

## 圣井峪 370983-B06-H02
[ Shèngjǐngyù ]

在市驻地新城街道西南方向 13.6 千米。安临站镇辖自然村。人口 200。据《胡氏族谱》记载，明朝年间，胡氏由山西洪洞县迁此建村后，以圣井峪名村。聚落呈团块状分布。有文体广场 1 个、农家书屋 1 个、幼儿园 1 所。经济以种植业和商贸业为主，主要农作物有小麦、玉米等。有公路经此。

## 贺庄 370983-B06-H03
[ Hèzhuāng ]

在市驻地新城街道西南方向 13.6 千米。安临站镇辖自然村。人口 3 000。据《吕氏族谱》载，吕氏原居太原，后迁居山东东平，于明洪武年间继迁肥邑南方贺庄。相传，吕氏迁此后，有吕铁块者，上山砍柴去不回，当归来时已白发苍苍，为此全村均为其置酒庆贺，故改名贺老庄，后简称贺庄。聚落呈团块状分布。有文化广场 1 个、农家书屋 1 个、幼儿园 1 所。经济以种植业、养殖业和商贸业为主。有公路经此。

## 站北头 370983-B06-H04
[ Zhànběitóu ]

在市驻地新城街道南方向 11.7 千米。安临站镇辖自然村。人口 3 600。明朝年间，韩氏迁此建村后，曾随邻村安临站取村名为安临村，后因两村毗连近尺，该村位于安临站北，故名站北头。聚落呈团块状分布。有农家书屋 1 个、幼儿园 1 所。经济以种植业和商贸业为主，主要农作物有小麦、玉米等。有公路经此。

## 大辛庄 370983-B06-H05
[ Dàxīnzhuāng ]

在市驻地新城街道西南方向 15.9 千米。安临站镇辖自然村。人口 3 500。据《辛氏族谱》记载，明朝时期，先民自山西洪洞县诏迁，因姓氏取名为大辛庄。聚落呈团块状分布。有农家书屋 1 个、幼儿园 1 所。经济以种植业和商贸业为主，主要农作物有小麦、玉米等。有公路经此。

## 东虎门 370983-B06-H06
[ Dōnghǔmén ]

在市驻地新城街道西南方向 9.9 千米。安临站镇辖自然村。人口 1 700。明洪武年间，先民迁来肥邑，初迁居于沙沟，再迁居虎门。因村坐落在山区的一个大坝旁，故取名孙家坝头。后因地处虎门山旁，更名为孙家虎门。1937 年随同邻村以方位改村名为东虎门。聚落呈团块状分布。有农家书屋 1 个、幼儿园 1 所。经济以种植业和商贸业为主，主要农作物有小麦、玉米、棉花、地瓜、小米、柿子、核桃。有公路经此。

## 西张 370983-B06-H07
[ Xīzhāng ]

在市驻地新城街道南方向 15.2 千米。安临站镇辖自然村。人口 1 900。明洪武年间，张氏由山西洪洞县迁此，因姓氏取名张家庄。后因重名，故以方位更名为西张家庄。1980 年地名普查后，又简称西张。聚落呈团块状分布。有农家书屋 1 个、幼儿园 1 所。经济以种植业和商贸业为主，主要农作物有小麦、玉米、姜等。有公路经此。

## 下庄 370983-B06-H08
[ Xiàzhuāng ]

在市驻地新城街道西南方向 19.2 千米。安临站镇辖自然村。人口 2 300。明初，苏、陈两姓由山西洪洞县迁此，定村名为八里庄。后因位于岈山以东的山坡地带，故更名下庄。聚落呈团块状分布。有农家书屋 1 个、幼儿园 1 所。有传统艺术"陈氏唢呐"。

经济以种植业和商贸业为主，主要农作物有小麦、玉米等。有公路经此。

## 东陆房 370983-B06-H09
[ Dōnglùfáng ]

在市驻地新城街道西南方向 16.0 千米。安临站镇辖自然村。人口 2 000。明初，因战祸，该村受害惨重，只剩尤、蔡、丁三户幸免于难，便以尤姓定村名为尤房，后来由"尤房"演变化"六房"，又因"六"大写为"陆"，邻村西陆房定名后，该村也因方位更名为东陆房。聚落呈团块状分布。有农家书屋 1 个、幼儿园 1 所。古迹有秦王墓、陆房战斗革命遗址、井连桥。经济以种植业和商贸业为主，主要农作物有小麦、玉米、棉花、核桃。有公路经此。

## 牛家庄 370983-B06-H10
[ Niújiāzhuāng ]

在市驻地新城街道西南方向 13.6 千米。安临站镇辖自然村。人口 2 300。据《王氏族谱》记载，明洪武二年（1369），王氏由山西洪洞县奉诏迁此，村坐落在小金牛山之阳，故名牛家庄。聚落呈团块状分布。有农家书屋 1 个、幼儿园 1 所。古迹有圣井峪、药王庙。经济以种植业和商贸业为主，主要农作物有小麦、玉米等。有公路经此。

## 大董庄 370983-B06-H11
[ Dàdǒngzhuāng ]

在市驻地新城街道西南方向 16.0 千米。安临站镇辖自然村。人口 2 300。据《翟氏族谱》记载，翟氏为河南太和县人，自元时迁此，董氏相继迁来并人口繁衍，故名大董家庄，后简称大董庄。聚落呈团块状分布。有农家书屋 1 个、幼儿园 1 所。有古迹万便桥、甘露桥。经济以种植业和商

贸业为主，主要农作物有小麦、玉米、棉花等。有公路经此。

## 刘家 370983-B06-H12
[ Liújiā ]

在市驻地新城街道西南方向 16.0 千米。安临站镇辖自然村。人口 2 100。其中苗族 11 人。明洪武年间，刘氏由山西洪洞县迁此，以姓氏名村。聚落呈团块状分布。有农家书屋 1 个、幼儿园 1 所。古迹有天宫地亩庙。经济以种植业和商贸业为主，主要农作物有小麦、玉米、生姜、土豆等。有公路经此。

## 孙东 370983-B07-H01
[ Sūndōng ]

孙伯镇人民政府驻地。在市驻地新城街道西南方向 26.1 千米。人口 3 000。因孙膑字伯陵并在此驻军而得名。原有孙伯村，村中有河，名青龙河，河东之村名孙东，河西之村名孙西。聚落呈团块状分布。有农家书屋 1 个、幼儿园 1 所。经济以种植业和商贸业为主，主要农作物有小麦、玉米等。有公路经此。

## 蝎子城 370983-B07-H02
[ Xiēzichéng ]

在市驻地新城街道西南方向 22.0 千米。孙伯镇辖自然村。人口 200。战国时，袁达、李木修筑寨墙，因地形似蝎子，故名蝎子城。聚落呈团块状分布。有市级重点古遗址蝎子城遗址。经济以种植业和商贸业为主，主要农作物有水果蔬菜。有公路经此。

## 孙西 370983-B07-H03
[ Sūnxī ]

在市驻地新城街道西南方向 26.3 千米。孙伯镇辖自然村。人口 3 300。因孙膑字伯陵并在此驻军而得名。原有孙伯村，村中

有河，名青龙河，河东之村名孙东，河西之村名孙西。聚落呈团块状分布。有文体广场1个、农家书屋1个、幼儿园1所。经济以种植业和商贸业为主，主要农作物有小麦、玉米等。有公路经此。

## 刘庄 370983-B07-H04
[ Liúzhuāng ]

在市驻地新城街道西南方向23.1千米。孙伯镇辖自然村。人口1 100。相传，清顺治年间，刘氏由山后凤凰庄迁居此地，以姓氏取名为刘家庄，后简称刘庄。聚落呈团块状分布。有文体广场1个、农家书屋1个、幼儿园1所。经济以种植业和商贸业为主，主要农作物有小麦、玉米、樱桃等。有公路经此。

## 西坞 370983-B07-H05
[ Xīwù ]

在市驻地新城街道西南方向23.5千米。孙伯镇辖自然村。人口900。相传，清顺治年间，雷氏由孙东村迁居此地，以姓氏取村名雷氏山庄。因村庄坐落在坞山以西，又名西坞山庄，后简化为西坞。聚落呈团块状分布。有文体广场1个、农家书屋1个、幼儿园1所。经济以商贸业和种植业为主，主产是小麦、玉米、樱桃、核桃。有公路经此。

## 庄头 370983-B07-H06
[ Zhuāngtóu ]

在市驻地新城街道西南方向27.1千米。孙伯镇辖自然村。人口1 100。据《武氏族谱》记载，武氏祖籍为宁阳县泗皋村琵琶山前，祖先为武毅将军。明弘治十年（1497），武氏族人迁居此地，因本村皆为武姓，遂取名武家庄。民国时期更名为庄头。聚落呈团块状分布。有文体广场1个、农家书屋1个、幼儿园1所。名胜古迹有武氏家庙。

经济以种植业和商贸业为主，主要农作物有小麦、玉米等。有公路经此。

## 东程 370983-B07-H07
[ Dōngchéng ]

在市驻地新城街道西南方向29.2千米。孙伯镇辖自然村。人口2 100。明永乐年间，程氏兄弟二人由山西洪洞县迁往此地，在东西相距1千米处各自建村，以方位、姓氏命村名为东、西程庄，东为东程庄，简称东程。聚落呈团块状分布。有文体广场1个、农家书屋1个、幼儿园1所。经济以种植业和商贸业为主，主要农作物有小麦、玉米等。有公路经此。

## 西程 370983-B07-H08
[ Xīchéng ]

在市驻地新城街道西南方向29.0千米。孙伯镇辖自然村。人口1 600。明永乐年间，程氏兄弟二人由山西洪洞县迁往此地，在东西相距1千米处各自建村，以方位、姓氏命村名为东、西程庄，西为西程庄，简称西程。聚落呈团块状分布。有文体广场1个、农家书屋1个、幼儿园1所。名胜古迹有虎头桥。经济以种植业和商贸业为主，主要农作物有小麦、玉米等。有公路经此。

## 南栾 370983-B07-H09
[ Nánluán ]

在市驻地新城街道西南方向28.0千米。孙伯镇辖自然村。人口4 000。村北有一座小山，叫栾青山。相传宋真宗封泰山时，曾经路过本村，栾銮驾山由此得名。后建罗音寺，又名落印寺，后谐音变为栾任村，分南栾、北栾两村，该村在南，故名。聚落呈团块状分布。有文体广场1个、农家书屋1个、幼儿园1所。经济以种植业和商贸业为主，主要农作物有小麦、玉米等。有公路经此。

## 北栾 370983-B07-H10
[ Běiluán ]

在市驻地新城街道西南方向 28.1 千米。孙伯镇辖自然村。人口 2 600。在齐鲁之间，村北有一座小山，叫栾青山。相传宋真宗封泰山时，曾经路过本村，栾銮驾山由此得名。后建罗音寺，又名落印寺，后谐音变为栾任村，分南栾、北栾两村，该村在北，故名。聚落呈散状分布。有文体广场 1 个、农家书屋 1 个、幼儿园 1 所。经济以商贸业、种植业为主，主要农作物有小麦、玉米等。有公路经此。

## 五埠 370983-B07-H11
[ Wǔbù ]

在市驻地新城街道西南方向 24.8 千米。孙伯镇辖自然村。人口 800。清雍正年间，李氏来此建村，因村坐落在五埠岭北侧，故取村名五埠。聚落呈散状分布。有文体广场 1 个、农家书屋 1 个、幼儿园 1 所。经济以种植业和商贸业为主，主要农作物有小麦、玉米等。有公路经此。

## 安驾庄 370983-B08-H01
[ ĀnJiàzhuāng ]

安驾庄镇人民政府驻地。在市驻地新城街道南方向 24.3 千米。安驾庄镇辖自然村。人口 7 000。据《三官庙碑文》载："曾先名袁家洼，后改王氏堡，三易永安寨，宋大中祥符元年（1008），真宗赴泰山封禅，曾在此安架驻跸，故此将永安寨更名为安驾庄。"聚落沿公路呈带状分布。有文体广场 1 个、农家书屋 1 个、幼儿园 1 所。经济以种植业和养殖业为主，主要农作物有小麦、玉米等。有公路经此。

## 锁鲁城 370983-B08-H02
[ Suǒlǔchéng ]

在市驻地新城街道南方向 22.0 千米。安驾庄镇辖自然村。人口 700。据传，春秋时期，此村原为鲁国的一个古城。鲁庄公元年（前 693），齐鲁两国交战，齐获胜，向鲁索取了该城后，命名为索鲁城。此后两国屡有争战，齐国在此增设重兵把守，遂把"索"改为"锁"，以示把城锁住，永为齐国疆域之意。聚落呈团块状分布。经济以种植业为主，主要农作物有甜菜、樱桃、西红柿等。有公路经此。

## 北赵庄 370983-B08-H03
[ Běizhàozhuāng ]

在市驻地新城街道南方向 24.3 千米。安驾庄镇辖自然村。人口 700。据传，明初，赵氏兄弟三人迁此定居，因姓氏，名为赵庄。后兄弟三人分居，其中二人在该村南、北两地建新村，分别取名南、北赵庄，因该村位于两村以北，故名北赵庄。聚落沿公路呈带状分布。有文体广场 1 个、农家书屋 1 个、幼儿园 1 所。经济以种植业和商贸业为主，主要农作物有小麦、玉米、花生等。有公路经此。

## 东赵庄 370983-B08-H04
[ Dōngzhàozhuāng ]

在市驻地新城街道南方向 26.2 千米。安驾庄镇辖自然村。人口 1 100。据传，明初，赵氏兄弟三人迁此定居，村以姓氏名赵庄。后兄弟三人分居，其中二人在该村南、北两地建新村，分别取名南、北赵庄，因该村位于两村以东，故名东赵庄。聚落沿公路呈带状分布。有文体广场 1 个、农家书屋 1 个、幼儿园 1 所。经济以种植业和商贸业为主，主要农作物有小麦、玉米等。有公路经此。

## 南赵庄 370983-B08-H05
[ Nánzhàozhuāng ]

在市驻地新城街道南方向 26.6 千米。

安驾庄镇辖自然村。人口1 600。据传,明初,赵氏兄弟三人迁此定居,村以姓氏得名赵庄。后兄弟三人分居,其中二人在该村南、北两地建新村,分别取名南、北赵庄,因该村位于两村以南,故名南赵庄。聚落沿公路呈带状分布。有文体广场1个、农家书屋1个、幼儿园1所。经济以种植业和商贸业为主,主要农作物有小麦、玉米等。有公路经此。

### 南夏辉 370983-B08-H06
[ Nánxiàhuī ]

在市驻地新城街道南方向32.0千米。安驾庄镇辖自然村。人口1 400。民族构成为汉族、满族。"夏辉"之地名由来已久,因"晖"与"辉"音同,且该村又坐落于北夏辉村以南,故演变为现村名。聚落沿公路呈带状分布。有文体广场1个、农家书屋1个、幼儿园1所。经济以种植业和商贸业为主,主要农作物有小麦、玉米等。有公路经此。

### 前寨子 370983-B08-H07
[ Qiánzhàizi ]

在市驻地新城街道南方向20.0千米。安驾庄镇辖自然村。人口1 700。据《苏氏族谱》记载,明洪武年间,苏氏迁此建村,因村坐落于两个旧军寨之前,故取村名前寨子。聚落沿公路呈带状分布。有文体广场1个、农家书屋1个、幼儿园1所。经济以种植业和商贸业为主,主要农作物有小麦、玉米、樱桃等。有公路经此。

### 上前村 370983-B08-H08
[ Shàngqiáncūn ]

在市驻地新城街道南方向20.9千米。安驾庄镇辖自然村。人口2 200。相传,元初,尚氏迁此安居后,曾以姓氏取村名尚家庄,后相继迁来刘、李、梁、于等姓,因多人从事红炉铁业,故改村名为尚庄炉,又因"尚"和"上"字音同,加之该村地势较高,故村名演变为上庄炉,村南部得名上前村。聚落沿公路呈带状分布。有文体广场1个、农家书屋1个、幼儿园1所。经济以种植业和商贸业为主,主要农作物有小麦、玉米等。有公路经此。

### 后寨子 370983-B08-H09
[ Hòuzhàizi ]

在市驻地新城街道南方向19.6千米。安驾庄镇辖自然村。人口1 800。据《苏氏族谱》记载,明洪武年间,苏氏迁此建村,因村坐落于两个旧军寨之后,故取村名后寨子。聚落沿公路呈带状分布。有文体广场1个、农家书屋1个、幼儿园1所。经济以种植业和商贸业为主,主要农作物有小麦、花生、玉米等。有公路经此。

### 围子 370983-B08-H10
[ Wéizi ]

在市驻地新城街道南方向29.0千米。安驾庄镇辖自然村。人口1 100。相传,清道光二十三年(1843),张侯村的百姓为避兵乱在此修了一座土围子,每逢兵祸便到此躲避,后形成村落,除随邻庄泛称张侯外,亦称围子。聚落沿公路呈带状分布。有文体广场1个、农家书屋1个、幼儿园1所。经济以种植业和商贸业为主,主要农作物有小麦、玉米等。有公路经此。

### 肖家店 370983-B08-H11
[ Xiāojiādiàn ]

在市驻地新城街道南方向31.2千米。安驾庄镇辖自然村。人口1 700。据《肖氏族谱》记载,明初,肖氏由山东沂州府沂水县洪山兰陵迁此,以开店为业,故名肖家店。聚落沿公路呈带状分布。有文体广场1个、农家书屋1个、幼儿园1所。经济以种植业、养殖业和商贸业为主，主要农作物有小麦、玉米、花生等。有公路经此。

## 马家埠 370983-B08-H12
[ Mǎjiābù ]

在市驻地新城街道南方向 22.5 千米。安驾庄镇辖自然村。人口 2 600。据《马氏祖族》载，马氏于明朝初年迁此建村，当时该村地处一片湖水旁，故村名马家埠。聚落呈团块状分布。有文体广场 1 个、农家书屋 1 个、幼儿园 1 所。经济以种植业和商贸业为主，主要农作物有小麦、玉米等。有公路经此。

## 北双 370983-B08-H13
[ Běishuāng ]

在市驻地新城街道南方向 23.8 千米。安驾庄镇辖自然村。人口 1 900。据传，明洪武年间，有战村、于村两人携眷迁此建村，因二人之名讳取村名双村。后泰安商老庄公路从村中通过，将该村分割，1963 年将公路北侧的村改为北双村。聚落沿公路呈带状分布。有文体广场 1 个、农家书屋 1 个、幼儿园 1 所。经济以种植业和商贸业为主，主要农作物有小麦、玉米等。有公路经此。

## 大龙岗石 370983-B08-H14
[ Dàlónggāngshí ]

在市驻地新城街道南方向 18.0 千米。安驾庄镇辖自然村。人口 2 100。据《云阳庵碑文》记载，该村建于隋朝年间，因坐落于一条蜿蜒起伏似龙的岩岗前，故名龙岗石。清朝初年，该村部分住户迁往附近另建一村，取村名小龙岗石，该村相应更名为大龙岗石。聚落沿公路呈带状分布。有文体广场 1 个、农家书屋 1 个、幼儿园 1 所。经济以种植业和商贸业为主，主要农作物有小麦、玉米等。有公路经此。

## 张家安 370983-B08-H15
[ ZhāngJiā'ān ]

在市驻地新城街道南方向 20.7 千米。安驾庄镇辖自然村。人口 1 700。据元至元二年（1265）所立《龙宫墓碑》碑文记载，该村建于元初，原名段家庄，后张氏成为望族并因行医名扬四方，从此改称张家庄，因村内有庵堂，附近村民多以此泛称张家庵，又因"庵"与"安"音同，故演化为张家安。聚落沿公路呈带状分布。有文体广场 1 个、农家书屋 1 个、幼儿园 1 所。经济以种植业、养殖业和商贸业为主，主要农作物有小麦、玉米等。有公路经此。

## 和埠岭 370983-B08-H16
[ Hébùlǐng ]

在市驻地新城街道南方向 20.5 千米。安驾庄镇辖自然村。人口 1 700。相传，该村建于明朝中期，因当时坐落在一片湖水以北有很多火石的山梁旁，故取名火山岭，附近村民亦泛称该村为湖北岭，后因谐音变为和埠岭。聚落沿公路呈带状分布。有文体广场 1 个、农家书屋 1 个、幼儿园 1 所。经济以种植业和商贸业为主，主要农作物有小麦、花生、玉米、核桃等。有公路经此。

## 五祖庙 370983-B08-H17
[ Wǔzǔmiào ]

在市驻地新城街道南方向 26.6 千米。安驾庄镇辖自然村。人口 1 600。相传，该村建于明朝，因村内有神像各异的五座庙宇，故此取名五座庙，后演变为五祖庙。聚落沿公路呈带状分布。有文体广场 1 个、农家书屋 1 个、幼儿园 1 所。经济以种植业、养殖业和商贸业为主，主要农作物有小麦、玉米等。有公路经此。

## 东南场 370983-B08-H18

[ Dōngnánchǎng ]

在市驻地新城街道南方向 25.1 千米。安驾庄镇辖自然村。人口 6 700。相传，此处原系安驾庄梁氏的一片场院，明末，佃农王氏为看场而迁此建村，因该村坐落在安驾庄的东南方向，故名东南场。聚落沿公路呈带状分布。有文体广场 1 个、农家书屋 1 个、幼儿园 1 所。经济以种植业、养殖业和商贸业为主，主要农作物有小麦、玉米等。有公路经此。

## 李家庄 370983-B08-H19

[ Lǐjiāzhuāng ]

在市驻地新城街道南方向 20.3 千米。安驾庄镇辖自然村。人口 1 100。据《李氏族谱》记载，李氏于清初从安临站乡的站北头迁此建村，故名李家庄。聚落沿公路呈带状分布。有文体广场 1 个、农家书屋 1 个、幼儿园 1 所。经济以种植业和商贸业为主，主要农作物有小麦、玉米等。有公路经此。

## 马家庄 370983-B08-H20

[ Mǎjiāzhuāng ]

在市驻地新城街道南方向 23.9 千米。安驾庄镇辖自然村。人口 1 900。据《马氏族谱》记载，马氏于明朝中期迁此建村，故名马家庄。聚落沿公路呈带状分布。有文体广场 1 个、农家书屋 1 个、幼儿园 1 所。经济以种植业和商贸业为主，主要农作物有小麦、玉米等。有公路经此。

## 小湖 370983-B08-H21

[ Xiǎohú ]

在市驻地新城街道东南方向 25.0 千米。安驾庄镇辖自然村。人口 5 300。洼里原由刘家海子、聂家村、梁王村组成，中华人民共和国成立后统称洼里。1978 年，部分农户由洼里村迁此建立新村，遂取村名洼里新村，又因地势低洼，俗称小湖。聚落沿公路呈带状分布。有文体广场 1 个、农家书屋 1 个、幼儿园 1 所。经济以种植业、养殖业和商贸业为主，主要农作物有小麦、玉米等。有公路经此。

## 边院 370983-B09-H01

[ Biānyuàn ]

边院镇人民政府驻地。在市驻地新城街道东南方向 22.0 千米。人口 2 100。其中回族 1 000 人。据传，汉代边氏首迁于此，成为巨富，后因"打响"，边氏被诛，幸存者逃去东北，唯院落残存，故村名边家院，后称边院。聚落沿公路呈带状分布。有文体广场 1 个、农家书屋 1 个、幼儿园 1 所。经济以种植业和商贸业为主，主要农作物有小麦、玉米等。有公路经此。

## 官庄 370983-B09-H02

[ Guānzhuāng ]

在市驻地新城街道东南方向 22.0 千米。边院镇辖自然村。人口 2 000。东汉建武年间，官氏迁此安居，故名官庄。聚落呈环状分布。有文体广场 1 个、农家书屋 1 个、幼儿园 1 所。经济以种植业和商贸业为主，主要农作物有小麦、玉米等。有公路经此。

## 姜堂 370983-B09-H03

[ Jiāngtáng ]

在市驻地新城街道东南方向 21.5 千米。边院镇辖自然村。人口 1 400。据传，明洪武年间，姜氏迁此建村后，村名姜家庄，后姜氏后裔姜龙、姜虎因犯罪被抄家只剩下了姜氏祠堂，故名姜家堂，后简称姜堂。聚落呈团块状分布。有文体广场 1 个、农家书屋 1 个、幼儿园 1 所。经济以种植业、养殖业和商贸业为主，主要农作物有小麦、玉米等。有公路经此。

**赵吕** 370983-B09-H04
[ Zhàolǚ ]

在市驻地新城街道东南方向 22.4 千米。边院镇辖自然村。人口 1 300。据传，明洪武年间，赵、吕两氏同迁于此各占一头建村，分别因姓氏因取村名为赵家庄头、吕家庄头。1955 年合并为一个村，名赵吕庄头，简称赵吕。聚落呈团块状分布。有文体广场 1 个、农家书屋 1 个、幼儿园 1 所。经济以种植业和商贸业为主，主要农作物有小麦、玉米等。有公路经此。

**前黄庄** 370983-B09-H05
[ Qiánhuángzhuāng ]

在市驻地新城街道东南方向 20.7 千米。边院镇辖自然村。人口 2 100。全部为回族。因该村居民比较分散，故以村中空间地为界分为两个自然村，该村位于南侧，名前黄家庄，后简称前黄庄。聚落呈团块状分布。有文体广场 1 个、农家书屋 1 个、幼儿园 1 所。经济以商贸业为主，主产小麦、玉米。有公路经此。

**亓庄** 370983-B09-H06
[ Qízhuāng ]

在市驻地新城街道东南方向 18.6 千米。边院镇辖自然村。人口 1 300。其中回族 1 050 人。据传，明洪武年间，亓尚文带领两个儿子从莱芜城西杨家庄迁此建村，故名亓庄。聚落呈团块状分布。有文体广场 1 个、农家书屋 1 个、幼儿园 1 所。经济以种植业和商贸业为主，主要农作物有小麦、玉米等。有公路经此。

**高庄** 370983-B09-H07
[ Gāozhuāng ]

在市驻地新城街道东南方向 21.8 千米。边院镇辖自然村。人口 1 600。相传，明洪武年间，高庄从山西洪洞县迁此立村，故村名高家庄，简称高庄。聚落呈团块状分布。有文体广场 1 个、农家书屋 1 个、幼儿园 1 所。经济以种植业和商贸业为主，主要农作物有小麦、玉米等。有公路经此。

**陈洼** 370983-B09-H08
[ Chénwā ]

在市驻地新城街道东南方向 24.4 千米。边院镇辖自然村。人口 1 200。据传，明洪武年间，陈氏逃荒到此定居，村落在地势低洼地带，故名陈家洼，后简称陈洼。聚落呈团块状分布。有文体广场 1 个、农家书屋 1 个、幼儿园 1 所。经济以种植业和商贸业为主，主要农作物有小麦、玉米等。有公路经此。

**吴店** 370983-B10-H01
[ Wúdiàn ]

汶阳镇辖自然村。在市驻地新城街道东南方向 26.4 千米。人口 1 800。其中回族 900 人。明洪武年间，吴、姜、程、王、孟五姓由山西老鸹窝迁此定居，均以开店为业，故取名五家店。后吴氏生意兴隆，遂改名吴家店，后简称吴店。聚落呈散状分布。有文体广场 1 个、农家书屋 1 个、幼儿园 1 所。经济以种植业和商贸业为主。有公路经此。

**西徐** 370983-B10-H02
[ Xīxú ]

在市驻地新城街道南方向 27.4 千米。汶阳镇辖自然村。人口 2 800。五代时期，冀北人徐氏在此立村，曾名庄头岭子，且该村坐落于徐墓以西，后人更村名为西徐。聚落呈散状分布。有文体广场 1 个、农家书屋 1 个、幼儿园 1 所。经济以种植业和商贸业为主，主要农作物有小麦、玉米等。有公路经此。

## 岗子 370983-B10-H03

[ Gǎngzi ]

在市驻地新城街道南方向 26.1 千米。汶阳镇辖自然村。人口 2 200。明朝时期建村，曾名十杨树，村民多以开店为业，也曾称两分店，后因村北有一个沙岗子，泛称岗子。聚落呈散状分布。有文体广场 1 个、农家书屋 1 个、幼儿园 1 所。经济以种植业和商贸业为主，主要农作物有小麦、玉米等。有公路经此。

## 高杭 370983-B10-H04

[ Gāoháng ]

在市驻地新城街道东南方向 27.3 千米。汶阳镇辖自然村。人口 1 600。高氏先祖高金高、高豹于明洪武年间由山西洪洞县迁来定居，村坐落在很多树桁子旁，故取村名高家桁。因"桁"与"杭"同音，故演变为高杭。聚落呈散状分布。有文体广场 1 个、农家书屋 1 个、幼儿园 1 所。经济以种植业和商贸业为主，主要农作物有小麦、玉米、菜花等。有公路经此。

## 张孝门 370983-B10-H05

[ Zhāngxiàomén ]

在市驻地新城街道东南方向 27.6 千米。汶阳镇辖自然村。人口 1 400。明洪武年间，张氏从张家老庄迁此立村，随邻村孝门取村名张家孝门，后张氏以开店为业，更村名为张家店。1980 年地名普查时，因县内有重名村，1981 年恢复原村名张孝门。聚落呈散状分布。有文体广场 1 个、农家书屋 1 个、幼儿园 1 所。经济以种植业和商贸业为主，主要农作物有小麦、玉米等。有公路经此。

## 田东史 370983-B10-H06

[ Tiándōngshǐ ]

在市驻地新城街道东南方向 28.5 千米。汶阳镇辖自然村。人口 2 100。田氏由山西洪洞县迁东史村后，因姓氏更村名为田家东史，后简称田东史。聚落呈散状分布。有文体广场 1 个、农家书屋 1 个、幼儿园 1 所。经济以种植业和商贸业为主，主要农作物有小麦、玉米。有公路经此。

## 马家东史 370983-B10-H07

[ Mǎjiādōngshǐ ]

在市驻地新城街道东南方向 29.2 千米。汶阳镇辖自然村。人口 1 600。明朝年间，马氏迁此建村，随邻村东史村取村名马家东史。聚落呈散状分布。有文体广场 1 个、农家书屋 1 个、幼儿园 1 所。经济以种植业和商贸业为主，主要农作物有小麦、玉米等。有公路经此。

## 郭店 370983-B10-H08

[ Guōdiàn ]

在市驻地新城街道东南方向 26.4 千米。汶阳镇辖自然村。人口 1 400。明嘉靖年间，郭氏由汶上贾北村迁于泰治西南八十里，迁此立村后以开店为业，故取村名郭家店，后简称郭店。聚落呈散状分布。有文体广场 1 个、农家书屋 1 个、幼儿园 1 所。经济以种植业和商贸业为主，主要农作物有小麦、玉米等。有公路经此。

## 汪城宫 370983-B10-H09

[ Wāngchénggōng ]

在市驻地新城街道南方向 30.7 千米。汶阳镇辖自然村。人口 2 000。相传，汉章帝东封泰山时，路经此处，在此立过行宫，故有"城宫村"之称。汪氏迁此后，以姓氏取村名汪家城宫，后简称汪城宫。聚落呈散状分布。有文体广场 1 个、农家书屋 1 个、幼儿园 1 所。经济以种植业和商贸业为主，主要农作物有小麦、玉米、樱桃、蔬菜。有公路经此。

## 塔房 370983-B10-H10

[Tǎfáng]

在市驻地新城街道南方向 32.4 千米。汶阳镇辖自然村。人口 1 600。此处原为五代后唐时期梁王朱温所建堽城北关旧址，后历经沧桑形成村落后，便因尚存的古塔和牌坊取村名塔坊，后演变为塔房。聚落呈散状分布。有文体广场 1 个、农家书屋 1 个、幼儿园 1 所。经济以种植业和商贸业为主，种植绿化苗木等。有公路经此。

## 李高淤 370983-B10-H11

[Lǐgāoyū]

在市驻地新城街道南方向 29.7 千米。汶阳镇辖自然村。人口 500。据《李氏家祠碑文》记载，明朝，先民由山西洪洞县迁此建村，由于本村大部分人皆为李姓，故名李高淤。聚落呈散状分布。有文体广场 1 个、农家书屋 1 个、幼儿园 1 所。经济以种植业和商贸业为主，主要农作物有小麦、玉米。有公路经此。

## 袁家寨 370983-B10-H12

[Yuánjiāzhài]

在市驻地新城街道南方向 27.8 千米。汶阳镇辖自然村。人口 1 900。明朝年间，袁、赵、武三氏由山西洪洞县老鸹窝同时迁此建村，并在村四周筑起围寨防兵乱，因村中袁姓居多，故名袁家寨。聚落呈散状分布。有文体广场 1 个、农家书屋 1 个、幼儿园 1 所。经济以种植业和商贸业为主，主要农作物有小麦、玉米。有公路经此。

## 西徐庙 370983-B10-H13

[Xīxúmiào]

在市驻地新城街道东南方向 22.4 千米。边院镇辖自然村。人口 800。据传，明洪武年间，徐氏迁此立村，村坐落于关帝庙旁，故村名徐庙。后人口繁衍，便以关帝庙为界，划分成两个自然村，该村位于关帝庙以西，故名西徐家庙，后简称西徐庙。聚落呈散状分布。有文体广场 1 个、农家书屋 1 个、幼儿园 1 所。经济以种植业和商贸业为主，主要农作物有小麦、玉米等。有公路经此。

## 西浊 370983-B10-H14

[Xīzhuó]

在市驻地新城街道南方向 27.7 千米。汶阳镇辖自然村。人口 2 300。因村坐落在浊河以东，且东有东浊头村，故名西浊头，后称西浊。聚落呈散状分布。有文体广场 1 个、农家书屋 1 个、幼儿园 1 所。经济以种植业和商贸业为主，主要农作物有小麦、玉米。有公路经此。

## 砖舍 370983-B10-H15

[Zhuānshè]

在市驻地新城街道东南方向 27.9 千米。汶阳镇辖自然村。人口 2 900。据传该村是一座古老的砖城，因房屋是用砖砌成的，故名砖舍。聚落呈散状分布。有文体广场 1 个、农家书屋 1 个、幼儿园 1 所。经济以种植业和商贸业为主。有公路经此。

## 东浊头 370983-B10-H16

[Dōngzhuótóu]

在市驻地新城街道南方向 28.1 千米。汶阳镇辖自然村。人口 1 400。据传明朝建村，据张氏族谱载，始祖兄三人，生于密云，各习一艺，洪武定鼎迁发泰邑。村坐落在浊河以东，且西有西浊头村，故名东浊头。聚落呈散状分布。有文体广场 1 个、农家书屋 1 个、幼儿园 1 所。经济以种植业和商贸业为主，主要农作物有小麦、玉米。有公路经此。

### 仪阳 370983-B11-H01

[Yíyáng]

仪阳镇人民政府驻地。在市驻地新城街道南方向4.0千米。人口2 500。元朝建村，明朝进士王纳谏为定茔地，在此举行仪式，因处湖水北岸，水北为阳，故名仪阳。聚落成团块状分布。经济以加工业、运输业为主。104省道经此。

### 东下庄 370983-B11-H02

[Dōngxiàzhuāng]

在市驻地新城街道南方向3.7千米。仪阳镇辖自然村。人口1 400。明朝年间，郭氏迁此立村，后曾盖楼一座，故名郭家楼，后因地势低洼特更名下庄村。1986年地名普查，本县有重名村，故按照方位更名为东下庄。聚落呈散状分布。有文化广场1个、农家书屋1个、幼儿园1所。经济以种植业和商贸业为主，主要农作物有小麦、玉米等。有公路经此。

### 石西 370983-B11-H03

[Shíxī]

在市驻地新城街道东南方向3.5千米。仪阳镇辖自然村。人口1 700。元至元年间建村。据光绪三十四年（1903）《肥城县乡土志》记载，石坞山在城东南二十里，山顶有石屋，故名石西。聚落呈散状分布。有文化广场1个、农家书屋1个、幼儿园1所。古迹有天齐庙。经济以种植业和商贸业为主，主要农作物有小麦、玉米、桃等。有公路经此。

### 赵家庄 370983-B11-H04

[Zhàojiāzhuāng]

在市驻地新城街道东南方向10.9千米。仪阳镇辖自然村。人口200。据传，明洪武间，赵氏自直隶枣强县迁此建村，因姓氏命村名为赵家庄。聚落呈散状分布。有文化广场1个、小学1所。经济以种植业和商贸业为主，主要农作物有小麦、玉米、核桃等。有公路经此。

### 张家庄 370983-B11-H05

[Zhāngjiāzhuāng]

在市驻地新城街道东南方向6.1千米。仪阳镇辖自然村。人口400。据张氏族谱记载，明朝年间，张氏自山西洪洞县野鹊窝迁来定居，故名张家庄。聚落呈散状分布。有文化广场1个、农家书屋1个、幼儿园1所。经济以商贸业、种植业为主，主要农作物有小麦、玉米等。有公路经此。

### 大栲山 370983-B11-H06

[Dàkǎoshān]

在市驻地新城街道西南方向5.2千米。仪阳镇辖自然村。人口1 500。明朝年间，因村西山上古有栲树，故村名栲山，村北小栲山建村后，该村更名为大栲山。聚落呈散状分布。有文化广场1个、小学1所。古迹有文昌阁。经济以种植业和商贸业为主，主要农作物有小麦、玉米、桃等。有公路经此。

### 刘家台 370983-B11-H07

[Liújiātái]

在市驻地新城街道西南方向7.2千米。仪阳镇辖自然村。人口1 400。据传，明洪武年间，刘氏自山西洪洞县迁来定居，村坐落于三面环沟、一面靠山的台地上，故名刘家台。聚落呈散状分布。有文化广场1个、小学1所。古迹有抗战地道。经济以种植业和商贸业为主，主要农作物有小麦、玉米、桃等。有公路经此。

## 王家南阳 370983-B11-H08
[ Wángjiānányáng ]

在市驻地新城街道南方向 8.2 千米。仪阳镇辖自然村。人口 1 500。明洪武年间，王氏迁此建村，村坐落在仪阳以南，故以姓氏并随同邻村南阳取村名王家南阳。聚落呈散状分布。有文化广场 1 个、小学 1 所。经济以种植业和商贸业为主，主要农作物有小麦、玉米、核桃等。有公路经此。

## 王晋 370983-B11-H09
[ Wángjìn ]

在市驻地新城街道南方向 6.7 千米。仪阳镇辖自然村。人口 2 400。相传，明朝初年，王氏自山西洪洞县迁来定居，由于山西简称晋，故村名王晋。聚落呈散状分布。有文化广场 1 个、小学 1 所。经济以种植业和商贸业为主，主要农作物有小麦、玉米等。104 省道经此。

## 空杏寺 370983-B11-H10
[ Kōngxìngsì ]

在市驻地新城街道东南方向 11.1 千米。仪阳镇辖自然村。人口 100。该村建于后唐年间，因临近空杏寺，故名。聚落呈散状分布。有文化广场 1 个、小学 1 所。名胜古迹有古寺旧址。经济以种植业和商贸业为主，主要农作物有小麦、玉米等。有公路经此。

## 大柱子 370983-B11-H11
[ Dàzhùzi ]

在市驻地新城街道东南方向 11.5 千米。仪阳镇辖自然村。人口 2 000。该村建于周朝，因临近柱子山，故名柱子村。后村东小柱子建村，遂更名为大柱子。聚落呈散状分布。有文化广场 1 个、小学 1 所。名胜古迹有广汇桥。经济以种植业和商贸业为主，主要农作物有小麦、玉米等。有公路经此。

# 宁阳县

## 城市居民点

## 文成园 370921-I01
[ Wénchéng Yuán ]

在县城东部。人口 1 300。总面积 5.1 公顷。以嘉言命名。2010 年始建，2014 年正式使用。建筑总面积 120 000 平方米，高层住宅楼 12 栋，现代建筑风格。绿化率 25%，有健身广场、超市等配套设施。通公交车。

## 华宁家园 370921-I02
[ Huáníng jiāyuán ]

在县城中部。人口 2 000。总面积 7.1 公顷。以所属单位取名。2009 年始建，2011 年正式使用。建筑总面积 67 054 平方米，多层住宅楼 15 栋，现代建筑风格。绿化率 30%，有健身广场、超市等配套设施。通公交车。

## 兴隆锦绣城 370921-I03
[ Xīnglóng Jǐnxiùchéng ]

在县城中部。人口 4 500。总面积 16.58 公顷。以房产公司名称及嘉言命名。2008 年始建，2013 年正式使用。建筑总面积 165 816 平方米，高层住宅楼 16 栋，现代建筑风格。绿化率 25%，有健身广场、超市等配套设施。通公交车。

## 明珠佳苑 370921-I04
[ Míngzhū Jiāyuàn ]

在县城中部。人口 1 275。总面积 5.1 公顷。以美词取名。2012 年始建，2014 年正式使用。建筑总面积 72 669 平方米，住宅楼 6 栋，其中高层 4 栋、多层 2 栋，现代建筑风格。绿化率 20%，有健身广场、超市等配套设施。通公交车。

**金阳御景花园** 370921–I05

[ Jīnyáng Yùjǐng Huāyuán ]

在县城中部。人口 4 524。总面积 17.6 公顷。以开发单位及美词取名。2012 年始建，2014 年正式使用。建筑总面积 235 540 平方米，住宅楼 25 栋，其中高层 18 栋、多层 7 栋，现代建筑风格。绿化率 30%，有健身广场、超市等配套设施。通公交车。

**彩虹小区** 370921–I06

[ Cǎihóng Xiǎoqū ]

在县城东部。人口 1 500。总面积 8.5 公顷。以美词取名。2006 年始建，2008 年正式使用。建筑总面积 72 294 平方米，多层住宅楼 19 栋，现代建筑风格。绿化率 30%，有健身广场、超市等配套设施。通公交车。

**弘盛现代城** 370921–I07

[ Hóngshèng Xiàndàichéng ]

在县城中部。人口 2 364。总面积 10 公顷。以美词取名。2004 年始建，2008 年正式使用。建筑总面积 100 000 平方米，多层住宅楼 22 栋，现代建筑风格。绿化率 25%，有健身广场、超市等配套设施。通公交车。

**富通太阳城** 370921–I08

[ Fùtōng Tàiyángchéng ]

在县城中部。人口 2 889。总面积 9.3 公顷。以美词取名。2012 年始建，2014 年正式使用。建筑总面积 127 300 平方米，住宅楼 31 栋，其中高层 4 栋、多层 27 栋，现代建筑风格。绿化率 25%，有健身广场、超市等配套设施。通公交车。

**郦水花园** 370921–I09

[ Lìshuǐ Huāyuán ]

在县城中部。人口 2 000。总面积 10 公顷。以美词取名。2012 年始建，2014 年正式使用。建筑总面积 100 000 平方米，有高层住宅楼 14 栋，现代建筑风格。绿化率 25%，有健身广场、超市等配套设施。通公交车。

**金桥小区** 370921–I10

[ Jīnqiáo Xiǎoqū ]

在县城中部。人口 1 200。总面积 4.5 公顷。以美词取名。2003 年始建，2006 年正式使用。建筑总面积 45 000 平方米，多层住宅楼 16 栋，现代建筑风格。绿化率 25%，有健身广场、超市等配套设施。通公交车。

**府东小区** 370921–I11

[ Fǔdōng Xiǎoqū ]

在县城中部。人口 2 760。总面积 8.9 公顷。以所在位置取名。1998 年始建，2007 年正式使用。建筑总面积 108 000 平方米，多层住宅楼 33 栋，现代建筑风格。绿化率 25%，有健身广场、超市等配套设施。通公交车。

**宁馨园小区** 370921–I12

[ Níngxīnyuán Xiǎoqū ]

在县城中部。人口 3 000。总面积 9.8 公顷。以美词取名。2002 年始建，2005 正式使用。建筑总面积 98 000 平方米，多层住宅楼 32 栋，现代建筑风格。绿化率 30%，有健身广场、超市等配套设施。通公交车。

**杏岗小区** 370921–I13

[ Xìnggǎng Xiǎoqū ]

在县城中部。人口 210。总面积 0.28 公顷。以位置取名。1999 年始建，2006 年正式使用。建筑总面积 59 000 平方米，多层住宅楼 13 栋，现代建筑风格。绿化率 20%，有健身广场、超市等配套设施。通公交车。

**金阳佳园** 370921-I14

[ Jīnyáng jiāyuán ]

在县城南部。人口 1 650。总面积 6.2公顷。以美词取名。2006 年始建，2008 年正式使用。建筑总面积 61 893 平方米，多层住宅楼 13 栋，现代建筑风格。绿化率25%，有健身广场、超市等配套设施。通公交车。

**金阳花园** 370921-I15

[ Jīnyáng Huāyuán ]

在县城中部。总面积 3.9 公顷。人口900。以美词取名。2007 年始建，2008 年正式使用。建筑总面积 43 525 平方米，多层住宅楼 15 栋，现代建筑风格。绿化率30%，有健身广场、超市等配套设施。通公交车。

**金域华府小区** 370921-I16

[ Jīnyù Huáfǔ Xiǎoqū ]

在县城南部。人口 1 410。总面积 5.1公顷。以美词取名。2011 年始建，2013 年正式使用。建筑总面积 57 911 平方米，高层住宅楼 7 栋，现代建筑风格。绿化率25%，有健身广场、超市等配套设施。通公交车。

**温馨园小区** 370921-I17

[ Wēnxīnyuán Xiǎoqū ]

在县城西部。人口 2 300。总面积 4.8公顷。以美词取名。2006 年始建，2007 年正式使用。建筑总面积 77 000 平方米，多层住宅楼 29 栋，现代建筑风格。绿化率20%，有健身广场、超市等配套设施。通公交车。

**世纪城二期** 370921-I18

[ Shìjìchéng Èrqī ]

在县城中部。人口 2 000。总面积 4.1公顷。以美词取名。2010 年始建。2012 年正式使用。建筑总面积 88 967 平方米，住宅楼 10 栋，其中高层 8 栋、多层 2 栋，现代建筑风格。绿化率 20%，有健身广场、超市等配套设施。通公交车。

**华兴家园** 370921-I19

[ Huáxīng Jiāyuán ]

在县城西部。人口 1 536。总面积 2.5公顷。由所属公司取名。2006 年始建，2009 年正式使用。建筑总面积 49 000 平方米，多层住宅楼 14 栋，现代建筑风格。绿化率 25%，有健身广场、超市等配套设施。通公交车。

## 农村居民点

**杏岗** 370921-A01-H01

[ Xìnggǎng ]

在县驻地文庙街道西方向 1.0 千米。文庙街道辖自然村。人口 2 200。相传村落南原有杏岗，故村以自然地理实体得名。聚落呈团块状分布。经济以商贸业为主。有公路经此。

**八仙桥** 370921-A01-H02

[ Bāxiānqiáo ]

在县驻地文庙街道西方向 2.0 千米。文庙街道辖自然村。人口 200。据传，村落西北桥石栏墙上刻有"八仙"图，村以桥为名，故名。聚落呈团块状分布。经济以商贸业为主。有公路经此。

**河套园** 370921-A01-H03

[ Hétàoyuán ]

在县驻地文庙街道西方向 2.0 千米。文庙街道辖自然村。人口 800。据清乾隆八年（1743）修《宁氏族谱》记载，明崇祯年间，宁姓在此定居，村称核桃园。清咸丰元年（1851）重修《宁阳县志·孝友传》有"邑东核桃园"字样。后以谐音演为河套园。聚落呈团块状分布。经济以商贸业为主。有公路经此。

### 周公台 370921-A01-H04
[Zhōugōngtái]

在县驻地文庙街道南方向 2.1 千米。文庙街道辖自然村。人口 400。曾名东台。据清咸丰元年（1851）重修《宁阳县志·古迹》记载："东台，在县南里许。旧志云，相传周公居东系易于此。故又名周公台。"聚落呈团块状分布。经济以商贸业为主。有公路经此。

### 泥家 370921-A01-H05
[Níjiā]

在县驻地文庙街道西方向 0.1 千米。文庙街道辖自然村。人口 1 700。据《程氏族谱》记载，程姓于明万历年间来此定居。据说此前已有泥姓居住，故以姓氏取名泥家。聚落呈团块状分布。经济以商贸业为主。有公路经此。

### 石桥 370921-A01-H06
[Shíqiáo]

在县驻地文庙街道西北方向 2.5 千米。文庙街道辖自然村。人口 1 800。建村年代待考。清咸丰元年（1851）重修《宁阳县志隐逸传》中记有"明季诸生""邑北石桥人"。据说明永乐年间在村旁建成一座石桥，村以桥为名，取名石桥。聚落呈团块状分布。经济以商贸业为主。有公路经此。

### 关王庙 370921-A01-H07
[Guānwángmiào]

在县驻地文庙街道西北方向 1.5 千米。文庙街道辖自然村。人口 1 400。据《王氏族谱》记载，明永乐年间，王姓来此定居。村西与大庙临邑相望，村曾称东临邑。据说，明万历年间建关帝庙，以庙为名，改称关王庙。聚落呈团块状分布。经济以商贸业为主。有公路经此。

### 小吴家 370921-A01-H08
[Xiǎowújiā]

在县驻地文庙街道西方向 1.2 千米。文庙街道辖自然村。人口 1 400。据司氏谱碑记载，司姓于明洪武年间由山西洪洞县迁此定居，相传，马、陈、吴、刘等五姓先在此居住，故称五家。吴崇礼后裔迁此后，改称吴家。为与其北另一同名村落区分，因村落小，故称小吴家。聚落呈团块状分布。经济以商贸业为主。有公路经此。

### 廖家桥 370921-A01-H09
[Liàojiāqiáo]

在县驻地文庙街道东方向 0.4 千米。文庙街道辖自然村。人口 200。据建桥碑文记载，明代，廖姓定居后，集资在村前建桥一座，称廖家桥，村落以桥为名。聚落呈团块状分布。经济以商贸业为主。有公路经此。

### 巩家堂 370921-A01-H10
[Gǒngjiātáng]

在县驻地文庙街道东南方向 0.5 千米。文庙街道辖自然村。人口 1 400。据土地庙碑记载，原名丛家庄，建于明嘉靖年间。巩姓建有祠堂，故名巩家堂。清乾隆八年（1743）修《宁氏族谱》记有宁氏居住"龚家堂"。清光绪三十三年（1907）《宁阳县乡土志》记载"龚家堂有大雄寺"。是"巩"还是"龚"，待考。今作巩家堂。聚落呈团块状分布。经济以商贸业为主。有公路经此。

## 杜家　370921-A01-H11
[ Dùjiā ]

在县驻地文庙街道南方向 0.3 千米。文庙街道辖自然村。人口 1 200。据《王氏族谱》记载，王姓于明万历年间迁此。因此地原有杜氏祖茔，故名杜家。聚落呈团块状分布。经济以商贸业为主。有公路经此。

## 象到庄　370921-A01-H12
[ Xiàngdàozhuāng ]

在县驻地文庙街道东方向 0.4 千米。文庙街道辖自然村。人口 200。据该村李姓说，清乾隆年间李姓来此定居。关于名称由来，一说曾有官吏牵大象到此，故名象到庄；一说宰相曾到此，故名相到庄；也作向导庄。待考。聚落呈团块状分布。经济以商贸业为主。有公路经此。

## 南满庄　370921-A01-H13
[ Nánmǎnzhuāng ]

在县驻地文庙街道东北方向 0.5 千米。文庙街道辖自然村。人口 400。传说此地树木满庄，故名满庄，后来以河为界划成两个村落，河南为南满庄。聚落呈团块状分布。有农家书屋 1 个。经济以种植业为主，主要农产品为苹果。有公路经此。

## 郭家临邑　370921-A02-H01
[ Guōjiālínyì ]

在县驻地文庙街道西方向 3.9 千米。八仙桥街道辖自然村。人口 700。俗称"十八临邑"之一。据《郭氏族谱》记载，明嘉靖年间，郭姓来此定居，已传至二十一代。因临近县城，故名郭家临邑。聚落呈团块状分布。有农家书屋 1 个。经济以种植业为主。有公路经此。

## 徐马高临邑　370921-A02-H02
[ Xúmǎgāolínyì ]

在县驻地文庙街道西方向 3.7 千米。八仙桥街道辖自然村。人口 800。俗称"十八临邑"之一。据《徐氏族谱》记载，明万历年间，徐姓来此定居，后马姓、高姓相继来此。因临近县城，以姓氏命名为徐马高临邑。聚落呈团块状分布。有农家书屋 1 个。经济以种植业为主。有公路经此。

## 大庙临邑　370921-A02-H03
[ Dàmiàolínyì ]

在县驻地文庙街道西方向 4.1 千米。八仙桥街道辖自然村。人口 2 600。俗称"十八临邑"之一。据明万历年间庙碑刻石记载，明洪武年间建大庙一座。清光绪三十三年（1907）《宁阳县乡土志》载有"大庙临邑村有园觉寺"。此时已建村落。以临近县城，又有大庙得名。聚落呈团块状分布。有文化广场 1 个、农家书屋 1 个。经济以种植业为主。有公路经此。

## 周家临邑　370921-A02-H04
[ Zhōujiālínyì ]

在县驻地文庙街道西方向 5.1 千米。八仙桥街道辖自然村。人口 1 100。俗称"十八临邑"之一。据《周氏族谱》记载，明正统年间，周姓来此定居。因靠近县城，以姓氏取名周家临邑。聚落呈团块状分布。有农家书屋 1 个。经济以种植业为主。有公路经此。

## 沙岭店　370921-A02-H05
[ Shālǐngdiàn ]

在县驻地文庙街道西方向 6.3 千米。八仙桥街道辖自然村。人口 800。据《谢氏族谱》记载，谢姓于明永乐年间自山西洪洞县迁此定居，原以姓氏取名谢家村，后因村落位于沙岭西，济南至济宁大道从其旁通过，有人在此开设旅店，遂改称沙岭店。聚落呈团块状分布。有农家书屋 1 个。经济以种植业为主。有公路经此。

### 红庙 370921-A02-H06
[ Hóngmiào ]

在县驻地文庙街道西方向 5.8 千米。八仙桥街道辖自然村。人口 1 200。俗称"十八东和"之一。据清光绪三十三年（1907）《宁阳县乡土志》记载，"红庙村东元元勋赵公墓有元碑"。此时已有该村落，据说村落中建有关帝庙，庙规模较大，庙墙红色，俗称红庙。以俗称庙名为村落名。聚落呈团块状分布。有农家书屋 1 个。经济以种植业为主，种植苗木花卉等。有公路经此。

### 任家 370921-A02-H07
[ Rénjiā ]

在县驻地文庙街道西方向 4.9 千米。八仙桥街道辖自然村。人口 1 100。俗称"十八东和"之一。据《任氏族谱》记载，任氏祖于明永乐年间由山西迁此，以姓氏取名任家。聚落呈团块状分布。有农家书屋 1 个。经济以种植业为主。有公路经此。

### 青川中 370921-A02-H08
[ Qīngchuānzhōng ]

在县驻地文庙街道西方向 5.5 千米。八仙桥街道辖自然村。人口 1 400。俗称"十八青川"之一。据庙碑记载，村建于明永乐年间。村中原有一座红墙大庙，又是傍河建村，曾称红庙青川（青川指河）。1949年后，因位于其他村落中间，故改称青川中。聚落呈团块状分布。有农家书屋 1 个。经济以种植业为主。有公路经此。

### 青川寺 370921-A02-H09
[ Qīngchuānsì ]

在县驻地文庙街道西方向 5.8 千米。八仙桥街道辖自然村。人口 1 200。俗称"十八青川"之一。据清咸丰元年（1851）重修《宁阳县志·寺观》记载："圣寿寺在青川村，元时建，有碑记。"元代已有村落。圣寿寺俗称青川寺，以俗称寺名作村落名。聚落呈团块状分布。有农家书屋 1 个。经济以种植业为主，主要种植花生。有公路经此。

### 青川围子 370921-A02-H10
[ Qīngchuānwéizi ]

在县驻地文庙街道西方向 5.6 千米。八仙桥街道辖自然村。人口 1 400。俗称"十八青川"之一。相传明永乐年间建村，为防外来侵袭和水灾，村民曾筑一围墙，故名青川围子。有文化广场 1 个、农家书屋 1 个。经济以种植业为主，主要种植苗木花卉。有公路经此。

### 青川站 370921-A02-H11
[ Qīngchuānzhàn ]

在县驻地文庙街道西方向 5.3 千米。八仙桥街道辖自然村。人口 800。俗称"十八青川"之一。因曾为驿站，又临近赵王河，故名青川站。聚落呈团块状分布。有农家书屋 1 个。经济以种植业为主。有公路经此。

### 大屯 370921-A02-H12
[ Dàtún ]

在县驻地文庙街道西方向 7.1 千米。八仙桥街道辖自然村。人口 900。俗称"十八青川"之一。据传，元朝仁宗皇庆年间曾在此屯粮，供应青川兵站，因屯粮多，村叫大屯。聚落呈团块状分布。有农家书屋 1 个。经济以种植业为主，主要种植蔬菜等。有公路经此。

## 花石桥 370921-A02-H13
［Huāshíqiáo］

在县驻地文庙街道西方向 4.0 千米。八仙桥街道辖自然村。人口 400。俗称"十八东和"之一。相传，明崇祯年间，花氏带一女由阳谷县迁此，后花氏之女嫁于王家。为便于两家来往，花氏出资在河沟上建成一座桥，名花氏桥，后演为花石桥。村以桥为名。聚落呈团块状分布。有农家书屋 1 个。经济以种植业为主，主要种植花生、大豆。有公路经此。

## 吴家东和 370921-A02-H14
［Wújiādōnghé］

在县驻地文庙街道西方向 4.7 千米。八仙桥街道辖自然村。人口 600。此村落以姓氏命名，相传因居民和睦相处，曾建东和门，故名。聚落呈团块状分布。有农家书屋 1 个。经济以种植业为主，主要种植花生。有公路经此。

## 泗店 370921-B01-H01
［Sìdiàn］

泗店镇人民政府驻地。在县驻地文庙街道西南方向 5.9 千米。人口 1 400。因李姓最早从泗庄迁此开店，称泗庄店，后简称泗店。聚落呈团块状分布。有农家书屋 1 个、小学 1 所。经济以种植业为主，主要种植蔬菜，畜牧业以饲养生猪、奶牛、家禽为主，有粮食加工、造纸原料生产等企业。有公路经此。

## 南王村 370921-B01-H02
［Nánwángcūn］

在县驻地文庙街道南方向 5.9 千米。泗店镇辖自然村。人口 1 400。据《王氏族谱》记载，王氏在明洪武初年自山西迁此居住，以姓氏取名王家村。有王姓迁村落北建小

王家村（今北王村）后，该村称老王家村。后按方位定名南王村。聚落呈团块状分布。有农家书屋 1 个。经济以种植业为主。有公路经此。

## 薛家 370921-B01-H03
［Xuējiā］

在县驻地文庙街道南方向 5.1 千米。泗店镇辖自然村。人口 1 500。据《薛氏族谱》记载，薛氏祖于明洪武年间自山西迁此，以姓氏名村。聚落呈团块状分布。有农家书屋 1 个。经济以种植业为主。有公路经此。

## 纸坊 370921-B01-H04
［Zhǐfáng］

在县驻地文庙街道南方向 4.1 千米。泗店镇辖自然村。人口 1 500。据《蒋氏族谱》记载，蒋氏祖于明永乐初年自山西迁此定居。据关帝庙碑记载，该村曾叫蒋家村。居民多抄造草纸，曾称铜圆庄。后改称纸坊。聚落呈团块状分布。有农家书屋 1 个。经济以种植业为主。有公路经此。

## 胡村 370921-B01-H05
［Húcūn］

在县驻地文庙街道南方向 8.0 千米。泗店镇辖自然村。人口 3 900。该聚落群一直称胡村，并在人民公社化时按居住自然现状设胡东、胡西（包括乔家庄）两个生产大队，后仍用原名。聚落呈团块状分布。有农家书屋 1 个。经济以种植业为主。有公路经此。

## 前许家桥 370921-B01-H06
［Qiánxǔjiāqiáo］

在县驻地文庙街道南方向 3.1 千米。泗店镇辖自然村。人口 1 200。据《许氏族谱》记载，许氏五代祖于明永乐年间自东庄迁往宁邑城西南四里许建业。村在洮河

东岸，据说许氏投资在洸河上建桥一座，称许家大桥，以桥为名，村落取名许家桥。1949年以前，村落前后分治，南半部分叫前许家桥，北半部分叫后许家桥，此为前许家桥。聚落呈团块状分布。有农家书屋1个。经济以种植业为主，特产"宁阳桥白"大白菜等。有公路经此。

## 肖家 370921-B01-H07
[ Xiāojiā ]

在县驻地文庙街道南方向3.6千米。泗店镇辖自然村。人口1900。根据肖氏墓地考证，肖氏来此已历十五代，约在明朝后期，以姓氏命名肖家。聚落呈团块状分布。有农家书屋1个。经济以种植业为主。有公路经此。

## 铁佛寺 370921-B01-H08
[ Tiěfósì ]

在县驻地文庙街道南方向2.3千米。泗店镇辖自然村。人口1100。据《徐氏族谱》记载，徐氏于明洪武年间自山西迁此定居，原名徐家村，后建铁佛寺，以寺为名，更名铁佛寺。聚落呈团块状分布。有农家书屋1个。经济以种植业为主。有公路经此。

## 泗庄 370921-B01-H09
[ Sìzhuāng ]

在县驻地文庙街道南方向4.9千米。泗店镇辖自然村。人口700。据谢氏祠堂石碑记载，谢氏于明正统年间迁此，十二代孙于清同治年间重修祠堂。传说村落中原有一座大寺，以寺为名，称寺庄。后因名称不雅，以临近洸河改称泗庄。聚落呈团块状分布。有农家书屋1个。经济以种植业为主。有公路经此。

## 徐家行 370921-B01-H10
[ Xújiāháng ]

在县驻地文庙街道南方向5.2千米。泗店镇辖自然村。人口1100。据《徐氏族谱》记载，徐氏六世祖一支约于明天启年间由汶上障城迁此，因靠近泗庄，曾名徐家泗庄，后改为徐家行。聚落呈团块状分布。有农家书屋1个。经济以种植业为主。有公路经此。

## 大孟集 370921-B01-H11
[ Dàmèngjí ]

在县驻地文庙街道西南方向8.6千米。泗店镇辖自然村。人口1500。俗称"十八大孟"之一。相传，此处是战国时孟尝君的封地，兖州市有小孟，此称大孟。后大孟起集，遂称大孟集，亦称东大孟集。今名大孟集，买卖人称"黄粱子"。聚落呈团块状分布。有农家书屋1个。经济以种植业为主。有公路经此。

## 海子崖 370921-B01-H12
[ Hǎiziyá ]

在县驻地文庙街道西南方向8.8千米。泗店镇辖自然村。人口1300。因该村位于一大坑崖上，传说有南海大寺遗址，以此取名海子崖。聚落呈团块状分布。有农家书屋1个。经济以种植业为主。有公路经此。

## 石大孟 370921-B01-H13
[ Shídàmèng ]

在县驻地文庙街道西南方向8.7千米。泗店镇辖自然村。人口1300。俗称"十八大孟"之一。据《石氏族谱》记载，元至正年间，四十九代祖自奉符（今泰安）移居大孟附近居住，以姓氏命村名为石家大孟，今简作石大孟。聚落呈团块状分布。

有农家书屋 1 个。经济以种植业为主。有公路经此。

## 徐大孟 370921-B01-H14
［Xúdàmèng］

在县驻地文庙街道西南方向 9.5 千米。泗店镇辖自然村。人口 800。俗称"十八大孟"之一。据《徐氏族谱》记载，徐氏自始祖迁居宁邑中大孟以来，相传二十余代。又记，始祖以下五代谱系失于明朝兵燹，名讳不得考。迁此当在元朝末期。按方位曾名中大孟，后以姓氏命名称徐家大孟，今简作徐大孟。聚落呈团块状分布。有农家书屋 1 个。经济以种植业为主。有公路经此。

## 沙庄 370921-B01-H15
［Shāzhuāng］

在县驻地文庙街道南方向 6.4 千米。泗店镇辖自然村。人口 900。该村落曾称凤凰庄，一说因凤凰庄名字好，招驻兵，改称杀庄，演为沙庄；一说地处古河流域沙多，称沙庄。聚落呈团块状分布。有农家书屋 1 个。经济以种植业为主。有公路经此。

## 曹家 370921-B01-H16
［Cáojiā］

在县驻地文庙街道南方向 5.5 千米。泗店镇辖自然村。人口 1 200。据传，元朝末年有人定居。曹氏谱碑记载，曹氏于明万历年间从汶上西关迁此定居，以姓氏命名。聚落呈团块状分布。有农家书屋 1 个。经济以种植业为主。有公路经此。

## 古城 370921-B01-H17
［Gǔchéng］

在县驻地文庙街道南方向 7.9 千米。泗店镇辖自然村。人口 1 800。据考证，金大定年间有人迁此定居。清咸丰元年（1851）重修《宁阳县志》录黄恩彤《宁阳龚邱两故城说》认为"县南十五里之古城当是宁阳故城"。此村落处在故城址上，故名古城。聚落呈团块状分布。有农家书屋 1 个。经济以种植业为主。有公路经此。

## 佘庄 370921-B01-H18
［Shézhuāng］

在县驻地文庙街道南方向 8.4 千米。泗店镇辖自然村。人口 900。传说，元时佘氏曾在此建一寺院，名宁邑寺。曾名东平庄。据考证，周姓于明正统年间来此定居，以姓氏命名为佘庄。聚落呈团块状分布。有农家书屋 1 个。经济以种植业为主。有公路经此。

## 罗河厂 370921-B01-H19
［Luóhéchǎng］

在县驻地文庙街道南方向 6.2 千米。泗店镇辖自然村。人口 1 400。据《周氏族谱》记载，周氏于明正德年间从宁邑城里南街迁居，因位于罗河弯曲处而得名。后因多厂坡地，演作罗河厂。聚落呈团块状分布。有农家书屋 1 个。经济以种植业为主。有公路经此。

## 牛家 370921-B01-H20
［Niújiā］

在县驻地文庙街道南方向 2.1 千米。泗店镇辖自然村。人口 1 900。据考证，约在明朝嘉靖年间，牛姓最早由山西迁此，故以姓氏名村。聚落呈团块状分布。有农家书屋 1 个。经济以种植业为主。有公路经此。

## 高家庄 370921-B01-H21
［Gāojiāzhuāng］

在县驻地文庙街道南方向 1.6 千米。泗店镇辖自然村。人口 1 500。据《孟氏族谱》记载，孟氏六十一代于明万历年间自汶上城东北孟家庄迁至宁邑城东南定居，据说因村址地势高，故取名高家庄。待考。聚落呈团块状分布。有农家书屋1个。经济以种植业为主。有公路经此。

## 马家 370921-B01-H22
[ Mǎjiā ]

在县驻地文庙街道南方向4.3千米。泗店镇辖自然村。人口1 100。据考，马姓约在元至正年间迁此，以姓氏名村。据《徐氏族谱》记载，徐氏祖马太君系马家村人，徐氏于明天启年间，自铁佛寺投马家村老亲定居。聚落呈团块状分布。有农家书屋1个。经济以种植业为主。有公路经此。

## 王家院 370921-B01-H23
[ Wángjiāyuàn ]

在县驻地文庙街道南方向3.4千米。泗店镇辖自然村。人口1 500。据《王氏族谱》记载，王氏原在宁阳城内居住，为府尹（王贤）王后裔。王世四代祖于明嘉靖年间来此定居，以姓氏取名王家院。聚落呈团块状分布。有农家书屋1个。经济以种植业为主。有公路经此。

## 朱王院 370921-B01-H24
[ Zhūwángyuàn ]

在县驻地文庙街道南方向3.5千米。泗店镇辖自然村。人口900。据考证，孙、刘二姓最早来此定居。据《孙氏堂折》记载，孙氏已传十三代，约在明朝末年迁入。刘姓兴旺，临近王家院，曾名刘家王家院。清朝末年，朱姓迁此，改称朱家王家院，今简作朱王院。聚落呈团块状分布。有农家书屋1个。经济以种植业为主。有公路经此。

## 东疏 370921-B02-H01
[ Dōngshū ]

东疏镇人民政府驻地。在县驻地文庙街道西南方向7.9千米。人口2 400。西汉学者疏广、疏受叔侄分别为太子太傅和太子少傅，后辞官归老定居，此村居东，故名。有农家书屋1个、学校6所。经济以种植业为主，种植苗木。有公路经此。

## 西疏 370921-B02-H02
[ Xīshū ]

在县驻地文庙街道西南方向12.9千米。东疏镇辖自然村。人口3 800。西汉学者疏广、疏受叔侄分别为太子太傅和太子少傅，后辞官归老定居，此村居西，故名。有农家书屋1个、小学1所。经济以种植业为主，种植苗木。有公路经此。

## 大伯集 370921-B02-H03
[ Dàibǎijí ]

在县驻地文庙街道西北方向7.7千米。东疏镇辖自然村。人口2 300。原名大毕村，后改大伯村。又因设集市，故名。聚落呈团块状分布。有农家书屋1个、幼儿园1所、小学1所。经济以种植业为主。有公路经此。

## 马庙 370921-B02-H04
[ Mǎmiào ]

在县驻地文庙街道西方向8.3千米。东疏镇辖自然村。人口1 600。据原关帝庙石碑记载，原名前东疏街，清顺治年间重修关帝庙。据说庙门左右有两匹泥塑骏马，遂称此庙为马庙。村落以庙得名。聚落呈团块状分布。有农家书屋1个。经济以种植业为主，主要农作物有花生、棉花。有公路经此。

**小屯** 370921–B02–H05
［Xiǎotún］

在县驻地文庙街道西方向 8.3 千米。东疏镇辖自然村。人口 600。据传，元朝仁宗皇庆年间曾在此屯粮，供应青川兵站，当时，存粮多的叫大屯，存粮少的叫小屯，此处存粮较少，故名小屯。聚落呈团块状分布。有农家书屋 1 个。经济以种植业为主，主要农作物有花生等。有公路经此。

**老王庄** 370921–B02–H06
［Lǎowángzhuāng］

在县驻地文庙街道西方向 9.4 千米。东疏镇辖自然村。人口 1 300。据《王氏族谱》记载，明永乐年间，王氏率子自山西迁此定居，取名王庄。后王氏父子分居东西，父在原地，取名老王庄。聚落呈团块状分布。有农家书屋 1 个。经济以种植业为主，主要农作物有花生、棉花、苹果。有公路经此。

**王楼集** 370921–B02–H07
［Wánglóují］

在县驻地文庙街道西方向 9.9 千米。东疏镇辖自然村。人口 1 200。据王氏谱碑记载，清康熙年间，曾名王圣府。后，王家建楼一座，遂改村名为王家楼。清代曾设立集市，故名王楼集。聚落呈团块状分布。有农家书屋 1 个。经济以种植业为主，主要农作物有花生、棉花。有公路经此。

**刘家庙** 370921–B02–H08
［Liújiāmiào］

在县驻地文庙街道西方向 7.0 千米。东疏镇辖自然村。人口 1 200。据刘氏谱碑记载，元至正年间，刘氏祖自山西洪洞县迁此，村落内修建玄帝庙，以姓氏和庙取名刘家庙。聚落呈团块状分布。有农家书屋 1 个。经济以种植业为主，主要农作物有花生、棉花。有公路经此。

**郑庄** 370921–B02–H09
［Zhèngzhuāng］

在县驻地文庙街道西方向 6.1 千米。东疏镇辖自然村。人口 2 200。相传，明永乐年间，郑姓自山西洪洞县迁此定居，以姓氏取名郑庄。聚落呈团块状分布。有农家书屋 1 个。经济以种植业为主。有公路经此。

**沙窝** 370921–B02–H10
［Shāwō］

在县驻地文庙街道西方向 7.7 千米。东疏镇辖自然村。人口 800。据崔氏谱碑记载，崔姓于明洪武年间自山西洪洞县迁此定居。相传古赵王河流经此地，淤沙积聚成沙窝，以自然实体名称作村落名。聚落呈团块状分布。有农家书屋 1 个。经济以种植业为主，主要农作物有花生。有公路经此。

**耿庄** 370921–B02–H11
［Gěngzhuāng］

在县驻地文庙街道西方向 8.3 千米。东疏镇辖自然村。人口 1 500。据《耿氏族谱》记载，耿姓于明永乐年间自河南来此定居，以姓氏取名耿庄。聚落呈团块状分布。有农家书屋 1 个。经济以种植业为主。有公路经此。

**孙村集** 370921–B02–H12
［Sūncūnjí］

在县驻地文庙街道西方向 8.9 千米。东疏镇辖自然村。人口 1 400。据村落东原土地庙碑记载，明万历年间，孙姓自山西迁来定居，以姓氏取名孙家村。后曾设立集市，遂称孙村集。聚落呈团块状分布。有农家书屋 1 个。经济以种植业为主，主要农作物有棉花等。有公路经此。

## 西河 370921-B02-H13

[ Xīhé ]

在县驻地文庙街道西方向 10.2 千米。东疏镇辖自然村。人口 1 000。相传，明万历年间，孙姓自山西洪洞县迁此定居。据传此地有古赵王河，其与今赵王河相比位于西，故称古赵王河为西河。此村落处在古赵王河畔，以河名作村落名。聚落呈团块状分布。有农家书屋 1 个。经济以种植业为主，主要农作物有棉花等。有公路经此。

## 孙庄 370921-B02-H14

[ Sūnzhuāng ]

在县驻地文庙街道西北方向 7.9 千米。东疏镇辖自然村。人口 200。俗称"十八大伯"之一。据《孙氏族谱》记载，明崇祯年间，孙姓自河北迁胡家大伯定居，清朝末年又迁此居住，以姓氏取名孙庄。聚落呈团块状分布。有农家书屋 1 个。经济以种植业为主，主要农作物有花生、棉花。有公路经此。

## 张家大伯 370921-B02-H15

[ Zhāngjiādàbó ]

在县驻地文庙街道西北方向 8.1 千米。东疏镇辖自然村。人口 800。俗称"十八大伯"之一。据《张氏族谱》记载，明永乐五年（1407），张氏自凤阳府（在今安徽凤阳）迁此定居，慕大伯之名，以姓氏取名张家大伯。聚落呈团块状分布。有农家书屋 1 个。经济以种植业为主，主要农作物有花生。有公路经此。

## 柳园 370921-B02-H16

[ Liǔyuán ]

在县驻地文庙街道西北方向 9.8 千米。东疏镇辖自然村。人口 800。据传，明永乐年间，胡、马、张、赵四姓相继迁此定居。据清康熙年间所建关王庙石碑记载，此地柳树成林，被誉为柳园。居民以此作村落名。聚落呈团块状分布。有农家书屋 1 个。经济以种植业为主，主要农作物有花生、棉花。有公路经此。

## 侯家楼 370921-B02-H17

[ Hóujiālóu ]

在县驻地文庙街道西北方向 10.1 千米。东疏镇辖自然村。人口 900。俗称"十八张村"之一。据村落中元代所建原关帝庙石碑记载，原名东张村集。明万历年间，侯姓在村落西部盖楼一座，称侯家楼，故以楼名作村落名。聚落呈团块状分布。有农家书屋 1 个。经济以种植业为主。有公路经此。

## 张村寺 370921-B02-H18

[ Zhāngcūnsì ]

在县驻地文庙街道西北方向 10.0 千米。东疏镇辖自然村。人口 300。俗称"十八张村"之一。据清咸丰元年（1851）重修《宁阳县志·寺观》记载："洪福寺在张村（今前张村）东北，元时建，有碑记。"洪福寺俗称张村寺。清咸丰元年重修《宁阳县志·耆德传》记有"邑西洪福寺村"字样。居民傍寺定居，以寺名作村落名。今作张村寺。有农家书屋 1 个。经济以种植业为主。有公路经此。

## 刘张村 370921-B02-H19

[ Liúzhāngcūn ]

在县驻地文庙街道西北方向 10.4 千米。东疏镇辖自然村。人口 1 100。俗称"十八张村"之一。据《刘氏族谱》记载，清顺治元年（1644），刘氏七代祖自汶北迁居此地，慕"张村"之名，以姓氏取名刘张村。聚落呈团块状分布。有农家书屋 1 个。经济以种植业为主，主要农作物有棉花。有公路经此。

**前张村** 370921-B02-H20
[ Qiánzhāngcūn ]

在县驻地文庙街道西北方向 10.6 千米。东疏镇辖自然村。人口 900。俗称"十八张村"之一。据传，元朝元统年间，张姓来此定居，以姓氏取名张村。《刘氏族谱》记载，清乾隆七年（1742），刘氏自广西西林县迁此定居。后因该村落在其他张村南，故改称前张村。聚落呈团块状分布。有农家书屋 1 个。经济以种植业为主。有公路经此。

**滩头** 370921-B02-H21
[ Tāntóu ]

在县驻地文庙街道西北方向 9.3 千米。东疏镇辖自然村。人口 1 500。据《周氏族谱》记载，元朝末期，周姓自淮南灵璧迁此定居。其他姓氏定居后，逐渐形成相邻的两个自然村，东名鱼鳞村，西称西南庄。据说古代赵王河流经此地，淤积形成沙滩，后居民增加，两自然村连为一体，又在沙滩南端，故名滩头。聚落呈团块状分布。有农家书屋 1 个。经济以种植业为主。有公路经此。

**义和庄** 370921-B02-H22
[ Yìhézhuāng ]

在县驻地文庙街道西方向 10.9 千米。东疏镇辖自然村。人口 600。据传，张姓首居。据《郭氏族谱》记载，郭姓于明洪武初年迁入。据说居民相处和睦，办事义和，故取名义和庄。聚落呈团块状分布。有农家书屋 1 个。经济以种植业为主，主要农作物有花生等。有公路经此。

**郭家** 370921-B02-H23
[ Guōjiā ]

在县驻地文庙街道西方向 10.8 千米。东疏镇辖自然村。人口 1 000。据《郭氏族谱》记载，郭姓自明洪武年间由山西洪洞县迁此定居，以姓氏取名郭家。后有党、乔、庞三姓迁入，分别取名党家、乔家、庞家。今连成一片，称郭家。聚落呈团块状分布。有农家书屋 1 个。经济以种植业为主。有公路经此。

**围子里** 370921-B02-H24
[ Wéizilǐ ]

在县驻地文庙街道西方向 10.5 千米。东疏镇辖自然村。人口 1 200。据刘氏谱碑记载，元代建大寺，曾名颜庄寺。清康熙年间，慕王家楼之名，也称王家楼。清朝咸丰年间环村筑起围墙，称王家楼围子里，简称围子里。聚落呈团块状分布。有农家书屋 1 个。经济以种植业为主。有公路经此。

**庞庄** 370921-B02-H25
[ Pángzhuāng ]

在县驻地文庙街道西方向 10.7 千米。东疏镇辖自然村。人口 2 000。据庞氏谱碑记载，明万历五年（1577），庞氏自山西迁此，以姓氏取名庞庄。聚落呈团块状分布。有农家书屋 1 个。经济以种植业为主。有公路经此。

**后张庄** 370921-B02-H26
[ Hòuzhāngzhuāng ]

在县驻地文庙街道西南方向 11.6 千米。东疏镇辖自然村。人口 900。据《张氏族谱》记载，明万历二十二年（1594），张姓自山西洪洞县迁此定居。以姓氏取名张庄。后因处在东张庄（今前张庄）后，改称后张庄。聚落呈团块状分布。有农家书屋 1 个。经济以种植业为主。有公路经此。

**前张庄** 370921-B02-H27
[ Qiánzhāngzhuāng ]

在县驻地文庙街道西南方向 12.2 千米。

东疏镇辖自然村。人口 1 000。相传，南宋庆元年间，张姓兄弟二人从山西迁来，分东、西两地居住，称东张庄、西张庄。此村落在东，为东张庄。后按方位，改称前张庄。聚落呈团块状分布。有农家书屋 1 个。经济以种植业为主。有公路经此。

## 寺头 370921-B02-H28
[ Sìtóu ]

在县驻地文庙街道西方向 14.3 千米。东疏镇辖自然村。人口 1 100。清咸丰元年（1851）重修《宁阳县志·秩祀》记载："泰伯祠在县西二十五里祠头村者，一名至德庙，乃阎氏家祠。"此村落原名祠头，由阎氏家祠而得名。今写作"寺头"，为后人误写。聚落呈团块状分布。有农家书屋 1 个。经济以种植业为主。有公路经此。

## 刘家黄茂 370921-B02-H29
[ Liújiāhuángmào ]

在县驻地文庙街道西南方向 16.6 千米。东疏镇辖自然村。人口 1 600。俗称"十八黄茂"之一。据《刘氏族谱》记载，刘姓于明永乐五年（1407）由山西迁居此地，慕"黄茂"之名，以姓氏取名刘家黄茂。聚落呈团块状分布。有农家书屋 1 个。经济以种植业为主，主要农作物有棉花、花生。有公路经此。

## 陈家黄茂 370921-B02-H30
[ Chénjiāhuángmào ]

在县驻地文庙街道西方向 16.2 千米。东疏镇辖自然村。人口 900。俗称"十八黄茂"之一。据《陈氏族谱》记载，明永乐二年（1404），陈姓自山西洪洞县迁此定居，慕"黄茂"之名，以姓氏取名陈家黄茂。聚落呈团块状分布。有农家书屋 1 个。经济以种植业为主。333 省道经此。

## 胡家黄茂 370921-B02-H31
[ Hújiāhuángmào ]

在县驻地文庙街道西南方向 16.6 千米。东疏镇辖自然村。人口 1 600。俗称"十八黄茂"之一。据《胡氏族谱》记载，明永乐三年（1405），胡姓由山西洪洞县迁此定居，慕"黄茂"之名，以姓氏取名胡家黄茂。聚落呈团块状分布。有农家书屋 1 个。经济以种植业为主。有公路经此。

## 赵家黄茂 370921-B02-H32
[ Zhàojiāhuángmào ]

在县驻地文庙街道西南方向 15.6 千米。东疏镇辖自然村。人口 1 900。俗称"十八黄茂"之一。黄姓最早在此定居，称黄家堂。据《赵氏族谱》记载，明朝初年，赵姓由山西洪洞县迁至兖州府宁邑西黄家堂定居。黄氏兴旺，将黄家堂改称黄茂。后赵姓改称赵家黄茂。聚落呈团块状分布。有农家书屋 1 个。经济以种植业为主。有公路经此。

## 后学 370921-B02-H33
[ Hòuxué ]

在县驻地文庙街道西南方向 14.7 千米。东疏镇辖自然村。人口 1 600。据《阎氏族谱》记载，明朝初年，阎姓由山西平阳府迁此定居。相传村前曾建有圣育堂（即学堂），此村落在后，故名后学。聚落呈团块状分布。有农家书屋 1 个。经济以种植业为主，主要农作物有花生、苹果、山楂等。有公路经此。

## 前伏山 370921-B03-H01
[ Qiánfúshān ]

伏山镇人民政府驻地。在县驻地文庙街道西北方向 9.2 千米。人口 2 100。位于伏山西南，以山取名。有农家书屋 1 个、初中 1 所、小学 1 所、幼儿园 1 所。经济以农副产品加工、建筑建材制造为主，特色产品有芦荟、山药、有机蔬菜。有公路经此。

## 白马庙 370921-B03-H02
[ Báimǎmiào ]

在县驻地文庙街道西北方向 10.4 千米。伏山镇辖自然村。人口 1 300。汉朝时本村天齐庙大门两旁各塑白马一匹，以此得名。聚落呈团块状分布。有农家书屋 1 个、学校 1 所。经济以种植业为主，特色产品为有机蔬菜。有公路经此。

## 后伏山 370921-B03-H03
[ Hòufúshān ]

在县驻地文庙街道北方向 9.9 千米。伏山镇辖自然村。人口 1 700。据《赵氏族谱》记载，赵氏在 1940 年春续族谱时已传至十六代，约在明朝初期迁此。该村落由原赵家村、陈家村、杨家村、李家村等组成，1949 年以后，改称后伏山。聚落呈团块状分布。有农家书屋 1 个。经济以种植业为主。有公路经此。

## 陶邵村 370921-B03-H04
[ Táoshàocūn ]

在县驻地文庙街道北方向 9.5 千米。伏山镇辖自然村。人口 1 700。据《邵氏族谱》记载，邵氏于明洪武初年迁此定居，建有围子，取名邵家寨。后陶姓迁入，改称陶邵村。聚落呈团块状分布。有农家书屋 1 个。经济以种植业为主。省道济微公路经此。

## 施家 370921-B03-H05
[ Shījiā ]

在县驻地文庙街道北方向 8.1 千米。伏山镇辖自然村。人口 1 300。据侯氏谱碑记载，西汉末年，侯氏建侯家村。后施氏迁来建施家村，两村落相连，俗称施侯二村，

1949 年以后定名施家。聚落呈团块状分布。有农家书屋 1 个。经济以种植业为主。有公路经此。

## 陈家庙 370921-B03-H06
[ Chénjiāmiào ]

在县驻地文庙街道北方向 9.4 千米。伏山镇辖自然村。人口 1 300。据原观音庙碑文记载，明洪武八年（1375），陈氏在此落户。因在伏山东，原名山东村。后陈姓修了观音庙，俗称陈家庙，以庙名作村落名。聚落呈团块状分布。有农家书屋 1 个。经济以种植业为主。有公路经此。

## 西代 370921-B03-H07
[ Xīdài ]

在县驻地文庙街道北方向 8.5 千米。伏山镇辖自然村。人口 1 800。此村落居戴河西，称西戴。后为省笔以"代"为"戴"，今作西代。聚落呈团块状分布。有农家书屋 1 个。经济以种植业为主。有公路经此。

## 北代 370921-B03-H08
[ Běidài ]

在县驻地文庙街道北方向 8.9 千米。伏山镇辖自然村。人口 800。村落在古戴河北，故名北戴。今作北代。聚落呈团块状分布。有农家书屋 1 个。经济以种植业为主。有公路经此。

## 苏家楼 370921-B03-H09
[ Sūjiālóu ]

在县驻地文庙街道北方向 12.4 千米。伏山镇辖自然村。人口 2 100。据《苏氏族谱》记载，苏氏于南宋淳祐年间迁此，盖有楼房，俗称苏家楼，以楼名作村落名。聚落呈团块状分布。有农家书屋 1 个。经济以种植业为主。有公路经此。

## 后洸河崖 370921-B03-H10

[ Hòuguānghéyá ]

在县驻地文庙街道北方向 12.2 千米。伏山镇辖自然村。人口 1 700。据传，村原名蔡家崖。《董氏族谱》记载，明成化年间，董氏迁此定居，村落在河北岸，故名后洸河崖。聚落呈团块状分布。有农家书屋 1 个。经济以种植业为主。有公路经此。

## 后石梁 370921-B03-H11

[ Hòushíliáng ]

在县驻地文庙街道北方向 14.6 千米。伏山镇辖自然村。人口 1 100。村建于元朝大德年间。原名石梁，后分为两村，此村落在后，故名后石梁。聚落呈团块状分布。有农家书屋 1 个。经济以种植业为主。有公路经此。

## 堽城坝 370921-B03-H12

[ Gāngchéngbà ]

在县驻地文庙街道北方向 14.9 千米。伏山镇辖自然村。人口 1 400。据村落中原有庙碑记载，建于元大德年间。明成化十一年（1475），村落西北建成堽城坝，以坝名作村落名。聚落呈团块状分布。有农家书屋 1 个。经济以种植业为主。有公路经此。

## 北刘家庄 370921-B03-H13

[ Běiliújiāzhuāng ]

在县驻地文庙街道北方向 14.5 千米。伏山镇辖自然村。人口 1 200。据《刘氏族谱》记载，刘氏于明朝末期从山西迁此定居，已传至十四代，以姓氏取名刘家庄。1949 年以后为与本区域内的同名村落区分，以方位定名北刘家庄。聚落呈团块状分布。有农家书屋 1 个。经济以种植业为主。有公路经此。

## 大梁王 370921-B03-H14

[ Dàliángwáng ]

在县驻地文庙街道北方向 13.6 千米。伏山镇辖自然村。人口 900。据《杜氏族谱》记载，杜氏于明洪武年间迁此定居。传说五代时期后梁朱晃曾驻于此，朱晃为梁王，故以梁王作村落名。后改称大梁王。聚落呈团块状分布。有农家书屋 1 个。经济以种植业为主。有公路经此。

## 小梁王 370921-B03-H15

[ Xiǎoliángwáng ]

在县驻地文庙街道北方向 13.5 千米。伏山镇辖自然村。人口 1 300。据《杜氏族谱》记载，明洪武年间，杜氏一支从大梁王迁此定居。当时村落比大梁王小，故名小梁王。聚落呈团块状分布。有农家书屋 1 个。经济以种植业为主。有公路经此。

## 十里堡 370921-B03-H16

[ Shílǐpù ]

在县驻地文庙街道北方向 3.8 千米。伏山镇辖自然村。人口 800。据清咸丰元年（1851）重修《宁阳县志马政》记载，明朝时，由兖州府通济南的大道经过此地，成化二年（1466）"置铺四"，"石桥铺在县北十里"。即在今址置石桥铺，俗称十里铺，后演为十里堡。聚落呈团块状分布。有农家书屋 1 个。经济以种植业为主。有公路经此。

## 大吴家 370921-B03-H17

[ Dàwújiā ]

在县驻地文庙街道北方向 4.9 千米。伏山镇辖自然村。人口 1 600。据吴家林（茔地）谱碑记载，明永乐二年（1404）建村，据传当时邢、吴两姓八户居住在大湾西边，村原名邢家湾，明天启二年（1622），尚书吴崇礼将聚落迁至大湾东，更名吴家村。

因村落南有一同名村落，故称大吴家。聚落呈团块状分布。有农家书屋 1 个。经济以种植业为主。有公路经此。

**周家楼** 370921-B03-H18
［Zhōujiālóu］

在县驻地文庙街道北方向 11.1 千米。伏山镇辖自然村。人口 1 200。相传，原名李磊村。据《周氏族谱》记载，清嘉庆年间，石碣集周姓迁来定居，后建楼房，称周家楼，遂以此为村落名。聚落呈团块状分布。有农家书屋 1 个。经济以种植业为主。有公路经此。

**马家庙** 370921-B03-H19
［Mǎjiāmiào］

在县驻地文庙街道西北方向 11.6 千米。伏山镇辖自然村。人口 1 300。据原菩萨庙碑记载，明洪武年间，该村落在吕颓村（今吕兴）的东庙附近形成，后来马家建菩萨庙，并将老庙石碑搬进菩萨庙内，称马家庙，遂作村落名。聚落呈团块状分布。有农家书屋 1 个。经济以种植业为主。有公路经此。

**吕兴** 370921-B03-H20
［Lǚxīng］

在县驻地文庙街道西北方向 11.7 千米。伏山镇辖自然村。人口 1 500。据考证，南宋初，吕姓先来定居，村原名吕颓村。崔氏于明建文年间从汶上迁此定居，后改吕里村，1945 年定名吕兴。聚落呈团块状分布。有农家书屋 1 个。经济以种植业为主。有公路经此。

**朱家庄** 370921-B03-H21
［Zhūjiāzhuāng］

在县驻地文庙街道西北方向 10.7 千米。伏山镇辖自然村。人口 1 300。据原土地庙碑记载，村建于明成化年间，传说曾名跃义寨，清朝初期更名朱家庄。聚落呈团块状分布。有农家书屋 1 个。经济以种植业为主。有公路经此。

**太平庄** 370921-B03-H22
［Tàipíngzhuāng］

在县驻地文庙街道西北方向 10.2 千米。伏山镇辖自然村。人口 1 200。取平安吉祥之意，故名太平庄。聚落呈团块状分布。有农家书屋 1 个。经济以种植业为主。有公路经此。

**沈家平** 370921-B03-H23
［Shěnjiāpíng］

在县驻地文庙街道西北方向 12.4 千米。伏山镇辖自然村。人口 1 400。俗称"十八平"之一。据《沈氏族谱》记载，沈氏于明朝初年迁此定居，借故"平陆"之名，以姓氏取名沈家平陆，后简称沈家平。聚落呈团块状分布。有农家书屋 1 个。经济以种植业为主。有公路经此。

**开元寺** 370921-B03-H24
［Kāiyuánsì］

在县驻地文庙街道西北方向 13.4 千米。伏山镇辖自然村。人口 1 600。据清咸丰元年（1851）重修《宁阳县志·寺观》记载，开元寺建于元朝，以寺为名。聚落呈团块状分布。有农家书屋 1 个。经济以种植业为主。有公路经此。

**高墙** 370921-B03-H25
［Gāoqiáng］

在县驻地文庙街道西北方向 13.7 千米。伏山镇辖自然村。人口 300。据《武氏族谱》记载，明洪武年间武姓定居于此，村似因村落中有一高墙而得名。聚落呈团块状分布。有农家书屋 1 个。经济以种植业为主。有公路经此。

**云山店** 370921-B03-H26
［Yúnshāndiàn］

在县驻地文庙街道西北方向 8.4 千米。伏山镇辖自然村。人口 1 500。据《杜氏族谱》记载，明建文年间，杜氏迁此定居，因临近云山，以山取名云山庄。后蔡姓在此开店，改称云山店。聚落呈团块状分布。有农家书屋 1 个。经济以种植业为主。有公路经此。

**双庙** 370921-B03-H27
［Shuāngmiào］

在县驻地文庙街道西北方向 7.7 千米。伏山镇辖自然村。人口 1 500。据原庙碑记载，村建于明洪武年间，村落中原建有两座庙，以庙数为名，故称双庙。聚落呈团块状分布。有农家书屋 1 个。经济以种植业为主。有公路经此。

**玉皇山** 370921-B03-H28
［Yùhuángshān］

在县驻地文庙街道西北方向 10.4 千米。伏山镇辖自然村。人口 800。据山上原玉皇庙碑记载，村建于明洪武年间，原址在小山西麓，叫蠢亭集。明代在山上修玉皇庙后，山称玉皇山。村落迁今址后，以山名作村落名。聚落呈团块状分布。有农家书屋 1 个。经济以种植业为主。有公路经此。

**张家堂** 370921-B03-H29
［Zhāngjiātáng］

在县驻地文庙街道西北方向 6.3 千米。伏山镇辖自然村。人口 1 300。相传，村落东北有座福寿庵，后改为福寿堂，又因张姓是村中大户，以堂命村名为张家堂。聚落呈团块状分布。有农家书屋 1 个。经济以种植业为主。有公路经此。

**堽城屯** 370921-B04-H01
［Gāngchéngtún］

堽城镇人民政府驻地。在县驻地文庙街道北方向 13.9 千米。堽城镇辖自然村。人口 4 500。为战国时鲁阐治所，因临近堽城里，是古时候屯兵屯粮之地，故名。有农家书屋 1 个、中学 1 所、小学 1 所。经济以种植业为主。瓦日铁路经此。

**南落星** 370921-B04-H02
［Nánluòxīng］

在县驻地文庙街道北方向 16.2 千米。堽城镇辖自然村。人口 1 500。因村落建在陨石堆以南，故名。有农家书屋 1 个、幼儿园 1 所、小学 1 所。村内有朱氏祠堂。经济以种植业为主。333 省道、瓦日铁路经此。

**刘伶墓** 370921-B04-H03
［Liúlíngmù］

在县驻地文庙街道东北方向 16.2 千米。堽城镇辖自然村。人口 1 800。因村西南有刘伶之墓而得名。聚落呈团块状分布。有农家书屋 1 个。经济以种植业为主。有公路经此。

**许家庄** 370921-B04-H04
［Xǔjiāzhuāng］

在县驻地文庙街道东北方向 10.6 千米。堽城镇辖自然村。人口 600。据《许氏族谱》记载，原名丁家村。明万历年间，许姓和贾姓迁此定居，后丁姓在此无传，改称许贾庄。清顺治二年（1645），贾姓迁走，改称许家庄。聚落呈团块状分布。有农家书屋 1 个。经济以种植业为主。有公路经此。

**堌城西** 370921-B04-H05
[ Gǎngchéngxī ]

在县驻地文庙街道东北方向 14.5 千米。堌城镇辖自然村。人口 2 600。据《高氏族谱》记载，原以姓氏命名为徐毕村。北宋徽宗年间，高氏祖锦川游医至此，爱其地而定居。后废原名，以在故堌城以西，取名堌城西。聚落呈团块状分布。有农家书屋 1 个。经济以种植业为主。有公路经此。

**堌城里** 370921-B04-H06
[ Gǎngchénglǐ ]

在县驻地文庙街道东北方向 14.8 千米。堌城镇辖自然村。人口 2 200。村落位于故堌城内，故名堌城里。聚落呈团块状分布。有农家书屋 1 个。经济以种植业为主。有公路经此。

**堌城南** 370921-B04-H07
[ Gǎngchéngnán ]

在县驻地文庙街道东北方向 14.0 千米。堌城镇辖自然村。人口 1 500。因位于故堌城以南，故称堌城南。聚落呈团块状分布。有农家书屋 1 个。经济以种植业为主。有公路经此。

**所里** 370921-B04-H08
[ Suǒlǐ ]

在县驻地文庙街道东北方向 15.9 千米。堌城镇辖自然村。人口 800。该村村名一说来自《论语》句"譬如北辰，居其所而众星拱之"；一说来自元朝设军事编制卫所；一说村落靠近星石，称星所。聚落呈团块状分布。有农家书屋 1 个。经济以种植业为主。有公路经此。

**星泉** 370921-B04-H09
[ Xīngquán ]

在县驻地文庙街道东北方向 15.7 千米。堌城镇辖自然村。人口 1 000。据落星寺原有石碑记载，清咸丰年间此处修筑围墙，设寨，前有泉水，后有星石，取名星泉。聚落呈团块状分布。有农家书屋 1 个。经济以种植业为主。有公路经此。

**大寺** 370921-B04-H10
[ Dàsì ]

在县驻地文庙街道东北方向 16.5 千米。堌城镇辖自然村。人口 300。据佛寺残存香盘镌文记载，该寺于明弘治十二年（1499）创建，名为落星寺。据说，清道光八年（1828）重修，门匾书"大寺"。村民在寺旁定居，形成村落，以寺名代村落名至今。聚落呈团块状分布。有农家书屋 1 个。经济以种植业为主。有公路经此。

**高桥** 370921-B04-H11
[ Gāoqiáo ]

在县驻地文庙街道东北方向 19.8 千米。堌城镇辖自然村。人口 2 400。建村年代待考。据传，原村落西、南、东围门外有高大石桥，俗称高桥，遂以桥名作村落名。聚落呈团块状分布。有农家书屋 1 个。经济以种植业为主。333 省道经此。

**北落星** 370921-B04-H12
[ Běiluòxīng ]

在县驻地文庙街道东北方向 17.9 千米。堌城镇辖自然村。人口 2 000。据说星石陨落时，从南落星北蹦到该聚落附近一块，村落以此取名北落星。聚落呈团块状分布。有农家书屋 1 个。经济以种植业为主。有公路经此。

## 赵家堂 370921-B04-H13

[Zhàojiātáng]

在县驻地文庙街道东北方向 20.2 千米。堽城镇辖自然村。人口 1 400。据原村落庙碑记载，明万历十八年（1590），赵姓在原村落东修建赵姓祠堂一座，称赵家祠堂，简作赵家堂。以祠堂名作村落名。聚落呈团块状分布。有农家书屋 1 个。经济以种植业为主。有公路经此。

## 东孙家滩 370921-B04-H14

[Dōngsūnjiātān]

在县驻地文庙街道东北方向 22.1 千米。堽城镇辖自然村。人口 1 500。据孙氏续修谱碑记载，孙姓于明万历年间从济宁平头里村迁此定居，村地处大汶河南岸沙滩地，故以姓氏取名孙家滩。有孙姓居民迁出形成村落后，该村按方位定名东孙家滩。聚落呈团块状分布。有农家书屋 1 个。经济以种植业为主。有公路经此。

## 韩家店 370921-B04-H15

[Hánjiādiàn]

在县驻地文庙街道东北方向 21.0 千米。堽城镇辖自然村。人口 1 500。据《韩氏族谱》记载，明洪武年间，韩姓二人在此定居，韩姓以开店为业，称店名为韩家店。遂以店名作村落名。聚落呈团块状分布。有农家书屋 1 个。经济以种植业为主。有公路经此。

## 樊家营 370921-B04-H16

[Fánjiāyíng]

在县驻地文庙街道东北方向 18.9 千米。堽城镇辖自然村。人口 2 000。据樊氏谱碑记载，明永乐年间，樊姓祖从山西洪洞县迁此定居，以姓氏命村名为樊家营。聚落呈团块状分布。有农家书屋 1 个。经济以种植业为主。有公路经此。

## 伏家庙 370921-B04-H17

[Fújiāmiào]

在县驻地文庙街道东北方向 18.1 千米。堽城镇辖自然村。人口 1 200。据原庙碑记载，明朝后期，傅姓在村落东部修家庙一座，称庙名为傅家庙。遂以庙名作村落名。后将"傅"写作"伏"。聚落呈团块状分布。有农家书屋 1 个。经济以种植业为主。有公路经此。

## 辛朱李 370921-B04-H18

[Xīnzhūlǐ]

在县驻地文庙街道东北方向 18.1 千米。堽城镇辖自然村。人口 300。辛朱李为一聚落群，由相连的原辛洛寺、朱家庄、李家庄组成，故名。聚落呈团块状分布。有农家书屋 1 个。经济以种植业为主。有公路经此。

## 张家店 370921-B04-H19

[Zhāngjiādiàn]

在县驻地文庙街道东北方向 19.2 千米。堽城镇辖自然村。人口 700。据《张氏族谱》记载，明天顺年间，张姓由葛石店迁此定居并开店铺，店名俗称张家店，演为村落名。聚落呈团块状分布。有农家书屋 1 个。经济以种植业为主。333 省道经此。

## 邵家庙 370921-B04-H20

[Shàojiāmiào]

在县驻地文庙街道东北方向 18.5 千米。堽城镇辖自然村。人口 1 554。据传，北宋初年，邵姓迁此居住。原庙碑记载，原名邵家村。明宣德年间，邵氏族众修关帝庙一座，此庙俗称邵家庙。村落名称遂演为邵家庙。聚落呈团块状分布。有农家书屋 1 个。经济以种植业为主。有公路经此。

## 大孔家庄 370921-B04-H21
[ Dàkǒngjiāzhuāng ]

在县驻地文庙街道东北方向 16.5 千米。堽城镇辖自然村。人口 1 000。据《孔子世家谱》记载，明隆庆年间，孔姓五十九代从曲阜迁此定居，以姓氏取名孔家庄。1958 年为与本区域内另一同名村落区分，改称大孔家庄。聚落呈团块状分布。有农家书屋 1 个。经济以种植业为主。有公路经此。

## 茅庄 370921-B04-H22
[ Máozhuāng ]

在县驻地文庙街道东北方向 7.6 千米。堽城镇辖自然村。人口 2 500。传说，清朝初年，一方士指村落西一茔地为鼠地，鼠损囤，名不吉，遂改囤村为猫庄，意为镇鼠。后经雅化，猫庄改为茅庄。聚落呈团块状分布。有农家书屋 1 个。经济以种植业为主。有公路经此。

## 大安 370921-B04-H23
[ Dà'ān ]

在县驻地文庙街道东北方向 6.4 千米。堽城镇辖自然村。人口 1 500。相传唐初曾修建尼姑庵，当时香客络绎，远近闻名，人们称村庵上。后其南也出现村落小庵，遂改称大庵，后演为大安。聚落呈团块状分布。有农家书屋 1 个。经济以种植业为主。有公路经此。

## 西台里 370921-B04-H24
[ Xītáilǐ ]

在县驻地文庙街道北方向 4.5 千米。堽城镇辖自然村。人口 1 600。据清真寺碑记载，村建于明永乐年间。相传因位于后梁朱温点将台以南而得名台南，后演为台里。在东台里西，故称西台里。聚落呈团块状分布。有农家书屋 1 个。经济以种植业为主。有公路经此。

## 八里庙 370921-B04-H25
[ Bālǐmiào ]

在县驻地文庙街道北方向 3.6 千米。堽城镇辖自然村。人口 1 100。据原庙碑记载，明正统年间曾在村落西头修建碧霞元君庙一座，该庙距县衙八里，俗称八里庙，遂作村落名。聚落呈团块状分布。有农家书屋 1 个。经济以种植业为主。有公路经此。

## 台北岭 370921-B04-H26
[ Táiběilǐng ]

在县驻地文庙街道北方向 5.8 千米。堽城镇辖自然村。人口 100。村落在东台里、西台里以北，台里岭北坡，故名台北岭。聚落呈团块状分布。有农家书屋 1 个。经济以种植业为主。有公路经此。

## 前望峰 370921-B04-H27
[ Qiánwàngfēng ]

在县驻地文庙街道东北方向 9.6 千米。堽城镇辖自然村。人口 1 500。村落位于告山西，居民出门便可望见告山山峰，故称望峰。为与另一同名村落区分，按方位取名前望峰。聚落呈团块状分布。有农家书屋 1 个。经济以种植业为主。有公路经此。

## 后望峰 370921-B04-H28
[ Hòuwàngfēng ]

在县驻地文庙街道东北方向 10.1 千米。堽城镇辖自然村。人口 2 100。村落位于告山西，居民出门便可望见告山山峰，故称望峰，后按方位改称后望峰。聚落呈团块状分布。有农家书屋 1 个。经济以种植业为主。有公路经此。

**果庄** 370921-B04-H29

［Guǒzhuāng］

在县驻地文庙街道东北方向 8.5 千米。堽城镇辖自然村。人口 2 000。据《徐氏族谱》记载，明万历年间，徐姓从本县徐家营迁此定居，据说当时村落周围果树较多，故得名果庄。聚落呈团块状分布。有农家书屋 1 个。经济以种植业为主。有公路经此。

**辛安店** 370921-B04-H30

［Xīn'āndiàn］

在县驻地文庙街道东北方向 9.4 千米。堽城镇辖自然村。人口 1 000。据原庙碑记载，金大定年间建村，原名辛店集。清咸丰元年（1851）重修《宁阳县志·山川》"护峰河"条记为"新店村"。后取安乐之意称辛安店。聚落呈团块状分布。有农家书屋 1 个。经济以种植业为主。333 省道经此。

**吴家林** 370921-B04-H31

［Wújiālín］

在县驻地文庙街道东北方向 9.7 千米。堽城镇辖自然村。人口 400。据《吴氏族谱》记载，明崇祯年间，吴姓为看守明朝刑部尚书吴崇礼墓迁此，后形成村落。过去俗称墓地为林，吴崇礼墓地为吴家林，遂以此作村落名。聚落呈团块状分布。有农家书屋 1 个。经济以种植业为主。有公路经此。

**良村** 370921-B04-H32

［Liángcūn］

在县驻地文庙街道东北方向 12.7 千米。堽城镇辖自然村。人口 2 600。原名马家寨，以姓氏取名。相传北宋年间，有个马员外为人善良忠厚，外称其所住村落为"善良之村"，故名良村。聚落呈团块状分布。有农家书屋 1 个。经济以种植业为主。有公路经此。

**天兵店** 370921-B04-H33

［Tiānbīngdiàn］

在县驻地文庙街道东北方向 11.9 千米。堽城镇辖自然村。人口 1 400。《宁阳县乡土志》载有"堽城社，天平店村有香云寺"。相传清咸丰年间改称天兵店。聚落呈团块状分布。经济以种植业为主。有公路经此。

**得时村** 370921-B04-H34

［Déshícūn］

在县驻地文庙街道东北方向 13.9 千米。堽城镇辖自然村。人口 1 100。据原庙碑记载，清顺治年间，于、颜两姓在此定居，以姓氏取名于颜庄。据说，1915 年因原名谐音不雅，而取吉祥嘉言改称得时村。聚落呈团块状分布。有农家书屋 1 个。经济以种植业为主。有公路经此。

**蒋家集** 370921-B05-H01

［Jiǎngjiājí］

蒋集镇人民政府驻地。在县驻地文庙街道东北方向 23.8 千米。人口 3 200。蒋姓首居，名蒋家庄。后设集市，改今名。聚落呈团块状分布。有农家书屋 1 个。经济以种植业为主，有装饰、建筑材料、农产品加工等企业。有公路经此。

**赵家庄** 370921-B05-H02

［Zhàojiāzhuāng］

在县驻地文庙街道东北方向 24.1 千米。蒋集镇辖自然村。人口 1 200。据《赵氏族谱》记载，清康熙年间，赵氏来此定居，以姓氏取名赵家庄。聚落呈团块状分布。有农家书屋 1 个。经济以种植业为主，主要种植花生、生姜。333 省道经此。

**郭家庄** 370921-B05-H03

［Guōjiāzhuāng］

在县驻地文庙街道东北方向 24.2 千米。

蒋集镇辖自然村。人口 1 000。据《郭氏族谱》记载，明万历年间，郭氏先来此居住，以姓氏取名郭家庄。聚落呈团块状分布。有农家书屋 1 个。经济以种植业为主，主要种植花生、生姜。有公路经此。

## 马家院 370921-B05-H04
[ Mǎjiāyuàn ]

在县驻地文庙街道东北方向 22.1 千米。蒋集镇辖自然村。人口 1 000。据《马氏族谱》记载，明朝初年，马姓从山西洪洞县迁此定居，村原名马家阁老院，后简称马家院。聚落呈团块状分布。有农家书屋 1 个。经济以种植业为主。瓦日铁路经此。

## 张家圩子 370921-B05-H05
[ Zhāngjiāwéizi ]

在县驻地文庙街道东北方向 20.9 千米。蒋集镇辖自然村。人口 2 200。据《张氏族谱》记载，张氏于明朝初年迁此。清光绪十三年（1887）重增修《宁阳续志·耆德传》记有"张进德，字心田，卜家村人"。村原名卜家村，后张姓居多，改称张家阁老院。村落周围筑起围墙后，1946 年改称张家圩子。聚落呈团块状分布。有农家书屋 1 个。经济以种植业为主。蒙馆路经此。

## 添福庄 370921-B05-H06
[ Tiānfúzhuāng ]

在县驻地文庙街道东北方向 22.5 千米。蒋集镇辖自然村。人口 3 000。据《汶南黄氏族谱》记载，黄氏于明永乐二年（1404）从山西洪洞县迁此定居。据原石碑记载，清康熙年间称天禄庄。清咸丰元年（1851）重修《宁阳县志·文学传》记有"黄恩澍""邑东北天福庄人"，称天福庄，后改称添福庄。聚落呈团块状分布。有农家书屋 1 个、小学 1 所。经济以种植业为主，主要种植大豆、花生等。有公路经此。

## 张家龙泉 370921-B05-H07
[ Zhāngjiālóngquán ]

在县驻地文庙街道东北方向 25.3 千米。蒋集镇辖自然村。人口 1 600。据《张氏族谱》记载，明永乐年间，张姓迁此定居。村落临近龙泉河，故取名张家龙泉。聚落呈团块状分布。有农家书屋 1 个。经济以种植业为主，主要种植花生。有公路经此。

## 郑家龙泉 370921-B05-H08
[ Zhèngjiālóngquán ]

在县驻地文庙街道东北方向 24.7 千米。蒋集镇辖自然村。人口 1 200。据《郑氏族谱》记载，郑姓于明永乐年间来此定居，因村落临近龙泉河，故取名郑家龙泉。聚落呈团块状分布。有文化广场 1 个、农家书屋 1 个。经济以种植业为主，主要种植花生、西兰花、双孢菇等。有公路经此。

## 苏家龙泉 370921-B05-H09
[ Sūjiālóngquán ]

在县驻地文庙街道东北方向 25.3 千米。蒋集镇辖自然村。人口 1 000。据《苏氏族谱》记载，苏氏于明永乐年间来此定居，因村落临近龙泉河，故取名苏家龙泉。聚落呈团块状分布。有文化广场 1 个、农家书屋 1 个。经济以种植业为主。有公路经此。

## 大槐树 370921-B05-H10
[ Dàhuáishù ]

在县驻地文庙街道东北方向 18.3 千米。蒋集镇辖自然村。人口 1 800。据《宁阳县志》"寺观"条记载，"大槐寺，在县东北五十里大槐树村"，村因寺中古槐得名。聚落呈团块状分布。有农家书屋 1 个。经济以种植业为主，主要种植生姜、花生、蔬菜。有公路经此。

**栗家楼** 370921-B05-H11

[ Lìjiālóu ]

在县驻地文庙街道东北方向 21.3 千米。蒋集镇辖自然村。人口 1 100。栗姓先来定居，建有楼房，称栗家楼，遂以楼名作村落名。聚落呈团块状分布。有农家书屋 1 个。经济以种植业为主，主要种植花生。有公路经此。

**三井** 370921-B05-H12

[ Sānjǐng ]

在县驻地文庙街道东北方向 21.6 千米。蒋集镇辖自然村。人口 2 100。传说明正德帝曾在此将盖井石掀掉让马自饮，称为扳倒井饮马，故而村改名扳倒井。按方位分前扳倒井、后扳倒井、西扳倒井。1961 年建生产大队时统称三井。今三村落连为一体，仍称三井。聚落呈团块状分布。有扳倒井、华佗庙、山神庙等古迹。有农家书屋 1 个。经济以种植业为主，主要种植花生、生姜。有公路经此。

**马家庄** 370921-B05-H13

[ Mǎjiāzhuāng ]

在县驻地文庙街道东北方向 24.7 千米。蒋集镇辖自然村。人口 1 500。据《马氏族谱》记载，马氏于明万历年间迁此定居，以姓氏取名马家庄。聚落呈团块状分布。有农家书屋 1 个。经济以种植业为主。有公路经此。

**肖家庄** 370921-B05-H14

[ Xiāojiāzhuāng ]

在县驻地文庙街道东北方向 21.3 千米。蒋集镇辖自然村。人口 900。据《肖氏族谱》记载，肖姓于清康熙年间迁此定居，以姓氏取名肖家庄。聚落呈团块状分布。有农家书屋 1 个。经济以种植业为主。有公路经此。

**大安庄** 370921-B05-H15

[ Dà'ānzhuāng ]

在县驻地文庙街道东北方向 20.6 千米。蒋集镇辖自然村。人口 1 900。村民借吉祥之意，取名大安庄。聚落呈团块状分布。有农家书屋 1 个。经济以种植业为主，主要种植花生、生姜。有公路经此。

**宁家庄** 370921-B05-H16

[ Níngjiāzhuāng ]

在县驻地文庙街道东北方向 19.9 千米。蒋集镇辖自然村。人口 1 400。据《宁氏族谱》记载，宁氏于明万历年间迁此定居，以姓氏取名宁家庄。聚落呈团块状分布。有农家书屋 1 个。经济以种植业为主。有公路经此。

**中河** 370921-B05-H17

[ Zhōnghé ]

在县驻地文庙街道东北方向 19.7 千米。蒋集镇辖自然村。人口 700。据说，原有张姓在此为樊家营樊姓护坡定居。据《陶氏族谱》记载，清康熙年间，陶氏来此居住，村原名岭上。因位于两河之中，后改称中河。聚落呈团块状分布。有农家书屋 1 个。经济以种植业为主。333 省道经此。

**前彭家庄** 370921-B05-H18

[ Qiánpéngjiāzhuāng ]

在县驻地文庙街道东北方向 21.1 千米。蒋集镇辖自然村。人口 700。据《殷氏族谱》记载，清康熙年间，殷姓迁此，因彭姓先来，以姓氏取名彭家庄。后村落向北扩展，形成两个村落，此村居南，取名前彭家庄。聚落呈团块状分布。有农家书屋 1 个。经济以种植业为主。333 省道经此。

## 前蔡家洼 370921-B05-H19

[ Qiáncàijiāwā ]

在县驻地文庙街道东北方向 17.1 千米。蒋集镇辖自然村。人口 900。据《陆氏族谱》记载，陆氏于清康熙年间来此定居。蔡氏来此最早，因村址低洼，故以姓氏取名蔡家洼。后形成前、后、西三个村落，此村落在前，故名前蔡家洼。聚落呈团块状分布。有农家书屋 1 个。经济以种植业为主。有公路经此。

## 黑石湾 370921-B05-H20

[ Hēishíwān ]

在县驻地文庙街道东北方向 17.8 千米。蒋集镇辖自然村。人口 500。据《潘氏族谱》记载，潘姓于清康熙年间来此居住，村落北黑石旁有一水塘，称黑石湾，遂以为村落名。聚落呈团块状分布。有农家书屋 1 个。经济以种植业为主。有公路经此。

## 磁窑 370921-B06-H01

[ Cíyáo ]

磁窑镇人民政府驻地。在县驻地文庙街道东北方向 31.2 千米。磁窑镇辖自然村。人口 4 800。慕磁窑火车站之名称磁窑。聚落呈团块状分布。有文化广场 2 个、图书馆 1 个。经济以商贸业为主。京沪铁路、磁莱铁路、333 省道、104 国道、京台高速公路经此。

## 前丁家庙 370921-B06-H02

[ Qiándīngjiāmiào ]

在县驻地文庙街道东北方向 31.8 千米。磁窑镇辖自然村。人口 600。据《丁氏族谱》记载，丁氏祖自山西洪洞县迁此，已历十五代，约在明末清初，丁姓建关帝庙，俗称丁家庙，遂以庙名作村落名。后按方位取名前丁家庙。聚落呈团块状分布。有农家书屋 1 个。古迹有清咸丰年间重修的关帝庙碑。经济以种植业为主。333 省道经此。

## 西太平 370921-B06-H03

[ Xītàipíng ]

在县驻地文庙街道东北方向 30.1 千米。磁窑镇辖自然村。人口 3 200。明朝时期，其东出现村落，称东太平。此村落在西，则称西太平。聚落呈团块状分布。有农家书屋 1 个。古迹有故城遗址。经济以种植业为主，主要农作物有花生、地瓜。333 省道经此。

## 齐家庄 370921-B06-H04

[ Qíjiāzhuāng ]

在县驻地文庙街道东北方向 31.9 千米。磁窑镇辖自然村。人口 2 100。据《齐氏族谱》记载，齐姓由山西洪洞县迁此，以姓氏取名齐家庄。聚落呈团块状分布。有农家书屋 1 个。经济以种植业为主。瓦日铁路经此。

## 前海子 370921-B06-H05

[ Qiánhǎizi ]

在县驻地文庙街道东北方向 30.9 千米。磁窑镇辖自然村。人口 1 000。当时村落南有一大湾，传为海眼，以姓氏取名刘家海子。遂作村落名。清咸丰二年（1852），聚落分成两村，此村在南，故名前海子。聚落呈团块状分布。有农家书屋 1 个。经济以种植业为主。104 国道、瓦日铁路经此。

## 堡头 370921-B06-H06

[ Pùtóu ]

在县驻地文庙街道东北方向 33.4 千米。磁窑镇辖自然村。人口 1 900。据说，该堡是大汶河南岸的第一堡，故名堡头。聚落呈团块状分布。有农家书屋 1 个。有堡头遗址。经济以种植苹果为主。京沪铁路、801 省道经此。

**茶棚** 370921-B06-H07

[ Chápéng ]

在县驻地文庙街道东北方向 33.7 千米。磁窑镇辖自然村。人口 700。相传，明朝末年，徐氏来此定居，曾在路边搭棚卖茶水，故村名茶棚。聚落呈团块状分布。有农家书屋 1 个。经济以种植业为主。有公路经此。

**郑家庄** 370921-B06-H08

[ Zhèngjiāzhuāng ]

在县驻地文庙街道东北方向 31.9 千米。磁窑镇辖自然村。人口 1 600。约明万历年间，郑氏最早先来此定居，以姓氏取名郑家庄。聚落呈团块状分布。有农家书屋 1 个。经济以种植业为主。有公路经此。

**齐家岭** 370921-B06-H09

[ Qíjiālǐng ]

在县驻地文庙街道东北方向 30.6 千米。磁窑镇辖自然村。人口 900。据传，明万历元年（1573），阎氏从山西洪洞县迁此定居，村落以姓氏命名。聚落呈团块状分布。有农家书屋 1 个。经济以种植业为主。104 国道经此。

**程家花观** 370921-B06-H10

[ Chéngjiāhuāguān ]

在县驻地文庙街道东北方向 29.2 千米。磁窑镇辖自然村。人口 2 400。据《程氏族谱》记载，宋、元时期，程氏从河南新安郡迁此定居。传说，程氏来后以烧花罐为业，故村名花罐庄。"花罐"后演为"花观"，以姓氏取名程家花观。聚落呈团块状分布。有农家书屋 1 个。经济以种植业为主。有公路经此。

**路家花观** 370921-B06-H11

[ Lùjiāhuāguān ]

在县驻地文庙街道东北方向 29.9 千米。磁窑镇辖自然村。人口 2 700。据《路氏族谱》记载，金代迁此定居。传说，路氏以烧花罐为业，故村名花罐庄，花罐后演为花观。以姓氏取名路家花观。聚落呈团块状分布。有农家书屋 1 个。经济以种植业为主，主要种植花生、地瓜、生姜。瓦日铁路经此。

**大周** 370921-B06-H12

[ Dàzhōu ]

在县驻地文庙街道东北方向 28.7 千米。磁窑镇辖自然村。人口 1 600。因周姓先来定居，曾名核桃园，后改名周家村。1949年后，为与另一同名聚落区分，因此村落较大，遂改称大周。聚落呈团块状分布。有农家书屋 1 个。经济以种植业为主。有公路经此。

**官家庄** 370921-B06-H13

[ Guānjiāzhuāng ]

在县驻地文庙街道东北方向 28.1 千米。磁窑镇辖自然村。人口 800。据《韩氏族谱》记载，清康熙年间，韩姓迁此定居。关于村落名称由来，一说管姓先来，得名管家庄，演为官家庄；一说是官家的佃户庄，得名官家庄；一说种官田称官家庄。聚落呈团块状分布。有农家书屋 1 个。经济以种植业为主。有公路经此。

**王家庄** 370921-B06-H14

[ Wángjiāzhuāng ]

在县驻地文庙街道东北方向 27.1 千米。磁窑镇辖自然村。人口 1 200。据《王氏堂折》记载，王氏由本县后泗望迁此定居，以姓氏取名王家庄。聚落呈团块状分布。有农家书屋 1 个。经济以种植业为主。有公路经此。

## 卢家寨 370921-B06-H15
[ Lújiāzhài ]

在县驻地文庙街道东北方向 27.6 千米。磁窑镇辖自然村。人口 700。初有黄姓来此定居，后卢姓迁入。清朝后期，卢姓率人修筑寨墙，故取名卢家寨。聚落呈团块状分布。有农家书屋 1 个。经济以种植业为主。有公路经此。

## 逯家楼 370921-B06-H16
[ Lùjiālóu ]

在县驻地文庙街道东北方向 27.8 千米。磁窑镇辖自然村。人口 800。据逯氏谱碑记载，明末，逯氏由本县王府迁此，村称逯家楼。聚落呈团块状分布。有农家书屋 1 个。经济以种植业为主。京福高速公路经此。

## 韩家庄 370921-B06-H17
[ Hánjiāzhuāng ]

在县驻地文庙街道东北方向 26.4 千米。磁窑镇辖自然村。人口 300。以村民姓氏取名韩家庄。聚落呈团块状分布。有农家书屋 1 个。经济以种植业为主。有公路经此。

## 西魏家庄 370921-B06-H18
[ Xīwèijiāzhuāng ]

在县驻地文庙街道东北方向 25.9 千米。磁窑镇辖自然村。人口 600。据查证，清光绪年间，魏家庄刘姓分家后到此定居，以后魏家庄人陆续迁此，因此村系魏家庄派生村，又在西边，故名西魏家庄。聚落呈团块状分布。有农家书屋 1 个。经济以种植业为主。有公路经此。

## 彩山庄 370921-B06-H19
[ Cǎishānzhuāng ]

在县驻地文庙街道东北方向 25.9 千米。磁窑镇辖自然村。人口 1 000。据潘氏谱碑记载，潘氏于清代中叶由邑西黄茂迁至彩山东麓，此村建于彩山脚下，取名彩山庄。聚落呈团块状分布。有农家书屋 1 个。经济以种植业为主。有公路经此。

## 颜家庄 370921-B06-H20
[ Yánjiāzhuāng ]

在县驻地文庙街道东北方向 28.5 千米。磁窑镇辖自然村。人口 600。相传村落初建于今聚落西北落星石处，后向东南延伸，得名延家庄。因"延""颜"同音，后演为颜家庄。聚落呈团块状分布。有农家书屋 1 个。经济以种植业为主。104 国道经此。

## 朴家宅 370921-B06-H21
[ Piáojiāzhái ]

在县驻地文庙街道东北方向 29.2 千米。磁窑镇辖自然村。人口 1 300。传说，明代，朴姓从磁窑镇泊家庄迁来定居，建有大院，故名朴家宅。但据县志记载，"朴家宅"应为"薄家宅"。《宁阳续志·列女传》记有"张氏，刘静泰妻，薄家宅村人"，"程氏，贾永富妻，薄家宅村人"。据考证，朴家宅、泊家庄均无"朴"或"泊"姓，而从前应有"薄"姓，故取名薄家宅，今村名为清代以后误写。聚落呈团块状分布。有农家书屋 1 个。经济以种植业为主。104 国道、333 省道经此。

## 南驿 370921-B06-H22
[ Nányì ]

在县驻地文庙街道东北方向 27.4 千米。磁窑镇辖自然村。人口 1 600。"南义"因名，一说在齐国以南；一说居汉钜平之南；一说此村落位于古驿道上，为一驿站，故名南驿。"南驿"由"南义"演变而来，时间应在清代以后。今作南驿。聚落呈团块状分布。有农家书屋 1 个。经济以种植业为主，主要种植地瓜、生姜。京沪铁路经此。

## 孔家 370921-B06-H23
[Kǒngjiā]

在县驻地文庙街道东北方向 28.1 千米。磁窑镇辖自然村。人口 1 300。据《孔氏堂折》记载，孔姓祖由曲阜城迁此定居，迄今已传至十八代，约在明万历年间，以姓氏名孔家。聚落呈团块状分布。有农家书屋 1 个。经济以种植业为主。京沪铁路经此。

## 李家院 370921-B06-H24
[Lǐjiāyuàn]

在县驻地文庙街道东北方向 27.8 千米。磁窑镇辖自然村。人口 1 500。相传，原村落在今址东南里许，因地势低洼，常遭水淹而迁此。据说，名称由"离家院"演为"李家院"。聚落呈团块状分布。有农家书屋 1个。经济以种植业为主。京沪铁路经此。

## 中李家村 370921-B06-H25
[Zhōnglǐjiācūn]

在县驻地文庙街道东北方向 27.1 千米。磁窑镇辖自然村。人口 900。据《李氏族谱》记载，约在明万历年间，李姓祖李继普迁此。为区分临近三个李姓聚落，按方位取名中李家村。聚落呈团块状分布。有农家书屋 1个。经济以种植业为主。有公路经此。

## 姬家庄 370921-B06-H26
[Jījiāzhuāng]

在县驻地文庙街道东北方向 29.1 千米。磁窑镇辖自然村。人口 1 300。据《姬氏族谱》记载，姬姓祖由汶上县姬家沟迁此定居，以姓氏取名姬家庄。聚落呈团块状分布。有农家书屋 1 个。经济以种植业为主。京沪铁路经此。

## 大磨庄 370921-B06-H27
[Dàmòzhuāng]

在县驻地文庙街道东北方向 28.9 千米。磁窑镇辖自然村。人口 1 300。名称由来，一说金、刘两姓轮换迁居，似推磨，取名磨庄；一说当时造磨出售，称磨庄。后为与同名村落区分，定名大磨庄。聚落呈团块状分布。经济以种植业为主。有公路经此。

## 兴隆庄 370921-B06-H28
[Xīnglóngzhuāng]

在县驻地文庙街道东北方向 25.6 千米。磁窑镇辖自然村。人口 700。原名兴龙庄，因当时村落前小河上有座三孔石桥叫兴龙桥，因以为名。后演为兴隆庄。聚落呈团块状分布。有农家书屋 1 个。经济以种植业为主。京沪铁路经此。

## 水泉庄 370921-B06-H29
[Shuǐquánzhuāng]

在县驻地文庙街道东北方向 25.2 千米。磁窑镇辖自然村。人口 600。传说当时村落东有大泉，分南北两流，故称分泉庄。后演为水泉庄。聚落呈团块状分布。有农家书屋 1 个。经济以种植业为主。京沪铁路经此。

## 青后庄 370921-B06-H30
[Qīnghòuzhuāng]

在县驻地文庙街道东北方向 27.1 千米。磁窑镇辖自然村。人口 1 100。据说，徐氏墓碑记为"秋后庄"，原关帝庙中记有"丘后庄"。传说清朝中期吕姓秀才改为青后庄。清咸丰元年（1851）重修《宁阳县志·莹墓》记载："南京西城兵马司正指挥曹麟趾墓，在县东七十里凤凰山西北（应为东北）青后庄。"今作青后庄。聚落呈团块状分布。有农家书屋 1 个。经济以种植业为主。京沪铁路经此。

**高家店** 370921-B06-H31

[ Gāojiādiàn ]

在县驻地文庙街道东北方向 26.1 千米。磁窑镇辖自然村。人口 1 300。据查证，高姓迁此，在南北驿道旁开店，店名俗称高家店，后演为村落名。聚落呈团块状分布。有农家书屋 1 个。经济以种植业为主。有公路经此。

**枣庄** 370921-B06-H32

[ Zǎozhuāng ]

在县驻地文庙街道东北方向 22.5 千米。磁窑镇辖自然村。人口 2 000。相传原村址在现村址东北里许的低洼处，当时枣树遍地，故取名枣庄。聚落呈团块状分布。有农家书屋 1 个。经济以种植业为主。有公路经此。

**石鼓庄** 370921-B06-H33

[ Shígǔzhuāng ]

在县驻地文庙街道东北方向 23.9 千米。磁窑镇辖自然村。人口 500。据说村落西北角大石片上有一鼓状巨石，击之有声，称石鼓，遂以此为村落名。聚落呈团块状分布。有农家书屋 1 个。经济以种植业为主。京福高速公路经此。

**黄家庄** 370921-B06-H34

[ Huángjiāzhuāng ]

在县驻地文庙街道东北方向 23.7 千米。磁窑镇辖自然村。人口 700。据《黄氏堂折》记载，黄氏祖由曲阜黄家堂迁此，以姓氏取名黄家庄。聚落呈团块状分布。有农家书屋 1 个。经济以种植业为主。有公路经此。

**前石桥** 370921-B06-H35

[ Qiánshíqiáo ]

在县驻地文庙街道东北方向 24.2 千米。磁窑镇辖自然村。人口 300。因村落东有座石桥，遂取名石桥。1961 年石桥分为两个生产大队，后为两个村民委员会，此村落在前，称前石桥。聚落呈团块状分布。有农家书屋 1 个。经济以种植业为主。京福高速公路经此。

**河洼** 370921-B06-H36

[ Héwā ]

在县驻地文庙街道东北方向 24.4 千米。磁窑镇辖自然村。人口 400。相传，因位于河旁，地势低洼，故取名河洼。聚落呈团块状分布。有农家书屋 1 个。经济以种植业为主。104 国道经此。

**贺家庄** 370921-B06-H37

[ Hèjiāzhuāng ]

在县驻地文庙街道东北方向 23.9 千米。磁窑镇辖自然村。人口 900。据《贺氏堂折》记载，贺氏祖由南陈村迁此定居，以姓氏取名贺家庄。聚落呈团块状分布。有农家书屋 1 个。经济以种植业为主。京福高速公路经此。

**赵家** 370921-B06-H38

[ Zhàojiā ]

在县驻地文庙街道东北方向 23.8 千米。磁窑镇辖自然村。人口 500。据《赵氏堂折》记载，赵氏祖由葛石后沙埠迁此定居，因村址在石桥西北角，曾名赵家角，后以姓氏取名赵家。聚落呈团块状分布。有农家书屋 1 个。经济以种植业为主。京福高速公路经此。

**赵家坝** 370921-B06-H39

[ Zhàojiābà ]

在县驻地文庙街道东北方向 24.2 千米。磁窑镇辖自然村。人口 500。据《赵氏堂折》记载，赵氏祖于明朝后期迁此，村落旁有一水坝，遂以此为村落名，称赵家坝。聚落呈团块状分布。有农家书屋1个。经济以种植业为主。京沪铁路经此。

**王府** 370921-B06-H40

[Wángfǔ]

在县驻地文庙街道东北方向22.9千米。磁窑镇辖自然村。人口1 800。据《朱氏堂折》记载，朱氏祖约在清朝初年迁此，传说朱姓为明代朱氏后裔，故得名王府。聚落呈团块状分布。有农家书屋1个。经济以种植业为主，主要种植大豆、花生、生姜。有公路经此。

**茂义庄** 370921-B06-H41

[Màoyìzhuāng]

在县驻地文庙街道东北方向21.2千米。磁窑镇辖自然村。人口1 400。该村原名茂雨庄，以人名作村落名，后演为茂义庄。聚落呈团块状分布。有农家书屋1个。经济以种植业为主。有公路经此。

**安子沟** 370921-B06-H42

[Ānzigōu]

在县驻地文庙街道东北方向21.1千米。磁窑镇辖自然村。人口1 400。因村址地势形似马鞍，村落东有一河沟穿过，故以此取名鞍子沟，后演作安子沟。聚落呈团块状分布。有农家书屋1个。经济以种植业为主。有公路经此。

**红水湾** 370921-B06-H43

[Hóngshuǐwān]

在县驻地文庙街道东北方向23.5千米。磁窑镇辖自然村。人口300。据传，村落东南沟里有一泉，泉水冲刷红土，流入村落东北角湾内，该湾成为红水湾，遂以此作村落名。聚落呈团块状分布。有农家书屋1个。经济以种植业为主。有公路经此。

**高家** 370921-B06-H44

[Gāojiā]

在县驻地文庙街道东北方向23.4千米。磁窑镇辖自然村。人口1 000。相传，周、高两姓最早迁此，以高姓名村。聚落呈团块状分布。有农家书屋1个。经济以种植业为主。有公路经此。

**东泗望** 370921-B06-H45

[Dōngsìwàng]

在县驻地文庙街道东北方向23.5千米。磁窑镇辖自然村。人口1 100。村落在泗望集东，取名东泗望。聚落呈团块状分布。有农家书屋1个。经济以种植业为主。有公路经此。

**泗望集** 370921-B06-H46

[Sìwàngjí]

在县驻地文庙街道东北方向23.2千米。磁窑镇辖自然村。人口1 400。相传，登其西北山岭可望泗河，故以"望泗"作村落名，后颠倒为泗望，设集市后改称泗望集。聚落呈团块状分布。有农家书屋1个。经济以种植业为主。有公路经此。

**后泗望** 370921-B06-H47

[Hòusìwàng]

在县驻地文庙街道东北方向23.6千米。磁窑镇辖自然村。人口1 400。因该村落处在泗望集以北，故名后泗望。聚落呈团块状分布。有农家书屋1个。经济以种植业为主。有公路经此。

**西刘家庄** 370921-B06-H48

[Xīliújiāzhuāng]

在县驻地文庙街道东北方向21.4千米。磁窑镇辖自然村。人口800。田姓先来定居。据《刘氏族谱》记载，约在清朝初年，七世祖移居城东北刘家庄，迄今已历十二代，村原名田家庄，后刘姓增多，改称刘家庄。为别于其东北另一同名村落，后改称西刘家庄。聚落呈团块状分布。有农家书屋 1 个。经济以种植业为主。有公路经此。

## 北刘家庄 370921-B06-H49
[ Běiliújiāzhuāng ]

在县驻地文庙街道东北方向 24.5 千米。磁窑镇辖自然村。人口 1 000。相传，翟氏始来定居，取名翟家庄，也称北岭，刘姓迁入后叫刘家庄，后为与其西南同名村落区分，按方位改称北刘家庄。聚落呈团块状分布。有农家书屋 1 个。经济以种植业为主。有公路经此。

## 涝洼 370921-B06-H50
[ Làowā ]

在县驻地文庙街道东北方向 24.4 千米。磁窑镇辖自然村。人口 700。村落东是一大片涝洼地，以此取名涝洼。聚落呈团块状分布。经济以种植业为主。有公路经此。

## 金家岭 370921-B06-H51
[ Jīnjiālǐng ]

在县驻地文庙街道东北方向 25.7 千米。磁窑镇辖自然村。人口 600。因村落处在山岭上，金姓先来定居，以此取名金家岭。聚落呈团块状分布。有农家书屋 1 个。经济以种植业为主。有公路经此。

## 东贤 370921-B06-H52
[ Dōngxián ]

在县驻地文庙街道东北方向 25.6 千米。磁窑镇辖自然村。人口 1 400。相传，原村落西曾有一贤义寺，建于汉代。村落居寺东，取名东贤。聚落呈团块状分布。有农家书屋 1 个。经济以种植业为主。有公路经此。

## 西贤 370921-B06-H53
[ Xīxián ]

在县驻地文庙街道东北方向 24.6 千米。磁窑镇辖自然村。人口 900。据考证，明朝末年，东贤村杜氏兄弟分居，其中一支来此定居。村落在贤义寺以西，故名西贤。聚落呈团块状分布。有农家书屋 1 个。经济以种植业为主。有公路经此。

## 西磁窑 370921-B06-H54
[ Xīcíyáo ]

在县驻地文庙街道东北方向 33.1 千米。磁窑镇辖自然村。人口 2 700。村落建在宋元时期的古瓷窑址西，故名西磁窑。聚落呈团块状分布。有农家书屋 1 个。经济以种植业为主。有公路经此。

## 泊家庄 370921-B06-H55
[ Pójiāzhuāng ]

在县驻地文庙街道东北方向 34.6 千米。磁窑镇辖自然村。人口 2 500。村名来历因多有讹传，至今难以考证。聚落呈团块状分布。有农家书屋 1 个。经济以种植业为主，主要种植地瓜、花生、苹果。有公路经此。

## 国家庄 370921-B06-H56
[ Guójiāzhuāng ]

在县驻地文庙街道东北方向 33.2 千米。磁窑镇辖自然村。人口 1 300。相传国氏最早迁此定居，以姓氏取名国家庄。聚落呈团块状分布。有农家书屋 1 个。经济以种植业为主。京沪高铁经此。

## 守安庄 370921-B06-H57
[ Shǒu'ānzhuāng ]

在县驻地文庙街道东北方向 24.9 千米。磁窑镇辖自然村。人口 1 400。相传，明末清初，朱氏兄弟二人最早到此定居，以两人名字取名守安庄。清宣统年间，村落遭暴雨袭击，房屋倒塌，而后村民用篱笆当墙围成院落，外村人称为篱笆庄。1951年复称守安庄。聚落呈团块状分布。有农家书屋1个。经济以种植业为主。有公路经此。

### 大胡庄 370921-B06-H58
[ Dàhúzhuāng ]

在县驻地文庙街道东北方向25.2千米。磁窑镇辖自然村。人口2 200。据胡氏谱碑记载，明永乐年间，胡姓来此居住，以姓氏取名胡家庄。后村落东南出现小胡庄，此村落改称大胡庄。聚落呈团块状分布。有农家书屋1个。经济以种植业为主。有公路经此。

### 小胡庄 370921-B06-H59
[ Xiǎohúzhuāng ]

在县驻地文庙街道东北方向25.8千米。磁窑镇辖自然村。人口2 300。据《林氏族谱》记载，林姓于明成化年间迁此定居，后胡姓从胡家庄（今大胡庄）迁此，故称小胡庄。聚落呈团块状分布。有农家书屋1个。经济以种植业为主。有公路经此。

### 彩石庄 370921-B06-H60
[ Cǎishízhuāng ]

在县驻地文庙街道东北方向26.1千米。磁窑镇辖自然村。人口1 400。据《彭氏族谱》记载，彭氏于明永乐年间迁此，村落位于彩山北麓，彩山因有彩石而得名，故以此取名彩石庄。聚落呈团块状分布。有农家书屋1个。经济以种植业为主。有公路经此。

### 新街 370921-B07-H01
[ Xīnjiē ]

华丰镇人民政府驻地。在县驻地文庙街道东北方向33.7千米。人口700。民国年间，全国各地逃荒者投奔华丰煤矿而来，群居在现华丰矿二号井东门处，村名华丰街。日寇强行把华丰街居民搬迁到现在住址，称新街。聚落呈团块状分布。有农家书屋1个。经济以商贸业为主。磁莱铁路经此。

### 东磁窑 370921-B07-H02
[ Dōngcíyáo ]

在县驻地文庙街道东北方向33.6千米。华丰镇辖自然村。人口2 800。村落建在宋、元时期的瓷窑故址东，称东磁窑。聚落呈团块状分布。有农家书屋1个。经济以种植业为主。有公路经此。

### 白土厂 370921-B07-H03
[ Báitǔchǎng ]

在县驻地文庙街道东北方向34.7千米。华丰镇辖自然村。人口1 300。村落东北出产坩子土，当地称白黏土，故名白土庄，后因出售白黏土，称为白土场，后演为白土厂。聚落呈团块状分布。有农家书屋1个。经济以种植业为主。有公路经此。

### 高村 370921-B07-H04
[ Gāocūn ]

在县驻地文庙街道东北方向35.9千米。华丰镇辖自然村。人口3 100。相传高姓最早来此定居，以姓氏取名高村。聚落呈团块状分布。有农家书屋1个。经济以种植业为主。有公路经此。

### 张家寨 370921-B07-H05
[ Zhāngjiāzhài ]

在县驻地文庙街道东北方向37.1千米。华丰镇辖自然村。人口1 800。相传，民国初年筑起寨墙，张姓居多，称张家寨。聚落呈团块状分布。有农家书屋1个。经济以种植业为主。有公路经此。

**任家街** 370921-B07-H06

[ Rénjiājiē ]

在县驻地文庙街道东北方向 37.4 千米。华丰镇辖自然村。人口 1 100。据《任氏族谱》记载，任姓于明正德年间在此立业，定名任家街。聚落呈团块状分布。有农家书屋 1 个。经济以种植业为主。有公路经此。

**北马家寨** 370921-B07-H07

[ Běimǎjiāzhài ]

在县驻地文庙街道东北方向 36.8 千米。华丰镇辖自然村。人口 1 300。民国初年筑成寨墙，以姓氏取名马家寨。后为与本区域内的另一同名村落区分，以方位定名北马家寨。聚落呈团块状分布。有农家书屋 1 个。经济以种植业为主。有公路经此。

**永安寨** 370921-B07-H08

[ Yǒng'ānzhài ]

在县驻地文庙街道东北方向 37.0 千米。华丰镇辖自然村。人口 1 700。据《汶南岳氏族谱》记载，岳姓于明成化年间从怀州迁泰安城南崔庄居住，村曾称大岳家寨，民国期间重修围墙后改名永安寨。聚落呈团块状分布。有农家书屋 1 个。经济以种植业为主。有公路经此。

**南梁父** 370921-B07-H09

[ Nánliángfù ]

在县驻地文庙街道东北方向 36.6 千米。华丰镇辖自然村。人口 2 100。据旧县志记载，此村落在前汉梁父县以南，按方位取名南梁父。聚落呈团块状分布。有农家书屋 1 个。经济以种植业为主。有公路经此。

**小河西** 370921-B07-H10

[ Xiǎohéxī ]

在县驻地文庙街道东北方向 35.9 千米。华丰镇辖自然村。人口 1 500。据考证，原名镇河庄，因村落位于柴汶河西岸，改称小河西。聚落呈团块状分布。有农家书屋 1 个。经济以种植业为主。有公路经此。

**爵山庄** 370921-B07-H11

[ Juéshānzhuāng ]

在县驻地文庙街道东北方向 30.5 千米。华丰镇辖自然村。人口 2 200。有村落在爵山前，居东，称东爵山，另一村居西，称西爵山。该村落由原东爵山和西爵山两个自然村组成，因连在一起，故名。聚落呈团块状分布。有农家书屋 1 个。经济以种植业为主。有公路经此。

**成功庄** 370921-B07-H12

[ Chénggōngzhuāng ]

在县驻地文庙街道东北方向 30.7 千米。华丰镇辖自然村。人口 500。曾称破庄子，俗叫落落庄，因名称不雅，后定名成功庄。聚落呈团块状分布。有农家书屋 1 个。经济以种植业为主。有公路经此。

**湖村** 370921-B07-H13

[ Húcūn ]

在县驻地文庙街道东方向 34.6 千米。华丰镇辖自然村。人口 2 800。清咸丰元年（1851）重修《宁阳县志·疆域》记载"新得谭公能吏碑，乃金泰和元年（1201）为邑人谭洪立，举人张泾撰文""碑阴胪列各村"有"胡村"，据此，金后期已有胡村。似以姓氏命名。今作湖村。聚落呈团块状分布。有农家书屋 1 个。经济以种植业为主。有公路经此。

**高庄** 370921-B07-H14

[ Gāozhuāng ]

在县驻地文庙街道东方向 33.3 千米。华丰镇辖自然村。人口 2 800。因该村落地势较高，又有高姓居住，故取名高庄。聚落呈团块状分布。有农家书屋 1 个。经济以种植业为主。有公路经此。

## 永义庄 370921-B07-H15
[ Yǒngyìzhuāng ]

在县驻地文庙街道东方向 31.2 千米。华丰镇辖自然村。人口 1 500。传说原村址在岭上，只有五户人家，因饮水困难，一夜间搬到今址，故名容易庄。后演为永义庄。聚落呈团块状分布。有农家书屋 1 个。经济以种植业为主。有公路经此。

## 西故城 370921-B07-H16
[ Xīgùchéng ]

在县驻地文庙街道东方向 35.4 千米。华丰镇辖自然村。人口 2 600。该村落位于故城址西，以此取名西故城。聚落呈团块状分布。有农家书屋 1 个。经济以种植业为主。磁莱铁路经此。

## 进粮庄 370921-B07-H17
[ Jìnliángzhuāng ]

在县驻地文庙街道东方向 32.7 千米。华丰镇辖自然村。人口 1 800。传说有军队在此屯粮，改称进粮庄。聚落呈团块状分布。有农家书屋 1 个。经济以种植业为主。有公路经此。

## 东营 370921-B07-H18
[ Dōngyíng ]

在县驻地文庙街道东方向 32.4 千米。华丰镇辖自然村。人口 1 300。据说，曾有一将军在东西两村落安营扎寨，东边的称东营。聚落呈团块状分布。有农家书屋 1 个。经济以种植业为主。有公路经此。

## 顺义庄 370921-B07-H19
[ Shùnyìzhuāng ]

在县驻地文庙街道东方向 31.2 千米。华丰镇辖自然村。人口 1 200。据说，胡家庄西大石桥上立的明万历三十六年（1608）重修石桥石碑上有"顺义庄"字样。相传，最早来此定居的有吴、石、甘、王、刘五姓，他们相处和睦义气，故以此取名顺义庄。聚落呈团块状分布。有农家书屋 1 个。经济以种植业为主。有公路经此。

## 梧桐峪 370921-B07-H20
[ Wútóngyù ]

在县驻地文庙街道东方向 30.1 千米。华丰镇辖自然村。人口 1 000。因此村落建在多梧桐树的山峪里，故得名梧桐峪。聚落呈团块状分布。有农家书屋 1 个。经济以种植业为主。有公路经此。

## 胡家庄 370921-B07-H21
[ Hújiāzhuāng ]

在县驻地文庙街道东方向 30.4 千米。华丰镇辖自然村。人口 800。据说，清康熙年间，胡氏祖从古城迁来，改称胡家庄。聚落呈团块状分布。有农家书屋 1 个。经济以种植业为主。有公路经此。

## 朱家洼 370921-B07-H22
[ Zhūjiāwā ]

在县驻地文庙街道东方向 33.9 千米。华丰镇辖自然村。人口 1 400。朱姓最早迁此定居，因村址地势低洼，故以姓氏取名朱家洼。聚落呈团块状分布。有农家书屋 1 个。经济以种植业为主。有公路经此。

## 前吕观 370921-B07-H23
[ Qiánlǚguān ]

在县驻地文庙街道东方向 29.3 千米。

华丰镇辖自然村。人口1 500。据说，村落内原有一座观音庙，取名女观，演为吕观。后以村落中的桥和庙为界分治，前部分称前吕观。聚落呈团块状分布。有农家书屋1个。经济以种植业为主。有公路经此。

## 南马家寨 370921-B07-H24
[ Nánmǎjiāzhài ]

在县驻地文庙街道东方向28.5千米。华丰镇辖自然村。人口1 300。相传冯姓最早来此定居，取名冯家崖。据《马氏族谱》记载，马姓祖于明洪武年间从兖州府息马地迁此居住，马姓建起寨墙后，改称马家寨。1961年为与本区域同名村落区分，按方位定名南马家寨。聚落呈团块状分布。有农家书屋1个。经济以种植业为主。有公路经此。

## 葛石店 370921-B08-H01
[ Gěshídiàn ]

葛石镇人民政府驻地。在县驻地文庙街道东北方向12.9千米。人口2 800。原称高家店，因高姓在此开店得名，后因村落旁老槐树沟里大石头上长满葛藤，改称葛石店。聚落呈团块状分布。有农家书屋1个。经济以商贸业为主，特产有葛石大枣、葛石黄梨。有公路经此。

## 大官庄 370921-B08-H02
[ Dàguānzhuāng ]

在县驻地文庙街道东方向13.8千米。葛石镇辖自然村。人口1 500。据考证，自宋代始有"官庄"这个名称。凡皇室或国家所有、由政府征收地租的田地为官田。官田多在秃山秃岭区，耕作条件差，税重。据《孙氏族谱》记载，孙氏于明洪武年间从山西洪洞县迁此定居。孙姓种官田，取名官庄。村落东出现小官庄后，此改称大官庄。聚落呈团块状分布。有农家书屋1个。经济以种植业为主。有公路经此。

## 涧西 370921-B08-H03
[ Jiànxī ]

在县驻地文庙街道东方向11.1千米。葛石镇辖自然村。人口1 800。刘姓先来定居。据《刘氏族谱》记载，刘姓于明洪武年间由山西洪洞县迁此。因位于南北长的黑石沟西，故名涧西。聚落呈团块状分布。有农家书屋1个。经济以种植业为主，主要种植花生、核桃。有公路经此。

## 东云岗 370921-B08-H04
[ Dōngyúngǎng ]

在县驻地文庙街道东方向12.1千米。葛石镇辖自然村。人口2 300。据说村落西原有碧云寺，故称东云岗。聚落呈团块状分布。有农家书屋1个。经济以种植业为主。有公路经此。

## 刘家庄 370921-B08-H05
[ Liújiāzhuāng ]

在县驻地文庙街道东方向14.9千米。葛石镇辖自然村。人口1 300。据元延祐三年（1316）立刘氏谱碑记载，刘氏祖居彭城下关，自大宋中期迁此，以姓氏命名刘家庄。聚落呈团块状分布。有农家书屋1个。经济以种植业为主，主要种植花生、地瓜、大枣、黄梨、柿子。有砖窑厂、蜜枣厂、面粉厂等企业。有公路经此。

## 黑石铺 370921-B08-H06
[ Hēishípù ]

在县驻地文庙街道东方向15.2千米。葛石镇辖自然村。人口1 000。许姓先来定居，因村落旁多有黑色岩石裸露，相传此地在古驿道旁，曾设店铺，故以此取名黑石铺。聚落呈团块状分布。有农家书屋1个。经济以种植业为主，特产黑石大枣。有公路经此。

**马家庄** 370921-B08-H07

[ Mǎjiāzhuāng ]

在县驻地文庙街道东方向 14.1 千米。葛石镇辖自然村。人口 1 000。据《马氏族谱》记载，马氏于明朝初期迁此，以姓氏取名马家庄。聚落呈团块状分布。有农家书屋 1 个。经济以种植业为主。有公路经此。

**富家洼** 370921-B08-H08

[ Fùjiāwā ]

在县驻地文庙街道东方向 15.1 千米。葛石镇辖自然村。人口 900。朱姓先来定居。据《朱氏族谱》记载，朱姓于明嘉靖年间从兖州迁此，据说原取吉祥之意，称富兴庄，后改复兴镇，因地势低洼，又改称富家洼。聚落呈团块状分布。有农家书屋 1 个。经济以种植业为主。有公路经此。

**兴龙庄** 370921-B08-H09

[ Xīnglóngzhuāng ]

在县驻地文庙街道东方向 10.1 千米。葛石镇辖自然村。人口 1 300。原名皮狐庄，因村落北有一皮狐沟而得名。后传说东云岗与西云岗之间有条石龙，遂改名兴龙庄。聚落呈团块状分布。有农家书屋 1 个。经济以种植业为主。有公路经此。

**吴家楼** 370921-B08-H10

[ Wújiālóu ]

在县驻地文庙街道东方向 10.2 千米。葛石镇辖自然村。人口 1 000。据传，吴姓先来定居，在村中建有一座楼，称吴家楼，以楼名作村落名。聚落呈团块状分布。有农家书屋 1 个。经济以种植业为主。有公路经此。

**张家崖** 370921-B08-H11

[ Zhāngjiāyá ]

在县驻地文庙街道东北方向 16.7 千米。葛石镇辖自然村。人口 1 300。据《张氏族谱》记载，张姓祖于明永乐年间从河北省迁此定居，后又根据村落四周都是大土崖子，以姓氏改称张家崖。聚落呈团块状分布。有农家书屋 1 个。经济以种植业为主，主要种植花生。有公路经此。

**宁家庄** 370921-B08-H12

[ Níngjiāzhuāng ]

在县驻地文庙街道东北方向 19.1 千米。葛石镇辖自然村。人口 1 800。据考证，宁氏于北宋中期从泗望集迁此，以姓氏取名宁家庄。聚落呈团块状分布。有农家书屋 1 个。经济以种植业为主。有公路经此。

**朝东庄** 370921-B08-H13

[ Cháodōngzhuāng ]

在县驻地文庙街道东北方向 20.1 千米。葛石镇辖自然村。人口 700。黄、杨两姓先来定居。据《李氏堂折》记载，李氏于清朝初期迁此定居。原名茅窝，后因村名不雅，后改名朝东庄。聚落呈团块状分布。有农家书屋 1 个。经济以种植业为主。有公路经此。

**黑山头** 370921-B08-H14

[ Hēishāntóu ]

在县驻地文庙街道东北方向 17.6 千米。葛石镇辖自然村。人口 800。据《孙氏族谱》记载，孙氏于清同治年间从崇化（今大崇化）来此定居，黑山称黑山头，以山命名。因其上（北）有同名村落，故名下黑山头，今名黑山头。聚落呈团块状分布。有农家书屋 1 个。经济以种植业为主。有公路经此。

**鹿家崖** 370921-B08-H15

[ Lùjiāyá ]

在县驻地文庙街道东北方向 18.1 千米。葛石镇辖自然村。人口 1 600。据鹿氏谱碑记载，鹿姓祖于唐朝末年从河北涿鹿迁此，村原称破庄子，后迁南崖子，崖上长满藤花，以此称藤花崖。又迁崖北，以姓氏改称鹿家崖。聚落呈团块状分布。有农家书屋 1 个。经济以种植业为主，主要种植花生。有公路经此。

**柳沟** 370921-B08-H16

[ Liǔgōu ]

在县驻地文庙街道东北方向 17.2 千米。葛石镇辖自然村。人口 1 300。据说，宁氏约在北宋时期先来定居，当时村落东、汉马河沟里有很多大柳树，得名柳沟，遂以沟名作村落名。聚落呈团块状分布。有农家书屋 1 个。经济以种植业为主。有公路经此。

**石碣集** 370921-B08-H17

[ Shíjiéjí ]

在县驻地文庙街道东北方向 8.5 千米。葛石镇辖自然村。人口 2 500。据传曾叫孟家花园，孟知进立石碣后设有集市，故改称石碣集。聚落呈团块状分布。有农家书屋 1 个。经济以种植业为主，主要种植花生、地瓜等，企业有煤矸石厂、砖厂。有公路经此。

**三埠** 370921-B08-H18

[ Sānbù ]

在县驻地文庙街道东北方向 11.1 千米。葛石镇辖自然村。人口 2 200。胡姓先来定居。据《胡氏族谱》记载，胡氏先人于明朝初年由山西迁此，因西有金羊山，南临银羊山，东北是砂石岭，三面都是高地，故取名三埠。聚落呈团块状分布。有农家书屋 1 个。经济以种植业为主，主要种植黄梨。有公路经此。

**北韦周** 370921-B08-H19

[ Běiwéizhōu ]

在县驻地文庙街道东方向 8.3 千米。葛石镇辖自然村。人口 1 100。据《黄氏族谱》记载，黄氏祖籍江西分水县，明崇祯年间来此定居后，以韦、周姓氏命名韦周，后因居北，称北韦周。聚落呈团块状分布。有农家书屋 1 个。经济以种植业为主。有公路经此。

**大夏庄** 370921-B08-H20

[ Dàxiàzhuāng ]

在县驻地文庙街道东方向 6.1 千米。葛石镇辖自然村。人口 1 300。夏姓先来定居，以姓氏取名夏庄。为与小夏庄区分，称大夏庄。聚落呈团块状分布。有农家书屋 1 个。经济以种植业为主。有公路经此。

**谭家厂** 370921-B08-H21

[ Tánjiāchǎng ]

在县驻地文庙街道东方向 5.4 千米。葛石镇辖自然村。人口 1 200。谭氏先来定居，因土地瘠薄，俗称厂坡地，后以姓氏取名谭家厂。聚落呈团块状分布。有农家书屋 1 个。经济以种植业为主。有公路经此。

**乱石崖** 370921-B08-H22

[ Luànshíyá ]

在县驻地文庙街道东北方向 15.3 千米。葛石镇辖自然村。人口 3 000。相传原名福胜庄，后因村落坐落在乱石山崖旁而改称乱石崖。聚落呈团块状分布。有农家书屋 1 个。经济以种植业为主。有公路经此。

**曹家寨** 370921-B08-H23

[ Cáojiāzhài ]

在县驻地文庙街道东北方向 13.6 千米。葛石镇辖自然村。人口 1 700。据《曹氏族谱》记载，曹氏于明永乐年间迁此，因村落周围原建有寨墙，故以姓氏取名曹家寨。聚落呈团块状分布。有农家书屋 1 个。经济以种植业为主，主要种植花生、大枣、黄梨。有公路经此。

**山前** 370921-B08-H24

[ Shānqián ]

在县驻地文庙街道东北方向 12.2 千米。葛石镇辖自然村。人口 1 400。清末核定地名时，因在告山前，更村名为山前。聚落呈团块状分布。有农家书屋 1 个。经济以种植业为主。有公路经此。

**陈家店** 370921-B08-H25

[ Chénjiādiàn ]

在县驻地文庙街道东北方向 12.3 千米。葛石镇辖自然村。人口 1 300。陈姓开店铺，称陈家店，遂以店名作村落名。聚落呈团块状分布。有农家书屋 1 个。经济以种植业为主。有公路经此。

**中古树口** 370921-B08-H26

[ Zhōnggǔshùkǒu ]

在县驻地文庙街道东北方向 15.9 千米。葛石镇辖自然村。人口 600。因村落北山口处有一棵大櫔树，故名櫔树口。后演为古树口，为与同名村落区分，按方定名中古树口。聚落呈团块状分布。有农家书屋 1 个。经济以种植业为主。有公路经此。

**下代堂** 370921-B08-H27

[ Xiàdàitáng ]

在县驻地文庙街道东北方向 11.5 千米。葛石镇辖自然村。人口 1 600。因该村附近有宝泉寺俗称夏戴寺，该村落临近夏戴寺水月堂，故取名夏戴堂，后演作下代堂。聚落呈团块状分布。有农家书屋 1 个。经济以种植业为主。有公路经此。

**马家下代** 370921-B08-H28

[ Mǎjiāxiàdài ]

在县驻地文庙街道东北方向 11.1 千米。葛石镇辖自然村。人口 400。据说，明万历年间，马姓迁此定居，曾筑寨墙，以姓氏取名马家寨，后改称马家夏戴，今作马家下代。聚落呈团块状分布。有农家书屋 1 个。经济以种植业为主。有公路经此。

**杏山庄** 370921-B08-H29

[ Xìngshānzhuāng ]

在县驻地文庙街道东北方向 11.8 千米。葛石镇辖自然村。人口 1 000。因村落位于杏岭（俗称杏山）旁，故取名杏山庄。聚落呈团块状分布。有农家书屋 1 个。经济以种植业为主。有公路经此。

**马山口** 370921-B08-H30

[ Mǎshānkǒu ]

在县驻地文庙街道东北方向 12.5 千米。葛石镇辖自然村。人口 900。因村落在马山山口，故名。聚落呈团块状分布。有农家书屋 1 个。经济以种植业为主。有公路经此。

**虎城村** 370921-B08-H31

[ Hǔchéngcūn ]

在县驻地文庙街道东北方向 14.2 千米。葛石镇辖自然村。人口 1 000。名称由来，一说村落在告山、皮山、马山之间，三山像"壶撑子"，后以宁氏祖虎名记作虎城子；一说村落西有条沟，常有老虎出没，建围墙后称虎城子，今作虎城村。聚落呈团块状分布。有农家书屋 1 个。经济以种植业为主。有公路经此。

## 老黄崖 370921-B08-H32

[ Lǎohuángyá ]

在县驻地文庙街道东北方向 14.1 千米。葛石镇辖自然村。人口 1 000。村落南山岭上原有石碑记载，明万历年间，宝泉寺的和尚曾在此种地。据说，当时已有郑、刘、殷三姓居住，村落建在几丈高的黄土崖上，故取名老黄崖。聚落呈团块状分布。有农家书屋 1 个。经济以种植业为主。有公路经此。

## 河洼 370921-B08-H33

[ Héwā ]

在县驻地文庙街道东北方向 12.2 千米。葛石镇辖自然村。人口 800。因村落在河旁低洼处，故名河洼。聚落呈团块状分布。有农家书屋 1 个。经济以种植业为主。有公路经此。

## 徐家营 370921-B08-H34

[ Xújiāyíng ]

在县驻地文庙街道东北方向 9.6 千米。葛石镇辖自然村。人口 1 600。原名小井子，又改为小庙子。后因此地曾驻扎军队，改称徐家营。聚落呈团块状分布。有农家书屋 1 个。经济以种植业为主。有公路经此。

## 东庄 370921-B09-H01

[ Dōngzhuāng ]

东庄镇人民政府驻地。在县驻地文庙街道东北方向 37.8 千米。人口 2 900。该村落因居故城东而称东庄。聚落呈团块状分布。有农家书屋 1 个。经济以商贸业为主。磁莱铁路、333 省道经此。

## 北鄙 370921-B09-H02

[ Běibǐ ]

在县驻地文庙街道东方向 28.5 千米。东庄镇辖自然村。人口 3 000。今北鄙、南鄙作"北白""南白"，民国以后由文人才改作"北鄙""南鄙"。今该地村民仍在口语中称"北白""南白"。聚落呈团块状分布。有农家书屋 1 个。经济以种植业为主。磁莱铁路经此。

## 南故城 370921-B09-H03

[ Nángùchéng ]

在县驻地文庙街道东方向 36.4 千米。东庄镇辖自然村。人口 2 000。该村落位于故城址南，以此取名南故城。聚落呈团块状分布。有农家书屋 1 个。经济以种植业为主，主要种植花生、生姜。磁莱铁路经此。

## 中韩家庄 370921-B09-H04

[ Zhōnghánjiāzhuāng ]

在县驻地文庙街道东北方向 39.4 千米。东庄镇辖自然村。人口 1 500。据传，原有韩姓为今西韩家庄的韩姓分支，按方位定名中韩家庄。聚落呈团块状分布。有农家书屋 1 个。经济以种植业为主。有公路经此。

## 西韩家庄 370921-B09-H05

[ Xīhánjiāzhuāng ]

在县驻地文庙街道东北方向 39.1 千米。东庄镇辖自然村。人口 1 500。韩姓最早迁此定居，按方位取名西韩家庄。聚落呈团块状分布。经济以种植业为主。有公路经此。

## 东韩家庄 370921-B09-H06

[ Dōnghánjiāzhuāng ]

在县驻地文庙街道东北方向 40.5 千米。东庄镇辖自然村。人口 1 700。相传，此村落原有韩姓是今西韩家庄的分支，按方位定名东韩家庄。聚落呈团块状分布。有农家书屋 1 个。经济以种植业为主。有公路经此。

**坡里** 370921-B09-H07

［Pōlǐ］

在县驻地文庙街道东北方向 40.2 千米。东庄镇辖自然村。人口 1 300。因该村位于三个韩家庄之外的坡地里，故称坡里。聚落呈团块状分布。有农家书屋 1 个。经济以种植业为主。有公路经此。

**大石崮** 370921-B09-H08

［Dàshígù］

在县驻地文庙街道东北方向 41.3 千米。东庄镇辖自然村。人口 1 700。据陈氏谱碑记载，明万历年间，陈姓迁此居住，因村落位于岭上，与邻近村落相比人多户多，故取名大石崮。聚落呈团块状分布。有农家书屋 1 个。经济以种植业为主。磁莱铁路、333 省道经此。

**西直界** 370921-B09-H09

［Xīzhíjiè］

在县驻地文庙街道东方向 41.1 千米。东庄镇辖自然村。人口 800。据孔、王两姓谱碑记载，清朝末期，孔、王两姓由山西洪洞县迁此。据说，此地为东、西区域分界，称止界，后演为直界。1966 年修建直界水库时，因原村落在水库蓄水区域内，而迁住东、西两地。此村落在西，取名西直界。聚落呈团块状分布。有农家书屋 1 个。经济以种植业为主。有公路经此。

**东山阴** 370921-B09-H10

［Dōngshānyīn］

在县驻地文庙街道东方向 42.3 千米。东庄镇辖自然村。人口 3 000。据《毛氏族谱》记载，毛姓于明崇祯年间迁此居住，地处皮匠山后，故名山阴。按"三山阴"的方位，定名东山阴。聚落呈团块状分布。有农家书屋 1 个。经济以种植业为主。有公路经此。

**北葛家圈** 370921-B09-H11

［Běigějiāquān］

在县驻地文庙街道东方向 42.3 千米。东庄镇辖自然村。人口 1 200。葛姓最早在此居住，因地处同名村落北，按方位取名北葛家圈。聚落呈团块状分布。有农家书屋 1 个。经济以种植业为主。有公路经此。

**官庄** 370921-B09-H12

［Guānzhuāng］

在县驻地文庙街道东方向 40.8 千米。东庄镇辖自然村。人口 1 900。据村落内原庙碑记载，村建于元皇庆年间，据说为旧官地，故取名官庄。聚落呈团块状分布。有农家书屋 1 个。经济以种植业为主。有公路经此。

**东崔家庄** 370921-B09-H13

［Dōngcuījiāzhuāng］

在县驻地文庙街道东方向 38.2 千米。东庄镇辖自然村。人口 1 200。据崔氏谱碑记载，崔姓祖于明洪武年间来此定居，为与同名聚落区分，按方位取名东崔家庄。聚落呈团块状分布。有农家书屋 1 个。经济以种植业为主。有公路经此。

**葛家庄** 370921-B09-H14

［Gějiāzhuāng］

在县驻地文庙街道东方向 37.9 千米。东庄镇辖自然村。人口 1 400。葛氏来此定居最早，以姓氏取名葛家庄。聚落呈团块状分布。有农家书屋 1 个。经济以种植业为主。有公路经此。

**周家泉** 370921-B09-H15

［Zhōujiāquán］

在县驻地文庙街道东方向 38.5 千米。东庄镇辖自然村。人口 1 000。据周氏谱碑记载，清顺治年间，周姓迁此，据说村落北原有一泉，周氏住处有泉，故取名周家泉。聚落呈团块状分布。有农家书屋 1 个。经济以种植业为主。有公路经此。

## 石桥庄 370921–B09–H16
[ Shíqiáozhuāng ]

在县驻地文庙街道东方向 38.3 千米。东庄镇辖自然村。人口 900。据说，原庙中有立于明成化六年（1470）的碑，当时村落西有石桥，因以为名。聚落呈团块状分布。有农家书屋 1 个。经济以种植业为主。有公路经此。

## 路家庄 370921–B09–H17
[ Lùjiāzhuāng ]

在县驻地文庙街道东方向 39.6 千米。东庄镇辖自然村。人口 1 800。据《路氏族谱》记载，元朝中期，路姓由曲阜大王庄迁此定居，以姓氏取名路家庄。聚落呈团块状分布。有农家书屋 1 个。经济以种植业为主。有公路经此。

## 钟家庄 370921–B09–H18
[ Zhōngjiāzhuāng ]

在县驻地文庙街道东方向 41.6 千米。东庄镇辖自然村。人口 800。钟姓最早来此定居，以姓氏取名钟家庄。聚落呈团块状分布。有农家书屋 1 个。经济以种植业为主。有公路经此。

## 王家庄 370921–B09–H19
[ Wángjiāzhuāng ]

在县驻地文庙街道东方向 42.5 千米。东庄镇辖自然村。人口 1 200。王氏来此最早，以姓氏取名王家庄。聚落呈团块状分布。有农家书屋 1 个。经济以种植业为主。有公路经此。

## 西谷堆 370921–B09–H20
[ Xīgǔduī ]

在县驻地文庙街道东方向 42.9 千米。东庄镇辖自然村。人口 1 300。据《史氏族谱》记载，史姓祖于元天顺年间迁居此地，此前已有村落，位于马谷岭旁、"三谷堆"西北，按方位取名西谷堆。聚落呈团块状分布。有农家书屋 1 个。经济以种植业为主。有公路经此。

## 南葛家圈 370921–B09–H21
[ Nángějiāquān ]

在县驻地文庙街道东方向 40.9 千米。东庄镇辖自然村。人口 1 900。据《高氏族谱》记载，该村约建于元朝皇庆年间。葛姓在此圈地立庄，取名葛家圈，后按方位取名南葛家圈。聚落呈团块状分布。有农家书屋 1 个。经济以种植业为主。有公路经此。

## 南陈村 370921–B09–H22
[ Nánchéncūn ]

在县驻地文庙街道东方向 34.7 千米。东庄镇辖自然村。人口 3 200。据《陈氏族谱》记载，陈氏祖于明洪武年间从山西洪洞县迁此，以姓氏和方位取名南陈村。聚落呈团块状分布。有农家书屋 1 个。经济以种植业为主。有公路经此。

## 北陈村 370921–B09–H23
[ Běichéncūn ]

在县驻地文庙街道东方向 35.6 千米。东庄镇辖自然村。人口 1 800。据《陈氏族谱》记载，陈氏祖于明洪武年间从山西洪洞县迁此，以姓氏和方位取名北陈村。聚落呈团块状分布。有农家书屋 1 个。经济以种植业为主。有公路经此。

## 陈美庄 370921-B09-H24
[ Chénměizhuāng ]

在县驻地文庙街道东方向 35.7 千米。东庄镇辖自然村。人口 1 300。据村落内原有一石桩记载，明隆庆年间有一回族教长名陈美在此居住，后其后裔迁至爵山庄，以人名作村落名。聚落呈团块状分布。有农家书屋 1 个。经济以种植业为主。有公路经此。

## 孔家庄 370921-B09-H25
[ Kǒngjiāzhuāng ]

在县驻地文庙街道东方向 35.9 千米。东庄镇辖自然村。人口 1 000。据《缪氏族谱》记载，缪姓祖于元朝元统年间由曲阜东北乡韦家楼迁此定居，借曲阜孔家之名，取名孔家庄。聚落呈团块状分布。有农家书屋 1 个。经济以种植业为主。有公路经此。

## 老庄子 370921-B09-H26
[ Lǎozhuāngzi ]

在县驻地文庙街道东方向 36.6 千米。东庄镇辖自然村。人口 2 200。陈姓来此最早。据杨氏谱碑记载，元中统年间建村，因处在低洼处，原名陈家涝庄子。后姓氏增多，改名涝庄子，演为老庄子。聚落呈团块状分布。有农家书屋 1 个。经济以种植业为主。有公路经此。

## 前鹤山 370921-C01-H01
[ Qiánhèshān ]

鹤山乡人民政府驻地。在县驻地文庙街道西北方向 15.2 千米。人口 900。因村临近鹤山而得名。聚落呈团块状分布。有农家书屋 1 个、小学 1 所。经济以商贸业为主，特产有泰山赤灵芝盆景、黑花生、咸鸭蛋、绿豆粉皮、白莲藕。有公路经此。

## 后鹤山 370921-C01-H02
[ Hòuhèshān ]

在县驻地文庙街道西北方向 15.6 千米。鹤山乡辖自然村。人口 1 600。因山而得名。此村落在另一同名村落北，取名后鹤山。聚落呈团块状分布。有农家书屋 1 个。经济以种植业为主。有公路经此。

## 桃园 370921-C01-H03
[ Táoyuán ]

在县驻地文庙街道西北方向 14.8 千米。鹤山乡辖自然村。人口 1 500。据《巩氏族谱》记载，巩姓于明朝从本县施家村迁此居住，传说当时村落中有一桃园，故以此得名。聚落呈团块状分布。有农家书屋 1 个。经济以种植业为主。有公路经此。

## 泗皋 370921-C01-H04
[ Sìgāo ]

在县驻地文庙街道西北方向 18.1 千米。鹤山乡辖自然村。人口 4 500。据说，当时村落前有泗洪沟，北有皋山，故取名泗皋。清咸丰元年（1851）重修《宁阳县志·里社》记有"泗高社"，写作"泗高"，今作泗皋。聚落呈团块状分布。有农家书屋 1 个。经济以种植业为主，主要种植地瓜、花生，特产有绿豆小粉皮。有公路经此。

## 小辛庄 370921-C01-H05
[ Xiǎoxīnzhuāng ]

在县驻地文庙街道西北方向 16.5 千米。鹤山乡辖自然村。人口 1 000。据《桑氏族谱》记载，明朝中叶，桑姓由东皋迁此定居，因与东皋相比为新建村落，故称新庄。为与另一新庄区分，称小新庄，后演为小辛庄。聚落呈团块状分布。有农家书屋 1 个。经济以种植业为主。有公路经此。

## 大辛庄 370921-C01-H06
［Dàxīnzhuāng］

在县驻地文庙街道西北方向 16.2 千米。鹤山乡辖自然村。人口 1 500。据《桑氏族谱》记载，明朝中期，桑姓由东皋迁此定居，称新庄。为与另一同迁新庄区分，取名大新庄，后演为大辛庄。聚落呈团块状分布。有农家书屋 1 个。经济以种植业为主。有公路经此。

## 安家庄 370921-C01-H07
［Ānjiāzhuāng］

在县驻地文庙街道西北方向 16.7 千米。鹤山乡辖自然村。人口 900。据《安氏族谱》记载，安姓于清康熙二十八年（1689）由本县安家海子（今安家海）迁此定居，以姓氏取名安家庄。聚落呈团块状分布。有农家书屋 1 个。经济以种植业为主。有公路经此。

## 大中皋 370921-C01-H08
［Dàzhōnggāo］

在县驻地文庙街道西北方向 19.5 千米。鹤山乡辖自然村。人口 2 800。村位于大汶河中间高地上，故名中皋。后孙姓迁大汶河南建新村，称小中皋，此村落称大中皋。聚落呈团块状分布。有农家书屋 1 个。经济以种植业为主，主要种植棉花、蔬菜、花生等。有公路经此。

## 赵家庄 370921-C01-H09
［Zhàojiāzhuāng］

在县驻地文庙街道西北方向 18.3 千米。鹤山乡辖自然村。人口 2 800。据《赵氏族谱》记载，明万历年间，赵氏来此定居，以姓氏命名为赵家庄。聚落呈团块状分布。有农家书屋 1 个。经济以种植业为主。有公路经此。

## 沈家西皋 370921-C01-H10
［Shěnjiāxīgāo］

在县驻地文庙街道西北方向 20.4 千米。鹤山乡辖自然村。人口 900。据《沈氏族谱》记载，沈姓于明洪武年间迁此定居，因位于大中皋西，故以姓氏取名沈家西皋。聚落呈团块状分布。有农家书屋 1 个。经济以种植业为主，主要种植棉花、花生等。有公路经此。

## 黄家西皋 370921-C01-H11
［Huángjiāxīgāo］

在县驻地文庙街道西北方向 20.7 千米。鹤山乡辖自然村。人口 300。据《武氏族谱》记载，武姓于元至元二十六年（1289）在此定居，村位于大中皋西、几个"西皋"北，曾名北西皋，后黄姓迁入，以姓氏改为黄家西皋。古迹有元代武进墓。聚落呈团块状分布。有农家书屋 1 个。经济以种植业为主。有公路经此。

## 徐家平 370921-C01-H12
［Xújiāpíng］

在县驻地文庙街道西北方向 14.1 千米。鹤山乡辖自然村。人口 4 200。据《徐氏族谱》记载，徐姓于明洪武十二年（1379）迁此定居，借故"平陆"之名，以姓氏取名徐家平。聚落呈团块状分布。有农家书屋 1 个。经济以种植业为主。有公路经此。

## 铺上街 370921-C01-H13
［Pùshàngjiē］

在县驻地文庙街道西北方向 13.6 千米。鹤山乡辖自然村。人口 600。本村原名三十里铺，后简称铺上街。聚落呈团块状分布。有农家书屋 1 个。经济以种植业为主。有公路经此。

**牌坊街** 370921-C01-H14

［Páifāngjiē］

在县驻地文庙街道西北方向 13.4 千米。鹤山乡辖自然村。人口 500。曾名刘家平，清嘉庆年间，清政府曾为一刘氏修建百岁牌坊一座，后改名牌坊街。聚落呈团块状分布。有农家书屋 1 个。经济以种植业为主。有公路经此。

**汪泉屯** 370921-C01-H15

［Wāngquántún］

在县驻地文庙街道西北方向 12.6 千米。鹤山乡辖自然村。人口 1 100。据《汪氏族谱》记载，汪姓于明崇祯年间由肥城汪家成宫迁此定居，因地势低洼多泉，故取名汪泉屯。聚落呈团块状分布。有农家书屋 1 个。经济以种植业为主。有公路经此。

**白塔寺** 370921-C01-H16

［Báitǎsì］

在县驻地文庙街道西北方向 11.9 千米。鹤山乡辖自然村。人口 800。据《邵氏族谱》记载，明嘉靖十年（1531），邵姓迁此定居，村因建有白塔寺而得名。聚落呈团块状分布。有农家书屋 1 个。经济以种植业为主，主要种植花生、棉花，特色农业有蔬菜、食用菌、苗木种植。有公路经此。

**王卞** 370921-C01-H17

［Wángbiàn］

在县驻地文庙街道西北方向 16.5 千米。鹤山乡辖自然村。人口 5 700。相传，明崇祯年间，王、卞两姓迁居于此，以姓氏取名王卞。聚落呈团块状分布。有农家书屋 1 个、小学 1 所。经济以种植业为主，主要种植苗木花卉、蔬菜等。有公路经此。

**东王卞** 370921-C01-H18

［Dōngwángbiàn］

在县驻地文庙街道西北方向 15.4 千米。鹤山乡辖自然村。人口 1 000。位于今王卞村东，故名东王卞。聚落呈团块状分布。有农家书屋 1 个。经济以种植业为主。有公路经此。

**山洼** 370921-C01-H19

［Shānwā］

在县驻地文庙街道西北方向 17.1 千米。鹤山乡辖自然村。人口 1 200。处在龟山、鹤山、挡龟岭中间的洼地，曾名龟山洼，后简称山洼。聚落呈团块状分布。有农家书屋 1 个。经济以种植业为主。有公路经此。

**东山前** 370921-C01-H20

［Dōngshānqián］

在县驻地文庙街道西北方向 12.3 千米。鹤山乡辖自然村。人口 1 100。位于穗山东南，按方位称东山前。聚落呈团块状分布。有农家书屋 1 个。经济以种植业为主。有公路经此。

**西山前** 370921-C01-H21

［Xīshānqián］

在县驻地文庙街道西北方向 13.6 千米。鹤山乡辖自然村。人口 1 700。位于穗山西南，按方位称西山前。聚落呈团块状分布。有农家书屋 1 个。经济以种植业为主。有公路经此。

**山后** 370921-C01-H22

［Shānhòu］

在县驻地文庙街道西北方向 13.4 千米。鹤山乡辖自然村。人口 1 500。因位于穗山北，清光绪年间改称山后。聚落呈团块状分布。有农家书屋 1 个。经济以种植业为主。有公路经此。

**鹅鸭厂** 370921-C01-H23
[ Éyāchǎng ]

在县驻地文庙街道西北方向 13.1 千米。鹤山乡辖自然村。人口 600。据杨氏谱碑记载，清乾隆十五年（1750），杨氏迁此定居。因该处地势低洼，常年积水，村民多放养鹅鸭，成为鹅鸭场，后村名演为鹅鸭厂。聚落呈团块状分布。有农家书屋 1 个。经济以种植业为主。有公路经此。

**大庄** 370921-C01-H24
[ Dàzhuāng ]

在县驻地文庙街道西北方向 17.7 千米。鹤山乡辖自然村。人口 1 700。据《吕氏族谱》记载，清乾隆年间，吕姓来此定居，因与附近村落相比，该村落较大，故取名大庄。聚落呈团块状分布。有农家书屋 1 个。经济以种植业为主。有公路经此。

**王卞寨** 370921-C01-H25
[ Wángbiànzhài ]

在县驻地文庙街道西北方向 15.9 千米。鹤山乡辖自然村。人口 1 100。相传，明崇祯年间，王姓迁此，村称西王卞。清道光年间建寨墙后，改称王卞寨。聚落呈团块状分布。有农家书屋 1 个。经济以种植业为主，主要种植地瓜、花生。有公路经此。

**东罗山** 370921-C01-H26
[ Dōngluóshān ]

在县驻地文庙街道西北方向 19.4 千米。鹤山乡辖自然村。人口 1 100。因位于罗山东，故名东罗山。聚落呈团块状分布。有农家书屋 1 个。经济以种植业为主。有公路经此。

**周家庄** 370921-C01-H27
[ Zhōujiāzhuāng ]

在县驻地文庙街道西北方向 20.5 千米。鹤山乡辖自然村。人口 500。据《贾氏族谱》记载，贾氏于清乾隆年间来此定居，曾是周姓的佃户村，故取名周家庄。聚落呈团块状分布。有农家书屋 1 个。经济以种植业为主。有公路经此。

**乡饮** 370921-C02-H01
[ Xiāngyǐn ]

乡饮乡人民政府驻地。在县驻地文庙街道南方向 7.6 千米。人口 1 200。因古代鲁国最盛行的西周礼制——"乡饮酒礼"得名。聚落呈团块状分布。有农家书屋 1 个。经济以商贸业为主，特产有地瓜粉皮、沙瓤西瓜等。有公路经此。

**二郎庙** 370921-C02-H02
[ Èrlángmiào ]

在县驻地文庙街道东南方向 8.2 千米。乡饮乡辖自然村。人口 900。据二郎庙钟文记载，村建于明嘉靖年间。据说，原名柳家村，建成二郎庙后，以庙名作村落名，改称二郎庙。聚落呈团块状分布。有农家书屋 1 个。经济以种植业为主。有公路经此。

**香寺** 370921-C02-H03
[ Xiāngsì ]

在县驻地文庙街道东南方向 8.4 千米。乡饮乡辖自然村。人口 800。明万历年间，村民组织香火社，在福圣寺祭祀，故又改称香寺。聚落呈团块状分布。有农家书屋 1 个。经济以种植业为主。有公路经此。

**南赵庄** 370921-C02-H04
[ Nánzhàozhuāng ]

在县驻地文庙街道东南方向 9.4 千米。乡饮乡辖自然村。人口 1 700。相传，赵姓于明代迁此定居。又传，春秋时期鲁国一赵姓死后埋于今赵家林（茔地）。以姓氏取名赵家庄。为与其北同名村落区分，按方位定名南赵庄。聚落呈团块状分布。有农家书屋1个。经济以种植业为主，主要种植地瓜、花生，特产地瓜粉皮。有公路经此。

### 中金马 370921-C02-H05
[ Zhōngjīnmǎ ]

在县驻地文庙街道东南方向5.1千米。乡饮乡辖自然村。人口400。相传有金马在泉头饮水得名金马泉，以泉名庄；另说因金姓、马姓先来定居，因名金马庄。后因此村落处在"三金马"中间，故名中金马。聚落呈团块状分布。有农家书屋1个。经济以种植业为主。有公路经此。

### 沈家屯 370921-C02-H06
[ Shěnjiātún ]

在县驻地文庙街道东南方向6.7千米。乡饮乡辖自然村。人口600。据原玉皇庙碑记载，此村曾称熊官屯，沈姓迁入后，改称沈家屯。聚落呈团块状分布。有农家书屋1个。经济以种植业为主。有公路经此。

### 大满营 370921-C02-H07
[ Dàmǎnyíng ]

在县驻地文庙街道东南方向6.6千米。乡饮乡辖自然村。人口900。相传，宋朝时期此处曾住过蛮人（古代对南方少数民族的蔑称），故称蛮子营，为与同名村落区分，称大蛮子营。因名称不雅，故更名为大满营。聚落呈团块状分布。有农家书屋1个。经济以种植业为主，主要种植地瓜。有公路经此。

### 中龙堂 370921-C02-H08
[ Zhōnglóngtáng ]

在县驻地文庙街道东南方向4.1千米。乡饮乡辖自然村。人口1 200。据村落中原

龙王庙碑记载，明万历三十二年（1604）修建龙王庙一座，以庙堂为名称龙堂。为与同名村落区分，按方位称中龙堂。聚落呈团块状分布。有农家书屋1个。经济以种植业为主。有公路经此。

### 郭家沟 370921-C02-H09
[ Guōjiāgōu ]

在县驻地文庙街道东南方向3.3千米。乡饮乡辖自然村。人口900。据说，郭姓最早迁此，因村落中有条大沟，称郭家沟，故村落以沟为名。聚落呈团块状分布。有农家书屋1个。经济以种植业为主。有公路经此。

### 马家庙 370921-C02-H10
[ Mǎjiāmiào ]

在县驻地文庙街道东南方向4.9千米。乡饮乡辖自然村。人口1 000。因马姓村民建有家庙（家祠），故以此庙名作村落名。聚落呈团块状分布。有农家书屋1个。经济以种植业为主。有公路经此。

### 斗虎屯 370921-C02-H11
[ Dòuhǔtún ]

在县驻地文庙街道东南方向3.4千米。乡饮乡辖自然村。人口700。据说，《王氏族谱》记载，清代村民与县衙争斗取胜，因而取名斗虎屯。另传清代庙前有两只老虎相斗，故取名斗虎屯。又说村落名由"斗户"而来。聚落呈团块状分布。有农家书屋1个。经济以种植业为主。有公路经此。

### 南韦周 370921-C02-H12
[ Nánwéizhōu ]

在县驻地文庙街道东南方向8.3千米。乡饮乡辖自然村。人口2 400。据北韦周《黄氏族谱》记载，以韦、周两姓氏更名韦周，按方位称南韦周。聚落呈团块状分

布。有农家书屋 1 个。经济以种植业为主。有公路经此。

## 万家　370921-C02-H13
[ Wànjiā ]

在县驻地文庙街道东南方向 7.3 千米。乡饮乡辖自然村。人口 1 100。万姓最早在此定居，村以姓氏取名。聚落呈团块状分布。有农家书屋 1 个。经济以种植业为主。有公路经此。

## 西云岗　370921-C02-H14
[ Xīyúngǎng ]

在县驻地文庙街道东南方向 9.6 千米。乡饮乡辖自然村。人口 1 200。传说村落东原有碧云寺，寺东的称东云岗，寺西的称西云岗，亦作西龙岗，今作西云岗。聚落呈团块状分布。有农家书屋 1 个。经济以种植业为主。有公路经此。

## 荷柳　370921-C02-H15
[ Héliǔ ]

在县驻地文庙街道东南方向 8.8 千米。乡饮乡辖自然村。人口 900。村落内有一池塘，夏季荷花盛开，塘边杨柳成荫，景色秀丽，故以此取村名荷柳。聚落呈团块状分布。有农家书屋 1 个。经济以种植业为主。有公路经此。

## 八官庄　370921-C02-H16
[ Bāguānzhuāng ]

在县驻地文庙街道东南方向 5.7 千米。乡饮乡辖自然村。人口 1 000。据说，明万历年间建八王庙，村以庙为名称八王庙。据《王氏族谱》记载，王姓于清康熙年间来此定居，改村名为八官庄。聚落呈团块状分布。有农家书屋 1 个。经济以种植业为主。有公路经此。

## 沙河庄　370921-C02-H17
[ Shāhézhuāng ]

在县驻地文庙街道东南方向 9.7 千米。乡饮乡辖自然村。人口 1 500。因位于汉马河（俗称沙河）西岸，故以河取名沙河庄。聚落呈团块状分布。有农家书屋 1 个。经济以种植业为主，主要种植苹果、西瓜。有公路经此。

## 云谷庄　370921-C02-H18
[ Yúngǔzhuāng ]

在县驻地文庙街道东南方向 11.0 千米。乡饮乡辖自然村。人口 800。据《颜氏族谱》记载，颜氏于清乾隆年间迁此，时有两户人家，一户户主颜云谷，一户户主柳云谷，经商议，以人名作村落名，遂称云谷庄。聚落呈团块状分布。有农家书屋 1 个。经济以种植业为主。有公路经此。

## 保安店　370921-C02-H19
[ Bǎo'āndiàn ]

在县驻地文庙街道东南方向 10.6 千米。乡饮乡辖自然村。人口 1 100。原名保宁店，后成立保安团，改称保安店。聚落呈团块状分布。有农家书屋 1 个。经济以种植业为主。有公路经此。

## 大崇化　370921-C02-H20
[ Dàchónghuà ]

在县驻地文庙街道东南方向 12.9 千米。乡饮乡辖自然村。人口 1 900。名称由来，一说原名沙埠，后改崇化；一说村民某姓氏自古崇化迁此，仍用原籍；《中国古今地名大辞典》记载福建有崇化坊。宋氏于清顺治四年（1647）建小崇化后，此村落称大崇化。聚落呈团块状分布。有农家书屋 1 个、小学 1 所。经济以种植业为主，主要种植棉花、苹果、山楂。有公路经此。

# 东平县

## 农村居民点

### 宿城 370923-A01-H01
［Sùchéng］

在县驻地东平街道西方向 0.7 千米。东平街道辖自然村。人口 6 300。宿城历史悠久，周代为宿国国都；汉为东平国治；晋为东平郡治；隋为宿城县治，此为宿城得名之始。聚落呈团块状分布。有文化广场 1 个、小学 1 所、幼儿园 3 所。经济以棉粮种植为主。通公交车。

### 虹桥 370923-A01-H02
［Hóngqiáo］

在县驻地东平街道西北方向 2.0 千米。东平街道辖自然村。人口 1 200。因位于虹桥（桥名）附近，故名。聚落呈团块状分布。有文化广场 1 个、小学 1 所、幼儿园 3 所。经济以种植业为主，主要农作物有小麦、玉米等。通公交车。

### 后屯 370923-A01-H03
［Hòutún］

在县驻地东平街道东方向 1.2 千米。东平街道辖自然村。人口 1 800。该村原名龙山后屯，建于唐朝，后演变为后屯。聚落呈团块状分布。有文化广场 1 个、小学 1 所、幼儿园 2 所。经济以商品房租赁为主。通公交车。

### 一担土 370923-A01-H04
［Yīdàntǔ］

在县驻地东平街道东北方向 2.0 千米。东平街道辖自然村。人口 1 900。据村碑记载，明永乐年间，此村名鸡鸣山庄，亦称义和庄。井姓自夏谢迁此定居后，因村边有两座对称的小山岗，故村更名一担土。聚落呈团块状分布。有文化广场 1 个、幼儿园 2 所。经济以种植业为主，主要农作物有小麦、玉米等。通公交车。

### 护驾 370923-A01-H05
［Hùjià］

在县驻地东平街道东方向 0.5 千米。东平街道辖自然村。人口 1 900。相传，宋大中祥符元年（1008），真宗东封泰山，路经此地，该村曾派车马护送，故名。聚落呈团块状分布。有文化广场 1 个、幼儿园 1 所。经济以种植业为主，主要农作物有小麦、玉米等。通公交车。

### 赤脸店 370923-A01-H06
［Chìliǎndiàn］

在县驻地东平街道东方向 1.0 千米。东平街道辖自然村。人口 2 000。王莽新朝时期，在赤眉军的影响下，此地农民组织起来，脸涂红色作为标志，以村中店铺为联络点，汇集四方豪杰与赤眉军合作，对战王莽军，故名赤脸店。聚落呈团块状分布。有文化广场 1 个、幼儿园 2 所。经济以商贸业为主。通公交车。

### 李范村 370923-A01-H07
［Lǐfàncūn］

在县驻地东平街道东南方向 3.0 千米。东平街道辖自然村。人口 2 300。据《李氏族谱》载，明永乐年间，李姓自泰安府塔房庄迁此建村，因附近村庄多称泛村，故以姓氏名李泛村，后演变为李范村。聚落呈团块状分布。有文化广场 1 个、幼儿园 1 所。经济以种植业为主，主要农作物有小麦、玉米等。通公交车。

**无盐** 370923-A01-H08

[ Wúyán ]

在县驻地东平街道东南方向 4.5 千米。东平街道辖自然村。人口 2 200。据《东平县志》载，周代，无盐为宿国地。战国时期，齐置无盐邑于此。秦、汉至南北朝，均为无盐县治，今村名仍沿用"无盐"名。聚落呈团块状分布。有文化广场 1 个、小学 1 所、幼儿园 1 所。经济以种植业为主，主要农作物有小麦、玉米等。通公交车。

**尹范** 370923-A01-H09

[ Yǐnfàn ]

在县驻地东平街道南方向 5.0 千米．东平街道辖自然村。人口 500。明永乐年间，尹姓在此建村，因位于大清河北岸，且河水时常泛滥，故取村名尹泛，后演变为尹范。有文化广场 1 个、幼儿园 1 所。经济以种植业为主，主要农作物有小麦、玉米等。通公交车。

**诵尧台** 370923-A01-H10

[ Sòngyáotái ]

在县驻地东平街道西北方向 8.0 千米。东平街道辖自然村。人口 700。相传，尧王驾崩，护灵北葬时，人们曾在此建台搭灵棚，稍事休息。后有人定居此地，发展成村，取名送尧台。后演变为诵尧台。聚落呈团块状分布。有文化广场 1 个、幼儿园 1 所。经济以种植业为主，主要农作物有小麦、玉米等。通公交车。

**西辛庄** 370923-A01-H11

[ Xīxīnzhuāng ]

在县驻地东平街道西北方向 6.5 千米。东平街道辖自然村。人口 2 200。据《辛氏族谱》载，明正德年间，辛姓自今接山乡套里迁此建村，以姓氏命村名为辛庄。因有重名村，1980 年更名为西辛庄。聚落呈团块状分布。有文化广场 1 个。经济以种植业为主，主要农作物有小麦、玉米等。通公交车。

**稻屯** 370923-A01-H12

[ Dàotún ]

在县驻地东平街道西北方向 5.0 千米。东平街道辖自然村。人口 3 000。据传，古代此处地势低洼，沟汊交错，常年积水，遍生稻子、蒲草、河翠花，风光秀丽。汉刘秀去南阳时，路经此村，赐名稻蒲荷香村，后演变为稻盈屯，简称稻屯。聚落呈团块状分布。有文化广场 1 个。经济以种植业为主，主要农作物有小麦、玉米等。通公交车。

**于寺** 370923-A01-H13

[ Yúsì ]

在县驻地东平街道西北方向 5.0 千米。东平街道辖自然村。人口 2 500。据《于氏族谱》载，明成化年间，于姓自东阿县迁此建村，因村址位于白佛山西一寺院附近，故名于家寺，简称于寺。聚落呈团块状分布。有文化广场 1 个、小学 1 所、幼儿园 1 所。经济以种植业为主，主要农作物有小麦、玉米等。通公交车。

**东古台寺** 370923-A01-H14

[ Dōnggǔtáisì ]

在县驻地东平街道南方向 2.5 千米。东平街道辖自然村。人口 1 800。明洪武年间，李姓、王姓、郑姓等自山西洪洞县迁此建村，因附近有一寺院，俗称鼓台寺，故村名因之，后演变为古台寺。随村户增多，发展为两村，该村以方位名东古台寺。聚落呈团块状分布。有文化广场 1 个、小学 1 所、幼儿园 1 所。经济以种植业为主，主要农作物有小麦、玉米等。通公交车。

**金山口** 370923-A01-H15

[ Jīnshānkǒu ]

在县驻地东平街道北方向 4.0 千米。东平街道辖自然村。人口 1 300。据《庞氏族谱》载，明正德年间，庞姓在此建村，因位于金山脚下通往山顶的小道旁，故名金山口。聚落呈团块状分布。有文化广场 1 个。经济以种植业为主，主要农作物有小麦、玉米等。通公交车。

**小东门** 370923-A02-H01

[ Xiǎodōngmén ]

在县驻地东平街道西南方向 12.0 千米。州城街道辖自然村。人口 1 800。因位于城东门，故名小东门。聚落呈团块状分布。有文化广场 1 个、中学 1 所、小学 1 所、幼儿园 1 所。经济以种植业为主，主要农作物有小麦、玉米等。326 省道经此。

**文庙** 370923-A02-H02

[ Wén miào ]

在县驻地东平街道西南方向 11.5 千米。州城街道辖自然村。人口 600。因有文庙（孔子庙）遗址，故名文庙。聚落呈团块状分布。有文化广场 1 个。经济以种植业为主，手工业为辅。有公路经此。

**牌坊** 370923-A02-H03

[ Páifāng ]

在县驻地东平街道西南方向 11.7 千米。州城街道辖自然村。人口 1 500。因村内有"父子状元坊"牌坊，故名牌坊。聚落呈团块状分布。有文化广场 1 个。经济以种植业为主，主要农作物有小麦、玉米等。有公路经此。

**桂井子** 370923-A02-H04

[ Guìjǐngzi ]

在县驻地东平街道西南方向 12.0 千米。州城街道辖自然村。人口 1 200。因此地有一口圆井，人称龟井，故村称龟井子，后以"桂"代替"龟"，故名桂井子。聚落呈团块状分布。有文化广场 1 个。经济以种植业为主，主要农作物有小麦、玉米等。通公交车。

**关庙** 370923-A02-H05

[ Guānmiào ]

在县驻地东平街道西南方向 11.7 千米。州城街道辖自然村。人口 800。因村中关帝庙街原有元代修建的关帝庙，故名关庙。聚落呈团块状分布。有文化广场 1 个、小学 1 所、幼儿园 1 所。经济以种植业为主，主要农作物有小麦、玉米等。通公交车。

**小西门** 370923-A02-H06

[ Xiǎoxīmén ]

在县驻地东平街道西南方向 12.8 千米。州城街道辖自然村。人口 200。据《李氏族谱》载，清光绪二十四年（1898），李姓自小南庄迁此建村，因地处东平洲旧城小西门处，故名小西门。聚落呈团块状分布。有文化广场 1 个、幼儿园 1 所。经济以种植业为主，主要农作物有小麦、玉米等。通公交车。

**展园** 370923-A02-H07

[ Zhǎnyuán ]

在县驻地东平街道西方向 10.8 千米。州城街道辖自然村。人口 700。据《展氏族谱》载，明天启二年（1622），展姓自肥邑二虎庙迁至大清河堤内一菜园附近建村，取名展园。聚落呈团块状分布。有文化广场 1 个。经济以种植业为主，主要农作物有小麦、玉米等。通公交车。

**王窑洼** 370923-A02-H08
［Wángyáowā］

在县驻地东平街道西方向 10.0 千米。州城街道辖自然村。人口 500。明朝初期，孟姓在此建村，王姓迁入后，在村边建一砖窑，故改名王窑窝，后演变为王尧洼。聚落呈团块状分布。有文化广场 1 个。经济以种植业为主，主要农作物有小麦、玉米等。通公交车。

**芦墓坟** 370923-A02-H09
［Lúmùfén］

在县驻地东平街道西南方向 6.6 千米。州城街道辖自然村。人口 600。该村原名朝家村，建于明朝初期。据《王氏族谱》载，王云之母染病身故，葬于村边，王云用芦席在墓旁搭棚，守坟三年，以表孝心。后人为宣扬王云美德，改村名为芦墓坟。明嘉靖年间，改称薄荷营。1980 年恢复原名芦墓坟。聚落呈团块状分布。有文化广场 1 个。经济以种植业为主，主要农作物有小麦、玉米等。通公交车。

**李桃园** 370923-A02-H10
［Lǐtáoyuán］

在县驻地东平街道西南方向 11.0 千米。州城街道辖自然村。人口 700。据《李氏族谱》载，明万历年间，李姓自北直隶枣强县迁此建村，因附近遍地桃树，故名李桃园。聚落呈团块状分布。有文化广场 1 个、小学 1 所、幼儿园 1 所。经济以种植业为主，主要农作物有小麦、玉米等。通公交车。

**常庄** 370923-A02-H11
［Chángzhuāng］

在县驻地东平街道西南方向 7.5 千米。州城街道辖自然村。人口 300。据《常氏族谱》载，明嘉靖年间，常姓自常庄分支迁此建村，仍沿用原名常庄。聚落呈团块状分布。有文化广场 1 个。经济以种植业为主，主要农作物有小麦、玉米等。通公交车。

**荣花树** 370923-A02-H12
［Rónghuāshù］

在县驻地东平街道西南方向 7.0 千米。州城街道辖自然村。人口 1 000。据《徐氏族谱》载，明万历年间，徐姓自郚城迁此建村，因村内多植荣花树，枝繁叶茂，故名荣花树。聚落呈团块状分布。有文化广场 1 个。经济以种植业为主，主要农作物有小麦、玉米等。有公路经此。

**解河口** 370923-A02-H13
［Xièhékǒu］

在县驻地东平街道西南方向 14.3 千米。州城街道辖自然村。人口 400。明万历年间，解姓迁居该村，改村名为解家楼。清光绪二十四年（1898），黄河水泛滥，村边小清河上常有船只停泊，故更名为解河口。聚落呈带状分布。有文化广场 1 个。经济以种植业为主，主要农作物有小麦、玉米等。有公路经此。

**彭集** 370923-A03-H01
［Péngjí］

在县驻地东平街道东南方向 7.5 千米。彭集街道辖自然村。人口 1 400。据《彭氏族谱》载，明正统年间，彭姓在此建村，取名彭家庄。1639 年，村内成立集市后，更名为彭集。聚落呈团块状分布。有文化广场 1 个、小学 1 所、幼儿园 2 所。经济以种植业为主，主要农作物有小麦、玉米、花生等。有公路经此。

**大牛村** 370923-A03-H02
［Dàniúcūn］

在县驻地东平街道西南方向 3.8 千米。

彭集街道辖自然村。人口 1 600。据《牛氏族谱》载，明洪武年间，牛姓自青州府益都县柳泉乡迁此建村，取村名牛村，后部分居民迁出，于村南建新村，取名小牛村，该村遂改称大牛村。聚落呈团块状分布。有文化广场 1 个、小学 1 所、幼儿园 1 所。经济以种植业为主，主要农作物有小麦、玉米、花生等。有公路经此。

### 东郭庄 370923-A03-H03
[ Dōngguōzhuāng ]

在县驻地东平街道东南方向 8.8 千米。彭集街道辖自然村。人口 800。据《郭氏族谱》载，明宣德年间，郭姓自刘王庄迁此建村，名郭家庄，简称郭庄。为区别重名村，1956 年按方位更名为东郭庄。聚落呈团块状分布。有文化广场 1 个。经济以种植业为主，主要农作物有小麦、玉米、花生等。有公路经此。

### 后围 370923-A03-H04
[ Hòuwéi ]

在县驻地东平街道东南方向 6.1 千米。彭集街道辖自然村。人口 400。据《李氏族谱》载，明嘉靖年间，李姓自东平州城迁此建村，因地处中套村、崔姓富户的围猎场北侧，故名后围。聚落呈团块状分布。有文化广场 1 个。经济以种植业为主，主要农作物有小麦、玉米、花生等。有公路经此。

### 龙崮 370923-A03-H05
[ Lónggù ]

在县驻地东平街道东南方向 8.3 千米。彭集街道辖自然村。人口 2 500。据《姜氏族谱》载，明永乐年间，姜姓自山西洪洞县迁入后，因村近龙山，山周陡峭，顶部略平，其山麓伸向大清河，时隐时现，蜿蜒曲折，故更名龙崮。聚落呈团块状分布。

有文化广场 1 个、小学 1 所、幼儿园 1 所。经济以种植业为主，主要农作物有小麦、玉米、花生等。有公路经此。

### 吕庙 370923-A03-H06
[ Lǚmiào ]

在县驻地东平街道东南方向 9.8 千米。彭集街道辖自然村。人口 600。据村中现存一残碑碑文记载，该村原名吉村社。据《吕氏族谱》载，明洪武年间，吕姓由莱阳县迁入吉村社定居，后因村西修建祠堂，故改村名吕庙。聚落呈团块状分布。有文化广场 1 个。经济以种植业为主，主要农作物有小麦、玉米、花生等。有公路经此。

### 陈流泽 370923-A03-H07
[ Chénliúzé ]

在县驻地东平街道东南方向 3.9 千米。彭集街道辖自然村。人口 1 200。据《陈氏族谱》载，明宣德年间。陈姓自江西南昌府宁县迁至大清河南岸王家庙，因地处沼泽，故更名陈流泽。聚落呈团块状分布。有文化广场 1 个。经济以种植业为主，主要农作物有小麦、玉米、花生等。有公路经此。

### 尚流泽 370923-A03-H08
[ shàngliúzé ]

在县驻地东平街道东南方向 4.8 千米。彭集街道辖自然村。人口 2 300。据《尚氏族谱》载，明朝初期，曹姓、尚姓在此建村，并在村内修建庙宇，命村名为曹庙。后因尚姓成为望族，此处又系沼泽地带，故更名为尚流泽。聚落呈团块状分布。有文化广场 1 个、幼儿园 1 所。经济以种植业为主，主要农作物有小麦、玉米、花生等。有公路经此。

## 苇子河 370923-A03-H09
［Wěizihé］

在县驻地东平街道西南方向 9.3 千米。彭集街道辖自然村。人口 900。据《赵氏族谱》载，明洪武年间，赵姓自赵楼迁此建村，因村址位于一小河南岸，河内盛长芦苇，故名苇子河。聚落呈团块状分布。有文化广场 1 个、幼儿园 1 所。经济以种植业为主，主要农作物有小麦、玉米、花生等。有公路经此。

## 范海 370923-A03-H10
［Fànhǎi］

在县驻地东平街道西南方向 6.1 千米。彭集街道辖自然村。人口 200。据《范氏族谱》载，明天启年间，范姓自北直隶遵化迁此建村，因村周地势低洼，常年积水，故名范海。聚落呈团块状分布。有文化广场 1 个。经济以种植业为主，主要农作物有小麦、玉米、花生等。有公路经此。

## 沙河站 370923-B01-H01
［Shāhézhàn］

沙河站镇人民政府驻地。在县驻地东平街道西南方向 20.0 千米。人口 5 100。宋朝，因村内设有官方传递公文的驿站，并有小沙河从村中流过，故名沙河站。聚落呈团块状分布。有文化广场 1 个、中学 1 所、幼儿园 1 所。经济以种植业为主，主要农作物有牛蒡、土豆、瓜果、小麦、玉米。通公交车。

## 沙河站北村 370923-B01-H02
［Shāhézhànběicūn］

在县驻地东平街道西南方向 13.5 千米。沙河站镇辖自然村。人口 2 600。因在沙河站北，故名。聚落呈团块状分布。有文化广场 1 个、小学 1 所、幼儿园 1 所。经济以种植业为主，主要农作物有小麦、玉米等。通公交车。

## 丁堂 370923-B01-H03
［Dīngtáng］

在县驻地东平街道西南方向 11.0 千米。沙河站镇辖自然村。人口 400。该村原名丁家店。明正德十一年（1516），村内修建观音堂后，改称丁堂。聚落呈团块状分布。有文化广场 1 个。经济以种植业为主，主要农作物有小麦、玉米、花生等。有公路经此。

## 桑村 370923-B01-H04
［Sāngcūn］

在县驻地东平街道南方向 7.8 千米。沙河站镇辖自然村。人口 300。据《桑氏族谱》载，明万历年间，桑姓在此建村，以姓氏命名为桑村。聚落呈团块状分布。有文化广场 1 个。经济以种植业为主，主要农作物有小麦、玉米等。有公路经此。

## 董寨 370923-B01-H05
［Dǒngzhài］

在县驻地东平街道东南方向 7.0 千米。沙河站镇辖自然村。人口 600。明洪武年间，董姓在此建村，以姓氏命名为董寨。聚落呈团块状分布。有文化广场 1 个。经济以种植业为主，主要农作物有小麦、玉米等。有公路经此。

## 前河涯 370923-B01-H06
［Qiánhéyá］

在县驻地东平街道西南方向 10.4 千米。沙河站镇辖自然村。人口 1 300。据《吴氏族谱》载，明洪武年间，吴姓自山西洪洞县迁此建村，因村位于小清河南岸，故名前河涯。聚落呈带状分布。有文化广场 1 个、幼儿园 1 所。经济以种植业为主，主要农作物有小麦、玉米、花生等。246 省道经此。

**侯圈** 370923-B01-H07

[ Hóuquān ]

在县驻地东平街道西南方向 9.7 千米。沙河站镇辖自然村。人口 500。据《侯氏族谱》载，明朝初期，侯姓自山西洪洞县迁此建村，因地处小清河湾，故名侯圈。聚落呈团块状分布。有文化广场 1 个。经济以种植业为主，主要农作物有小麦、玉米、花生等。246 省道经此。

**董堂** 370923-B01-H08

[ Dǒngtáng ]

在县驻地东平街道西南方向 11.5 千米。沙河站镇辖自然村。人口 1 600。明永乐年间，董姓自山西洪洞县迁此建村，因村内有董氏祠堂，故名董堂。聚落呈团块状分布。有文化广场 1 个、幼儿园 1 所。经济以种植业为主，主要农作物有小麦、玉米等。246 省道经此。

**柏村集** 370923-B01-H09

[ Bǎicūnjí ]

在县驻地东平街道南方向 11.0 千米。沙河站镇辖自然村。人口 1 100。宋朝，柏姓在此建村，以姓氏命名为柏村。后因村内开设集市，更名为柏村集。聚落呈团块状分布。有文化广场 1 个。经济以种植业为主，主要农作物有小麦、玉米等。有公路经此。

**曾庙** 370923-B01-H10

[ Zēngmiào ]

在县驻地东平街道南方向 12.3 千米。沙河站镇辖自然村。人口 1 200。据《曾氏族谱》载，明永乐二年（1404），曾姓自山西洪洞县迁居此村，并在村内修建庙宇，故村改称曾家庙，简称曾庙。聚落呈团块状分布。有文化广场 1 个、小学 1 所、幼儿园 1 所。经济以种植业为主，主要农作物有小麦、玉米等。有公路经此。

**洪福寺** 370923-B01-H11

[ Hóngfúsì ]

在县驻地东平街道西南方向 15.3 千米。沙河站镇辖自然村。人口 800。明朝初期，赵姓自山西洪洞县迁此建村，因附近有洪福寺，故名。聚落呈团块状分布。有文化广场 1 个。经济以种植业为主，主要农作物有小麦、玉米、花生等。有公路经此。

**老湖** 370923-B02-H01

[ Lǎohú ]

老湖镇人民政府驻地。在县驻地东平街道西北方向 17.6 千米。人口 500。原名随河船，东平湖渔民于 1964 年移岸，在一级湖坝东岸建村，故名。聚落呈团块状分布。有文化广场 1 个、中学 1 所、幼儿园 1 所。经济以渔业为主。246 省道经此。

**辛店铺** 370923-B02-H02

[ Xīndiànpù ]

在县驻地东平街道西北方向 21.8 千米。老湖镇辖自然村。人口 2 300。宋朝，村边有九省御道，位于梁山泊东北岸。据传梁山好汉张青、孙二娘曾在此开设店铺，当时被官方贬称黑店铺，该村亦被称黑店铺。明朝初期，因村名不雅，改名为辛店铺。聚落呈团块状分布。有文化广场 1 个、小学 1 所、幼儿园 1 所。经济以种植业为主，主要农作物有小麦、玉米等。有公路经此。

**后茶棚** 370923-B02-H03

[ Hòuchápéng ]

在县驻地东平街道西北方向 20.6 千米。老湖镇辖自然村。人口 2 100。宋朝，此处为九省御道，曾有一人在此处搭设凉棚开设茶馆，招徕客商，后不断有人迁茶馆附近定居，形成村落，故取村名茶棚。明朝初期，发展为两个村，该村以方位名后茶棚。聚落呈团块状分布。有文化广场 1 个。经济以种植业为主，主要农作物有小麦、玉米等。有公路经此。

## 九女泉 370923-B02-H04
[ Jiǔnǚquán ]

在县驻地东平街道西北方向 18.7 千米。老湖镇辖自然村。人口 2 100。该村建于明洪武年间，因位于荆山脚下，故名荆山屯。清康熙年间，因村东旁有九女泉远近闻名，故改村名为九女泉。聚落呈散状分布。有文化广场 1 个。经济以种植业为主，主要农作物有小麦、玉米等。有公路经此。

## 大王峪 370923-B02-H05
[ Dàwángyù ]

在县驻地东平街道西北方向 20.7 千米。老湖镇辖自然村。人口 500。该村原名义和庄，建于元朝末期，后因村址位于大王山峪中，故更名大王峪。聚落呈团块状分布。有文化广场 1 个。经济以种植业为主，主要农作物有小麦、棉花、玉米等。有公路经此。

## 二十里铺 370923-B02-H06
[ Èrshílǐpù ]

在县驻地东平街道西北方向 16.9 千米。老湖镇辖自然村。人口 1 600。据《张氏族谱》载，明洪武年间，张姓自山西洪洞县迁此建村，因距东平州城二十华里，村内设有店铺，故名二十里铺。聚落呈团块状分布。有文化广场 1 个、小学 1 所、幼儿园 1 所。经济以种植业为主，主要农作物有小麦、玉米等。有公路经此。

## 董庄 370923-B02-H07
[ Dǒngzhuāng ]

在县驻地东平街道西北方向 17.0 千米。老湖镇辖自然村。人口 200。据《董氏族谱》记载，清嘉庆年间，董姓自芦墓坟迁至安山湖东岸（今东平湖内）建村，以姓氏命名为董庄。聚落呈团块状分布。有文化广场 1 个。经济以渔业捕捞为主。有公路经此。

## 展营村 370923-B02-H08
[ Zhǎnyíngcūn ]

在县驻地东平街道西北方向 12.2 千米。老湖镇辖自然村。人口 1 700。其中回族 590 人。展营原名于营村，因展氏于 1436 年奉旨南迁，1438 年迁至东平，在王陵山清河北岸于营村安家落户，随将于营村改名为展营村。聚落呈团块状分布。有文化广场 1 个、小学 1 所、幼儿园 1 所。经济以种植业为主，主要农作物有小麦、玉米等。有公路经此。

## 簸箕峪 370923-B02-H09
[ Bòjiyù ]

在县驻地东平街道西北方向 15.5 千米。老湖镇辖自然村。人口 200。据《杨氏族谱》载，清嘉庆十二年（1807），杨姓自安民山杨家庄迁此建村，因村址地处山谷，三面环山，村民像聚居在一个巨大的"簸箕"之中，故名簸箕峪。聚落呈团块状分布。有文化广场 1 个。经济以种植业为主，主要农作物有小麦、玉米等。有公路经此。

## 王台 370923-B02-H10
[ Wángtái ]

在县驻地东平街道西北方向 11.5 千米。老湖镇辖自然村。人口 1 300。以汉族为主，还有回族。该村建于明朝初期，因位于王陵山东侧高岗处，故名王陵台。明嘉靖年间，李姓在王陵北侧建村，村名后台，该村亦随之演变为前台。清末，王姓迁入后，改为王台。聚落呈团块状分布。有文化广场1个、小学1所、幼儿园1所。经济以种植业为主，主要农作物有小麦、玉米等。有公路经此。

## 梁林 370923-B02-H11
[ Liánglín ]

在县驻地东平街道西北方向16.0千米。老湖镇辖自然村。人口500。明成化年间，梁姓在此建村，因村西有父子状元梁浩、梁固墓葬，故名梁家林，简称梁林。聚落呈团块状分布。经济以种植业为主，主要农作物有小麦、玉米等。有公路经此。

## 前银山 370923-B03-H01
[ Qiányínshān ]

银山镇人民政府驻地。在县驻地东平街道西北方向31.5千米。人口2 400。明洪武年间，胡姓自南京迁此建村，因位于银山南侧，故名前银山。聚落呈团块状分布。有文化广场1个、中学1所、小学1所、幼儿园2所。经济以种植业为主、养殖业为辅，主要农作物有小麦、玉米等。通公交车。

## 西茂王 370923-B03-H02
[ Xīmàowáng ]

在县驻地东平街道西北方向31.5千米。银山镇辖自然村。人口1 800。据《王氏族谱》载，明洪武二十五年（1392），王氏祖王清自青州府诸城县望仙乡迁此建村，因人丁兴旺，故名茂王。1939年分为东、西两村，该村以方位得名西茂王。聚落呈团块状分布。有文化广场1个、小学1所、幼儿园1所。经济以种植业为主，养殖业为辅，主要农作物有小麦、玉米等。220国道经此。

## 徐把什 370923-B03-H03
[ Xúbǎshí ]

在县驻地东平街道西北方向33.2千米。银山镇辖自然村。人口800。清康熙年间，徐姓兄弟九人自东平州郭城迁此建村，因徐氏兄弟精通武术，被誉为武术把什（方言，行家），故以人名村徐把什。聚落呈团块状分布。有文化广场1个。经济以种植业为主、养殖业为辅，主要农作物有小麦、玉米等。通公交车。

## 卧牛山 370923-B03-H04
[ Wòniúshān ]

在县驻地东平街道西北方向26.4千米。银山镇辖自然村。人口1 200。明洪武年间，王姓自山西洪洞县迁此建村，因位于卧牛山山麓，故以山名村卧牛山。聚落呈带状分布。有文化广场1个。经济以种植业为主、养殖业为辅，主要农作物有小麦、玉米等。通公交车。

## 蔡沃 370923-B03-H05
[ Càiwò ]

在县驻地东平街道西北方向32.4千米。银山镇辖自然村。人口1 400。据《蔡氏族谱》载，明洪武年间，蔡姓在此建村，因地处马山脚下、山谷之中，故取名蔡窝，后演变为蔡沃。聚落呈团块状分布。有文化广场1个。经济以种植业为主、养殖业为辅，主要农作物有小麦、玉米等。220国道经此。

## 东腊山 370923-B03-H06
[ Dōnglàshān ]

在县驻地东平街道西北方向27.2千米。银山镇辖自然村。人口1 100。明洪武年间，王姓迁此建村，因位于腊山脚下，故名腊山。1956年分为东、西两村，该村以方位得名西腊山。聚落呈团块状分布。有文化广场1

个、小学 1 所、幼儿园 1 所。经济以种植业为主、养殖业为辅，主要农作物有小麦、玉米等。通公交车。

## 昆山 370923-B03-H07
[ Kūnshān ]

在县驻地东平街道西北方向 25.6 千米。银山镇辖自然村。人口 800。据《赵氏族谱》载，明永乐年间，赵姓自山西洪洞县迁此建村，因村位于昆山脚下，故名昆山。聚落呈环状分布。有文化广场 1 个、小学 1 所、幼儿园 1 所。经济以种植业为主、养殖业为辅，主要农作物有小麦、玉米等。通公交车。

## 南堂子 370923-B03-H08
[ Nántángzi ]

在县驻地东平街道西北方向 26.0 千米。银山镇辖自然村。人口 1 400。该村建于清光绪年间，因位于堂子社南侧，故名南堂子。聚落呈环状分布。有文化广场 1 个。经济以种植业为主，主要农作物有小麦、玉米等。有公路经此。

## 轩堂 370923-B03-H09
[ Xuāntáng ]

在县驻地东平街道西北方向 31.0 千米。银山镇辖自然村。人口 1 000。明永乐年间，轩辕氏自南京随驾来此建村，因村中修建一座祠堂，故名轩辕氏家堂，简称轩堂。聚落呈团块状分布。有文化广场 1 个。经济以种植业为主、养殖业为辅，主要农作物有小麦、玉米等。有公路经此。

## 阎垓 370923-B03-H10
[ Yángāi ]

在县驻地东平街道西北方向 34.1 千米。银山镇辖自然村。人口 1 600。明朝，阎姓在此建村，以姓氏命名为阎垓。聚落呈团

块状分布。有文化广场 1 个。经济以种植业为主、养殖业为辅，主要农作物有小麦、玉米等。有公路经此。

## 斑鸠店 370923-B04-H01
[ Bānjiūdiàn ]

斑鸠店镇人民政府驻地。在县驻地东平街道西北方向 31.5 千米。人口 2 800。当时，村边道旁有一客店，店主人善养斑鸠，闻名乡里，故命村名为斑鸠店。聚落呈团块状分布。有文化广场 1 个、小学 1 所、幼儿园 1 所。有名胜古迹程公祠。经济以种植业为主，主要农作物有大蒜、小麦、玉米等。有公路经此。

## 焦村 370923-B04-H02
[ Jiāocūn ]

在县驻地东平街道西北方向 32.3 千米。斑鸠店镇辖自然村。人口 1 600。清光绪年间，焦村部分居民为避水患，迁此建立新村，仍沿用原村名。聚落呈团块状分布。有文化广场 1 个、小学 1 所、幼儿园 1 所。经济以种植业为主，主要农作物有大蒜、小麦、玉米等。有公路经此。

## 荫柳棵 370923-B04-H03
[ Yīnliǔkē ]

在县驻地东平街道西北方向 33.7 千米。斑鸠店镇辖自然村。人口 3 200。明洪武年间，郭姓、门姓奉诏从山西洪洞县迁此建村，因此地盛长灌木荫柳，故名荫柳棵。聚落呈团块状分布。有文化广场 1 个。经济以种植业为主，主要农作物有大蒜、小麦、玉米等。220 国道经此。

## 子路 370923-B04-H04
[ Zǐlù ]

在县驻地东平街道西北方向 34.0 千米。斑鸠店镇辖自然村。人口 4 100。据《刘氏

族谱》载，明永乐年间，刘姓自山西洪洞县迁居该村，因村边山上建有子路祠堂，传为仲子读书处，故改村名为子路。聚落呈散状分布。有文化广场1个、小学1所、幼儿园1所。有名胜古迹仲子读书处。经济以种植业为主，主要农作物有大蒜、小麦、玉米等。有公路经此。

**八里汀** 370923-B04-H05
[ Bālǐtīng ]

在县驻地东平街道西北方向31.7千米。斑鸠店镇辖自然村。人口1 400。据《梁山县地名志》载，清乾隆年间，杨姓自庞口迁此建村，因距庞口八里，又地处黄河滩区，故名八里汀。聚落呈带状分布。有文化广场1个。经济以种植业为主，主要农作物有大蒜、小麦、玉米等。有公路经此。

**豆山** 370923-B04-H06
[ Dòushān ]

在县驻地东平街道西北方向30.7千米。斑鸠店镇辖自然村。人口2 400。明洪武年间，王姓自山西洪洞县迁至豆山前建村，取名前豆山。曹姓迁至豆山后建村，取名后豆山。永乐年间，李姓、魏姓自青州益都迁至豆山东麓建村，村名东豆山。1956年，前豆山、后豆山、东豆山形成一个自然村，统称豆山。聚落呈团块状分布。有文化广场1个、小学1所、幼儿园1所。经济以种植业为主，主要农作物有大蒜、小麦、玉米等。有公路经此。

**南枣园** 370923-B04-H07
[ Nánzǎoyuán ]

在县驻地东平街道西北方向32.0千米。斑鸠店镇辖自然村。人口800。明洪武年间，史姓、庞姓自青州益都迁此建村，因村周多种枣树，故名枣园。崇祯年间，部分居民迁出，另建新村，取名北枣园，该村遂改称南枣园。聚落呈团块状分布。有文化广场1个。经济以种植业为主，主要农作物有大蒜、小麦、玉米等。220国道经此。

**岱程** 370923-B04-H08
[ Dàichéng ]

在县驻地东平街道西北方向32.0千米。斑鸠店镇辖自然村。人口1 200。明万历年间，村西凤凰岭上重建泰山行宫，村名遂演变为岱程。聚落呈团块状分布。有文化广场1个、中学1所、小学1所、幼儿园1所。经济以种植业为主，主要农作物有大蒜、小麦、玉米等。220国道经此。

**西堂子** 370923-B04-H09
[ Xītángzi ]

在县驻地东平街道西北方向29.2千米。斑鸠店镇辖自然村。人口2 100。据《东阿县志》载，该村原称居仁里，后因翰林李谦在此设立讲堂，故改名堂子社。中华人民共和国成立后，分为东、西两村，该村以方位名西堂子。聚落呈团块状分布。有文化广场1个、小学1所、幼儿园1所。经济以种植业为主，主要农作物有大蒜、小麦、玉米等。有公路经此。

**裴窝** 370923-B04-H10
[ Péiwō ]

在县驻地东平街道西北方向28.3千米。斑鸠店镇辖自然村。人口600。据建福寺碑刻载，该村原名理明窝。明正德年间，村中裴姓在朝居官，为显示权势，故更名为裴窝。聚落呈团块状分布。有文化广场1个。名胜古迹有建福寺。经济以种植业为主，主要农作物有大蒜、小麦、玉米等。通公交车。

**接山** 370923-B05-H01

[ Jiēshān ]

接山镇人民政府驻地。在县驻地东平街道东北方向 11.8 千米。人口 600。据《东平州志》载，宋大中祥符元年（1008），宋真宗封禅泰山，途经东平，当时官员曾在此接驾过山，故村得名接驾山，后简称接山。聚落呈团块状分布。有文化广场 1 个、中学 1 所、小学 1 所、幼儿园 1 所。经济以种植业为主，主要农作物有小麦、玉米等。326 省道经此。

**常庄** 370923-B05-H02

[ Chángzhuāng ]

在县驻地东平街道东北方向 14.0 千米。接山镇辖自然村。人口 4 800。据《常氏族谱》载："明嘉靖年间，毛、常两姓由山西洪洞县迁此建村，常姓主姓，故名常庄。"聚落呈团块状分布。有文化广场 1 个、小学 1 所、幼儿园 1 所。名胜古迹有常庄汉墓群、常庄西北门寨墙、东北门残存寨墙、常庄保险楼、颜氏祠堂、常庄李家林石刻及多处老宅故居。经济以种植业为主，主要农作物有小麦、玉米等。有公路经此。

**中套** 370923-B05-H03

[ Zhōngtào ]

在县驻地东平街道东北方向 10.2 千米。接山镇辖自然村。人口 2 400。据《崔氏族谱》载："明万历年间，崔姓自汶上县李家庄迁此建村，因位于山套中部，故名中套。"中套因三面环山，古时定村名为山套，后分为上套、中套和下套三个自然村。聚落呈团块状分布。有文化广场 1 个、小学 1 所、幼儿园 1 所。古迹有崔家大院。经济以种植业为主，主要农作物有小麦、玉米等。有公路经此。

**席桥** 370923-B05-H04

[ Xíqiáo ]

在县驻地东平街道东北方向 14.2 千米。接山镇辖自然村。人口 800。宋大中祥符元年（1008），宋真宗封禅泰山，车驾行至汇河，无桥，真宗遂降旨以草席筑桥过河，后于过河处建起一村，故名席桥。聚落呈团块状分布。有文化广场 1 个。经济以种植业为主，主要农作物有小麦、玉米等。通公交车。

**东荣花树** 370923-B05-H05

[ Dōngrónghuāshù ]

在县驻地东平街道东北方向 8.2 千米。接山镇辖自然村。人口 400。据《吴氏族谱》载，清顺治年间，吴姓自吴沙河涯迁此建村，因此地盛长菜花树，遂取名荣花树。因有重名村，1980 年更名为东荣花树。聚落呈团块状分布。有文化广场 1 个。经济以种植业为主，主要农作物有小麦、玉米等。有公路经此。

**下套** 370923-B05-H06

[ Xiàtào ]

在县驻地东平街道东北方向 10.5 千米。接山镇辖自然村。人口 1 000。据《辛氏族谱》载，明洪武二年（1369），辛姓自山西洪洞县迁此建村，因地处山套南端，故名下套。聚落呈团块状分布。有文化广场 1 个、幼儿园 1 所。经济以种植业为主，主要农作物有小麦、玉米等。有公路经此。

**徐村** 370923-B05-H07

[ Xúcūn ]

在县驻地东平街道东北方向 10.7 千米。接山镇辖自然村。人口 700。明洪武年间，徐姓由山西洪洞县迁来，以姓氏命名为徐村。聚落呈团块状分布。有文化广场 1 个、小学 1 所、幼儿园 1 所。经济以种植业为主，主要农作物有小麦、玉米等。通公交车。

### 纸坊 370923-B05-H08
[ Zhǐfáng ]

在县驻地东平街道东北方向 10.4 千米。接山镇辖自然村。人口 500。明崇祯年间，下套村地主辛家在此设立造纸作坊，故名纸坊。聚落呈团块状分布。有文化广场 1 个。经济以种植业为主，主要农作物有小麦、玉米等。通公交车。

### 花园 370923-B05-H09
[ Huāyuán ]

在县驻地东平街道东北方向 10.2 千米。接山镇辖自然村。人口 500。据《廖氏族谱》载，清顺治年间，廖姓自下套迁此建村，因位于一花园附近，故名。聚落呈团块状分布。有文化广场 1 个。经济以种植业为主，主要农作物有小麦、玉米等。通公交车。

### 鄣城 370923-B05-H10
[ Zhāngchéng ]

在县驻地东平街道东北方向 17.0 千米。接山镇辖自然村。人口 3 800。据《东平州志》载，鄣城始称于春秋，为鄣国国都；秦为须昌县一城廓；汉改鄣为章县，治鄣城；魏撤章县，属无盐县。此后，鄣城降为一般集镇，其名沿用至今。聚落呈团块状分布。有文化广场 1 个、小学 1 所、幼儿园 1 所。经济以种植业为主，主要农作物有小麦、玉米等。通公交车。

### 麻子峪 370923-B05-H11
[ Mázǐyù ]

在县驻地东平街道东北方向 21.4 千米。接山镇辖自然村。人口 500。据《尹氏族谱》载，清乾隆年间，尹姓自徐坦迁此建村，因地处山谷，谷中多生蓖麻，故命村名为麻子峪。聚落呈团块状分布。有文化广场 1 个。经济以种植业为主，主要农作物有小麦、玉米等。通公交车。

### 朝阳庄 370923-B05-H12
[ Cháoyángzhuāng ]

在县驻地东平街道东北方向 12.4 千米。接山镇辖自然村。人口 1 000。明朝初期，孙姓、田姓迁此建村，因位于北大山之阳，故名朝阳庄。聚落呈团块状分布。有文化广场 1 个。经济以种植业为主，主要农作物有小麦、玉米等。通公交车。

### 张河桥 370923-B05-H13
[ Zhānghéqiáo ]

在县驻地东平街道东北方向 15.0 千米。接山镇辖自然村。人口 100。该村原名常庄一新村，因位于张河桥附近，更名为张河桥。聚落呈团块状分布。有文化广场 1 个、中学 1 所、小学 1 所、幼儿园 1 所。经济以种植业为主，主要农作物有小麦、玉米等。通公交车。

### 大羊 370923-B06-H01
[ DàiYáng ]

大羊镇人民政府驻地。在县驻地东平街道东北方向 12.0 千米。人口 4 000。春秋称阳州城。明永乐年间，戴姓、杨姓自山西洪洞县迁此建村，以姓氏命名，成立集市后，易名戴杨集。后演变为大羊集，简称大羊。聚落呈团块状分布。有文化广场 1 个、小学 1 所、幼儿园 1 所。经济以种植业为主，主要农产品有核桃。105 国道经此。

### 西王 370923-B06-H02
[ Xīwáng ]

在县驻地东平街道东北方向 14.8 千米。大羊镇辖自然村。人口 1 000。据村中一残碑文记载，明朝末期，翟姓、李姓在此建村，因位于金灯湖、银灯湖北岸，故名北湖口，又名北湖村。清道光年间，王姓举人王恩龙自东平州州城迁入后，改村名为王家庄。1958 年更名为西王庄，简称西王。聚落呈团块状分布。有文化广场 1 个。经济以种植业为主，主要农作物有小麦、玉米等。105 国道经此。

## 李大羊 370923-B06-H03
[ Lǐdàyáng ]

在县驻地东平街道东北方向 15.3 千米。大羊镇辖自然村。人口 1 300。据《李氏族谱》载，明朝初期，李姓自山西洪洞县迁此建村，因位于大羊附近，故以姓氏取名李大羊。聚落呈团块状分布。有文化广场 1 个。经济以种植业为主，主要农作物有小麦、玉米等。通公交车。

## 后魏雪 370923-B06-H04
[ Hòu wèixuě ]

在县驻地东平街道东北方向 12.0 千米。大羊镇辖自然村。人口 1 300。明万年历间，三旺村魏雪后裔魏白迁此建村，取名魏雪。1928 年，以村中水坑为界，分为南、北两村，该村按方位得名后魏雪。聚落呈团块状分布。有文化广场 1 个、幼儿园 1 所。经济以种植业为主，主要农作物有小麦、玉米等。通公交车。

## 裴洼 370923-B06-H05
[ Péiwā ]

在县驻地东平街道东北方向 12.0 千米。大羊镇辖自然村。人口 1 000。据《裴氏族谱》载，明洪武二十五年（1392），裴姓自山西洪洞县迁此建村，因村周地势低洼，故以姓氏命名为裴洼。聚落呈团块状分布。有文化广场 1 个、小学 1 所、幼儿园 1 所。经济以种植业为主，主要农作物有小麦、玉米等。105 国道经此。

## 南留屯 370923-B06-H06
[ Nánliútún ]

在县驻地东平街道东北方向 12.3 千米。大羊镇辖自然村。人口 1 100。据传，该村建于东汉时期，村名无考。东魏武定元年（543），因村址位于又山西麓，故名双山峙。燕王扫北时，该村因地处深山而幸存，后人为了纪念此事，易村名为南留屯。聚落呈团块状分布。有文化广场 1 个、小学 1 所、幼儿园 1 所。经济以种植业为主，主要农作物有小麦、玉米等。有公路经此。

## 土安 370923-B06-H07
[ Tǔ'ān ]

在县驻地东平街道东北方向 10.3 千米。大羊镇辖自然村。人口 2 200。清代，有位杨姓村民种西瓜而富庶，乡亲们便争相效仿，以种西瓜为业，生活富足，故易村名为土安。聚落呈团块状分布。有文化广场 1 个、小学 1 所、幼儿园 1 所。经济以种植业为主，主要农作物有小麦、玉米等。105 国道经此。

## 清水坦 370923-B06-H08
[ Qīngshuǐtǎn ]

在县驻地东平街道东北方向 10.6 千米。大羊镇辖自然村。人口 1 300。明成化年间，韩姓自山西洪洞县迁此建村，因村东有泉，泉水从村中流过，注入村西金灯湖和银灯湖，湖水清流见底，故名清水坦。聚落呈团块状分布。有文化广场 1 个。经济以种植业为主，主要农作物有小麦、玉米等。105 国道经此。

## 丁坞 370923-B06-H09
[ Dīngwù ]

在县驻地东平街道东北方向 16.5 千米。大羊镇辖自然村。人口 3 200。据《丁氏族谱》载，明永乐年间，丁姓自山西洪洞县迁居此村，后因村北曾为停泊船只的码头，故名。聚落呈团块状分布。有文化广场 1 个、小学 1 所、幼儿园 1 所。经济以种植业为主，主要农作物有小麦、玉米等。243 省道经此。

## 东三旺 370923-B06-H10
[ Dōngsānwàng ]

在县驻地东平街道东北方向 14.8 千米。大羊镇辖自然村。人口 1 200。传说，该村原名三王村，因明初有三位王子落居此地而得名。后因人丁兴旺，更名为三旺。后分为东三旺、西三旺。聚落呈团块状分布。有文化广场 1 个。经济以种植业为主，主要农作物有小麦、玉米等。243 省道经此。

## 前郑庄 370923-B06-H11
[ Qiánzhèngzhuāng ]

在县驻地东平街道东北方向 18.0 千米。大羊镇辖自然村。人口 600。据《郑氏族谱》载，明天启年间，郑姓自东平州州城迁此建村，以姓氏命名为郑庄，后分前郑庄、后郑庄。聚落呈团块状分布。有文化广场 1 个。经济以种植业为主，主要农作物有小麦、玉米等。通公交车。

## 东梯门 370923-B07-H01
[ Dōngtīmén ]

梯门镇人民政府驻地。在县驻地东平街道西北方向 13.0 千米。人口 900。据《王氏族谱》载，该村原名荆山屯。明永乐年间，王氏始迁山东蒙阴云蒙山后谭波村，后迁居此村，仍沿用原名。后王氏在村东建庙，庙门阶共九级，形似楼梯，俗称梯门。后分为东梯门、西梯门两村。聚落呈团块状分布。有文化广场 1 个、幼儿园 1 所。有市级文物保护单位明代兵部尚书王宪墓。经济以种植业为主，主要农作物有小麦、玉米、棉花等。243 省道经此。

## 北陈 370923-B07-H02
[ Běichén ]

在县驻地东平街道西北方向 17.3 千米。梯门镇辖自然村。人口 500。据《陈氏族谱》载，清朝末期，原居东柿子园的陈姓迁居此村，村名陈庄，因有重名村，1980 年更名为北陈。聚落呈团块状分布。有文化广场 1 个。经济以种植业为主、水产养殖业为辅，主要农作物有小麦、玉米、花生等。有公路经此。

## 西柿子园 370923-B07-H03
[ Xīshìziyuán ]

在县驻地东平街道西北方向 16.5 千米。梯门镇辖自然村。人口 1 300。据《傅氏族谱》载，明洪武年间，傅姓自山西洪洞县迁此建村，因村周围盛长柿子，故以方位命名为西柿子园。聚落呈团块状分布。有文化广场 1 个、小学 1 所、幼儿园 1 所。经济以种植业为主、水产养殖业为辅，主要农作物有小麦、玉米、花生等。有公路经此。

## 石河王 370923-B07-H04
[ Shíhéwáng ]

在县驻地东平街道西北方向 15.8 千米。梯门镇辖自然村。人口 1 700。该村建于明初，依山靠水，曾名十虎王。王姓自山西洪洞县迁来安居后，在村边建窑，炼制石灰，故又称石灰王。后因山水从村中流过，积年累月，形成一条小河，故改称石河王。聚落呈团块状分布。有文化广场 1 个。经济以种植业为主、水产养殖业为辅，主要农作物有小麦、玉米、花生等。有公路经此。

## 西沟流 370923-B07-H05
[ Xīgōuliú ]

在县驻地东平街道西北方向 16.0 千米。

梯门镇辖自然村。人口 700。据《李氏族谱》载，明嘉靖年间，李姓迁此建村，因村位于山涧西侧，涧中流水常年不断，故名西沟流。聚落呈团块状分布。有文化广场 1 个。经济以种植业为主、水产养殖业为辅，主要农作物有小麦、玉米、花生等。有公路经此。

**尚园** 370923-B07-H06

[ Shàngyuán ]

在县驻地东平街道西北方向 14.4 千米。梯门镇辖自然村。人口 700。明洪武年间，尚姓自山西洪洞县迁此建村，因村边菜园较多，故名尚家园，简称尚园。聚落呈团块状分布。有文化广场 1 个。经济以种植业为主、水产养殖业为辅，主要农作物有小麦、玉米、花生等。有公路经此。

**花篮店** 370923-B07-H07

[ Huālándiàn ]

在县驻地东平街道西北方向 11.9 千米。梯门镇辖自然村。人口 700。宋徽宗年间，村内有客房，相传是梁山好汉的联络点，店门上方挂花篮作为标记，俗称花篮店。后村名亦沿用花篮店。聚落呈团块状分布。有文化广场 1 个。经济以种植业为主、水产养殖业为辅，主要农作物有小麦、玉米、花生等。243 省道经此。

**王海** 370923-B07-H08

[ Wánghǎi ]

在县驻地东平街道西北方向 11.4 千米。梯门镇辖自然村。人口 800。明洪武年间，李姓在此建村，因村东南地势低洼，夏秋水涨，一片汪洋，故名李家海。后王姓迁入，改称海子。因有重名村，1980 年更名为王海。聚落呈团块状分布。有文化广场 1 个。经济以种植业为主、水产养殖业为辅，主要农作物有小麦、玉米、花生等。有公路经此。

**西芦泉** 370923-B07-H09

[ Xīlúquán ]

在县驻地东平街道西北方向 9.5 千米。梯门镇辖自然村。人口 4 900。该村建于宋徽宗年间，因位于芦山脚下一清泉附近，故名芦泉屯，后因方位命名为西芦泉。聚落呈团块状分布。有文化广场 1 个、小学 1 所、幼儿园 1 所。经济以种植业为主、水产养殖业为辅，主要农作物有小麦、玉米、花生等。有公路经此。

**泉沟** 370923-B07-H10

[ Quángōu ]

在县驻地东平街道西北方向 16.9 千米。梯门镇辖自然村。人口 100。据《王氏族谱》载，清朝中期，王姓自东柿子园迁此建村，因有山泉水从村边流过，故名泉沟。聚落呈团块状分布。有文化广场 1 个。经济以种植业为主、水产养殖业为辅，主要农作物有小麦、玉米、花生等。有公路经此。

**孟垓** 370923-B08-H01

[ Mènggāi ]

戴庙镇人民政府驻地。在县驻地东平街道西北方向 31.2 千米。人口 1 300。据《孟氏族谱》载，明弘治年间，孟姓自山西洪洞县迁此建村，以姓氏命名为孟垓。聚落呈团块状分布。有文化广场 1 个、幼儿园 1 所。有古迹药王庙。经济以种植业为主，主要农作物有小麦、玉米等。220 国道经此。

**戴庙** 370923-B08-H02

[ Dàimiào ]

在县驻地东平街道西北方向 30.2 千米。戴庙镇辖自然村。人口 2 900。其中回族 159 人。据《梁山县地名志》载，明洪武年间，戴姓迁此建村，并在村边建庙宇 1 座，故名戴庙。聚落呈团块状分布。有文化广场 1 个、小学 1 所、幼儿园 1 所。经济以种植业为主，主要农作物有小麦、玉米等。220 国道经此。

## 宋圈 370923-B08-H03
[ Sòngquān ]

在县驻地东平街道西北方向 30.0 千米。戴庙镇辖自然村。人口 900。据《宋氏族谱》载，明洪武二十五年（1392），宋姓自青州府益都县白洋河迁此建村，圈地耕作，故名宋圈。聚落呈团块状分布。有文化广场 1 个。经济以种植业为主，主要农作物有小麦、玉米等。有公路经此。

## 师集 370923-B08-H04
[ Shījí ]

在县驻地东平街道西北方向 33.7 千米。戴庙镇辖自然村。人口 1 500。据《谭氏族谱》载，明洪武年间，师姓自山西洪洞县迁此建村，因有集市，故名师集。聚落呈带状分布。有文化广场 1 个、小学 1 所、幼儿园 1 所。经济以种植业为主，主要农作物有小麦、玉米等。有公路经此。

## 南杨庄 370923-B08-H05
[ Nányángzhuāng ]

在县驻地东平街道西北方向 30.0 千米。戴庙镇辖自然村。人口 200。据《杨氏族谱》载，清乾隆年间，杨姓自戴庙镇师集村迁此建村，以姓氏命名为杨庄，因有重名村，后改为南杨庄。聚落呈带状分布。有文化广场 1 个。经济以种植业为主，主要农作物有小麦、玉米等。220 国道经此。

## 芦里 370923-B08-H06
[ Lúlǐ ]

在县驻地东平街道西北方向 32.5 千米。戴庙镇辖自然村。人口 400。明洪武年间，孙姓、李姓、于姓自山西洪洞县迁此建村，因村内有红炉 18 盘，村民多以此为业，故名炉里，后演变为芦里。聚落呈团块状分布。有文化广场 1 个。经济以种植业为主，主要农作物有小麦、玉米。有公路经此。

## 十里堡 370923-B08-H07
[ Shílǐpù ]

在县驻地东平街道西北方向 31.0 千米。戴庙镇辖自然村。人口 500。据《梁山县地名志》载，明朝年间，商姓迁此建村，因距戴庙村十华里，故名十里堡。聚落呈团块状分布。有文化广场 1 个。经济以种植业为主，主要农作物有小麦、玉米等。有公路经此。

## 西金山 370923-B08-H08
[ Xījīnshān ]

在县驻地东平街道西北方向 28.3 千米。戴庙镇辖自然村。人口 1 200。据《张氏族谱》载，明洪武年间建村，因村位于金山脚下，故名金山，燕王"靖难"之后，仅潘姓、明姓、张姓幸免战祸，留居该村。后发展为大金山、小金山两村。又以方位改为东金山、西金山。聚落呈团块状分布。有文化广场 1 个、小学 1 所、幼儿园 1 所。经济以种植业为主，主要农作物有小麦、玉米等。有公路经此。

## 后吕庄 370923-B08-H09
[ Hòulǚzhuāng ]

在县驻地东平街道西北方向 32.2 千米。戴庙镇辖自然村。人口 1 400。据《吕氏族谱》载，明永乐年间，吕姓自山西洪洞县迁此建村，以姓氏命名为吕庄，后改称后吕庄。聚落呈团块状分布。有文化广场 1 个。经济以种植业为主，主要农作物有小麦、玉米等。有公路经此。

**月河圈** 370923-B08-H10

[ Yuèhéquān ]

在县驻地东平街道西北方向 30.5 千米。戴庙镇辖自然村。人口 200。据《郭氏族谱》载，清乾隆年间，郭姓自今银山镇徐庄迁此建村，为防水患，在村外筑堤，堤形似弯月，故村名月河圈。聚落呈团块状分布。有文化广场 1 个。经济以种植业为主，主要农作物有小麦、玉米等。220 国道经此。

**唐营** 370923-B09-H01

[ Tángyíng ]

新湖镇人民政府驻地。在县驻地东平街道西南方向 15.0 千米。人口 2 400。明永乐年间，唐氏祖宦游燕京，随驾供职，扫除北原，有功于王室，敕授怀远将军，镇守鲁西，曾在此屯兵安营，遂名唐家营，简称唐营。聚落呈团块状分布。有文化广场 1 个、中学 1 所、小学 1 所、幼儿园 1 所。经济以种植业为主，水产养殖业为辅，主要农作物有小麦、玉米、花生等。有公路经此。

**冯洼** 370923-B09-H02

[ Féngwā ]

在县驻地东平街道西南方向 16.5 千米。新湖镇辖自然村。人口 800。据《冯氏族谱》载，明洪武六年（1373），冯姓自山西洪洞县迁至梁山东麓莲台村定居。明永乐年间，冯姓分支迁此建村，因地势低洼，故名冯洼。聚落呈团块状分布。有文化广场 1 个。经济以种植业为主、水产养殖业为辅，主要农作物有小麦、玉米、花生等。有公路经此。

**常仲口** 370923-B09-H03

[ Chángzhòngkǒu ]

在县驻地东平街道西南方向 19.3 千米。新湖镇辖自然村。人口 700。据《常氏族谱》载，明洪武年间，常姓迁此建村，并在村边京杭大运河上设渡口，故名常渡口。后演变为常仲口。聚落呈团块状分布。有文化广场 1 个。经济以种植业为主、水产养殖业为辅，主要农作物有小麦、玉米、花生等。有公路经此。

**巩楼** 370923-B09-H04

[ Gǒnglóu ]

在县驻地东平街道西南方向 15.4 千米。新湖镇辖自然村。人口 700。据《巩氏族谱》载，明嘉靖年间，巩姓自东平州城迁此建村，村内有楼房，故名巩楼。聚落呈带状分布。有文化广场 1 个、小学 1 所、幼儿园 1 所。经济以渔业为主。有公路经此。

**芦村** 370923-B09-H05

[ Lúcūn ]

在县驻地东平街道西南方向 15.0 千米。新湖镇辖自然村。人口 100。据《李氏族谱》载，明永乐二年（1404），李姓自山西洪洞县迁此建村，因以红炉为业，故取村名炉里。继以村周盛长芦苇，炉、芦谐音，改为芦里村，后演变为芦村。聚落呈团块状分布。有文化广场 1 个。经济以种植业为主、水产养殖业为辅，主要农作物有小麦、玉米、花生等。有公路经此。

**凤凰台** 370923-B09-H06

[ Fènghuángtái ]

在县驻地东平街道西南方向 12.0 千米。新湖镇辖自然村。人口 900。该村原名高家庄，清乾隆二十二年（1757），高宗南巡，途经东平，行至该村时，空中有凤凰飞翔，后落于此地，即命在凤凰落处修台立碑，题诗志胜，命名凤凰台。该村遂改称凤凰台。聚落呈团块状分布。有文化广场 1 个。经济以种植业为主、水产养殖业为辅，主要农作物有小麦、玉米、花生等。有公路经此。

## 豆腐营 370923-B09-H07
[ Dòufǔyíng ]

在县驻地东平街道西南方向 16.5 千米。新湖镇辖自然村。人口 1 300。明永乐年间，黄姓迁此建村。因相传唐朝一窦氏武官曾带兵在此驻扎，故命名为窦府营。后演变为豆腐营。聚落呈团块状分布。有文化广场 1 个、小学 1 所、幼儿园 1 所。经济以种植业为主、水产养殖业为辅，主要农作物有小麦、玉米、花生等。有公路经此。

## 轩场 370923-B09-H08
[ Xuānchǎng ]

在县驻地东平街道西南方向 19.3 千米。新湖镇辖自然村。人口 800。明洪武年间建村，因位于轩家场院附近，故名轩场。聚落呈团块状分布。有文化广场 1 个。经济以种植业为主、水产养殖业为辅，主要农作物有小麦、玉米、花生等。有公路经此。

## 吕漫 370923-B09-H09
[ Lǚmàn ]

在县驻地东平街道西南方向 17.0 千米。新湖镇辖自然村。人口 100。明永乐年间，吕姓自山西洪洞县迁此建村，取名吕庄。后因地处河漫滩，改称吕漫。聚落呈团块状分布。有文化广场 1 个。经济以种植业为主、水产养殖业为辅，主要农作物有小麦、玉米、花生等。有公路经此。

## 范岗 370923-B09-H10
[ Fàngǎng ]

在县驻地东平街道西南方向 16.3 千米。新湖镇辖自然村。人口 800。据《范氏族谱》载，明洪武八年（1375），范姓自山西洪洞县铜鹊阁迁此建村，因地处高岗，故名范家岗，后简称范岗。聚落呈团块状分布。有文化广场 1 个。经济以种植业为主、水产养殖业为辅，主要农作物有小麦、玉米、花生等。有公路经此。

## 商老庄 370923-C01-H01
[ Shānglǎozhuāng ]

商老庄乡人民政府驻地。在县驻地东平街道西南方向 29.0 千米。人口 2 000。据《商氏族谱》载，明正德年间，商姓自平阴县商庄迁居该村，后阎姓迁出，故更名为商家老庄，简称商老庄。聚落呈团块状分布。有文化广场 1 个、小学 1 所、幼儿园 1 所。经济以种植业为主、水产养殖业为辅，主要农作物有小麦、玉米、花生等。220 国道、326 省道经此。

## 董庙 370923-C01-H02
[ Dǒngmiào ]

在县驻地东平街道西南方向 29.2 千米。商老庄乡辖自然村。人口 300。据《董氏族谱》载，明崇祯年间，董姓迁此建村，因位于一庙宇附近，故名董庙。聚落呈团块状分布。有文化广场 1 个、中学 1 所。经济以种植业为主，主要农作物有小麦、玉米等。220 国道经此。

## 张文远 370923-C01-H03
[ Zhāngwényuǎn ]

在县驻地东平街道西南方向 31.5 千米。商老庄乡辖自然村。人口 700。据《张氏族谱》载，明永乐年间，申姓自阳谷县安乐镇迁此建村，因村边有一坑塘，故命名为申家塘。后张姓迁入，以名人张文远之名，改村名为张文远。聚落呈团块状分布。有文化广场 1 个。经济以种植业为主，主要农作物有小麦、玉米等。有公路经此。

## 义和庄 370923-C01-H04
[ Yìhézhuāng ]

在县驻地东平街道西北方向 30.7 千米。

商老庄乡辖自然村。人口 400。据《秦氏族谱》载，清乾隆年间，秦姓自秦楼迁此建村，因村民和睦相处，故名义和庄。聚落呈团块状分布。有文化广场 1 个。经济以种植业为主，主要农作物有小麦、玉米等。有公路经此。

### 潭坑涯 370923-C01-H05
[ Tánkēngyá ]

在县驻地东平街道西南方向 27.6 千米。商老庄乡辖自然村。人口 1 000。据《梁山县地名志》载，清乾隆年间，李姓、周姓等迁此建村，因位于水潭旁，故名潭坑涯。聚落呈团块状分布。有文化广场 1 个。经济以种植业为主，主要农作物有小麦、玉米等。有公路经此。

### 大安山 370923-C01-H06
[ Dà'ānshān ]

在县驻地东平街道西南方向 18.8 千米。商老庄乡辖自然村。人口 1 600。据《梁山县地名志》载，元代，古大运河流经安山脚下，为节制水流，于河上建闸，此处在开掘闸基时，挖出巨石，未见根底，建闸于巨石之上，落成后，命名为安山闸。此后，安山闸便成为水陆交通枢纽，客商往来络绎不绝，有的定居于此。至清光绪年间，逐渐发展为较大村落，集市贸易兴隆，遂命名为大安山。聚落呈团块状分布。有文化广场 1 个、小学 1 所、幼儿园 1 所。经济以种植业为主，水产养殖业为辅，主要农作物有小麦、玉米、花生等。326 省道经此。

### 新光 370923-C01-H07
[ Xīnguāng ]

在县驻地东平街道西南方向 18.7 千米。商老庄乡辖自然村。人口 2 700。据《梁山县地名志》载，1965 年，湖区移民返湖后，在此建立新村，命名为新光。聚落呈团块状分布。有文化广场 1 个、幼儿园 1 所。经济以种植业为主、水产养殖业为辅，主要农作物有小麦、玉米、花生等。326 省道经此。

### 八里湾 370923-C01-H08
[ Bālǐwān ]

在县驻地东平街道西南方向 23.7 千米。商老庄乡辖自然村。人口 3 800。据《张氏族谱》《陈氏族谱》载，明洪武年间，张姓、陈姓自山西洪洞县迁此建村，因距大安山八华里，又位于河湾处，故名八里湾。聚落呈团块状分布。有文化广场 1 个、小学 1 所、幼儿园 1 所。经济以种植业为主、水产养殖业为辅，主要农作物有小麦、玉米、花生等。326 省道经此。

### 沈堤口 370923-C01-H09
[ Shěndīkǒu ]

在县驻地东平街道西南方向 20.5 千米。商老庄乡辖自然村。人口 400。据《沈氏族谱》载，明嘉靖三十六年（1557），沈姓自金陵迁此建村，因位于堤口处，故名沈堤口。聚落呈团块状分布。有文化广场 1 个。经济以种植业为主、水产养殖业为辅，主要农作物有小麦、玉米、花生等。有公路经此。

### 潘孟于 370923-C01-H10
[ Pānmèngyú ]

在县驻地东平街道西方向 18.8 千米。商老庄乡辖自然村。人口 900。据《梁山县地名志》载，1965 年，潘庄、孟庄、于庄居民自东平湖内迁至新筑村台聚居，三村自然合并，亲如一家，故取三村名首字，命名为潘孟于。聚落呈团块状分布。有文化广场 1 个。经济以渔业养殖为主。有公路经此。

## 旧县一村 370923-C02-H01
[ Jiùxiànyīcūn ]

旧县乡人民政府驻地。在县驻地东平街道西北方向 28.5 千米。人口 1 300。据《东阿县志》载，北宋开宝二年（969），东阿县因河水为患迁至南谷镇，至太平兴国二年（977）又迁利仁镇（即吉城村），因在此设过县城，故名旧县。聚落呈团块状分布。有文化广场 1 个、小学 1 所、幼儿园 1 所。经济以种植业为主，主要农作物有小麦、谷子、大蒜、玉米等。326 省道经此。

## 陈山口 370923-C02-H02
[ Chénshānkǒu ]

在县驻地东平街道西北方向 28.0 千米。旧县乡辖自然村。人口 800。据《陈氏族谱》载，明洪武年间，陈姓自山西洪洞县迁居此处建村，因地处两山之山口，故名陈山口。聚落呈团块状分布。有文化广场 1 个。经济以种植业为主，主要农作物有小麦、谷子、大蒜、玉米等。326 省道经此。

## 东鹅山 370923-C02-H03
[ Dōng'éshān ]

在县驻地东平街道西北方向 31.0 千米。旧县乡辖自然村。人口 400。据《东阿县志》载，清咸丰年间，先民自大鹅山村迁此建村，起名太平庄，1956 年因位于大鹅山村东，更名东鹅山。聚落呈团块状分布。有文化广场 1 个。经济以种植业为主，主要农作物有小麦、谷子、大蒜、玉米等。326 省道经此。

## 浮粮店 370923-C02-H04
[ Fúliángdiàn ]

在县驻地东平街道西北方向 28.5 千米。旧县乡辖自然村。人口 200。据《东阿县志》载，明洪武年间，因运河兴盛，此地交通发达，做生意的人越来越多，店铺很多，特别是粮店不计其数，洪水泛滥，把粮店等一切店铺全部淹没，洪水过后，因水面上漂浮一层粮食，故名浮粮店。聚落呈环状分布。有文化广场 1 个。经济以种植业为主，主要农作物有小麦、谷子、大蒜、玉米等。326 省道经此。

## 吉城一村 370923-C02-H05
[ Jíchéngyīcūn ]

在县驻地东平街道西北方向 26.1 千米。旧县乡辖自然村。人口 1 100。据《东阿县志》载，唐朝此地为利仁镇，宋朝时，县城有南谷镇迁移到此处，因无城墙，沿城长满了荆棘，故得名棘城，后逐渐演变为吉城。随着明、清两朝人口迁移增加，逐渐形成村落，根据棘城方位起名为北吉城、吉城一村、吉城二村、吉城三村、吉城四村、吉城五村。该村为吉城一村。聚落呈团块状分布。有文化广场 1 个、幼儿园 1 所。经济以种植业为主，主要农作物有小麦、谷子、大蒜、玉米等。326 省道经此。

## 北吉城 370923-C02-H06
[ Běijíchéng ]

在县驻地东平街道西北方向 27.2 千米。旧县乡辖自然村。人口 900。据《东阿县志》载，唐朝此地为利仁镇，宋朝时，县城有南谷镇迁移到此处，因无城墙，沿城长满了荆棘，故得名棘城，后逐渐演变为吉城。随着明、清两朝人口迁移增加，逐渐形成村落，根据棘城方位起名为北吉城、吉城一村、吉城二村、吉城三村、吉城四村、吉城五村。该村为北吉城。聚落呈团块状分布。有文化广场 1 个。经济以种植业为主，主要农作物有小麦、谷子、大蒜、玉米等。326 省道经此。

## 屯村铺 370923-C02-H07

[ Túncūnpù ]

在县驻地东平街道西北方向 27.2 千米。旧县乡辖自然村。人口 2 800。据《庞氏族谱》载，唐朝初年，庞姓迁此处建村，当时为了不与其他村庄重名，采用了其他村庄的最后一个字，故名屯村铺。聚落呈团块状分布。有文化广场 1 个。经济以种植业为主、食品加工为副，主产优质小麦、谷子、玉米等。326 省道经此。

## 王古店一村 370923-C02-H08

[ Wánggǔdiànyīcūn ]

在县驻地东平街道西北方向 22.9 千米。旧县乡辖自然村。人口 900。据《东阿县志》载，春秋僖公三年（前 657），阳谷县城曾设在这里，城内有粮、店、铺。当时数户百姓迁来此处依城落居，因该村内设有茶馆、饭店，故得名阳谷店村，后演变为王古店。聚落呈团块状分布。有文化广场 1 个、小学 1 所、幼儿园 1 所。经济以种植业为主，主要农作物有小麦、谷子、大蒜、玉米等。326 省道经此。

## 尹村一村 370923-C02-H09

[ Yǐncūnyīcūn ]

在县驻地东平街道西北方向 31.1 千米。旧县乡辖自然村。人口 1 000。据秦氏后人说，明朝时，秦民为建文帝粮草押运官，其押运粮草至此，朱棣打败建文帝，押运人员就在此生活，因三面环山，道路不通，故取名为隐村。后来尹姓人口多，逐渐演变为尹村。1958 年分为尹村一村、尹村二村、尹村三村，该村为尹村一村。聚落呈团块状分布。有文化广场 1 个。经济以种植业为主，主要农作物有小麦、大豆、玉米等。有公路经此。

## 寨子一村 370923-C02-H10

[ Zhàiziyīcūn ]

在县驻地东平街道西北方向 30.0 千米。旧县乡辖自然村。人口 900。据《李氏族谱》载，明万历年间，李氏祖先李寨子来此建村，后又有数姓迁入，后人以李寨子名为村名。中华人民共和国成立后分为一、二、三村，此为寨子一村。聚落呈团块状分布。有文化广场 1 个、幼儿园 1 所。经济以种植业为主，主要农作物有小麦、大豆、玉米等。有公路经此。

# 三　交通运输

## 泰安市

### 城市道路

#### 环山路 370900-K01
[ Huánshān Lù ]

在市境北部。西起桃花源路，东至天烛峰路。沿线与桃花源路、樱桃园路、御碑楼路、望岳西路、望岳东路、龙潭路、普照寺路、红门路、虎山东路、岱道庵路、温泉路、凤台路、天烛峰路等相交。长26.0千米，宽20.0米。沥青路面。2008年开工，2010年建成。因环泰山南麓而建，故名。沿途有桃花峪、天外村、红门、天烛峰四大景区，旅游文化资源丰厚。两侧有解放军第八十八医院、泰山红门景区、天外村广场、泰安市人民政府、泰山学院等。是泰安市的景观线，也是泰山旅游的主干道路。通公交车。

#### 东岳大街 370900-K02
[ Dōngyuè Dàjiē ]

在市境中部。西起桃花峪，东至天烛峰路。沿线与桃花源路、天平湖路、樱桃园路、长城路、望岳西路、望岳东路、迎胜路、龙潭路、教场街、青年路、虎山路、迎春路、温泉路、花园路、凤台路、天烛峰路等相交。长18.0千米，宽38.0~60.0米。沥青路面。1983年开工，1984年建成，1992年、2012年拓宽延伸。因在东岳泰山下，故名。沿途分布有重要名胜古迹、商业区和行政单位。两侧有泰山学院、泰山广场、泰安市人民政府、泰山火车站、岱庙、泰

山区人民政府、泰安市广播电视台、泰安市中医医院等。是贯通泰安市区东西方向的主干道。通公交车。

#### 泰山大街 370900-K03
[ Tàishān Dàjiē ]

在市境中部。西起京沪高速路口，东至龙潭路。沿线与桃花源路、天平湖路、长城西路、长城路、望岳西路、望岳东路、迎胜路、龙潭路等相交。长8.5千米，宽60.0米。沥青路面。龙潭路至荣院东路段原名青山西路，1992年青山西路延伸至长城路并更名为青山大街，1998年与粥店大街合并为泰山大街。因泰山得名。两侧有岱岳区人民政府、光彩大市场、泰山医学院附属医院、山东省泰安荣军医院、泰安汽车总站等。是泰安市城区中西部东西走向的主干道。通公交车。

#### 灵山大街 370900-K04
[ Língshān Dàjiē ]

在市境中部。西起高铁广场，东至汶河大街。沿线与青年路、南关大街、虎山路、迎春路、温泉路相交。长12.7千米，宽40.0米。沥青路面。1964年、1973年、1982年整修。因经灵应宫和蒿里山而得名。沿线交通运输业、商品零售业发达。两侧有泰安高铁站、光彩大市场、长城中学、泰安汽车总站、灵应宫、南湖公园、东湖公园等。是泰安市城区主干道之一。通公交车。

**泮河大街** 370900-K05
[ Pànhé Dàjiē ]

在市境南部。西起长城路，东至灵山大街。沿线与望岳西路、望岳东路、迎胜路、龙潭路、南关大街、温泉路等相交。长 10.5 千米，宽 70.0 米。沥青路面。2014年开工，同年建成。因泮河得名。两侧有英雄山中学、山东农业大学南校区等。是泰城南部东西主干道。通公交车。

**长城路** 370900-K06
[ Chángchéng Lù ]

在市境西部。北起东岳大街，南至 104国道。沿线与东岳大街、泰山大街、灵山大街、泮河大街、岱阳大街、北天门大街、南天门大街、中天门大街、一天门大街等相交。长 15.8 千米，宽 40.0 米。沥青路面。1990 年扩宽修建。因泰安境内有齐长城而得名。道路沿线商业、金融、高档酒店和住宅众多，是泰安市新的城市发展带。两侧有泰山医学院附属医院、泰安长城中学、泰山医学院等。是连接城区与南部高新技术开发区的主要通道。通公交车。

**龙潭路** 370900-K07
[ Lóngtán Lù ]

在市境中部。北起天外村大众桥，南至泰安汽车总站。沿线与迎胜东路、擂鼓石大街、文化路、岱宗大街、东岳大街相交。长 3.7 千米，宽 20.0~40.0 米。沥青路面。1966 年始分段修筑，1978 年扩建。因其北端有黑龙潭而得名。道路沿线工商业、服务业、交通运输业、旅游业发达。两侧有天外村广场、山东农业大学、泰安市中心医院、泰山火车站、泰安汽车总站等。为泰安城区南北走向的主干道，是泰山旅游的重要通道。通公交车。

## 铁路

**京沪线** 370900-30-A-a01
[ Jīnghù Xiàn ]

高铁。起点北京市，终点上海市。全长 1 453.82 千米，山东省内 356 千米。1968 年建成，由原平山铁路平津段、津浦铁路和原京沪铁路共同组成。是一条连接北京市和上海市的客货共线国铁 I 级双线电气化铁路，线路呈南北走向。设计速度200 千米 / 小时，运营速度 160 千米 / 小时。是中国铁路网中南北走向的大动脉。

**辛泰线** 370900-30-A-b01
[ Xīntài Xiàn ]

国有铁路。起点辛店站，终点泰山站。全长 161.75 千米。在莱芜东站与磁莱线相接。1970 年始建，1974 年 7 月 1 日临时运营，1981 年 1 月 1 日正式运营。与津浦铁路接轨，有桥梁 17 座、涵洞 268 座。穿越线路的主要河流有淄河、瀛汶河等。沿线有铁矿、煤矿和石油化工企业。它的建成连接了胶济、津浦两大铁路干线，缓和了济南枢纽压力，起到铁路分流和发展山区经济的作用。

**瓦日线** 370900-30-A-b02
[ Wǎrì Xiàn ]

国有铁路。起点山西省吕梁市兴县的瓦塘，终点山东省日照市岚山区日照港南区。全长 1 260 千米，山东省内 426 千米。2010 年 9 月始建，2014 年 12 月建成。是国家 I 级专线重载铁路，连接我国东西部的重要煤炭资源运输通道。

**泰肥线** 370900-30-A-b03
[ Tàiféi Xiàn ]

地方铁路。起点京沪铁路泰安站西北

端，终点湖屯站。全长 49.58 千米。1960年动工，1962 年建成，1963 年临时运营，1964 年正式运营。担负肥城、东平、平阴和石横发电厂等企业的物资到发和旅客运输任务。

# 公路

## 京台高速公路 370900-30-B-a01
[ Jīngtái Gāosù Gōnglù ]

　　高速公路。泰安境内起点济南、泰安界，终点泰安、济宁交界处。途经岱岳区粥店街道、天平街道、满庄镇、大汶口镇。境内长 54 千米。1998 年 5 月开工建设，1999年 10 月运行通车；泰曲段 1999 年 10 月开工建设，2001 年 6 月通车运营。沥青混凝土路面。两侧有天平互通立交、泰山立交、东河北特大桥、土门特大桥、汶河特大桥。与 104 国道交错，与泰新高速、泰梁公路连接。京台高速是国家高速规划中一条纵向主干线，京津第三通道重要组成部分，是联系我国华北、华东乃至东南地区的重要交通通道；是山东省"五纵连四横，一环绕山东"的高速公路网络中的重要"一纵"。

## 莱泰高速公路 370900-30-B-a02
[ Láitài Gāosù Gōnglù ]

　　高速公路。起点莱芜市莱城区地理沟，终点泰安市泰山区苑庄。境内全长 63.3 千米。分两段建设，莱芜界至泰安小井转盘段 1989 年 4 月开工，1993 年 9 月通车；冯家庄立交至泰安东段 1994 年开工，1996 年建成通车。宽 35 米。沥青路面。全封闭双向四车道。莱泰高速连接莱芜、泰安两市，是山东"五纵四横一环八连"高速公路网的"一横"。

## 泰新高速公路 370900-30-B-a03
[ Tàixīn Gāosù Gōnglù ]

　　高速公路。起点泰安下水泉，终点新泰市。全长 87.1 千米。泰安至化马湾段1994 年开工建设，1996 年 12 月建成通车；化马湾至临沂段 1999 年 11 月建成通车。沥青混凝土路面。宽 26~27 米。泰新高速连接了京台高速公路与京沪高速公路，形成泰安市东南部城区之间的便捷高速通道。

## 220 国道 370900-30-B-b01
[ 220 Guódào ]

　　国道。起点山东东营广利港，终点广东深圳。途经山东东营、河南信阳、湖北黄冈、江西九江等地。泰安市境内长 30 千米。1982 年建成。双向两车道，路面宽 10 米，设计时速 80 千米 / 时。在旧县乡与 255 省道相接，在商老庄处与 331 省道相接。220国道连接了华东、华中、华北部分地区，促进了山东、河南、湖北、江西、广东地区的经济发展。

## 105 国道 370900-30-B-b02
[ 105 Guódào ]

　　起点北京市，终点澳门特别行政区。山东省内途经德州、聊城、济南、泰安、济宁、菏泽 6 市。全程 2 717 千米，山东省境内全长 348 千米。1974 年建成。泰安境内为双向四车道，路基宽 24.5 米，设计时速 80 千米 / 时。是一条国家级南北主干道。

## 104 国道 370900-30-B-b03
[ 104 Guódào ]

　　国道。起点北京市东城区，终点福州市平潭县。经过北京、天津、河北、山东、江苏、安徽、浙江、福建 8 省。全程 2 420千米，泰安境内 26 千米。1988 年建成。双向四车道，设计速度 80 千米 / 时，路基宽

24.5 米。沿途有微山湖、泰山、西湖。是贯通我国华北、华东地区的一条国道。

## 205 国道 370900-30-B-b04
[ 205 Guódào ]

国道。泰安市内起点新泰、莱芜界，终点新泰、蒙阴界。途经北师乡、青云街道、汶南镇。境内长 32.53 千米。钢城、新泰界至新泰市 205 国道路口段与新泰市交巡队至新泰、蒙阴界段 1987 年建成，新泰市 205 国道路口至新泰市交巡队段 2007 年建成。宽 12~24.5 米。沥青混凝土路面，道路等级为一级、二级。有沈家庄大桥。与之相连的主要道路为新安路、济临线、沈汶路。

## 泰肥一级公路 370900-30-B-c01
[ Tàiféi Yījí Gōnglù ]

省道。东起京福、京沪高速公路泰山立交，西至肥城市区。途经岱岳区天平街道、道朗镇、肥城市仪阳乡。全长 24.3 千米。2000 年开工，2002 年 11 月建成通车。一级公路，路面宽 24 米，沥青混凝土面层结构。是全省"三纵三横一环"公路网规划"一横"中的一段。

## 243 省道 370900-30-B-c02
[ 243 Shěngdào ]

省道。起点泰安市泰山区，终点济南市章丘明水。途经大津口乡、上高街道等。境内全长 5.56 千米。1964 年修通唐庄至麻塔段，1970 年修通下港至莱芜长城岭段，1974 年列入干线公路，1987 年拓宽铺筑沥青路面。宽 6 米，沥青路面。一级公路。有杨林大桥。在黄前水库处与 103 省道相接，在小井转盘处与 330 省道相接。

## 330 省道 370900-30-B-c03
[ 330 Shěngdào ]

省道。起点莱芜市，终点肥城市。途

经范镇、省庄镇、泰安城区、粥店街道、天平街道、道朗镇、肥城市新城城区。全长 50 千米。岱岳区、莱城区界至泰山区省庄文化路口段与岱岳区粥店桥至肥城市环岛段 1973 年建成，2010 年泰安城区路段扩建。路面宽 12~20 米，沥青路面。二级公路。有北埠大桥、佟家庄大桥、芝田大桥、粥店河桥。在山口镇燕家庄处与 103 省道相接，在泰山区小井转盘处与 243 省道相接，在泰山区交通宾馆处与 331 省道相接，在泰山立交桥处与 104 国道相接，在天平店处与 801 省道相接，道路终点与 104 省道相接。

## 104 省道 370900-30-B-c04
[ 104 Shěngdào ]

省道。起点肥城市、长清区交界处，终点宁阳县、兖州区交界处。途经老城镇、新城街道、仪阳乡、安临站镇、安驾庄镇、伏山镇、泗店镇等。境内约 74 千米。1967 年建成。长清、肥城界至肥城石化加油站为二级公路，路面宽 11.2 米；肥城石化加油站至肥城市仪阳乡段为一级公路，路面宽 16~22 米；肥城市仪阳乡至宁阳县伏山镇南为二级公路，路面宽 11~18 米；宁阳县伏山镇南至宁阳县肖家村南为一级公路，路面宽 22~24 米；宁阳县肖家村南至宁阳、兖州界为二级公路，路面宽 11~13 米。沥青混凝土路面。沿线设有漕河桥、堽城坝大桥东桥、堽城坝大桥西桥。在肥城市老城镇经过煤矿塌陷区。与之交汇的道路有 250 省道、329 省道、331 省道、333 省道、343 省道、348 省道、104 国道。104 省道是泰安西部地区的交通干线。

## 103 省道 370900-30-B-c05
[ 103 Shěngdào ]

省道。泰安市内起点新泰、岱岳区交界，终点新泰、蒙阴界。途经黄前镇、山口镇、邱家店镇、化马湾乡、羊流镇、西张庄镇、翟镇、青云街道等。长 44.235 千米。1985 年开工，1987 年建成，2013 年 9 月改造。宽 12~31 米。沥青混凝土路面。道路等级为一级、二级。有官地大桥、埠阳庄大桥、疃里桥、羊流大桥、小港桥。在西张庄镇至翟镇段经过煤矿塌陷区。与之相连的主要道路为牛石路、莲汶路、发展大道、205 国道、银河路、金斗路、东周路、平阳路、滨湖路。

### 333 省道 370900-30-B-c06
[ 333 Shěngdào ]

省道。起点山东省蒙阴县，终点河北省馆陶县。途经汶南镇、东都镇、新汶街道、小协镇、谷里镇、宫里镇、楼德镇、东庄乡、华丰镇、磁窑镇、蒋集镇、堽城镇、东疏镇等。境内长 115.278 千米。1975 年建设，2014 年磁窑至宁阳城区段升级改建为一级路。宽 12~24.5 米，沥青路面，道路等级为一、二级。有谷里桥、东太平大桥、石门庄大桥。与之相连的主要道路为沈汶路、泰新高速、新枣公路、牛石路、枣徐公路。

### 331 省道 370900-30-B-c07
[ 331 Shěngdào ]

省道。起点泰安市泰山区，终点东平县商老庄乡。该路穿越泰山区、岱岳区、肥城市、东平县。泰安境内长 115.278 千米。1987 年建设。2004 年对东平彭集十字路口至东平商老庄路面维修养护，2010 年对岱岳区卧牛石至东平四海城转盘路面维修养护。路面宽 7~24 米，沥青混凝土及水泥混凝土路面，公路技术等级为一级至三级。有漕河大桥、故县店桥。与之相连的主要道路为黄海公路、京岚公路、潮汶路、王边路、济微公路、牛孙路、京澳公路、泰梁公路、临邹公路、东深公路。

### 801 省道 370900-30-B-c08
[ 801 Shěngdào ]

省道。起点岱岳区大官庄，终点宁阳曲阜界。穿越泰山区、岱岳区、宁阳县。境内长 56.878 千米。1981 年建设。路面宽 7~30 米，沥青混凝土及水泥混凝土路面，公路技术等级为一、二、三级。有大辛庄桥、大河桥、庞河桥、汶河大桥、汶口立桥、郑庄大桥。与之相连的主要道路为泮河大街、万官大街、小水路、京福高速、泰新高速、四坡路、朝柴路、京岚公路。

# 泰山区

## 城市道路

### 岱宗大街 370902-K01
[ Dàizōng Dàjiē ]

在区境北部。西起龙潭路，东至凤台路。沿线与龙潭路、校场街、奈河东路、奈河西路、青年路、花园路相交。长 4.2 千米，宽 30~36 米。沥青路面。1965 年开工，1983 年建成岱道庵路以西段，1992 年延伸至凤台路。以泰山别称岱宗命名。两侧有泰安市中心医院、山东农业大学、山东科技大学、岱庙、工人文化宫、泰山饭店、泰山大酒店、聋哑学校、东岳中学等。为东西走向主要干道之一，通公交车。

### 虎山路 370902-K02
[ Hǔshān Lù ]

在区境东部。北起岱宗大街，南至灵山大街。沿线与岱宗大街、灵山大街、财源街、东湖路等相交。长 1.7 千米，宽 20 米。沥青路面。2003 年建设。因起点得名。两侧有泰安市师范附属学校、泰安市东关小学、泰山区检察院、泰山区残联等。为主干道，通公交车。

**财源大街** 370902-K03

[ Cáiyuán Dàjiē ]

在区境中部。西起财源北街、财源南街交汇处，东至虎山路。沿线与财源北街、财源南街、虎山路、校场街、通天街、青年路相交。长2千米，宽25~35米。沥青路面。1964年，由原后马路、财源街、元宝街、东西海子街拓宽延伸建成。因地处泰安城区商业最繁荣的商贸区得名。两侧有苏宁电器、三元家电、中百佳乐家超市、泰安市粮食市小学。为市区东西向主要干道之一。通公交车。

**擂鼓石路** 370902-K04

[ Léigǔshí Lù ]

在区境中部。东起普照寺路，西至望岳东路。沿线与迎圣路、科山路、龙潭路、虎山路相交。长10.5千米，宽60米，沥青路面。中华人民共和国成立初期成雏形，1962年、2000年分别扩建。该路始建时，中间有一块天然巨石，形似大鼓，故名擂鼓石路。两侧有泰安市委市政府、迎胜中学、山东科技大学、泰安第二中学等。为主干道，通公交车。

**青年路** 370902-K05

[ Qīngnián Lù ]

在区境中部。北起岱宗大街，南至南湖大街。沿线与岱庙北路、东岳大街、财源街相交。长1.8千米，宽28米。沥青路面。1958年开工，同年建成，1984年南段扩建。因建设时政府组织共青团员义务劳动建成而得名。两侧有泰安市公安局、泰安第一中学、泰安市实验学校等。为南北向主要干道之一。通公交车。

**花园路** 370902-K06

[ Huāyuán Lù ]

在区境东部。北起北上高大街，南至灵山大街。沿线与岱宗大街、东岳大街、灵山大街、洋河大街相交。长4千米，宽40米，沥青路面。1992年开工，1992年建成，2014年北段建成。因临花园小区得名。两侧有高速公路管理局、泰安市第六中学等。通公交车。

**东湖路** 370902-K07

[ Dōnghú Lù ]

在区境中部。西起虎山路，东至天烛峰路。沿线与迎春路、温泉路、唐訾路相交。长3.1千米，宽18~22米。沥青路面。1985年开工，1985年建成。因临东湖而得名。沿街商店林立。两侧有高速公路管理局、泰安市第六中学等。为次干道，通公交车。

**南关大街** 370902-K08

[ Nánguān Dàjiē ]

在区境中部。北起财源大街，南至万官大街。沿线与灵山大街、南湖大街相交。长4.7千米，宽35米。沥青路面。1967年建成。因旧时此街正对泰安城南门而得名。两侧有烟草公司、泰山区党校、火神庙。为主干道，通公交车。

**漆河东路** 370902-K09

[ Nàihé Dōnglù ]

在区境中部。北起岱宗大街，南至辛泰铁路。沿线与东岳大街、财源大街、灵山大街相交。长2.3米，宽20米。沥青路面。东岳大街以北路段原名顺河北路，1985年更今名；东岳大街以南、财源大街以北段，原名顺河街，1991年拓宽；1992年6月，注销顺河街名，漆河东路延长。因位于漆河东侧而得名。两侧有工人文化宫、中百佳乐家超市、电力大厦、华侨宾馆、南湖公园等。为次干道，通公交车。

## 普照寺路 370902-K10
[ Pǔzhàosì Lù ]

在区境北部。南起岱宗大街，北至环山路。沿线与金山西街、擂鼓石大街相交。长 1.6 千米，宽 8~11 米。沥青路面。2002 年开工，2003 年建成。因普照寺得名。两侧有工人文化宫、儿童乐园等。为次干道，通公交车。

## 红门路 370902-K11
[ Hóngmén Lù ]

在区境北部。南起岱庙厚载门，北至关帝庙。沿线与环山路、擂鼓石路、岱宗大街相交。长 1.3 千米，宽 20~25 米。沥青路面。原来为沙土和条石路，1965 年拓宽，1976 年筑沥青路面。因道路北首红门宫而得名。两侧有岱庙、红门、泰山文化广场、虎山公园、山东科技大学等。为主干道，通公交车。

## 迎胜路 370902-K12
[ Yíngshèng Lù ]

在区境西部。南起东岳大街，北至迎胜东路。沿线与灵山大街、泮河大街、岱阳大街、万官大街、青兰高速、北天门大街、龙泉路相交。长 0.9 千米，宽 15 米。水泥路面。1999 年开工，同年建成。因道路北侧起点在迎胜社区得名。两侧有东尊华美达大酒店。为主干道，通公交车。

## 望岳东路 370902-K13
[ Wàngyuè Dōnglù ]

在区境西部。北起环山路，南至泮河大街。沿线与擂鼓石大街、东岳大街、泰山大街、灵山大街相交。长 3.6 千米，宽 20 米。沥青路面。1996 年开工，2002 年建成。因泰山得名。两侧有泰山广场、泰山大剧院、会展中心、万达广场等。为主干道，通公交车。

## 望岳西路 370902-K14
[ Wàngyuè Xīlù ]

在区境西部。北起环山路，南至泮河大街。沿线与擂鼓石大街、东岳大街、泰山大街、灵山大街相交。长 3.6 千米，宽 24 米。沥青路面。2001 年开工，2002 年建成。因泰山得名。两侧有泰山广场、泰山大剧院、会展中心、万达广场等。为主干道，通公交车。

## 天烛峰路 370902-K15
[ Tiānzhúfēng Lù ]

在区境中部。南起灵山大街，北至天烛峰景区。沿线与环山东路、擂鼓石大街、唐王街、东岳大街、东湖路、五马街、灵山大街相交。长 10 千米，宽 60 米。水泥、沥青路面。2002 年改扩建。因天烛峰景区得名。两侧有泰安东汽车站、东部工业园区等。为主干道，通公交车。

## 温泉路 370902-K16
[ Wēnquán Lù ]

在区境东部。北起环山路，南至南外环路。沿线与岱宗大街、东岳大街、灵山大街相交。长 2.3 千米，宽 30~40 米。沥青、混凝土路面。1992 年建成，2010 年扩建。因路北首温泉而得名。两侧有宝龙城市广场、东岳中学、志高国际广场、泰安市中医医院、五马新时代商厦。为主干道，通公交车。

## 博阳路 370902-K17
[ Bóyáng Lù ]

在区境东部。北起方特欢乐世界南侧道路，南至泰新路。沿线与环山东路、泰良路相交。长 7.2 千米，宽 50 米。沥青、水泥路面。1990 年开工，2002 建成。因博城遗址得名。两侧有省庄人民政府、泰山热电厂、泰山科技文化产业园、鲁抗东岳制药公司等。为主干道，通公交车。

## 唐訾路 370902-K18

[ Tángzī Lù ]

在区境东部。北起东岳大街，南至灵山大街。沿线与小井街、东湖路、五马街相交。长 1.1 米，宽 20 米，沥青路面。1993 年建成。因起终点唐庄、訾家灌庄两个自然村得名。两侧有泰安市第六中学等。为次干道，通公交车。

## 南湖大街 370902-K19

[ Nánhú Dàjiē ]

在区境南部。东起唐訾路，西至灵山大街。沿线与温泉路、迎春路、南关路相交。长 3.5 米，宽 15~20 米。沥青路面。2014 年开工。因南湖公园得名。两侧有迎春中学、南湖公园。为主干道，通公交车。

## 龙潭路 370902-K20

[ Lóngtán Lù ]

在区境中部。南起立交道，北至大众桥。长 7.7 千米，宽 25~30 米。沥青路面。1978 年改建，1985 年建成。因其北有泰安市著名旅游景点黑龙潭而得名。两侧有泰安中心医院、泰山火车站、泰安汽车站等。为游览泰山干道，通公交车。

# 特色街巷

## 通天街 370902-A01-L01

[ Tōngtiān Jiē ]

在岱庙街道西部。长 0.4 千米，宽 20 米。花岗岩条石路面。因从该街北行，过遥参亭，穿岱庙，经岱宗坊可直达南天门，故名。此街为泰安城最古老的街道之一，两侧商铺为仿明清建筑，沿线有通天坊、老县衙、

泰安市第一实验学校、遥参亭、双龙池、济南"五三"惨案纪念碑，北侧为岱庙景区。通公交车。

## 洼子街 370902-A01-L02

[ Wāzi Jiē ]

在岱庙街道中部。长 0.3 千米，宽 6 米。水泥路面。因东西街口地势较高，中间洼的地势而得名。明清时为省京通道，设有会丰镖局，后在西段设驿站，接待过往官员。通公交车。

## 运舟街 370902-A01-L03

[ Yùnzhōu Jiē ]

在岱庙街道西北部。长 0.3 米，宽 3~5 米。沥青路面。据记载，白鹤泉水，经封家池入北门，顺岱庙墙南流，在岱庙东南角折向西南，经此街南流入漆河。秦代道士释法清在河边石壁上题诗云："云驶月运，舟行岸移。"从此这条河彼岸的小路就取名运舟街。是泰安现存最古老的街道之一。通公交车。

## 运粮街 370902-A01-L04

[ Yùnliáng Jiē ]

在岱庙街道西北部。长 0.3 米，宽 4 米。水泥路面。因旧时向官府缴粮入仓经此而得名。通公交车。

## 傅公街 370902-A01-L05

[ Fùgōng Jiē ]

在岱庙街道北部。长 0.2 千米，宽 8~10 米。水泥路面。清顺治年间，泰安知州傅振邦修筑条石路，得名傅公街。通公交车。

## 校场街 370902-A02-L01

[ Jiàochǎng Jiē ]

在财源街道东北部。长 1.2 千米，宽

20 米。沥青路面。因其地原为清雍正年间泰安营练兵场得名。沿线有灵应宫等。通公交车。

## 财东街 370902-A02-L02
[ Cáidōng Jiē ]

在财源街道中部。长 0.5 千米，宽 10~12 米。沥青路面。"五三"济南惨案后，山东省财政厅设于此街张培荣宅内，遂名财政厅街，后分两段，东段名财东街。通公交车。

## 财西街 370902-A02-L03
[ Cáixī Jiē ]

在财源街道中部。长 0.5 千米，宽 10~12 米。水泥路面。"五三"济南惨案后，山东省财政厅设于此街张培荣宅内，遂名财政厅街，后分两段，西段名财西街。通公交车。

## 大车档巷 370902-A02-L04
[ Dàchēdàng Xiàng ]

在财源街道中部。长 0.3 千米，宽 4~8 米。沥青路面。旧时为省京大道所经，车马行人南来北往，故名大车道，后演化为今名。通公交车。

## 茂盛街 370902-A02-L05
[ Màoshèng Jiē ]

在财源街道中部。长 0.3 米，宽 11.5 米。水泥路面。民国初年即有此街，原名博屏街，沿线多酒店、油坊等，取"财源茂盛"之意更现名。通公交车。

## 宫后门街 370902-A02-L06
[ Gōnghòumén Jiē ]

在财源街道中部。长 0.7 米，宽 8~10 米。沥青路面。原名文盛街，因位处灵应宫后门，后更名宫后门街。沿街有小商品批发市场。通公交车。

## 社首山路 370902-A02-L07
[ Shèshǒushān Lù ]

在财源街道中部。长 0.8 千米，宽 5 米。混凝土路面。此路因位于社首山东侧得名。中共泰安第一支部展室在此路西邻。通公交车。

## 唐王街 370902-A03-L01
[ Tángwáng Jiē ]

在泰前街道中部。长 7.2 千米，宽 20 米。沥青路面。因紧邻唐王河和唐庄村得名。相传唐玄宗李隆基来泰山封禅在此驻足，注销繁荣大街名，统一命名为唐王街，传承历史文化，避免一路多名。通公交车。

## 谢过城街 370902-A03-L02
[ Xièguòchéng Jiē ]

长 7.1 千米，宽 36 米，水泥、沥青路面。因位于谢过城遗址南侧而得名。通公交车。

# 车站

## 泰山站 370902-R01
[ Tàishān Zhàn ]

铁路站，二等站。位于市区西南部蒿里山北麓。清宣统二年（1910）始建，1912 年津浦路北线经此通车，1915 年正式建成，1949 年复修改造，1961 年、1978 年先后两次扩建大修，2001 年扩建。占地 1 000 亩，建筑面积 160 000 平方米。火车站站内拥有到发线 12 条、货物线 9 条、专用线 2 条、客车站台 3 条、天桥 1 座，并在西部粥店建货场。日接发到列车 110 对，年旅客到发量 450 万人次，到发货物 105 万吨。泰山站是泰安交通重要枢纽，为泰安的交通、旅游、运输发挥重要作用。

## 泰安汽车站 370902-S01
[ Tài'ān Qìchē Zhàn ]

　　长途汽车一级客运站。位于泰安市畔河路 125 号。1950 年建成，1953 年改为泰安汽车站，1964 年迁今址，1998 年改建，沿用至今。总站现有营运线路 100 多条，日发班次 500 余个。客运班线覆盖省内外主要地市和各县市区，是山东省重要的交通客运枢纽。

## 泰山汽车站 370902-S02
[ Tàishān Qìchē Zhàn ]

　　长途汽车一级客运站。位于泰安市泰山大街 19 号。2013 年建成。占地面积 6 000 平方米，客运班线覆盖济南、冠县、临朐、寿光、郓城等省内城市及肥城、华丰等市内城乡公交，日发班次 180 余班次，日发送旅客 2 000 余人次。是泰安市重要的交通枢纽。

# 桥梁、立交桥

## 东岳大桥 370902-N01
[ Dōngyuè Dàqiáo ]

　　在泰山区城区中部。桥长 34.5 米，桥面宽 40.5 米，最大跨度 40 米，桥下净高 6 米。1984 年动工，1986 年建成。因位于东岳大街得名。为中型河道桥梁，结构型式为钢筋混凝土平板桥。最大载重量 20 吨。通公交车。

## 梳洗桥 370902-N02
[ Shūxǐ Qiáo ]

　　在泰山区城区东部。桥长 60 米，桥面宽 38 米，最大跨度 23 米，桥下净高 6 米。1988 年始建，1989 年建成。因梳洗河得名。为中型河道桥梁，结构型式为钢筋混凝土平板桥。最大载重量 20 吨。通公交车。

## 通天桥 370902-N03
[ Tōngtiān Qiáo ]

　　在泰山区城区北部。桥长 10 米，桥面宽 8 米，最大跨度 8 米，桥下净高 6 米。原为单孔石桥，1978 年改建。因跨河流得名。为小型盘山公路桥梁，结构型式为空腹式截面圆弧形石拱桥。通公交车。

## 顺天桥 370902-N04
[ Shùntiān Qiáo ]

　　在泰山区城区西北部。桥长 10 米，桥面宽 8 米，最大跨度 8 米，桥下净高 6 米。原为单孔石桥，1978 年改建。因顺天河得名。为小型河道桥梁，结构型式为空腹式截面圆弧形石拱桥。最大载重量 20 吨。通公交车。

## 建岱桥 370902-N05
[ Jiàndài Qiáo ]

　　在泰山区城区 X 部。桥长 40 米，桥面宽 6 米，最大跨度 20 米，桥下净高 6 米。1964 年 12 月兴建。因 20 世纪 60 年代初泰山林业工人为建设泰山而建，故名。为中型公路桥梁，结构型式为单孔石拱桥。最大载重量 20 吨。通公交车。

## 灵芝大桥 370902-N06
[ Língzhī Dàqiáo ]

　　在泰山区城区西南部。桥长 80 米，桥面宽 10 米，最大跨度 10 米，桥下净高 10 米。2001 年修建。因在灵芝路旁得名。为大型公路桥梁，为混凝土桥。最大载重量 20 吨。是连接城区支路的跨河桥。通公交车。

## 旧县大桥 370902-N07
[ Jiùxiàn Dàqiáo ]

　　在泰山区城区西南部。桥长 1 100 米，桥面宽 30 米，最大跨度 30 米，桥下净高

14 米。1975 年翻建。因旧县村得名。为大型跨河公路桥梁，结构型式为混凝土桥。最大载重量 20 吨。通公交车。

### 埠阳庄桥 370902-N08

[ Bùyángzhuāng Qiáo ]

在泰山区城区东南部。桥长 528 米，桥宽 9.5 米，最大跨度 30 米，桥下净高 6 米。1981 年建成，2000 年维修加固。因埠阳庄得名。为大型公路桥梁，结构型式为双曲拱桥。最大载重量 20 吨。通公交车。

### 利民桥 370902-N09

[ Lìmín Qiáo ]

在泰山区城区西北部。桥长 30 米，桥面宽 10 米，最大跨度 7 米，桥下净高 6 米。2002 年建成。因方便居民出行得名。为中型公路桥梁，结构型式为钢筋混凝土桥。最大载重量 10 吨。通公交车。

### 天外桥 370902-N10

[ Tiānwài Qiáo ]

在泰山区城区西部。桥长 60 米，桥面宽 20 米，最大跨度 55 米，桥下净高 5 米。2000 年建设。因天外村而得名。为中型公路桥梁，结构型式为单孔石桥。最大载重量 10 吨。通公交车。

### 王家庄东桥 370902-N11

[ Wángjiāzhuāng Dōngqiáo ]

在泰山区城区西部。桥长 60 米，桥面宽 16 米，最大跨度 20 米，桥下净高 15 米。2004 年兴建。因王家庄村得名。为中型公路桥梁，混凝土桥。最大载重量 60 吨。通公交车。

### 王家庄西桥 370902-N12

[ Wángjiāzhuāng Xīqiáo ]

在泰山区城区西部。桥长 56 米，桥面宽 14 米，最大跨度 20 米，桥下净高 14 米。2004 年兴建。因王家庄村得名。为大型河道桥梁，混凝土桥。最大载重量 60 吨。通公交车。

### 泰山大桥 370902-N13

[ Tàishān Dàqiáo ]

在泰山区城区中部。桥长 92.2 米，宽 25 米，最大跨度 20 米，桥下净高 1.5 米。1964 年始建，1965 年建成，1995 年、2006 年扩建。因地处泰山脚下而得名。为中型河道桥梁，结构型式为石拱桥。最大载重量汽车 13 吨，拖车 60 吨。通公交车。

### 上河桥 370902-N14

[ Shànghé Qiáo ]

在泰山区城区中部。桥长 17 米，桥面宽 9 米，最大跨度 40 米，桥下净高 6 米。原为两孔石桥，始建无考。1964 年改建，1988 年重建。因位于漆河上游得名。为中型跨河公路桥梁，结构型式为钢筋混凝土桥。最大载重量 20 吨。通公交车。

### 下河桥 370902-N15

[ Xiàhé Qiáo ]

在泰山区城区中部。桥长 25.2 米，桥面宽 25 米，最大跨度 25 米，桥下净高 6 米。清嘉庆年间建，1965 年改建，1980 年重建。因位于漆河下游得名。为中型河道桥梁，结构型式为钢筋混凝土桥。最大载重量汽车 20 吨。通公交车。

### 泮河桥 370902-N16

[ Pànhé Qiáo ]

在泰山区城区南部。桥长 85.5 米，桥面宽 5.5 米，桥下净高 3.5 米。1965 年始建，因跨越泮河得名。为中型河道桥梁，结构型式为平板桥。担负城区干道交通任务，最大载重量汽车 20，拖车 100 吨。通公交车。

## 南湖桥 370902-N17

［Nánhú Qiáo］

在泰山区城区南部。桥长 32 米，桥面宽 38 米，最大跨度 38 米，桥下净高 6 米。1963 年重建。以南湖命名。为中型河道桥梁，结构型式为筋混凝土平板桥。最大载重量 20 吨。通公交车。

## 东湖路桥 370902-N18

［Dōnghúlù Qiáo］

在泰山区城区东部。桥长 15.3 米，桥面宽 24 米，最大跨度 24 米，桥下净高 6 米。1988 年兴建。以东湖路命名。为小型河道桥梁，结构型式为钢筋混凝土平板桥。最大载重量 20 吨。通公交车。

## 冯家庄桥 370902-N19

［Féngjiāzhuāng Qiáo］

在泰山区城区东部。桥长 42 米，桥面宽 7 米，最大跨度 7 米，桥下净高 15 米。1953 年兴建。因位于冯家庄得名。为小型公路桥梁，结构型式为浆砌石台钢筋混凝土空腹桥。最大载重量 60 吨。通公交车。

## 岱宗桥 370902-N20

［Dàizōng Qiáo］

在泰山区城区北部。桥长 10 米，桥面宽 15 米，最大跨度 15 米，桥下净高 6 米。1975 年建，1997 年改建。因所在线路为岱宗大街得名。为小型跨河公路桥梁，结构型式为钢筋混凝土平板桥。最大载重量汽车 20 吨。通公交车。

## 蒋家沟大桥 370902-N21

［Jiǎngjiāgōu Dàqiáo］

在泰山区城区北部。桥长 20 米，桥面宽 8 米，最大跨度 6 米，桥下净高 4 米。建于 1999 年。因在蒋家沟庄头，故名。为小型公路桥梁，结构型式为石拱桥。最大载重量 20 吨。是连接乡村主路的跨河桥。

## 高老桥 370902-N22

［Gāolǎo Qiáo］

在泰山区城区北部。桥长 5.59 米，桥面宽 5.81 米，最大跨度 5.6 米，桥下净高 3.1 米。始建年代不详，明代嘉靖三十九年（1560）重修。因《岱史》载"古者有学黄老者姓高，创开此道"，故名。为小型人行桥梁，结构型式为双洞石桥。最大载重量 2 吨。

## 东西桥 370902-N23

［Dōngxī Qiáo］

在泰山区城区北部。桥长 8 米，桥面宽 3 米，最大跨度 8 米，桥下净高 2.5 米。传说吕洞宾在泰山三戏白牡丹，被减去 500 年道业，重新修行期满后是过了此桥再度登上的仙籍，故此桥得名过仙桥。后因此桥为正东正西走向，与桥两侧的盘道方向垂直，很容易引起游人注意，故改名东西桥。为小型人行桥梁，结构型式为大方石桥。最大载重量 2 吨。

## 步天桥 370902-N24

［Bùtiān Qiáo］

在泰山区城区西北部。桥长 12.15 米，桥面宽 4.03 米，最大跨度 6 米，桥下净高 5.1 米。始建于明代，1937 年重修。因形容过此桥即入天堂胜景而得名。为小型人行桥梁，结构型式为单拱石桥。最大载重量 5 吨。

## 云步桥 370902-N25

［Yúnbù Qiáo］

在泰山区城区西北部。桥长 12.2 米，桥面宽 4.53 米，最大跨度 11.8 米，桥下净高 8.1 米。始建于明代，1937 年重建。因位于泰山风景名胜区，此地常有云气弥漫，人行桥上如在天际，故名。为小型人行桥梁，结构型式为石桥。最大载重量 5 吨。

### 大众桥 370902-N26
[ Dàzhòng Qiáo ]

在泰山区城区北部。桥长 46.2 米，桥面宽 2.8 米，最大跨度 16.15 米，桥下净高 8.1 米。1935 年建造。因是民国时期冯玉祥将军为便利居民出行所建，故名。为中型桥梁，结构型式为单孔拱桥。最大载重量 5 吨。不通公交车。

### 长寿桥 370902-N27
[ Chángshòu Qiáo ]

在泰山区城区北部。桥长 70 米，桥面宽 2.8 米，最大跨度 12 米，桥下净高 10 米。1925 年动工，1926 年建成。以长寿寓意得名。为大型桥梁，结构型式为三孔石拱桥。最大载重量 10 吨。不通公交车。

### 粥店桥 370902-N28
[ Zhōudiàn Qiáo ]

在泰山区城区西部。桥长 55 米，桥面宽 6.2 米，最大跨度 72 米。1960 年建。因邻粥店街道得名。为钢筋混凝土块石桥。最大载重量汽车 13 吨，拖车 60 吨。

### 辛大铁路省庄立交桥 370902-P01
[ Xīndà Tiělù Shěngzhuāng Lìjiāoqiáo ]

在城区中部。最高层离地面 5 米。20 世纪 70 年代初建成。因位于省庄镇得名。为中型铁路桥梁型式立交桥。在城市交通中起到连接跨城区主干道作用。

### 火车站立交桥 370902-P02
[ Huǒchēzhàn Lìjiāoqiáo ]

在城区西部。最高层离地面 20 米。1909 年始建，1976 年改建。因火车站附近得名。为大型铁路桥梁，为混凝土桥。

### 泰莱高速公路省庄立交桥 370902-P03
[ Tàilái Gāosùgōnglù Shěngzhuāng Lìjiāoqiáo ]

在城区中部。最高层离地面 4 米。2009 年建成。因所在公路名称和所在政区名称得名。为中型公路桥梁，为混凝土桥。在城市交通中起到连接城区主干道作用。

# 岱岳区

## 城市道路

### 桃花源路 370911-K01
[ Táohuāyuán Lù ]

在区境西部。北起东岳大街，南至万官大街。沿线与高铁北街、英才路相交。长 11.3 千米，宽 50 米。沥青路面。2009 年开工，2011 年建成。因泰山景点桃花源得名。沿线旅游业发达。两侧有桃花峪、泰安英雄山中学等。通公交车。

### 天平湖路 370911-K02
[ Tiānpínghú Lù ]

在区境西部。北起东岳大街，南至泮河大街。沿线与泰山大街、灵山大街相交。长 7.7 千米，宽 50 米。沥青路面。1993 年建成。因近天平湖得名。道路沿途教育资源丰富，住宅众多。两侧有交通运输学校、岱岳区实验中学等。通公交车。

### 开元路 370911-K03
[ Kāiyuán Lù ]

在区境西部。北起泰山大街，南至泮河大街。沿线与财兴街相交。长 0.5 千米，宽 44 米。沥青路面。2000 年开工，同年建成。取开元盛世之意命名。沿线是岱岳区行政中心。两侧有山东省第五地质矿产勘察院、岱岳区建设局、岱岳区城镇设计院、兴业银行、岱岳农村信用联社、中天城市广场综合楼等。通公交车。

# 车站

## 高铁泰安站 370911-R01
[ Gāotiě Tài'ān Zhàn ]

铁路站。在岱岳区中部。2008 年始建，2011 年建成使用。高铁泰安站建筑风格上突出了浓厚的泰山气质，共由站房综合楼和无站台柱雨篷两部分组成，无站台柱雨篷采用钢结构形式，建筑高度为 11.99 米，结构覆盖面积 23 156 平方米，可覆盖站台长度 414.6 米。站房综合楼主要分为二层，建筑高度 21.5 米。年客运量约 220 万，逐年增长且增速较快。站内设置有旅游综合服务中心、商务中心及航空代理处。站点周边建设有泰安站高铁广场、客运汽车站和旅游客服中心。高铁泰安站方便了每年来自全国各地的游客，对泰安当地的旅游发展有着不可估量的作用。

# 桥梁

## 古石桥 370911-N01
[ Gǔshí Qiáo ]

在岱岳区城区南部。桥长 570.9 米，桥面宽 2.5 米，最大跨度 3.5 米，桥下净高 3 米。明隆庆年间动工，1572 年建成。先后于 1773 年、1939 年、2003 年、2004 年整修。因历史悠久得名。为中型河道桥梁，结构型式为石砌、扒锯、石板面。最大载重量 10 吨。通公交车。

## 汶河特大桥 370911-N02
[ Wènhé Tèdàqiáo ]

在岱岳区城区南部。桥长 1 270 米，桥面宽 28 米，最大跨度 24 米，桥下净高 5 米。1999 年开工建设，2001 年建成，2012 年拆除改建，2013 年完工。因此桥位于大汶河上，故名汶河特大桥。为大型河道桥梁，结构型式为钢筋混凝土桥。最大载重量 55 吨。通公交车。

## 天平湖大桥 370911-N03
[ Tiānpínghú Dàqiáo ]

在岱岳区城区西北部。桥长 701 米，桥面宽 24.5 米，最大跨度 30 米，桥下净高 6 米。2004 年始建，同年建成。因地处天平湖，故名。为大型河道桥梁，结构型式为 T 梁。最大载重量 55 吨。通公交车。

## 角峪大桥 370911-N04
[ Juéyù Dàqiáo ]

在岱岳区城区东部。桥长 604.4 米，桥面宽 12 米，最大跨度 467 米，桥下净高 6 米。1973 年建成，1999 年改建。因位于角峪镇得名。为大型河道桥梁，结构型式为空心板梁桥。最大载重量 20 吨。通公交车。

## 牟汶河大桥 370911-N05
[ Mùwènhé Dàqiáo ]

在岱岳区城区东南部。桥长 780 米，桥面宽 13 米，最大跨度 632 米，桥下净高 5 米。2009 年建设。因牟汶河得名。为大型河道桥梁，结构型式为钢筋混凝土桥。最大载重量 50 吨。不通公交车。

## 鲁里大桥 370911-N06
[ Lǔlǐ Dàqiáo ]

在岱岳区城区东南部。桥长 602 米，桥面宽 8 米，最大跨度 465 米，桥下净高 20 米。1990 年建成。因位于鲁里村得名。为大型河道桥梁，结构型式为桥板系钢筋混凝土桥。最大载重量 100 吨。不通公交车。

# 新泰市

## 城市道路

### 青龙路 370982-K01
[ Qīnglóng Lù ]

在市境中部。东起清音大桥，西至发展大道。沿线与银河路、金斗路、平阳路、东周路、滨湖路相交。长6.6千米，宽35米。沥青路面。1986年开工，1988年建成。因途经青龙桥，故名。青龙路市场位于该路中段，为泰安市农产品贸易集散地。两侧有国税局、气象局、水利局、交通局、公安局等。是新泰市的主要干道之一，通公交车。

## 桥梁

### 柴汶河大桥 370982-N01
[ Cháiwènhé Dàqiáo ]

在市区西南部。桥长565.56米，桥面宽13米，最大跨度20米，桥下净高3米。1969年动工，2005年建成。因功能得名。为中型河道桥梁，结构型式为钢筋混凝土公路桥。最大载重量100吨。通公交车。

### 光明湖跨湖大桥 370982-N02
[ Guāngmínghú Kuàhú Dàqiáo ]

在市区西南部。桥长600米，桥面宽10米，最大跨度20米，桥下净高8米。1981年动工，1983年建成，2005年修缮。因功能得名。为中型河道桥梁，结构型式为钢筋混凝土桥。最大载重量15吨。通公交车。

# 肥城市

## 城市道路

### 特钢路 370983-K01
[ Tègāng Lù ]

在市境西北部。北起石横镇北外环，南至泰临路。沿线与纸厂路、老泰临路相交。长13.6千米。宽12米。沥青路面。1970年开工，2005年建成。因主要由特钢厂出资兴建，故名特钢路。两侧有特钢厂、电厂、学校、医院、银行等。是连接石横特钢厂的主要道路，通公交车。

### 新城路 370983-K02
[ Xīnchéng Lù ]

在市境中部。东起东外环，南至东付村。沿线与泰西大街、长山街、向阳街、金牛山大街、康汇大街相交。长8.3千米。宽36米。沥青路面。1988年开工，1988年建成。因地处肥城市新城，故名新城路。沿途有多个单位、小区。两侧有新城街道、交通局、新合作、市人民医院、白云山小学等。通公交车。

### 龙山路 370983-K03
[ Lóngshān Lù ]

在市境东部。东起吉山街，西至孙牛路。沿线与凤山大街、泰西大街、长山街、向阳街、金牛山大街、康汇大街相交。长8.3千米，宽40米。沥青路面。1980年开工，1994年、2000年、2004年几经改造拓建成现状。因位于龙山公园沿河带得名。沿街有多个住宅小区。两侧有疾控中心、检察院、供电公司、宝盛大酒店、泰西宾馆、公安局、市政府、三农大厦等。是城区东西向主干道之一，通公交车。

**肥桃路** 370983-K04

[ Féitáo Lù ]

在市境东南部。东起吉山街，西至250省道。沿线与凤山大街、泰西大街、长山街、向阳街、金牛山大街、孙牛路相交。长14.3千米，宽60米。沥青路面。1988年建成，2002年、2003年、2004年改扩建。以肥城市著名特产肥桃命名。道路西段为肥桃产业景观大道，东段为新建商住区。两侧有国土资源局、玉都观、鼎盛财源购物中心等。为城区东西主干道之一，通公交车。

**金牛山大街** 370983-K05

[ Jīnniúshān Dàjiē ]

在市境中部。南起肥桃路，北至牛山森林公园。沿线与创业路、工业三路、工业二路、工业一路、泰临路、新城路、龙山路、文化路相交。长6.4千米，宽60米。沥青路面。1999年开工，2000年建成。因连接牛山森林公园，故名金牛山大街。两侧有桃都农贸城、展览馆、图书馆、博物馆、白云山公园等。通公交车。

**桃园街** 370983-K06

[ Táoyuán Jiē ]

在市境中部。北起工业三路，南至新城路。沿线与工业三路、工业二路、工业一路、泰临路、市场路、新城路相交。长1.6千米，宽36米。沥青路面。1999年开工，2000年建成。因连接原肥桃园区，故名桃园街。两侧有肥城市人民医院、肥城市地税局等。通公交车。

**长山街** 370983-K07

[ Chángshān Jiē ]

在市境中部。北起康王东路，南至肥桃路。沿线与康王东路、工业三路、工业二路、工业一路、泰临路、市场路、新城路、市府北路、龙山路、育才路、文化路、龙山中路、肥桃路相交。长4.1千米，宽36米。沥青砼、水泥路面。1988年开工，1988年建成。因此路与原仪阳"十里长山"同向，故名长山街。两侧有师范附小、邮政局、中医医院、体育场、纪检委、龙山中学、人民法院、龙山公园、健康主体公园、玉都观等。是城区主干道六纵之一，通公交车。

**泰西大街** 370983-K08

[ Tàixī Dàjiē ]

在市境东部。北起火车站，南至仪阳街道。沿线与银宝路、金轮路、康王东路、工业三路、工业二路、工业一路、泰临路、新城路、市场路、龙山路、文化东路、文化路、大桥路、肥桃路、朝阳路、泰肥一级公路、仪兴路相交。长8.4千米，宽80米。沥青砼路面。1932年开工，1933年建成，1950年改扩建。因位于泰安城西，故取名泰西大街。两侧有火车站、康王河酒厂、亿嘉装饰材料城、汽车站、交通局、检察院、民政局、泰山轮胎厂、桃木旅游商品城、龙山河带状公园等。是城区主干道六纵之一，通公交车。

**吉山大街** 370983-K09

[ Jíshān Dàjiē ]

在市境东部。北起泰临路，南至朝阳路。沿线与泰临路、新城路、龙山路、文化东路、大桥路、肥桃路、朝阳路相交。长3.1千米，宽40米。沥青油路面。2004年开工，2005年建成。因北端附近的鸡山、鸡山桥而得名，又因"鸡"与"吉"同音，取平安吉祥之美好寓意，故名吉山街。两侧有气象局、疾控中心等。是城区主干道六纵之一，通公交车。

### 老城路 370983-K10
[ Lǎochéng Lù ]

在市境北部。东起李家坡村，西至曹庄煤矿社区西门。沿线与104省道相交。长3.4千米，宽30米，沥青、混凝土路面。1980年开工，1980年建成，1994年向西延伸至月庄村。因位于老城镇政府前，故名老城路。两侧有老城派出所、老城街道、老城街道中心小学等。通公交车。

## 车站

### 肥城站 370983-R01
[ Féichéng Zhàn ]

铁路站，四等站。位于老城街道南约1千米处，毛家小庄西北隅，官路店村北部。1959年建站，1964年12月投入运营。以所在行政区域得名。占地面积4 722 000平方米，建筑面积7 828平方米。站内有专用线3条，设有养路、通讯、信号3个工区，站内建有候车厅、散装卸货场、零担仓库等。1964年办理客运业务，年客运量4.7万人次。1964年12月办理货运业务，2001年停止客运，只办理货运业务。

### 肥城汽车站 370983-S01
[ Féichéng Qìchē Zhàn ]

汽车站，二级站。位于肥城泰西大街与泰临路交叉口西南侧。以所在行政区域得名肥城汽车站。1951年泰安汽车总站在老城设代办站，1952年肥城汽车站成立，1965年7月站址由县城南关移至城南济兖公路东侧。1978年8月在现址动工兴建，1980年开始营业，1986年搬入新候车室。占地面积17 900平方米，建筑面积2 883平方米，其中候车大厅面积600平方米。设南北两个发车场，北面是长途班次停发车区，南面是城乡班次停发车区。日发班次280个，年发送旅客1 000万人次。

## 桥梁

### 康汇大桥 370983-N01
[ Kānghuì Dàqiáo ]

在肥城市区中部。桥长128米，桥面宽26.8米，最大跨度117米，桥下净高10.4米。2005年3月修建，同年12月建成。取康王河、汇河首字命名。为大型河道桥梁，结构型式为钢筋混凝土桥。担负城区道路干线交通任务，最大载重量50吨。通公交车。

### 康王河大桥 370983-N02
[ Kāngwánghé Dàqiáo ]

在肥城市区北部。桥长105米，桥面宽15米，最大跨度91米，桥下净高10.8米。2004年2月修建，同年10月建成。以所跨河流而得名。中型河道桥梁，结构型式为石拱桥。担负城区北部道路干线交通任务，最大载重量50吨。通公交车。

# 宁阳县

## 城市道路

### 华阳大街 370921-K01
[ Huáyáng Dàjiē ]

在县境南部。东起海力大道，西至七贤路。沿线与海力大道、建设路、七贤路、华宁大道相交。长3千米，宽25米。沥青路面。2002年建成，后经多次重新修整。以境内企业华阳集团命名。两侧有党章公园、泰安市党支部指导中心、宁阳县特殊教育中心、山东天源服饰有限公司、宁阳县环保局、山东振挺精工活塞有限公司、金明热电有限公司、环城科技产业园、泗店法庭、晋煤明升达化工公司等。是县城南部直通东西的大动脉，通公交车。

## 金阳大街 370921-K02
[ Jīnyáng Dàjiē ]

在县境中部。东起海力大道，西至华兴大道。沿线与海力大道、建设路、七贤路相交。长6.9千米，宽23~45米。沥青路面。1992年开工，1994年建成，至2010年历经多次延长。因经过金阳公园得名。沿途行政单位集中。两侧有县农业局、宁阳四中、县规划局、县园林局、县建设局、县房产局、妇幼保健院、县委县政府、移动公司、卫生局等。是县城中部交通要道，通公交车。

## 府前街 370921-K03
[ Fǔqián Jiē ]

在县境中部。东起建设路，西至东关大桥。沿线与建设路、东街相交。长0.6米，宽15米。沥青路面。2005年开工，同年建成。因在县政府前面直通县委县政府大院而得名。两侧有县政府大院、金阳公园。通公交车。

## 东街 370921-K04
[ Dōng Jiē ]

在县境中部。东起禹王大道，西至正阳路。沿线与正阳路、建设路、杏岗路、仰圣路、海力大道、清风路、文成路、禹王大道相交。长4.0千米，宽14~45米。沥青路面。与古县城同时产生，1986年拓宽，后经多次拓宽东延。因是故县城的东街而得名。该街为故县城四街之一，是县城中心，县城早期、中期建筑层次分明，发展脉络依稀可见。两侧有宁阳文庙、县市场监管局、县实验小学、宁阳宾馆、工商银行、县交通局等。是县城中心东西大道，通公交车。

## 西街 370921-K05
[ Xī Jiē ]

在县境中部。东起正阳路，西至华宁大道。沿线与东街、华兴大道、七贤路、文庙西路相交。长3.7千米，宽18.0米。沥青路面。与古县城同时产生，1986年拓宽，后经多次拓宽东延。因为是故县城的西街及延长路段而得名。该街为故县城四街之一，是县城中心，县城早期、中期建筑层次分明，发展脉络依稀可见。两侧有万达商场、盐业公司、华兴纺织、八仙桥街道等。是县城中心东西大道，通公交车。

## 欣街 370921-K06
[ Xīn Jiē ]

在县境中部。东起清风路，西至临洮路。沿线与七贤路、文庙东路、建设路、杏岗路相交。长3.9千米，宽16.0米。中华人民共和国成立初期修建，1979年拓宽重修，后经多次修整。沥青路面。取欣欣向荣之意命名。两侧有宁阳人民会堂、文庙街道市场监管所、三源家电、宁阳供销联社、县中医院、县实验小学、县实验中学、烟草公司、宁阳现代小学等。是县城中部重要道路，通公交车。

## 文化街 370921-K07
[ Wénhuà Jiē ]

在县境中部。东起海力大道，西至七贤路。沿线与华宁大道、华兴大道、七贤路、北关路、南关路、长寿路、建设路相交。长2.6千米，宽20米。沥青路面。1987年开工，1989年修建完成，2000年拓建。后经多次重修、东延。因沿街有宁阳一中，故名。该街是重要商业街，文化氛围浓厚，金融机构集中。两侧有中国银行、中国建设银行、县委党校、宁阳一中、宁阳县卫健委、宁阳县检察院、宁阳县法院等。是老县城北部直通东西的交通要道，通公交车。

## 北桥街 370921-K08
[ Běiqiáo Jiē ]

在县境北部。东起建设路，西至七贤路。沿线与文庙西路、建设路相交。长 1.2 千米，宽 20.0 米。1998 年修建，1999 年建成，后多次修整。因位于北关桥而得名。沥青路面。途经北关市场，商户众多，特色土产、乡土菜馆林立，批发业发达。两侧有北关农贸市场。是县城重要商业街，通公交车。

## 兴隆街 370921-K09
[ Xīnglóng Jiē ]

在县境中部。东起禹王大道，西至华宁大道。沿线与华宁大道、华兴大道、七贤路、文庙西路、文庙东路、建设路、杏岗路、仰圣路、海力大道、清风路、文成路、禹王大道相交。长 7.3 千米，宽 50.0 米。1998 年修建，2012 年后逐步拓展。沥青路面。取生意兴隆之意命名。两侧有县汽车站、农业银行、县洸河学校等。是县城北部直通东西的交通要道，通公交车。

## 关王街 370921-K10
[ Guānwáng Jiē ]

在县境北部。东起文庙西路，西至七贤路。沿线与七贤路、建设路相交。长 0.4 千米，宽 15.0 米。沥青路面。2000 年修建，同年建成。因穿过关王村而得名。沿途乡土气息浓厚。通公交车。

## 孔融街 370921-K11
[ Kǒngróng Jiē ]

在县境北部。东起建设路，西至洸河公园。沿线与七贤路、文庙西路、建设路相交。长 1.7 千米，宽 7.0~23.0 米。沥青路面。2000 年修建，同年建成。以历史名人孔融命名。两侧有洸河公园。为宁阳老县城北大门，通公交车。

## 禹王大道 370921-K12
[ Yǔwáng Dàdào ]

在县境东部。南起宁曲路，北至兴隆街。沿线与华阳大街、金阳大街、东街、复圣大街、兴隆街相交。长 4 千米，宽 53.0 米。宁阳有禹王庙，传说大禹出生于此，以此取名。2014 年开工，同年建成。沥青路面。该街为宁阳城东部城建界，是东部新城区南北景观大道。两侧有文庙中心小学、县实验高中。是县城东部门户，通公交车。

## 文成路 370921-K13
[ Wénchéng Lù ]

在县境东部。南起宁曲路，北至兴隆街。沿线与华阳大街、金阳大街、东街、复圣大街、兴隆街相交。长 3.4 千米，宽 30.0 米。沥青路面。2014 年开工，同年建成。因邻近文成园社区，靠近实验高中、文庙中心小学，文化气息浓厚，古代有文成武就之说，取名文成路。两侧有实验高中、复圣公园等。是东部新城中心要道，通公交车。

## 清风路 370921-K14
[ Qīngfēng Lù ]

在县境东部。北起兴隆街，南至华阳大街。沿线与兴隆街、文化街、欣街、东街、金阳大街、华阳大街相交。长 2.6 千米，宽 55.0 米，沥青路面。2014 年开工，同年建成。取两袖清风之意命名。两侧有复圣公园、亿丰时代广场等。是东部新城中心要道，通公交车。

## 海力大道 370921-K15
[ Hǎilì Dàdào ]

在县境东部。南起宁曲公路，北至蒙馆公路。沿线与华阳大街、金阳大街、东街、欣街、复圣大街、兴隆街相交。长 6.3 千米，宽 51.0 米。沥青路面。2002 年始建，

2003 年建成。因靠近海力集团而得名。两侧有亿丰国际时代广场、文庙街道、汽车站、海力集团等。是进出县城的交通要道，通公交车。

## 仰圣路 370921-K16
[ Yǎngshèng Lù ]

在县境东部。南起华阳大街，北至兴隆街。沿线与华阳大街、金阳大街、东街、欣街、复圣大街、兴隆街相交。长 0.6 千米，宽 20.0 米，沥青路面。2014 年开工，同年建成。南面是曲阜，取仰望圣人、仰望圣地之意命名。沿途多居民小区。两侧有宁阳县妇幼保健院、宁阳县法院、宁阳县农业局等。通公交车。

## 杏岗路 370921-K17
[ Xìnggǎng Lù ]

在县境东部。南起华阳大街，北至兴隆街。沿线与华阳大街、金阳大街、东街、欣街、复圣大街、兴隆街相交。长 1.1 米，宽 15.0 米。水泥路面。1995 年始建，至 2010 年历经多次延长。因临近杏岗村而得名。沿途多居民小区。两侧有宁阳四中、宁阳职教中心、新时代商厦、东关农贸市场等。通公交车。

## 建设路 370921-K18
[ Jiànshè Lù ]

在县境东部。南起华阳大街，北至蒙馆公路。沿线与华阳大街、金阳大街、东街、欣街、复圣大街、兴隆街相交。长 4.6 千米，宽 30.0 米。沥青路面。1996 年始建，1997 年建成，2005 年和 2009 年两次延长。因建设开发新城区得名建设路。两侧有县公安局、县委县政府、县实验小学、面粉厂、县行政服务大厅、建设银行、宁阳英才学校等。是县城直通南北的交通要道，通公交车。

## 文庙东路 370921-K19
[ Wénmiào Dōnglù ]

在县境中部。南起华阳大街，北至兴隆街。沿线与华阳大街、金阳大街、东街、欣街、复圣大街、北桥街相交。长 2.2 千米，宽 9.0 米。沥青路面。1985 年始建，1985 年年建成，2000 年北延至北桥街。因位于文庙东侧而得名文庙东路。两侧有砂资源管理局、人力资源和社会保障局、老干部活动中心、宁阳宾馆等。是老县城的中心道路，通公交车。

## 正阳路 370921-K20
[ Zhèngyáng Lù ]

在县境中部。北起东街，南至华阳大街。沿线与华阳大街、金阳大街、东街相交。长 0.4 米，宽 16.0 米。沥青路面。与古县城同时产生，1983 年重修，后期逐渐向南延伸。因该路位于老县衙正门大路，以此得名。两侧有粮食和物资储备中心、金阳商贸城、工行等。通公交车。

## 文庙西路 370921-K21
[ Wénmiào Xīlù ]

在县境北部。南起西街，北至孔融街。沿线与西街、欣街、复圣大街、北桥街、兴隆街、孔融街相交。长 2.9 千米，宽 18.0 米。沥青路面。1970 年在故县城北街基础上拓宽，1980 年向北取直延伸至孔融街。因位于文庙西侧，故名文庙西路。沿途是商贾云集之地。两侧有凌云大厦、华联商厦、城关建筑公司、蓝天商厦等。通公交车。

## 七贤路 370921-K22
[ Qīxián Lù ]

在县城西部。北起孔融街，南至华宁大道。沿线与华阳大街、金阳大街、西街、欣街、复圣大街、兴隆街、华宁大道相交。

长 7.8 千米，宽 40.0 米。沥青路面。1986 年拓宽取直，1988 年建成，2006 年重修。因宁阳县境内有刘伶墓，刘伶为竹林七贤之一，故名七贤路。沿途商铺林立，单位众多，是县城繁华大道。两侧有宁阳县车管所、县国税局、地税局、供电公司、教育局、交通运输局、中国联通宁阳分公司、中国电信宁阳分公司等。是县城中西部直通南北的交通要道，通公交车。

## 临洸路 370921-K23

[ Línguāng Lù ]

在县境西部。南起华阳大街，北至西街。沿线与华阳大街、金阳大街、西街、欣街相交。长 1.0 千米，宽 21.0 米，沥青路面。2005 年始建，2005 年建成。因临近洸河，且古县城西门当时称为临洸，故名。两侧有宁阳县中小企业服务中心、宁联机械制造公司等。通公交车。

## 华兴大道 370921-K24

[ Huáxīng Dàdào ]

在县境西部。南起西街，北至华阳大街。沿线与华阳大街、金阳大街、西街、欣街、复圣大街相交。长 1.9 米，宽 30.0 米。沥青路面。2005 年始建，2006 年建成。因靠近华兴纺织有限公司而得名。两侧有海斯摩尔、八仙桥街道、第二实验中学（恒文学校）、华兴棉纺新厂等。通公交车。

## 华宁大道 370921-K25

[ Huáníng Dàdào ]

在县境西部。北起保安煤矿，南至济微路。沿线与华阳大街、西街、复圣大街、兴隆街相交。长 12.0 千米，宽 40.0 米，沥青路面。2005 年始建，2006 年建成。因邻近华宁集团而得名。两侧有保安煤矿、华宁集团。是县城西部门户，通公交车。

# 车站

## 磁窑站 370921-R01

[ Cíyáo Zhàn ]

铁路二等站。在宁阳县磁窑镇磁窑东村。1908 年开工，1912 年建成。因临近村庄西磁窑得名。建设有货台 6 个、候车厅 8 间、售票台 2 个。占地面积约 1 665.0 平方米，每年客运量约 4.2 万人，货运量约 56.0 万吨。

## 宁阳东站 370921-R02

[ Níngyáng Dōngzhàn ]

铁路二等站。位于宁阳经济开发区内。2010 年开工，2014 年建成通车。因位于宁阳东部得名。建设有侧式旅客站台 2 座、宽旅客地道 1 座，站房采用线侧平式布置，还有站前广场、候车室、售票处等。占地面积 1 994 平方米。

## 宁阳汽车站 370921-S01

[ Níngyáng Qìchē Zhàn ]

长途汽车站。在县境东北方向，海力大道 999 号。2010 年 10 月开工，2012 年 11 月建成。占地面积 135 亩，建筑面积 79 873.0 平方米，设有候车大厅、售票大厅、停车场、站前广场，泊车位 168 个，发车位 24 个，日发车 120 车次。是集住宿、餐饮、加油、汽车服务、物流服务、金融保险服务于一体的汽车站。

# 桥梁

## 汶口大桥 370921-N01

[ Wènkǒu Dàqiáo ]

在县城东北部。桥长 605.0 米，桥面宽 23.0 米，最大跨度 20.0 米，桥下净高 9.0 米。1987 年动工，2012 年重建，2013 年建成通车。

因桥北侧连接大汶口得名。为大型河道桥梁，结构型式为预应力混凝土连续箱梁桥。最大载重量 20 吨，通公交车。

### 堽城坝大桥 370921-N02
[ Gāngchéngbà Dàqiáo ]

在县城北部。桥长 612.6 米，桥面宽 7.0 米，最大跨度 612.6 米，桥下净高 9.0 米。1940 年始建，1966 年重建，1967 年通车。因临近堽城坝得名。为中型河道桥梁，结构型式为混凝土悬砌拱桥。最大载重量 30 吨。通公交车。

### 东关大桥 370921-N03
[ Dōngguān Dàqiáo ]

在县城中部。桥长 20.5 米，宽 10.7 米，最大跨度 16.2 米，桥下净高 3.2 米。1698 年修建石桥，后多次重修，1973 年重修改为钢混结构大桥。因位于县城东关而得名。为中型桥梁，结构型式为平板桥。最大载重量 20 吨。通公交车。

# 东平县

## 城市道路

### 东山路 370923-K01
[ Dōngshān Lù ]

在县城东部。北起县政府，南至流泽大桥。沿线与佛山街、望山街、汇河街、汶河街相交。长 4.2 千米，宽 30 米。沥青、混凝土路面。1979 年开工，1982 年建成。以行政区域内主要的地理实体名称东山命名，得名东山路。沿途以行政服务功能为主。两侧有东平县政府、东平县人民医院、东平县电影院、防疫站、妇幼保健站等。为贯通县府与流泽大桥的主干道，通公交车。

### 西山路 370923-K02
[ Xīshān Lù ]

在县城东部。北起闫村，南至大桥。沿线与银山街、佛山街、望山街、汇河街、汶河街、稻香街相交。长 4.2 千米，宽 30 米。沥青、混凝土路面。1974 年开工，1974 年建成。以行政区域内主要的地理实体名称西山命名。沿途工商业、零售业发展迅速。两侧有建设银行东平支行、儒原城市广场等。是县城重要的南北走向的主干道，通公交车。

### 东原路 370923-K03
[ Dōngyuán Lù ]

在县城西部。北起闫村，南至滨河街。沿线与银山街、佛山街、汇河街、汶河街、稻香街等相交。长 4.7 千米，宽 45 米。沥青、混凝土路面。1989 年开工，1989 年建成，2001 年改扩建。以行政区域名称古东原命名。沿街绿化优美，商铺林立。是县城重要的南北走向的主干道，通公交车。

### 平湖路 370923-K04
[ Pínghú Lù ]

在县城中部。北起银山街，南至财政局家属院。沿线与佛山街、汇河街、望山街、汶河街、稻香街、滨河街等相交。长 4.1 千米，宽 30 米。沥青、混凝土路面。1998 年开工，同年建成。以行政区域内主要的地理实体名称东平湖命名。沿途以行政服务功能为主。两侧有中医院、移动公司、国土资源局、西华联超市等。是县城重要的南北走向的主干道，通公交车。

### 须昌路 370923-K05
[ Xūchāng Lù ]

在县城西部。北起旧后路，南至滨河街。沿线与佛山街、汇河街、望山街、汶河街、稻香街等相交。长 3.0 千米，宽 45 米。沥青、混凝土路面。2001 年开工，同年建成。以行政区域内古地名名称须昌城命名。沿途教育资源集中。两侧有佛山中学、明湖中学、污水处理厂等。是县城重要的南北走向的主干道，通公交车。

## 银山街 370923-K06
[ Yínshān Jiē ]

在县城北部。东起西山路，西至虹桥路。沿线与西山路、东原路、中顺路等相交。长 1.4 千米，宽 30 米。2000 年开工，同年建成。沥青、混凝土路面。以行政区域内主要的地理实体名称银山命名。沿途餐饮业集中，教育资源丰富。两侧有山东东平金马帘子布有限责任公司等。是县城重要的南北走向的主干道，通公交车。

## 龙山大街 370923-K07
[ Lóngshān Dàjiē ]

在县城东北部。东起一担土村，西至佛山街。沿线与兴东一路、兴东二路、兴东三路、东山路、西山路相交。长 1.1 千米，宽 30 米。沥青路面。1979 年开工，1979 年建成，2001 年改扩建。因行政区域内地理实体龙山而得名。沿途教育资源、医疗资源丰富。两侧有水泥厂、水利局、县计划生育指导站、迎宾馆、高级中学、县委、县政府、劳动服务公司、医药公司等。是县城重要的东西走向的主干道，通公交车。

## 佛山街 370923-K08
[ Fóshān Jiē ]

在县城北部。西起古楼商场，东至大井。沿线与平湖路、宿昌路、宿城路、故城东路等相交。长 4.3 千米。宽 30~52 米。沥青、混凝土路面。1987 年开工，1988 年建成，2003 年扩建。以行政区域内主要的地理实体名称白佛山命名。沿途旅游资源丰富。

两侧有中医院、博物馆等。是县城重要的东西走向的主干道，通公交车。

## 汇河街 370923-K09
[ Huìhé Jiē ]

在县城中部。东起人民商场，西至宿城路。沿线与西山路、东原路、平湖路、宿昌路、安山东路、安山西路、宿城路等相交。长 4.6 千米，宽 25 米。沥青、混凝土路面。2014 年开工，同年建成。以行政区域内主要的地理实体名称汇河命名。两侧有金汇商业街、国土局、西华联超市等。是县城重要的东西走向的主干道，通公交车。

## 望山街 370923-K10
[ Wàngshān Jiē ]

在县城中部。东起希望桥，西至平湖路。沿线与东山路、西山路、东原路、平湖路相交。长 1.9 千米，宽 52 米。沥青路面。1979 年开工，同年建成。以行政区域内主要的地理实体名称望山命名。沿途教育资源丰富，零售业发达。两侧有百货大楼、中国银行、烟草公司等。是县城重要的东西走向的主干道，通公交车。

## 贯中大道 370923-K11
[ Guànzhōng Dàdào ]

在县城中部。东起平湖路，西至高速出口。沿线与平湖路、宿昌路等相交。长 3.5 千米，宽 46 米。沥青、混凝土路面。2010 年开工，同年建成。以行政区域内历史人物罗贯中命名。沿途教育资源集中。两侧有平湖广场、明湖中学。是县城区重要的东西走向的主干道，通公交车。

## 汶河街 370923-K12
[ Wènhé Jiē ]

在县城中部。东起东山路，西至须昌路。

沿线与东山路、西山路、东原路、平湖路等相交。长 2.9 千米，宽 30 米。沥青、混凝土路面。1981 年开工，1981 年建成。以行政区域内主要的地理实体名称大汶河命名。沿途教育资源丰富。两侧有东平县交通局、东平县公路局、东平县热电厂、东平县地税局、明湖中学等。是县城重要的东西走向的主干道，通公交车。

## 稻香街 370923-K13
[ Dàoxiāng Jiē ]

在县城南部。东起麻纺厂，西至宿城。沿线与四海成转盘、东原路、平湖路、宿昌路等相交。长 3.9 千米，宽 30 米。沥青、混凝土路面。1979 年开工，同年建成。以稻米之乡意命名。沿途以行政服务功能为主。两侧有东平县麻纺厂、东平县光源热电厂、东平县财政局等。是县城重要的东西走向的主干道，通公交车。

## 金山路 370923-K14
[ Jīnshān Lù ]

在县城东部。南起稻香街，东北至佛山街。沿线与稻香街、汶河街、望山街、汇河街等相交。长 1.6 千米。宽 16 米。沥青、混凝土路面。1987 年开工，同年建成。因行政区域内有金山，故名金山路。沿途工商、零售业发达。两侧有汶河大药房、汇鑫副食批发商店、冷库、百货文具批发、农贸市场等。是县城重要的南北走向的主干道，通公交车。

## 兴东一路 370923-K15
[ Xīngdōng 1 Lù ]

在县城东北部。南起龙山街，北至胜利渠。沿线与龙山街、幸福街等相交。长 0.4 千米，宽 12 米。沥青路面。1985 年开工，1987 年建成。因取振兴东平之意，故名兴东一路。沿途以行政服务功能为主。两侧

主要有东平县迎宾馆、东平县广播电视局、东平县物价局等。是县城重要的南北走向的主干道，通公交车。

## 兴东二路 370923-K16
[ Xīngdōng 2 Lù ]

在县城东北部。南起龙山街，北至胜利渠。沿线与龙山街、幸福街等相交。长 0.4 米，宽 12 米。沥青路面。1985 年开工，1987 年建成。因取振兴东平之意，故名兴东二路。沿途以行政服务功能为主。两侧有中共东平县委党校、东平县水利局等。是县城重要的南北走向的主干道，通公交车。

## 兴东三路 370923-K17
[ Xīngdōng 3 Lù ]

在县城东北部。南起龙山街，北至胜利渠。沿线与龙山街、幸福街等相交。长 0.2 米，宽 12 米。沥青路面。1985 年开工，1987 年建成。因取振兴东平之意，故名。沿途以行政服务功能为主。两侧有东平县广播电视局、东平县机关幼儿园、东平县干休所、东平县军干所等。是县城重要的南北走向的主干道，通公交车。

## 幸福街 370923-K18
[ Xìngfú Jiē ]

在县城东北部。西起兴东一路，东至兴东三路。沿线与兴东一路、兴东二路、兴东三路相交。长 0.4 千米，宽 12 米。水泥路面。1987 年开工，同年建成。因取东平人民幸福之意，故名幸福街。沿途以行政服务功能为主，教育资源丰富。两侧有东平县广播电视局、机关幼儿园、东平县干休所、东平县军干所等。是县城重要的东西走向的主干道，通公交车。

# 车站

## 东平汽车总站 370923-S01
[ Dōngpíng Qìchē Zǒngzhàn ]

一级长途汽车客运站。位于东平县东平街道西南部。1974年建设，2012年西迁至此。因位于东平县城区，故名东平汽车站，2012年更名为东平汽车总站。车站占地约67 340平方米，建筑面积14 814平方米。有候车大厅、公交港湾、加油加气站，候车大厅共二层，一层为候车厅和售票室，二层为办公室；日班车辆373辆次，年平均日发送量10 000余人，年客运量达300余万人。是东平县客运枢纽中心，担负着繁重的组织和接送旅客任务。是集道路客运、旅游客运、旅游集散、城市公交、城市出租、物流快运等多功能于一体的现代化汽车站。

## 州城汽车站 370923-S02
[ Zhōuchéng Qìchē Zhàn ]

三级长途汽车客运站。位于东平县州城街道东出口。1996年建设。以所在政区州城街道命名。占地约4 655平方米，建筑面积1 161平方米。候车大厅共二层，一层为候车厅和售票室，二层为办公室；日班车辆11班，年平均日发送量2 000余人，年发送量达60万人。是东平县重要的客运枢纽，是集道路客运、旅游客运、旅游集散、城市公交、城市出租、物流快运等多功能于一体的现代化汽车站。

# 桥梁

## 王台大桥 370923-N02
[ Wángtái Dàqiáo ]

在县城西南部。桥长829米，桥面宽13米，最大跨度30米，桥下净高7米。1973年始建，1974年建成，2004年扩建。因位于王台村南得名。为中型河道桥梁，结构型式为简支箱梁结构桥。是肥城至梁山（250省道）线的重要桥梁，最大载重量120吨。通公交车。

## 流泽大桥 370923-N01
[ Liúzé Dàqiáo ]

在县城南部。桥长880.4米，桥面宽21米，最大跨度25米，桥下净高14米。1973年始建，1974年建成，2003年扩建。因位于县城流泽村北得名。为连体双桥，东西桥属双曲拱桥。是105国道的重要桥梁之一。最大载重量60吨。通公交车。

# 四　自然地理实体

## 泰安市

### 平原

#### 泰莱肥宁平原 370900-21-A01
[ Tàiláiféiníng Píngyuán ]

在泰安、莱芜、肥城、宁阳交界处。面积约 360 平方千米。因位于泰安、莱芜、肥城、宁阳交界处而得名。因地质变动，在该地区形成一片平坦低洼地区，后有河水流过冲刷，逐渐形成一片肥沃的土地，经过无数代劳动人民的耕作，形成了现在的平原地貌。年降水量 789 毫米。土层深厚，土质肥沃。矿产、生物、旅游资源丰富。通多条国道和省道以及航运。

#### 汶泗平原 370900-21-A02
[ Wènsì Píngyuán ]

在大汶河南部与泗水河北部冲积平原区，北起鹤山乡、伏山镇的北界，南过东疏镇、泗店镇至兖州界。面积 210 平方千米。因位于大汶河和泗水河流域得名。春季干燥多风，夏季炎热多雨，秋季天高气爽，冬季寒冷少雨雪。冲积层厚 20~90 米，表层岩性多由亚沙土、亚黏土组成，地表植被主要是农作物，有小麦、玉米、花生、大豆等，零星地块有杨树种植，东疏地域现有较多园林。汶泗流域是中华文化起源的重要地区，以北辛文化、大汶口文化、龙山文化、岳石文化为代表，由于临近曲阜，受儒家文化影响最大。土特产有宁阳大枣、葛石黄梨、许家桥大白菜、蒋集有机蔬菜、伏山蔬菜制种、东疏苗木、鹤山绿豆粉皮等。济兖公路、蒙馆公路、宁曲公路过境。

### 山

#### 泰山 370900-21-E01
[ Tài Shān ]

在山东省中部，泰安市北部，主体盘亘于泰安、济南两市交界地带。因 "泰" 字原来的高大、通畅之意，引申为 "大而稳，稳而安" 而得名。主峰玉皇顶，海拔 1 545 米。有白龙池、黑龙潭瀑布、扇子崖、竹林寺、冯玉祥墓、六朝古刹普照寺、彩石溪桃花峪、战国齐长城、佛华寺、灵岩寺等名胜古迹。1987 年被联合国教科文组织列入世界自然遗产，2007 年 3 月被评为国家 AAAAA 级旅游景区。气温垂直变化明显，年降水量随高度而增加。植物种类繁多，森林覆盖率、植被覆盖率分别达到 95.8%、97%。100 年以上树龄的古树达 3 万余株，1 000 年以上的有 5 000 多株，主要为松、栎类。林果以苹果、黄梨、山楂、核桃、板栗、红枣为主。产何首乌、柴胡、人参、黄精等名贵中药材 300 余种。野生动物达 100 余种，鸟类尤为著名，赤鳞鱼是独有的珍贵动物。矿产资源丰富。通公交车。

#### 长城岭 370900-21-G01
[ Chángchéng Lǐng ]

在省境中部。西起清阳台，沿泰安市

北境蜿蜒向东、东北延伸至章丘市境四界首。因春秋齐国在岭上筑长城而得名，也名分流山。海拔 869.8 米。植被以松、柏等为主。济南—泰安公路经此。

## 徂徕山 370900-21-G02
[ Cúlái Shān ]

在省境中部，泰安市东南部。徂徕之名始建于《诗·鲁颂》，亦名尤徕。主峰太平顶，海拔 1 027.8 米。现存寺庙 3 处，碑碣 54 块，摩崖刻石 113 处。有狼、獾、山猫、雕、鹰等野生动物，产中药材、山珍、茶叶和多种干鲜林果。有公路经此。

# 河流

## 康王河 370900-22-A-a01
[ Kāngwáng Hé ]

外流河。在泰安市西部。据传，宋朝康王赵构被金国俘虏后，赵构逃归，路经此河，"泥马渡康王"的故事即在此地。从此，当地人民将此河命名为康王河。发源于岱岳区道朗镇北部山区，于衡鱼入汇河。长 4.2 千米，宽 500 米。流域面积 427 平方千米。径流量 30 立方米 / 秒。为地上河、常年河。该河由于历年积淤，两岸土地肥沃，水源充足，为农作物生长提供了有利条件，故两岸为产粮区。该河砂粒粗细均匀，含杂质少，储量约 1 800 万立方米，是重要建筑材料。支流有潮泉河、城东河、抬屯河、陈留河等。

## 大汶河 370900-22-A-a02
[ Dàwèn Hé ]

黄河支流。在省境中部，泰山之南。又名汶水。发源于沂源县西南的松崮山（亦名悬崮山）西龙巩村一带，向西流至大汶口与柴汶河汇流后称大汶河，再西流至戴村坝以下为大清河，流经莱芜市、新泰市、肥城市、宁阳县、汶上县、东平县。在东平县马口注入东平湖。全长 208 千米，宽 500~1 000 米。流域面积 8 536 平方千米。年平均径流量 18.83 亿立方米。东高西低，河水依势西流。属季节性河。年平均含沙量 0.53~3.12 千克 / 立方米。水质好，工农业均可用。1949 年前河上有大汶口铁路桥、大车石板桥。1949 年后在支流上建有拦河坝 4 座、大中型水库 22 座、铁路桥 3 座、公路桥 28 座，堤防全部加高培厚和续接，利于防洪、灌溉与交通。源头至大汶口为上游，大汶口至戴村坝为中游，戴村坝以下为下游。

## 柴汶河 370900-22-A-a03
[ Cháiwèn Hé ]

大汶河支流。在省境中部，市境中部。因流经古柴县得名。发源于沂源县牛栏峪及北宅一带，流经新泰市、泰安市郊区、宁阳县，在大汶口镇东南入大汶河。全长 116 千米，宽 300~600 米，流域面积 1 944 平方千米。属季节性河流。平均年径流量 4.88 亿立方米。建有东周、光明、金斗、苇池等水库，还有引河扬水站等水利设施，可灌溉农田 30 多万亩。有汶南河、平阳河、羊流河等支流。

## 牟汶河 370900-22-A-a04
[ Mùwèn Hé ]

大汶河上游河段。在省境中部。牟汶之名源于汉牟县之首字。发源于沂源县西南松崮山（亦名悬崮山）西龙巩村一带，上游集莱芜市东境及东南莲花山北侧诸水后，向西南流入泰安市岱岳区，在渐汶河村东南汇瀛汶河后继续向西南流，至大汶口与柴汶河汇合成为大汶河。全长 119.6 千米，宽 500 米，流域面积 3 711 平方千米。汛期最大流量 310 立方米 / 秒。年平均径流量 11.29 亿立方米。年平均含沙量 0.53~3.21 千克 / 立方米。

## 石汶河 370900-22-A-a05
［Shíwèn Hé］

瀛汶河支流。在山东省境中部，泰山以东。因经石汶村而得名。上游有东西两源，东源为主流，发源于莱芜市境的独路和后关村一带，向西流至泰安市岱岳区黄前镇北，西源麻塔河汇入后，再流至刘家疃东汇入瀛汶河。长 50 千米，宽 300 米，流域面积 350 平方千米。旱年多在 5 月断流。河上建有公路桥 5 座。有蓄水 8 200 多万立方米的黄前水库，具灌溉之利。

## 瀛汶河 370900-22-A-a06
［Yíngwèn Hé］

大汶河支流。在山东省境中部。因流经古嬴县得名。发源于章丘市南部的池凉村，向西南流经莱芜市境原山西麓及口镇西北部，在泰安市岱岳区渐汶河村东南汇入牟汶河。全长 86 千米，宽 500 米，流域面积 1 326 平方千米。年平均径流量 1.09 亿立方米，年平均含沙量 0.53~3.12 千克 / 立方米。上游有蓄水 2 亿多立方米的雪野水库及 10 多处扬水站；下游有冷家庄引河工程，具灌溉之利。支流有石汶河。

## 东金线河 370900-22-A-a07
［Dōngjīnxiàn Hé］

外流河。在省境西部。此河因位于汇河以东，又是汇河的支毛渠，得名东金线河。发源于山东省肥城市桃源镇罗汉庄，流经山东肥城市、东平县。于东平县接山镇南山庄流入汇河。全长 169 千米，宽 50 米，流域面积 68 平方千米，年平均流量 300 立方米/秒。河流类别为季节河、地下河。6 月—10 月为汛期，7 月—9 月是主汛期。东平境

内河道平均宽度 50 米。是一条具有防洪、排涝、灌溉综合效益的河道。

## 泮汶河 370900-22-A-b01
［Pànwèn Hé］

内陆河。在省境中部，泰安市西部。源于泰山西麓桃花峪北部山谷，流经大河水库，再东流沿泰安市区侧纳北来奈河、梳洗河诸水，至北店注入渐汶河。全长 44 千米。流域面积 368 平方千米。汛期为 6—9 月。河流类别为地上河、季节河。有漆河、梳洗河等支流。

# 泰山区

## 山

## 蒿里山 370902-22-E01
［Hāolǐ Shān］

在省境中部，财源街道中部。东南—西北走向。今名始见于《重修泰安县志》。汉武帝曾禅于此，故又名亭禅山，后又称号令山、英雄山，1982 年复今名。一般海拔 193 米。蒿里山曾建有规模宏大的蒿里山神祠，又名森罗殿。1999 年 10 月，泰山区设立蒿里山地质地貌景观保护区。山体由水成岩和石灰岩断层构成，曾发现三叶虫化石。山上翠柏茂密。通公交车。

## 丈人峰 370902-21-G01
［Zhàngrén Fēng］

属泰山山脉。在省境中部，泰前街道境内，泰山玉皇顶西。因巨石耸立，形若老人，上刻"丈人峰"三个大字，故名。海拔 1 500 米。不通公交车。

**玉皇顶** 370902-21-G02

[ Yùhuáng Dǐng ]

属泰山山脉。在省境中部，泰前街道泰山风景区。为泰山主峰，因峰顶有玉皇庙，故名玉皇顶。海拔 1 545 米。神龛上匾额题"柴望遗风"，说明远古帝王曾于此燔柴祭天，殿前有极顶石，标志着为泰山的最高点。极顶石西北有"古登封台"碑刻，说明这里是历代帝王登封、封禅泰山时的设坛祭天之处。通公交车。

**傲徕峰** 370902-21-G03

[ Àolái Fēng ]

在省境中部，区境西部。因峰高不过泰山主峰之半，但犀利峥嵘，有傲然不向泰山低头之势，故名傲徕峰。海拔 997 米。植被以针叶林、油松、黑松为主。通公交车。

**凌汉峰** 370902-21-G04

[ Línghàn Fēng ]

属泰山山脉。在省境中部，区境西北部。山峰陡峭，有凌云霄汉之势，故名凌汉峰。海拔 630 米。不通公交车。

**独秀峰** 370902-21-G05

[ Dúxiù Fēng ]

属泰山山脉。在省境中部，区境西北部。《泰山道里记》云"中有突秀蜂"。《泰山小史》所称"石笋"也。峰顶苍松偃盖，故名。海拔 1 439 米。这里集中了泰山自然风光和名胜古迹的精华，更有旭日东升、云海玉盘、晚霞夕照、黄河金带、碧霞宝光、雨淞雾淞等奇观。

**扇子崖** 370902-21-G06

[ Shànzi Yá ]

属泰山山脉。在省境中部。山峰高耸如削，如同巨扇，故名扇子崖。海拔 370 米。四周遍植松、柏。有公路经此。

**虎山** 370902-21-G07

[ Hǔ Shān ]

在省境中部。传说孔子至此，遇一村妇哭诉其公公、丈夫、儿子先后被老虎吃掉，问她为何不离开这里，妇人说这里偏僻，没有苛政。孔子遂发出"小子识之，苛政猛于虎也"的感慨，遂名虎山。另有一说，清乾隆皇帝曾在此射死一虎，故名。海拔 231 米。植被以刺槐、毛柏杨、松树为主。有公路经此。

**金山** 370902-21-G08

[ Jīn Shān ]

属泰山山脉。在省境中部，市区北部。因山体形似"金"字得名。海拔 229 米。有公路经此。

**调军岭** 370902-21-G09

[ Diàojūn Lǐng ]

属泰山山脉。在省境中部，区境北部。因地势险要，旧时曾有军队驻守，故名。海拔 960 米。主要植被有麻栎、黄精、赤松等。

**龙泉峰** 370902-21-G10

[ Lóngquán Fēng ]

属泰山山脉。在省境中部，区境西北部。因自中天门慈恩亭往右走，大约走至 1.5 千米处，山脊凸起，犹如龙头状山峰，故名龙泉峰。海拔 800 米。植被种类有麻栎、赤松、油松，中草药有何首乌、穿山龙。

**招军岭** 370902-21-G11

[ Zhāojūn Lǐng ]

属泰山山脉。在省境中部，区境北部。因该山周围其他山体呈向其靠拢趋势，故名招军岭。海拔 823 米。主要植被有麻栎、油松、枫树，地下灌木有黄精。不通公交车。

**七里顶** 370902-21-G12

［Qīlǐ Dǐng］

属泰山山脉。在省境中部，区境西北部。因位于七里的山顶，故名。海拔860米。植被种类属阔叶林。

**象鼻峰** 370902-21-G13

［Xiàngbí Fēng］

属泰山山脉。在省境中部，区境西北部。因突出的石头像大象的鼻子，故名。海拔1 430米。不通公交车。

**日观峰** 370902-21-G14

［Rìguān Fēng］

属泰山山脉。在省境中部，泰山区泰前街道北部。因是观日出佳处，故称日观峰。海拔1 345米。不通公交车。

**尧观顶** 370902-21-G15

［Yáoguān Dǐng］

属泰山山脉。在省境中部，区境西北部。相传尧帝曾在此处烧柴祭天，故名尧观顶。海拔1 479米。不通公交车。

**云峰** 370902-21-G16

［Yún Fēng］

属泰山山脉。在省境中部，区境西北部。因其上有乾隆御笔"云峰"摩崖石刻，且山高耸入云，故名。海拔1 490米。不通公交车。

**狮子峰** 370902-21-G17

［Shīzi Fēng］

属泰山山脉。在省境中部，区境西北部。峰顶有一巨石挺立，如瑞兽，故名狮子峰。海拔1 480米。不通公交车。

**百丈崖** 370902-21-G18

［Bǎizhàng Yá］

属泰山山脉。在省境中部，区境西北部。因深谷陡峻，故名。海拔1 345米。植被以松柏为主。不通公交车。

**月观峰** 370902-21-G19

［Yuèguān Fēng］

属泰山山脉。在省境中部，泰山区泰前街道西北部。因与岱顶日观峰相对，又名月观峰。海拔1 466米。月观峰是观赏泰山"晚霞夕照""黄河金带"奇观的最佳地点。不通公交车。

**飞龙岩** 370902-21-G20

［Fēilóng Yán］

属泰山山脉。在省境中部，区境西北部。传说，泰山暴雨骤起，有一蛟龙伏于此山峰山，雨止后腾空而去，故称飞龙岩。海拔1 400米。

**翔凤岭** 370902-21-G21

［Xiángfèng Lǐng］

属泰山山脉。在省境中部，区境西北部。因山体形态似飞翔的凤凰，故名。海拔1 400米。不通公交车。

**开山** 370902-21-G22

［Kāi Shān］

属泰山山脉。在省境中部，区境西北部。因清乾隆年间在此开山辟盘道而得名。海拔1 258米。不通公交车。

**天烛峰** 370902-21-G23

［Tiānzhú Fēng］

在省境中部，泰山区大津口乡西南部。因山峰形若巨烛而得名。海拔600米。整座山峰远看就像一块完整的巨石，峰南临洞的石面十分阔大，犹如西华山北坡那兀立千仞的石壁。有天烛境胜坊、开心石、长寿泉、声声亭等景点。通公交车。

## 东泰山 370902-21-G24
[ Dōng Tàishān ]

属泰山山脉。在省境中部，区境西北部。因位于泰山东邻，与泰山相连，山之魁伟形似泰山，山谷陡峭凸显，故名东泰山。海拔980米。植被以刺槐、马尾松、华山松、柏树、茶树为主。不通公交车。

## 香炉山 370902-21-G25
[ Xiānglú Shān ]

属泰山山脉。在省境中部，泰山区泰前街道境内。因众多块石堆积形成景观，两侧有两耳，远观如一香炉一般，故名香炉山。海拔460米。植被以赤松、毛白杨、板栗为主，覆盖率80%以上。不通公交车。

## 洞穴

### 泰山吕祖洞 370902-21-N01
[ Tàishān Lǚzǔ Dòng ]

溶洞。位于泰山东麓，柴草河村西部。据传，吕洞宾起始在王母池东侧的溶洞修炼，后因人多杂乱而转入泰山东麓的溶洞中修炼，故名。此洞为自然形成，占地面积35平方米。长7米，宽5米，高2米。已开发。有路通往洞口。

### 白阳洞 370902-21-N02
[ Báiyáng Dòng ]

位于天外村和竹林寺中段。据考证，清初泰安人御史赵弘文辞官归里，居泰城梅花馆，"引壑以自娱"，其间曾购凌汉峰北白阳坊山地，为归隐之所。其地有石洞幽霭，额书"白阳洞"，供奉着石弥勒，故名。洞内面积0.3平方米。不通公交车。

### 青云洞 370902-21-N03
[ Qīngyún Dòng ]

位于泰山南天门景区象鼻峰以东。据传洞中常冒青烟，故名青云洞。占地面积1.35平方米，长1.35米，宽0.9米，高1.5米。海拔1 402米。近期无开发条件。不通公交车。

### 鲁班洞 370902-21-N04
[ Lǔbān Dòng ]

花岗岩洞穴。位于泰山南天门景区碧霞祠以西。传说鲁班在此居住而得名。占地面积9平方米，长度4.5米，宽度2米，海拔1 465米。近期无开发条件。不通公交车。

## 河流

### 梳洗河 370902-22-A-b01
[ Shūxǐ Hé ]

内陆河。在省境中部，泰前街道中部。因经王母池，相传是王母娘娘梳洗沐浴过的地方，故名梳洗河。发源于泰山中天门下诸溪谷，流经泰安市区、岱岳区，汇泮汶河。全长13.2千米，宽15米，流域面积26平方千米。流经山东科技大学、山东农业大学南校区。

### 泮河 370902-22-A-b02
[ Pàn Hé ]

内陆河。在省境中部，泰山区西南部。发源于岱顶西北诸河谷，流经粥店西、蒿里山南、徐家楼街道、岱岳区北店子村等地。汇入汶河。全长约42千米，境内约25千米，宽约100米，流域面积2.65平方千米。为山溪季节性河流。是一条具有防洪、排涝、灌溉综合效益的河道。重要支流有漤河、梳洗河、冯庄河。

## 明堂河 370902-22-A-b03
[ Míngtáng Hé ]

内陆河。位于泰安市东部。因紧邻汉明堂，故名明堂河。源自泰山区泰前街道，流经岱岳北集坡街道南店于村，流入汶汶河。全长15.8千米。流域面积51.9平方千米。为地上河、常年河。汛期为6—9月，南北走向。明堂河是泰山区域山水林田湖生态保护修复工程重要组成部分。

## 柴草河 370902-22-A-b04
[ Cháicǎo Hé ]

内陆河。在省境中部。发源于泰山顶的东峪，流经梨园村、谢过城村、许家埠、东夏村等地。汇入汶汶河。长22千米，平均宽度15米。流域面积49平方千米。为地上河、季节河。沿途有汉明堂故址。

## 漤河 370902-22-A-b05
[ Nài Hé ]

内陆河。在省境中部，在市区中部。漤河之名，实由"奈河"转化而来。据清初学者顾炎武考证，俗谓善人死后，魂归西天，去西天有河相隔，幸有桥可渡，恶人到河，不得过桥。徒唤奈何（无可奈何之意），因名漤河桥，故河名漤河。发源于岱顶西南诸河谷，流经黄岘岭西、泰安市区。注入汶河。长13千米，宽30米，流域面积34平方千米。最大洪峰流量540立方米/秒。河流类别为地上河、常年河。1988年在市区段建成漤河公园，成为市区著名游览地。旧时泰城缺水，为居民饮水主要来源。

## 七里河 370902-22-A-b06
[ Qīlǐ Hé ]

内陆河。在省境中部，泰山区西部。因流经西七里社区得名。发源于傲徕峰南麓，流经泰山区、岱岳区，汇入汶河。全长1.2千米，宽20米。东西走向。河流类别为地上河、常年河。具有排涝、防洪能力。

## 肖家庄河 370902-22-A-b07
[ Xiāojiāzhuāng Hé ]

内陆河。在省境中部，泰山区泰前街道。因流经肖家庄村，故名肖家庄河。源自泰前街道下梨园村水库，流经肖家庄村、北上高村，汇入明堂河。长4千米，宽4米，流域面积4平方千米，年平均径流量0.4立方米。7~8月为汛期，南北走向。河流类别为地上河、常年河。

## 芝田河 370902-22-A-b08
[ Zhītián Hé ]

在省境中部，泰安市区东部。因流经芝田村，故名。发源于泰山之阴尧观顶东北、歪头山南麓河谷，沿山谷东南流，注入刘家庄水库。水库以下，顺谷而行，在海洼村东转向南流，渐入泰莱平原。过芝田村沿指挥庄村转向东南，至邱家店镇纳入卸甲河，南流至居岭庄以东汇入牟汶河。长度21千米，境内约5千米，流域面积1.587 6平方千米。为山溪季节性河流。河床淤积沙砾。

## 天津河 370902-22-A-b09
[ Tiānjīn Hé ]

在省境中部，市区北部。因谷山寺及泰山得名。谷山寺在溪上游对岸，相传当年佛家弟子越过溪流即走出迷津，道家则认为泰山极顶为天界，天津河由此得名。发源于谷山寺附近谷溪。天津河流向东南，经大津口折向东流成为麻塔河，过侯家场村流入岱岳区境汇入黄前水库。全长 30 千米，境内河段 8 千米。

## 三里庄河 370902-22-A-b10

[ Sānlǐzhuāng Hé ]

内陆河。在省境中部。因临三里庄，故名三里庄河。发源于傲徕峰南麓，西南流向，至御碑楼村西折向东南流，至泰城南王庄村汇入泮汶河。长 6 千米，宽 6 米。流域面积 32 平方千米。是雨季泄洪河流。河流类别为地上河、季节河。

## 名泉河 370902-22-A-b11

[ Míngquán Hé ]

内流河。在省境中部，区境北部。以李家泉村的古泉李明泉得名。发源于李家泉村的古泉，贯穿李家泉村，与范家庄村土门河交汇，流入东大河，经范家庄东、刘家沟东北，流入刘家庄水库。长 2 千米。流域面积 0.012 平方千米。河流类别为地上河、常年河。汛期在 7—8 月份，汛期流量大。

## 西溪 370902-22-A-b12

[ Xī Xī ]

内陆河。在省境中部。位于泰山西麓称为西溪。发源于岱顶西南诸河谷，绕拦住山下，经黄岘岭西，出大峪口，穿泰安市区南流，在灌庄注入泮河。长 4 千米，宽 30 米。流域面积 0.124 4 平方千米。河流类别为地上河、常年河。两侧有黄溪河水库、龙潭水库和数十座拦水坝形成的人造瀑布，又有黑龙潭、老龙窝的自然瀑布，及百丈崖、扇子崖、傲徕峰。

# 湖泊

## 龙泽湖 370902-22-D-a01

[ Lóngzé Hú ]

常年湖、淡水湖。在省境中部。面积 0.24 平方千米。平均水深 2 米，最大水深 3 米。湖面 30 万平方米。湖中有荷花、芦苇、鱼、假山等供游人观赏。

## 如意湖 370902-22-D-a02

[ Rúyì Hú ]

常年湖、淡水湖。在省境中部。因为湖的形状如如意的美好寓意得名。总面积 10.3 平方千米，深 6~7 米。蓄水量 63.4 立方千米，集水面积 10.3 平方千米。湖南有绿化区，是人们旅游、观光、垂钓的好去处。

## 东湖 370902-22-D-a03

[ Dōng Hú ]

在省境中部。因在市区东部财源大街东首，东临东湖路而得名。总面积 4.56 公顷。最大深度 12.5 米。湖中有人工岛两座，岸边设花岗岩石桌凳，可供游人休息。

## 南湖 370902-22-D-a04

[ Nán Hú ]

人工湖。在省境中部。1958 年挖掘，截流漆河水。总面积 5.3 公顷，水深 2 米。对蓄漆河山洪及调节附近地下水位有一定作用。

# 瀑布、泉

## 龙潭飞瀑 370902-22-H01

[ Lóngtán Fēipù ]

冷泉。在省境中部，泰山区泰前街道境内。因泰山黄溪河流水至百丈崖形成瀑布，瀑布下方岩石经常年冲击形成深潭，相传与东海龙宫相通，名为黑龙潭，故名龙潭飞瀑。高差大，终年流水不断，冬季形成冰瀑。瀑布先顺着约 30 米的斜坡流入第二个潭，然后顺着 20 米左右的斜坡直冲第三个潭，组成了潭瀑相连的三叠式瀑布。最大落差 50 米，最大宽度 86 米。有公路经此。

## 三潭叠瀑　370902-22-H02
[ Sāntán Diépù ]

冷泉。在省境中部，泰山区泰前街道境内。溪水连续经过三个小潭，形成三处瀑布，故名三潭叠瀑。海拔约 350 米。汛期每个水潭平均长 15 米，最大宽度约 20 米，水深 2 米，最大落差 2 米，最大水面约 900 平方米。不通公交车。

## 龙女泉　370902-22-I01
[ Lóngnǚ Quán ]

冷泉。在省境中部，泰山区泰前街道境内。传说泉底直通东海，每年春、秋两季时节，四海十二龙女乘金船来此奏乐歌舞、赏景聚会。汉高祖刘邦在此屯兵期间找到在此隐居的道士作法扣留了她们的金船，充实了战备物资后起兵登基成功。四海龙王为报复刘邦，轮流在此下雨，49 天洪水不断，泉底洞因泥石流而堵塞，之后，每当雨过便有彩虹由此泉升起至东海，据说是龙女们偷偷光临，故名龙女泉。周围为泰山花岗岩质，海拔 380 米，泉水源头自泉底部东向洞穴碎岩石缝隙涌出，水温为 15~17℃，冬天不结冰，水质为 pH 值 7.2~7.8。未开发。通公交车。

## 明堂泉　370902-22-I02
[ Míngtáng Quán ]

冷泉。在省境中部，泰山区泰前街道境内。当年汉武帝泰山封禅时在此地设明

堂。清唐仲冕《岱览》卷十四"岱阳之东"曰"谢过城迤东里许为汉明堂，有明堂泉。泉水因岩体裂隙水、渗流水在此汇流而成，泉脉旺盛，日出水量约 300 立方米，泉水甘甜清澈，历来是周围村民的饮用水源。通公交车。

## 女儿泉　370902-22-I03
[ Nǚ'ér Quán ]

冷泉。在省境中部，泰山区泰前街道境内。因位于女儿山（玉女岭）而得名。周围为泰山花岗岩质，海拔 410 米，泉水源头自泉底部岩石缝隙涌出，水温为 15~17℃，冬天不结冰。水质 pH 值 7.2~7.8。未开发。不通公交车。

## 大泉子　370902-22-I04
[ Dà Quánzi ]

冷泉。在省境中部，泰山区省庄镇境内。此泉是祖辈在山上劳作时发现，并将其命名为大泉子，从古至今流传下来。泉是形成于岩石断层的自然泉，水质甘甜，出水量较少，但常年不断，可为上山劳作的村民提供饮用水。

## 金鸡泉　370902-22-I05
[ Jīnjī Quán ]

冷泉。在省境中部，泰山区泰前街道境内。因相传很久很久以前此处的大石头上有一只金鸡，被南方一个商人盗走，泉水从盗走的石头上流淌出来，持续不断流淌至今，故名金鸡泉。水温 17℃左右。水质 pH 值 7.0~7.2。水质甘甜，清澈见底，曾为附近山民的日常饮用水。通公交车。

## 开花洞泉　370902-22-I06
[ Kāihuādòng Quán ]

冷泉。在省境中部，泰山区泰前街道境内。相传开花洞为夏明王窦建德占山为

王时的住所，洞中冬暖夏凉，四季百花盛开，泉水流淌，因此夏明王将此洞命名为开花洞，泉因洞得名。水质甘甜，现出水量已较少，但常年不断。

## 白鹤泉 370902-22-I07
[ Báihè Huán ]

冷泉。在省境中部。因古时白鹤常云集于此而得名。有双柱式石坊，坊额两层，上额为"玉皇阁"，下额为"白鹤泉"。原来的白鹤泉，泉水突涌，滔滔不绝，味甘清冽，还有一条水渠与山下双龙池相通，泉水从龙口流出，喷珠吐玉，不失为一大景观，四邻八乡的百姓饮水，也大都取之于此。通公交车。

## 广生泉 370902-22-I08
[ Guǎngshēng Quán ]

冷泉。在省境中部。金山南麓古有青帝观，宋真宗登封泰山时加封青帝为广生帝君，泉由此得名广生泉。水温17~18℃。泉水出自金山北陡崖下，由两只石雕龙嘴中流出。通公交车。

## 泰山温泉 370902-22-I09
[ Tàishān Wēnquán ]

温泉。在省境中部。因位于泰山东部，天成存在的温泉，故名。水温37~40℃，每小时上水量60立方米，水质甘冽，含有锌、铁、铜、锰、钴等人体需要的微量元素，为优质饮料矿泉水。通公交车。

## 上水泉 370902-22-I10
[ Shàngshuǐ Quán ]

冷泉。在省境中部，泰山区大津乡境内。因位于訾家东岭上方，故名。泉水清冽，水质极佳，常年不干。

## 玉液泉 370902-22-I11
[ Yùyè Quán ]

冷泉。在省境中部，泰山区泰前街道境内。因泉水一年四季不干不枯，而且冬温夏凉，水质清澈，如琼浆玉液一般，故名玉液泉。最高水位1.3米，最低水位0.6米，最大输出量0.000 05立方米/秒，日出水量4.32立方米，涌水高度0.06米。通景区公交车。

## 玉泉 370902-22-I12
[ Yù Quán ]

冷泉。在省境中部，泰山区泰前街道境内。因是玉泉寺东侧的一眼古泉，故名。涌水高度0.15米，水质属I类，年均水温4~8℃，泉水甘甜清澈，大旱不涸，水质纯净甘甜。通公交车。

## 月亮泉 370902-22-I13
[ Yuèliang Quán ]

在省境中部，泰山区泰前街道西北。因位于月亮洞，故名。泉水自洞上滴淋而下，终年不绝，水质甘冽。不通公交车。

## 仙泉 370902-22-I14
[ Xiān Quán ]

冷泉。在省境中部，泰山区泰前街道境内。因传说碧霞元君最喜欢的小女儿为缓解泰山附近的大旱，化身为泉，故名。泉眼直径53厘米，水自石缝涌出，喷涌高度为36厘米，水质清冽甘甜，常年不涸。不通公交车。

## 碧天泉 370902-22-I15
[ Bìtiān Quán ]

冷泉。在省境中部，泰山区泰前街道西北。因《泰山道里记》载"东有碧天泉，今涸"，故名。由于历史原因，碧天泉失去其汲水饮用功用，原泉体破坏严重，2008 年 6 月修复。井壁通深 7.2 米，内装一龙首，上安圆形整石凿成的井口，直径 96 厘米。泉北立石，上刻"碧天泉"三个大字。水质清冽，常年不涸，原为岱顶常驻人员饮水水源地。不通公交车。

# 新泰市

## 山

### 金斗山 370982-G01
[ Jīndǒu Shān ]

在省境中部，新泰市东部。相传吕纯阳仙师曝书山上，得名曝书山。后传山中石白若斗，雨后落金，称为金斗山。海拔 566.1 米，山体由火成岩构成，植被为针叶林、阔叶林。205 国道经此。

### 青云山 370982-G02
[ Qīngyún Shān ]

在省境中部，新泰市东部。取青云直上之意易名青云山。海拔 495.6 米。有第四纪冰川"冰臼"遗迹。京沪高速经此。

## 泉

### 道泉 370982-I01
[ Dào Quán ]

冷泉。在省境中部，石莱镇东部。世有"志士不饮盗泉之水，廉者不受嗟来之食"之说，故名。后人将"盗"改为"道"，称作道泉。最高水位 20 米，最低水位 10 米，年均水温 10℃。居民作为饮用水源，处于未开发状态。有公路通此。

### 南泉 370982-I02
[ Nán Quán ]

冷泉。在省境中部，楼德镇南部。因位置及地貌得名。最高水位 3 米，最低水位 0.8 米。近年涌水量减少，无开发条件。有公路经此。

# 肥城市

## 山

### 拔山 370983-21-G01
[ Bá Shān ]

在省境中部，仪阳镇西南部。因山势很陡，挺拔直立，故名拔山。海拔 309.9 米。主要种植花椒、苹果，山麓东侧土层深厚，有桃园数百亩，是著名的肥桃产地之一。不通公交车。

### 白条山 370983-21-G02
[ Báitiáo Shān ]

在省境中部，桃园镇东南部。以传说命名。海拔 1 400 米。山体由石灰岩组成。植被以柏树、杨树、荆树、核桃树、槐树为主，覆盖率 70%。不通公交车。

### 北大山 370983-21-G03
[ Běi Dàshān ]

在省境中部，桃园镇东南部。此山位于村落的北面，山体较大，故名北大山。海拔 1 400 米。山体由石灰岩组成。植被以柏树、杨树、荆树、核桃树、槐树为主，覆盖率 60%。不通公交车。

### 北山 370983-21-G04
[ Běi Shān ]

在省境中部，桃园镇东南部。以方位

命名。因在中固村的北面，故名北山。海拔43米。种植核桃等树木。不通公交车。

## 大山 370983-21-G05
[ Dà Shān ]

在省境中部，桃园镇西南部。因此山在当地较高，故名大山。海拔148.9米。属石灰岩。山西面有石料场，其余三面均植松柏。不通公交车。

## 大团山 370983-21-G06
[ Dàtuán Shān ]

在省境中部，桃园镇东南部。因山比较集中，有团圆的意思，故名团山。海拔100米。植被以柏树为主，覆盖率70%。不通公交车。

## 东山 370983-21-G07
[ Dōng Shān ]

在省境中部，桃园镇东南部。该山位于村东，故名东山。海拔290米。植被以柏树为主，覆盖率60%。不通公交车。

## 孩儿山 370983-21-G08
[ Hái'ér Shān ]

在省境中部，桃园镇东南部。相传不管哪家妇女生孩子，死后都会放到此山，故名孩儿山。海拔40米。秃顶山。不通公交车。

## 黑牛山 370983-21-G09
[ Hēiniú Shān ]

在省境中部，肥城市西南部。因该山形如一头卧牛，且山石灰黑，故名黑牛山。海拔290米。植被以柏树为主，覆盖率65%。不通公交车。

## 洪山 370983-21-G10
[ Hóng Shān ]

在省境中部，桃源镇东南部。因此山的形状看上去是横着的，故名横山，后传为洪山。海拔200米。植被以柏树为主，覆盖率30%。不通公交车。

## 花石山 370983-21-G11
[ Huāshí Shān ]

在省境中部，桃源镇东南部。因此山岩石块块有花纹，故名花石山。海拔100米。秃顶山。不通公交车。

## 会山 370983-21-G12
[ Huì Shān ]

在省境中部，桃园镇东部。以传说命名。海拔200米。山有防护林，植被以侧柏为主。覆盖率70%。不通公交车。

## 棘藜山 370983-21-G13
[ Jílí Shān ]

在省境中部，桃园镇东南部。因山面积太小，像个棘藜，故名棘藜山。海拔25米。此山以地为主，为石山，下面为地。不通公交车。

## 狼山 370983-21-G14
[ Láng Shān ]

在省境中部，桃园镇东南部。因传说山上有狼，故名狼山。海拔40米。植被以马尾松、刺槐为主。不通公交车。

## 猫头鹰窝山 370983-21-G15
[ Māotóuyīngwō Shān ]

在省境中部，桃园镇东南部。因山上石堰多，山谷多，猫头鹰多，故名猫头鹰窝山。海拔300米。植被以柏树为主，覆盖率35%。不通公交车。

**磨山** 370983–21–G16

[ Mó Shān ]

在省境中部，桃园镇东部。因山体看上去形似磨盘，故名磨山。海拔 200 米。山有防护林，植被以侧柏为主，覆盖率 50%。不通公交车。

**母猪山** 370983–21–G17

[ Mǔzhū Shān ]

在省境中部，桃园镇东北部。因传说山中有金母猪，故名母猪山。海拔 172 米。植被以柏树为主，覆盖率 80%。不通公交车。

**南山** 370983–21–G18

[ Nán Shān ]

在省境中部，桃园镇东南部。因在固留村的南面，故名南山。海拔 78 米。植被以柏树为主，覆盖率 45%。不通公交车。

**平顶山** 370983–21–G19

[ Píngdǐng Shān ]

在省境中部，桃园镇东南部。因此山山顶平坦，故名平顶山。海拔 60 米。秃顶山。不通公交车。

**仁贵山** 370983–21–G20

[ Rénguì Shān ]

在省境中部，桃园镇东南部。相传唐朝薛仁贵在这一带打仗，战死葬于山北面，现仁贵墓还在，故名仁贵山。海拔 150 米。植被以柏树为主。不通公交车。

**三角山** 370983–21–G21

[ Sānjiǎo Shān ]

在省境中部，桃园镇东南部。因此山形似三角，故名三角山。海拔 300 米。山体植被以松、柏为主，覆盖率 70%。不通公交车。

**石屋子山** 370983–21–G22

[ Shíwūzi Shān ]

在省境中部，桃园镇东部。相传山顶有间石头屋，屋顶也是石头的，故名石屋子山。海拔 80 米。秃顶山。不通公交车。

**塔宝山** 370983–21–G23

[ Tǎbǎo Shān ]

在省境中部，桃园镇东部。因山上有座高塔，相传塔下有宝，故名塔宝山。海拔 65 米。不通公交车。

**娃娃山** 370983–21–G24

[ Wáwa Shān ]

在省境中部，桃园镇东部。凹陷于五龙山、椅子山之间，因山头较小，形似娃娃，故名。海拔 120 米。植被以松柏为主，覆盖率 80%。不通公交车。

**五龙山** 370983–21–G25

[ Wǔlóng Shān ]

在省境中部，桃园镇东北部。因山阳五道山梁形似伏龙，头上尾下，故名五龙山。海拔 189 米。植被以松柏为主，覆盖率 70%。不通公交车。

**小北山** 370983–21–G26

[ Xiǎoběi Shān ]

在省境中部，桃园镇东南部。因在山村北边，故名小北山。海拔 80 米。植被以柏树为主。不通公交车。

**小山** 370983–21–G27

[ Xiǎo Shān ]

在省境中部，桃园镇东南。以传说命名。海拔 260 米。山有防护林，植被以侧柏为主，覆盖率 80%。不通公交车。

## 小团山 370983-21-G28

[ Xiǎotuán Shān ]

在省境中部，桃园镇东南部。因和大团山相邻，比大团山小，故名小团山。海拔 70 米。不通公交车。

## 椅子山 370983-21-G29

[ Yǐzi Shān ]

在省境中部，桃园镇东北部。从远处看此山像是一把椅子，故名椅子山。海拔 103 米。植被以柏树、核桃树为主，覆盖面积为 100%。不通公交车。

## 凤凰山 370983-21-G30

[ Fènghuáng Shān ]

属泰山山系。在省境中部，安临站镇北部。因形似凤，故名。海拔 422.9 米。植被以松、柏、刺槐及各种果树为主，覆盖率 70%。不通公交车。

## 肥猪山 370983-21-G31

[ Féizhū Shān ]

在省境中部，安临站镇西部。因山形似肥猪，故名肥猪山。海拔 427.9 米。此山山势陡峭，四面悬崖，怪石嶙峋，石窟纵横，历来为军事战略要地。此山含有丰富的煤矿资源。植被以松、柏为主，覆盖率 70%。不通公交车。

## 布山 370983-21-G32

[ Bù Shān ]

在省境中部，安驾庄镇北部。此山以瀑布而得名，后简称布山。海拔 447.9 米。基岩为花岗岩。植被以苹果树、栗子树、桃树等为主，盛产柴胡、葛根、远志、枸杞、透骨草、土元、蝎子等几十种中药材。植被覆盖率 90%。不通公交车。

## 东马山 370983-21-G33

[ Dōngmǎ Shān ]

属泰山山系。在省境中部，安临站镇东北部。因山形像马，有东西两个山头，因方位称其东马山。海拔 350 米。山势陡峭，山顶植柏近万株多，浓荫覆盖。山中产铁矿石。植被以松、柏、刺槐为主，覆盖率 85%。不通公交车。

## 西马山 370983-21-G34

[ Xīmǎ Shān ]

属泰山山系。在省境中部，安临站东北部。因山形像马，有东西两个山头，因方位称其西马山。海拔 355 米。此山山势陡峭，山顶植柏近万株多，浓荫覆盖。山中产铁矿石。植被以松、柏、刺槐为主，覆盖率 70%。不通公交车。

## 青龙山 370983-21-G35

[ Qīnglóng Shān ]

在省境中部，安临站镇西部。因形似青龙，故名青龙山。海拔 144 米。此山有丰富的铁石矿。植被以松、柏为主，覆盖率 70%。不通公交车。

## 二郎担山 370983-21-G36

[ Èrlángdān Shān ]

属泰山山系。在省境中部，安临站镇南部。据传杨二郎担山撵太阳，来此休息时，磕打鞋中沙粒，遂成此山，故名二郎担山。海拔 208 米。此山山势陡峭，怪石林立。植被以松为主，覆盖率 50%。不通公交车。

## 光山 370983-21-G37

[ Guāng Shān ]

属泰山山系。在省境中部，安临站镇西北部。因山光如剃，故名光山。海拔 365 米。属水成岩。无植被。不通公交车。

**寨山** 370983-21-G38

[ Zhài Shān ]

　　属泰山山系。在省境中部，安临站镇东北部。同治年间修建山寨，故名寨山顶，后简称寨山。海拔334米。属石灰岩。植被以柏树为主，覆盖率95%以上。不通公交车。

**鸡山** 370983-21-G39

[ Jī Shān ]

　　属泰山山系。在省境中部，安临站镇西北部。因山体形状像鸡，因此取名鸡山。海拔256米。属石灰岩。植被以柏树、刺槐为主，覆盖率50%。

**小横山** 370983-21-G40

[ Xiǎohéng Shān ]

　　属泰山山系。在省境中部，安临站镇东部。此山与大横山相连，因山小，故名小横山。海拔308米。山质为石灰岩，植被以柏树为主。不通公交车。

**小布山** 370983-21-G41

[ Xiǎobù Shān ]

　　属泰山山系。在省境中部，安临站镇东部。因在布山后，又与布山毗邻，故名小布山。海拔269米。地质属火成岩。植被以柏树为主，覆盖率50%。不通公交车。

**孤山** 370983-21-G42

[ Gū Shān ]

　　属泰山山系。在省境中部，安临站镇东南部。因此山独立，不与其他山相连，故名。海拔219米。植被以柏树为主，覆盖率50%。不通公交车。

**大绮山** 370983-21-G43

[ Dàqǐ Shān ]

　　属泰山山系。在省境中部，安临站镇西部。因传说得名。海拔380米。植被以柏树为主，覆盖率50%。不通公交车。

**长山** 370983-21-G44

[ Cháng Shān ]

　　属泰山山系。在省境中部，安临站镇西部。因山不大，岭长，故名长山岭，后简化为长山。海拔390米。此山山势陡峭，植被以柏树为主，覆盖率50%。不通公交车。

**胜山** 370983-21-G45

[ Shèng Shān ]

　　属泰山山系。在省境中部，安临站镇西北部。因山上有座圣母庵，"圣"演变成"胜"，故名。海拔271米。植被以柏树为主，覆盖率50%。不通公交车。

**蛤蟆山** 370983-21-G46

[ Háma Shān ]

　　属泰山山系。在省境中部，安临站镇西部。因山低矮形似蛤蟆，故名蛤蟆山。海拔179米。有丰富的煤矿资源。植被以柏树、刺槐为主，覆盖率50%。不通公交车。

**大顶山** 370983-21-G47

[ Dàdǐng Shān ]

　　属泰山山系。在省境中部，安临站镇西部。以大顶为主峰，故名大顶山。海拔373米。植被以松树、柏树为主，覆盖率70%。不通公交车。

**望鲁山** 370983-21-G48

[ Wànglǔ Shān ]

　　属泰山山系。在省境中部，安临站镇北部。战国时鲁王之女嫁于齐，事后两国争执，关系破裂，致使此女不得归宁，如想娘时只好到此山上远望，其死后葬于此，故名。海拔278.3米。植被以核桃、苹果、刺槐为主，覆盖率90%。不通公交车。

**宝古峪山** 370983-21-G49

[ Bǎogǔyù Shān ]

在省境中部，安驾庄镇北部。因与布金山、卧虎山中间隔一道峡谷宝古峪，故名宝古峪山。海拔 213 米。基岩为花岗岩。植被以马尾松、刺槐、赤杨、淡竹、火炬树、五角枫为主，覆盖率 70%。不通公交车。

**北立山** 370983-21-G50

[ Běilì Shān ]

在省境中部，安驾庄镇西部。因位于南立山以北，故名北立山。海拔 910 米。基岩为花岗岩。植被以马尾松、刺槐为主，覆盖率 70%。不通公交车。

**布金山** 370983-21-G51

[ Bùjīn Shān ]

在省境中部，安驾庄镇东北部。相传李白送王山人归布山即此，故名布金山。海拔 1 000 米。基岩为花岗岩。植被以马尾松、刺槐、赤杨、淡竹、火炬树、五角枫为主，覆盖率 70%。不通公交车。

**大路山** 370983-21-G52

[ Dàlù Shān ]

在省境中部，安驾庄镇西南部。因只有一条大路通此山，故名大路山。海拔 130 米。基岩为水成岩。植被以马尾松、刺槐为主，覆盖率 70%。不通公交车。

**花椒山** 370983-21-G53

[ Huājiāo Shān ]

在省境中部，安驾庄镇南部。因盛产花椒而得名花椒山。海拔 924 米。植被以马尾松、刺槐、花椒为主，覆盖率 70%。不通公交车。

**黄山** 370983-21-G54

[ Huáng Shān ]

在省境中部，安驾庄镇北部。因此山岩石微黄，故名黄山。海拔 230 米。植被以马尾松、刺槐、苹果为主，覆盖率 70%。不通公交车。

**九山** 370983-21-G55

[ Jiǔ Shān ]

在省境中部，安驾庄镇北部。此山有九个山头，故名九山。海拔 398.7 米。植被以马尾松、刺槐为主，覆盖率 70%。不通公交车。

**南立山** 370983-21-G56

[ Nánlì Shān ]

在省境中部，安驾庄镇西南部。因其山北接北立山，南连玉女山，因此命名为南立山。海拔 1 120 米。植被以马尾松、刺槐为主，覆盖率 70%。不通公交车。

**琶山** 370983-21-G57

[ Pá Shān ]

在省境中部，安驾庄镇西北部。因山形似琵琶，故名琶山。海拔 343 米。植被以马尾松、刺槐为主，覆盖率 70%。不通公交车。

**卧虎山** 370983-21-G58

[ Wòhǔ Shān ]

在省境中部，孙伯镇东北部。又名西山。因形似卧着的老虎，故名卧虎山。因山形命名。海拔 180 米。植被以马尾松、刺槐为主，覆盖率 70%。不通公交车。

**玉女山** 370983-21-G59

[ Yùnǚ Shān ]

在省境中部，安驾庄镇西南部。因此山远看似少女，故名玉女山。海拔 190 米。

基岩为水成岩。植被以马尾松、刺槐为主，覆盖率70%。不通公交车。

## 红山 370983-21-G60
[ Hóng Shān ]

在省境中部，安驾庄镇北部。因此山上的石头颜色发红而得名红山。海拔160米，植被以松树、柏树、槐树为主，覆盖率70%。不通公交车。

## 护鲁山 370983-21-G61
[ Hùlǔ Shān ]

在省境中部，安驾庄镇东南部。齐鲁两国征战时，鲁国为防齐国侵犯，经常派重兵在此据守，故称护鲁山。海拔196米。植被以松树、柏树、槐树为主，覆盖率70%。不通公交车。

## 莲花山 370983-21-G62
[ Liánhuā Shān ]

在省境中部，孙伯镇西北部。因传说山上有莲花仙子，故名莲花山。海拔396米。植被以松树、柏树、槐树为主，覆盖率70%。不通公交车。

## 马蹄山 370983-21-G63
[ Mǎtí Shān ]

在省境中部，孙伯镇西北部。因为山的外形酷似马蹄而得名马蹄山。海拔259.2米。植被以松树、柏树、槐树为主，覆盖率70%。不通公交车。

## 岈山 370983-21-G64
[ Yá Shān ]

在省境中部，孙伯镇西北部。因此山的主峰非常高大，直插蓝天，形状像一颗牙，故得名牙山，后演变为岈山。海拔443米。植被以松树、柏树、槐树为主，覆盖率70%。不通公交车。

## 云蒙山 370983-21-G65
[ Yúnméng Shān ]

在省境中部，孙伯镇东北部。因传有时山上云雾蒙蒙，故得名云蒙山。海拔343米。植被以松树、柏树、槐树为主，覆盖率70%。不通公交车。

## 马鞍山 370983-21-G66
[ Mǎ'ān Shān ]

在省境中部，石横镇西北部。因为山的外形形似马鞍子，故名马鞍山。海拔220米。山上主要植被为松柏，山下为核桃、梨树等。不通公交车。

## 石庙山 370983-21-G67
[ Shímiào Shān ]

在省境中部，石横镇西北部。因为此山山中有一座石庙，故得名石庙山。海拔165.9米。地质状况为水成岩、石灰石。山上植被有马尾松、刺柏等树木，森林覆盖率75%。不通公交车。

## 万灵山 370983-21-G68
[ Wànlíng Shān ]

在省境中部，石横镇北部。因此山上植被种类丰富多样，据传曾经还出产过灵芝等奇草，因而得名万灵山。海拔226米。山上植被丰富，主要有松柏，竹叶化石漫山遍野，森林覆盖率70%。不通公交车。

## 围子山 370983-21-G69
[ Wéizi Shān ]

在省境中部，石横镇东北部。因山顶上曾修建一处石围子，故而得名。海拔250米，山上植被为松柏。不通公交车。

## 寨山 370983-21-G70
[ Zhài Shān ]

在省境中部，石横镇西北部。相传古

代的时候此山的山顶上有一个山寨，故名寨山。海拔 207 米。地质状况为石灰石。主要植被以马尾松、刺柏为主，覆盖率75%。不通公交车。

## 青石岩山 370983-21-G71
[ Qīngshíyán Shān ]

在省境中部，潮泉镇东北部。因整座山的岩石都是青石岩，故名青石岩山。海拔 397 米。植被以马尾松、刺柏为主，覆盖率75%。不通公交车。

## 玉皇山 370983-21-G72
[ Yùhuáng Shān ]

在省境中部，潮泉镇西部。因从前山有古塔和石碑，故称塔山，后因山巅建玉皇庙，改名玉皇山。海拔 119 米。植被以马尾松、刺柏为主，覆盖率75%。不通公交车。

## 黄山 370983-21-G73
[ Huáng Shān ]

在省境中部，潮泉镇东北部。因传说山顶旧有黄巢寨，因而名黄山。海拔 600 米。山体为变质岩、片麻岩。植被以马尾松、刺柏为主，覆盖率75%。不通公交车。

## 皮屋顶山 370983-21-G74
[ Píwūdǐng Shān ]

在省境中部，潮泉镇东北部。因传说山上有一房屋其屋顶似皮质，故名皮屋顶山。海拔 349 米。植被以马尾松、刺柏为主，覆盖率75%。不通公交车。

## 黑山 370983-21-G75
[ Hēi Shān ]

在省境中部，仪阳镇东南部。因此山上有 1 平方米的山石发黑，故名黑山。海拔 411 米。属石灰岩。植被以马尾松、刺柏为主，覆盖率75%。不通公交车。

## 寨山 370983-21-G76
[ Zhài Shān ]

在省境中部，仪阳镇西部。古时有九仙女在此栖身，原名九女寨，后简化为寨山。海拔 235.9 米。地质状况为火成岩。植被以马尾松、刺柏为主，覆盖率75%。不通公交车。济兖公路在山脚下通过。

## 栲山 370983-21-G77
[ Kǎo Shān ]

在省境中部，仪阳镇西南部。因山顶过去有棵栲树，故取名栲山。海拔 236 米。属石灰岩。植被以马尾松、刺柏为主，覆盖率75%。不通公交车。

## 黄柏山 370983-21-G78
[ Huángbǎi Shān ]

在省境中部，仪阳镇东南部。因此山上原来盛产黄柏，故得名黄柏山。海拔253.2米。岩山性质为石灰岩。植被以马尾松、刺柏为主，覆盖率75%。不通公交车。

## 谷堆山 370983-21-G79
[ Gǔduī Shān ]

在省境中部，仪阳镇东南部。因山体形似谷堆，故名谷堆山。海拔 288 米。植被以马尾松、刺柏为主，覆盖率75%。不通公交车。

## 周山 370983-21-G80
[ Zhōu Shān ]

在省境中部，仪阳镇东南部。因周王死后，埋在此山脚下，故取名周山。海拔260米。属石灰岩。植被以马尾松、刺柏为主，覆盖率75%。不通公交车。

**黑风口山** 370983-21-G81
[ Hēifēngkǒu Shān ]

在省境中部，孙伯镇东北部。因稍有风时，此处便啸声四起，风大时犹如平地黑风四起，故名黑风口。海拔 180 米。植被以马尾松、刺柏为主，覆盖率 75%。不通公交车。

# 洞穴

**阳谷洞** 370983-21-N01
[ Yánggǔ Dòng ]

石灰岩洞穴。在省境中部，王庄镇东部。据传清朝时有一人，在荒乱年间，背其姑母逃难至此，在洞中居住数年，因此被人称为养姑洞，后演变为阳谷洞。洞口用精细块石砌成，上用三石发碹；洞高 3 米，宽 5 米；洞后壁各有一条向东西方向延伸的狭长溶洞，向东延深 10 余米，向西延深 40 余米。不具备开发条件。不通公交车。

**西施洞** 370983-21-N02
[ Xīshī Dòng ]

石灰岩洞穴。在省境中部，湖屯镇北部。因范蠡死后，西施一直在此洞居住，故称西施洞。洞穴上小下大，呈三角形，一前一后，中间可行走，用于屏障遮挡洞口。近期无开发条件。不通公交车。

**三仙洞** 370983-21-N03
[ Sānxiān Dòng ]

石灰岩洞穴。在省境中部，湖屯镇北部。因当地传说洞内有蝎子、蚰蜒、蛇三种动物，山民将其视为三仙，故名三仙洞。此洞面积 135 平方米，宽 3 米，高 5 米。洞口朝西，洞内又有两个洞，一个朝西，高且窄；一个朝南，矮且宽。此洞入口处有石碑一通。该洞是一历史悠久的天然石灰岩洞。近期无开发条件。不通公交车。

**三尖洞** 370983-21-N04
[ Sānjiān Dòng ]

石灰岩洞穴。在省境中部，湖屯镇北部。因洞口呈三角状，故称三尖洞。洞深 23 米，高 9 米，宽 8 米。洞内原有石壁造像 22 尊，现有 11 尊，曾被盗 11 尊。洞内右石壁有刻碑，上刻"三尖洞"。不具备开发条件。不通公交车。

**黄华洞** 370983-21-N05
[ Huánghuá Dòng ]

石灰岩洞穴。在省境中部，湖屯镇北部。传说黄花鹰降妖追至山洞，妖藏匿洞内，黄花鹰化为巨石守住洞口，故名黄花洞，又名黄华洞。此洞面积 320 平方米，深 16 米，宽 5 米，高 4 米。1978 年，黄华洞被确定为县级革命文物保护单位。近期无开发条件。不通公交车。

**观音洞** 370983-21-N06
[ Guānyīn Dòng ]

石灰岩洞穴。在省境中部，湖屯镇北部。因洞内南侧石壁有石刻一方，额题"观音洞"，故名。洞口北壁，有一明代崇祯四年（1631）石壁造碑。洞口有造像三尊，已模糊不清。前室宽 6.5 米，深 9 米，高 6 米；后室宽 4 米，进深 20 米，高约 15 米。洞内南侧石壁有石刻一方，宽 0.84 米，高 1.55 米，圆首，额题"观音洞"。据碑文记载，洞内原有明正德二年（1507）修造的铜像。有佛像 17 尊，现洞内南北两壁，仅存 2 尊摩崖造像。近期无开发条件。不通公交车。

**玉皇洞** 370983-21-N07
[ Yùhuáng Dòng ]

石灰岩洞穴。在省境中部，湖屯镇北部。洞口上方刻有"鬼斧神工"4 个大字。洞深 20 米，主室宽 4 米，高 3 米。内有唐、元、明时期的摩崖石刻。洞内有佛像 6 尊、石刻 2 处。进洞西侧有一佛龛，浮雕观音像。近期无开发条件。不通公交车。

### 仙人洞 370983-21-N08
[ Xiānrén Dòng ]

石灰岩洞穴。在省境中部，安临站镇西部。因传说有仙人在此修行，故称仙人洞。洞口高 2 米，宽 1 米，呈纺锤形。洞长 25 米，宽 40 米，高 8 米，面积 1 000 平方米，海拔 310 米，容量 89 000 立方米。洞口 3 米处有一石炕，能容一人躺下。近期无开发条件。不通公交车。

### 光山孙膑洞 370983-21-N09
[ Guāngshān Sūnbìn Dòng ]

石灰岩洞穴。在省境中部，安临站镇西北部。面积 100 平方米，长 20 米，宽 5 米，高 3 米。洞内有线刻佛像一座，高 0.35 米，宽 0.4 米。南穴北摩崖刻有"礼行首论"，中穴内西摩崖刻"礼行首宅占此"。穴内有残存石墙数段，中穴门外有 2 米长、1 米宽的石臼一具。近期无开发条件。不通公交车。

### 石坞洞 370983-21-N10
[ Shíwù Dòng ]

石灰岩洞穴。在省境中部，仪阳镇东部。石坞洞因洞形如屋，故称石屋洞，又因原先山下湖水浩瀚，洞前似船坞，故将"屋"改为"坞"。洞口面北，高 5 米，宽 6 米，洞口外东边石壁上刻有"菩萨金身""神仙搏棋处""康熙六十一年十月二十三日重修"等字。洞口下方约 100 米处，新建一座二层门楼，成观光休闲的人文景点。近期无开发条件。不通公交车。

## 河流

### 汇河 370983-22-A-a01
[ Huì Hé ]

外流河。在省境西南部，市境西部。因东、西、北三面环山，汇集山水，故名。发源于湖屯北部之陶山、龙山一带，经流肥城、平阴、东平三县，至戴村坝汇入大清河。长 42 千米，宽 105 米，流域面积 260 平方千米，流量 189 立方米／秒。河流类别为地上河、季节河。用以灌溉沿线的农田。主要支流有大留河、山阳铺河、白庄河、穆河。

### 浊河 370983-22-A-a02
[ Zhuó Hé ]

外流河。在省境西南部，市境南部。相传是《左传》所谓"蛇渊囿俗谓之浊须水"，故名。发源于湖屯北部之陶山、龙山一带，经流肥城、平阴、东平三县，至戴村坝汇入大清河。长 42 千米，宽 80 米，流域面积 240 平方千米，流量 170 米／秒。河流类别为地上河、季节河。用以灌溉沿线的农田。主要支流有营盘河、洼里河、安凤河。

### 小汇河 370983-22-A-b01
[ Xiǎohuì Hé ]

内陆河。在省境西南部，市境南部。因上游有纸坊、五凤、路房等五条支流汇入，故称小汇河。发源于衡山脚下，部分发源于路房、仪阳、安临站乡的山区。注入汶河。长 34 千米，宽 150~200 米。流域面积 183 平方千米，流量 216 立方米／秒。河流类别为地上河、季节河。用以灌溉沿线的农田。

### 汶阳漕浊河 370983-22-A-b02
[ Wènyáng Cáozhuó Hé ]

内陆河。在省境西南部，市境南部。

由漕河、浊河汇流而得名。发源于岱岳区的夏张和满庄一带丘陵区。流经汶阳镇、安驾庄镇两个乡镇，汇入汶河。全长 10 千米，河宽 120 米，流域面积 60 平方千米。流量 470 米 / 秒。属季节性河。河流类别为地上河、常年河。用于灌溉沿线的农田。主要支流有漕河、浊河。

# 宁阳县

## 山

**玉皇山** 370921-21-G01
[ Yùhuáng Shān ]

在省境中部，伏山镇西部。因建玉皇庙而得名。海拔 86.5 米。山顶以南为花岗片麻岩，其北为石灰岩，新老地层岩石松成山体。植被以柏树为主。有公路经此。

**云山** 370921-21-G02
[ Yún Shān ]

在省境中部，伏山镇中部。因此地多云雾，如山在云中，以此得名。海拔 220.3 米。为石灰岩山体。植被以柏树、杨树为主。有公路经此。

**琵琶山** 370921-21-G03
[ Pípa Shān ]

在省境中部，鹤山乡西北部。此山上部东宽西窄形似琵琶，故名琵琶山。海拔 118 米。为石灰岩山体。树木有侧柏、榆树、楝子树。有公路经此。

**大悲山** 370921-21-G04
[ Dàbēi Shān ]

在省境中部，鹤山乡西北部。因其北临近大汶河，冬季北风悲凄，故名大悲山。

海拔 223.4 米。为石灰岩山体。树木有侧柏、杏树、榆树、楝子树。有公路经此。

**牟山** 370921-21-G05
[ Móu Shān ]

在省境中部，鹤山乡西北部。此山形似土釜，据析以形为名。海拔 198 米。为石灰岩山体。树木有侧柏、黄连木。有公路经此。

**皋山** 370921-21-G06
[ Gāo Shān ]

在省境中部，鹤山乡西北部。因北临大汶河，位于水旁，故名皋山。海拔 200.4 米。为石灰岩山体。树木有侧柏、黄连木。有公路经此。

**麦山** 370921-21-G07
[ Mài Shān ]

在省境中部，鹤山乡镜西北部。其西北山麓是汶上县的梅山庄，故名梅山。方音"麦""梅"相近，后将梅山写作麦山。海拔 140.5 米。为石灰岩山体。树木有侧柏、核桃。有公路经此。

**花山** 370921-21-G08
[ Huā Shān ]

在省境中部，鹤山乡西部。从前多果树，春天鲜花盛开，得名花山。海拔 135.1 米。为石灰岩山体。树木有侧柏、杏树、核桃。有公路经此。

**西杏山** 370921-21-G09
[ Xīxìng Shān ]

在省境中部，鹤山乡境西部。从前杏树遍山，因名杏山。为与境内东部同名山头区分，故称西杏山。海拔 153.2 米。为石灰岩山体。植被以侧柏为主。有公路经此。

**龟山** 370921-21-G10

[ Guī Shān ]

在省境中部，鹤山乡西部。以形得名。海拔 208.3 米。为石灰岩山体。有部分侧柏。有公路经此。

**鹤山** 370921-21-G11

[ Hè Shān ]

在省境中部，鹤山乡西南部。山以形得名。海拔 252.6 米。为石灰岩山体。树木有侧柏、黑松、核桃、黄连木、黄栌、青檀、大果榆。有公路经此。

**黄山** 370921-21-G12

[ Huáng Shān ]

在省境中部，鹤山乡南部。因山石风化呈黄褐色得名。海拔 103 米。为石灰岩山体。多树株。有公路经此。

**穗山** 370921-21-G13

[ Suì Shān ]

在省境中部，鹤山乡南部。虞舜后裔的遂国在此山附近，山因以为名。今作穗山。海拔 167.7 米。为石灰岩山体。树木有黑松、侧柏、国槐、桃树、杨树、核桃。有公路经此。

**彩山** 370921-21-G14

[ Cǎi Shān ]

在省境中部，蒋集镇与磁窑镇交界处。宁阳诸山皆青，此山独赭色，故名彩名。海拔 360.5 米。为花岗片麻岩山体。多刺槐，少量松树，经济林木主要有板栗、桃、杏等，山脚果园遍布。有公路经此。

**杏山** 370921-21-G15

[ Xìng Shān ]

在省境中部，蒋集镇南部。因山多杏，故名。海拔 357.7 米。为花岗片麻岩山体。多刺槐、松。有公路经此。

**张果老山** 370921-21-G16

[ Zhāngguǒlǎo Shān ]

在省境中部，堽城镇西南部。相传张果老骑驴至此坠铃，今山谷间有小石如拳，摇之有声，故名。海拔 124.7 米。为花岗片麻岩山体。南部有松柏，山下有核桃树。有公路经此。

**皮山** 370921-21-G17

[ Pí Shān ]

在省境中部，堽城镇内东南部。相传山上多狓子（狐狸），故名铍山。今作皮山。海拔 324.1 米。为花岗片麻岩山体。山上多刺槐，山下有核桃树、苹果树、板栗树。有公路经此。

**骆驼山** 370921-21-G18

[ Luòtuo Shān ]

在省境中部，蒋集镇南部。因远看山形如驼峰，故称骆驼山。海拔 269 米。为花岗麻岩山体。多枣、柿子、苹果等树株。有公路经此。

**鲁姑山** 370921-21-G19

[ Lǔgū Shān ]

在省境中部，磁窑镇东部。山西南有鲁姑祠。鲁义姑姊抱侄弃子即在此地，故名鲁姑山。海拔 237.6 米。为石灰岩山体。植被以柏树、核桃树为主，另有部分杨树和樱桃树。有公路经此。

**爵山** 370921-21-G20

[ Jué Shān ]

在省境中部，华丰镇中部。相传春秋时有神爵集其上，故名。海拔 291.2 米。为石灰岩山体。树木以松柏为主。有公路经此。

**灵山** 370921-21-G21

[ Líng Shān ]

在省境中部，华丰镇中东部。灵山名称由来不详。海拔 172 米。为石灰岩山体。多柏树。有公路经此。

**王林山** 370921-21-G22

[ Wánglín Shān ]

在省境中部，华丰、东庄两镇交界处。山前有王墓，旧称墓为林，故名王林山。海拔 278 米。为石灰岩山体，陡峭。东面山坡多树株。有公路经此。

**老虎窝山** 370921-21-G23

[ Lǎohǔwō Shān ]

在省境中部，华丰镇南部。相传，山上有老虎洞，俗称老虎窝，故名。海拔 406.2 米。为花岗片麻岩山体。山上多松树。有公路经此。

**镜山** 370921-21-G24

[ Jìng Shān ]

在省境中部，华丰镇南部。山顶西南面有一片白石，太阳照射发光，宛如一面镜子，故名镜山。海拔 562 米。为花岗片麻岩山体。少树株。有公路经此。

**玉皇堂山** 370921-21-G25

[ Yùhuángtáng Shān ]

在省境中部，东庄镇中部。因山下有寺名玉皇堂，故名。海拔 313.3 米。为石灰岩山体。山间有树林，以松柏树为主，其次是核桃树、杏树。有公路经此。

**东山** 370921-21-G26

[ Dōng Shān ]

在省境中部，东庄镇中部。因位于北鄙东南，故称东山。海拔 209.4 米。为石灰岩山体。树株稀少，以松柏树、槐树为主。有公路经此。

**皮匠山** 370921-21-G27

[ Píjiàng Shān ]

在省境中部，东庄镇东部。相传山上曾住着一个皮匠，故称皮匠山。海拔 261.4 米。为石灰岩山体。山凹中有树林，以松柏树、槐树为主。有公路经此。

**饿狼山** 370921-21-G28

[ Èláng Shān ]

在省境中部，东庄镇东部。相传，从前山上庙中有一道士，睡觉前误将野狼关在住房里，狼被饿死，故名饿狼山。海拔 237 米。为石灰岩山体。植被以松柏树、槐树为主，另有一些核桃树。有公路经此。

**葛山脚** 370921-21-G29

[ Gěshān Jiǎo ]

属凤仙山。在省境中部，东庄镇南部。该山体为葛山伸向东北的山脉，俗称葛山脚。海拔 484 米。为花岗片麻岩山体。植被以松柏、侧柏树、槐树为主。有公路经此。

**栲栳埠山** 370921-21-G30

[ Kǎolǎobù Shān ]

属凤仙山。在省境中部，东庄乡东南部。因诸山连为一体，各峰形似倒扣栲栳，故称栲栳埠山。海拔 576.6 米。为花岗片麻岩山体。植被以松柏、侧柏树、槐树为主。有公路经此。

**凤仙山** 370921-21-G31

[ Fèngxiān Shān ]

在省境中部，东庄镇西南部。山名来历或因山形似凤，或因仙姑住此修炼。海拔 608 米。为花岗片麻岩山体。植被以松柏、侧柏树、槐树为主。有公路经此。

## 凤凰山 370921-21-G32

[ Fènghuáng Shān ]

在省境中部，葛石镇与磁窑镇交界处。相传山上曾落过凤凰，故名凤凰山。海拔548.1米。为花岗片麻岩山体。植被以松树、槐树为主，另有部分柏树、杨树、核桃树、板栗、梨、杏、枣、柿子等树。有公路经此。

## 马山 370921-21-G33

[ Mǎ Shān ]

在省境中部，葛石镇北部。以形得名。海拔254米。为花岗片麻岩山体。植被有松树、槐树、杨树等。有公路经此。

## 告山 370921-21-G34

[ Gào Shān ]

在省境中部，葛石镇北部。告山之名由来不详。海拔470米。为花岗片麻岩山体。山上多刺槐、松，有少量板栗和山楂。杏山林场设在西面山下。有公路经此。

## 葫芦山 370921-21-G35

[ Húlu Shān ]

在省境中部，堽城、蒋集、葛石三镇交界处。以形得名。海拔303米。为花岗片麻岩山体。多刺槐，有少量杨树和黑松。有公路经此。

## 金羊山 370921-21-G36

[ Jīnyáng Shān ]

在省境中部，葛石镇西部。相传有异人驱金羊于此，故名。海拔119.3米。山顶为石灰岩，下部为石灰质砾岩，共同构成山体。植被以松树为主，山下有杨树林。有公路经此。

## 银羊山 370921-21-G37

[ Yínyáng Shān ]

在省境中部，葛石镇西部。相传，山上有银羊，夜间与金羊抵头，故名银羊山。海拔117.7米。石灰质砾岩、黏土质砂砾岩构成山体。山顶有柏树林，绿荫如盖，山下有杨树林。有公路经此。

## 神童山 370921-21-G38

[ Shéntóng Shān ]

属凤凰山。在省境中部，葛石镇东部。因县内书法神童陈晓彦得名。海拔548.1米。佳林蓊郁，秀木珍卉，梨园、桃园、核桃园遍布。有公路经此，通公交车。

## 河流

## 洸河 370921-22-A-b01

[ Guāng Hé ]

内陆河。在宁阳县境西部。名称由来不详。发源于堽城镇境东南部的虎背岭北坡，向西流经南落星、堽城里、苏家楼、前洸河崖、后洸河崖、西李家户、胡村等，汇入洸府河。境内长29千米，宽35米，流域面积183平方千米。属季节性河流。

# 东平县

## 山

## 昆山 370923-21-G01

[ Kūn Shān ]

在省境西南部，东平县西北部。传周穆王狩猎于此，为寇所困，苦无水，故名困山，后演变为今名。海拔177米。植被有松柏和其他灌木，是腊山国家森林公园所在地。有公路经此。

## 白佛山 370923-21-G02

[ Báifó Shān ]

在省境西南部，东平街道北部。因山

阳刻有佛像，且山石皆为白色，故得名白佛山。海拔370.6米。山坡绿化达4.1平方千米，有侧柏、刺槐、核桃、杏、花椒等植被。通公交车。

## 龙山 370923-21-G03

[ Lóng Shān ]

在省境西南部，东平街道东南部。因两山环向如蟠龙，故名龙山。海拔236.5米。植被以侧柏、刺槐、榆树、花椒为主。通公交车。

## 韩山 370923-21-G04

[ Hán Shān ]

在省境西南部，东平街道东部。据旧称汉山，以山上有汉墓群命名，后名演变为韩山。海拔236.5米。石质为石灰岩。植被以松柏、山枣、刺槐为主。通公交车。

## 凤凰山 370923-21-G05

[ Fènghuáng Shān ]

在省境西南部，老湖镇西北部。因凤凰鸟曾落过此山，并在此栖息生活，故名凤凰山。海拔263米。主要植被种类为柏树，有山枣等其他灌木。通公交车。

## 王陵山 370923-21-G06

[ Wánglíng Shān ]

在省境西南部，老湖镇南部。因东汉开国皇帝刘秀之子刘苍葬于此山，故名王陵山。海拔60米。植被以刺槐、洋槐、柏树为主，覆盖率70%。通公交车。

## 水牛山 370923-21-G07

[ Shuǐniú Shān ]

在省境西南部，老湖镇中部。因山形似水牛，故名水牛山。海拔407米。植被以针叶林、阔叶林、柏树为主，覆盖率70%。有公路经此。

## 荆山 370923-21-G08

[ Jīng Shān ]

在省境西南部，老湖镇东北部。因此山荆棘丛生，古人称为荆山。海拔411.7米。植被以刺槐、枣树、柏树为主，覆盖率50%。有公路经此。

## 腊山 370923-21-G09

[ Là Shān ]

在省境西南部，银山镇东部。因山顶常年云雾缭绕，浮云映日，五彩缤纷，状若台蜡吐辉，故名蜡山，后演变为腊山。海拔258.4米。植被有松柏、灌木等。有公路经此。

## 银山 370923-21-G10

[ Yín Shān ]

在省境西南部，银山镇中部。相传，过去有一个贫穷的孩子，常在此山砍柴。一日，他在山洞内掏得许多银子，急忙回家告诉父母。当他再返回时，却找不到掏银子的地方，便用石块击之，听到银铃般的响声，银山因此得名。海拔133米。植被有松柏及灌木。通公交车。

## 钓台山 370923-21-G11

[ Diàotái Shān ]

在省境西南部，银山镇南部。因山南巨石形似镜湖垂钓之台，故名钓台山。海拔115米。植被有松柏及灌木。有公路经此。

## 卧牛山 370923-21-G12

[ Wòniú Shān ]

在省境西南部，银山镇东部。因山形如牛卧地，故名卧牛山。海拔130米。植被以松柏和灌木为主。有公路经此。

## 六工山 370923-21-G13

[ Liùgōng Shān ]

在省境西南部，斑鸠店镇东南部。六工山又名理明窝，由十二个山峰组成，每两个连成一个工字形，共六个工字形；而在山北面看像个"六"字，在山西面看又像个"工"字，故名六工山。海拔 189 米。植被以松柏和灌木为主。有公路经此。

## 九顶琵琶山 370923-21-G14

[ Jiǔdǐngpípa Shān ]

在省境西南部，斑鸠店镇中部。因共有九个山头，山形似琵琶，故名九顶琵琶山。海拔 112 米。植被以松柏、刺槐为主。有公路经此。

## 百墓山 370923-21-G15

[ Bǎimù Shān ]

在省境西南部，斑鸠店镇西部。因山周围有古墓百余座，故名百墓山。海拔 80 米。植被以松柏、刺槐为主。有公路经此。

## 青龙山 370923-21-G16

[ Qīnglóng Shān ]

在省境西南部，斑鸠店镇西南部。据传，很久以前，山顶有一深坑长年积水，曾有青龙栖息，故名青龙山。海拔 124 米。植被以松柏和灌木为主。有公路经此。

## 北大山 370923-21-G17

[ Běidà Shān ]

在省境西南部，接山镇、大羊镇接壤处。因此山在附近诸峰中最高，位置居北，故名北大山。海拔 245 米。植被以马尾松、刺槐为主，覆盖率 70%。有公路经此。

## 花果山 370923-21-G18

[ Huāguǒ Shān ]

在省境西南部，接山镇东北部。因山上多植果树，故名花果山。海拔 92 米。石质为石灰岩。多果树。有公路经此。

## 南长山 370923-21-G19

[ Náncháng Shān ]

在省境西南部，接山镇西南部。因山上柏树丛生，四季常青，当地人惯称长青山，后以方位改称南长山。海拔 217 米。种植侧柏 8 万余株。有公路经此。

## 歪老婆山 370923-21-G20

[ Wāilǎopó Shān ]

在省境西南部，接山镇南部。因山顶倾斜，故名歪老婆山。海拔 235.9 米。植被以侧柏和刺槐为主。有公路经此。

## 香山 370923-21-G21

[ Xiāng Shān ]

在省境西南部，接山镇东北部。因山上夏秋开满野花，香气四溢，故名香山。海拔 84 米。石质为石灰岩。植被以马尾松、刺槐为主。有公路经此。

## 王大山 370923-21-G22

[ Wángdà Shān ]

在省境西南部，大羊镇东南部。传说有一王子曾在山中居住，故称王大山。海拔 154 米。山坡绿化达 1.2 平方千米，植侧柏 2 万余株。有公路经此。

## 空空山 370923-21-G23

[ Kōngkōng Shān ]

在省境西南部，大羊镇、东平街道、接山镇交界处。据传山脚有个大溶洞，故名空空山。海拔 241 米。绿化率 85%，植侧柏 5 万余株。有公路经此。

**咕咕山** 370923-21-G24

[ Gūgū Shān ]

在省境西南部，大羊镇、接山镇接壤处。因每届暮春，有布谷鸟在此欢叫，故名咕咕山。海拔 194 米。山坡绿化率 80%，植侧柏、柿子、刺槐、枣树等。有公路经此。

**北长山** 370923-21-G25

[ Běicháng Shān ]

在省境西南部，大羊镇东南部。因位于响场村北而得名。海拔 194 米。山坡绿化率 80%，植侧柏、柿子、刺槐、枣树等。有公路经此。

**代金山** 370923-21-G26

[ Dàijīn Shān ]

在省境西南部，大羊镇东南部。因当阳光照射到山岩时，岩石放出金光，故名代金山。海拔 221 米。种植侧柏、苹果树、刺槐、苦楝、枣树等。有公路经此。

**鏊子山** 370923-21-G27

[ Àozi Shān ]

在省境西南部，大羊镇东南部。因山形似鏊子，故名鏊子山。海拔 187 米。种植侧柏 6 万余株。有公路经此。

**牛鼻子山** 370923-21-G28

[ Niúbízi Shān ]

在省境西南部，梯门镇西部。因前山腰有洞似牛鼻，故名牛鼻子山。海拔 315.5 米。植被以柏树为主，种植核桃树。有公路经此。

**九峪山** 370923-21-G29

[ Jiǔyù Shān ]

在省境西南部，梯门镇北部。因有九个山头，故称九峪山。海拔 419 米。石质

为石灰岩。植被以松柏为主，有侧柏、刺槐等。有公路经此。

**扈山** 370923-21-G30

[ Hù Shān ]

在省境西南部，梯门镇西北部。因山形似瓠，后演变为扈山。海拔 351 米。植被以侧柏、刺槐为主。有公路经此。

**歪老婆顶** 370923-21-G31

[ Wāilǎopó Dǐng ]

在省境西南部，梯门镇西北部。因山头偏歪，故名歪老婆顶。海拔 451 米。植被为落叶阔叶林区，果木有胡桃、桃、梨、杏、枣、桑、石榴、柿子，树种多为侧柏、栾树、皂角等。有公路经此。

**双塔山** 370923-21-G32

[ Shuāngtǎ Shān ]

在省境西南部，梯门镇东北部。相传唐朝时期，有一神仙一夜之间垒起了两座山，因其正对老县城的两支笔杆子，故名双塔山。海拔 147 米。植被以侧柏、刺槐为主。有公路经此。

**神救山** 370923-21-G33

[ Shénjiù Shān ]

在省境西南部，梯门镇西部。武德元年（618），李世民亲自征战中原时曾在此山唐王洞避难，相传是山神救了唐王李世民，躲过追兵，成就大业，故名神救山。海拔 261.2 米。植被以侧柏、刺槐为主。有公路经此。

**东豆山** 370923-21-G34

[ Dōngdòu Shān ]

在省境西南部，梯门镇、东平街道接壤处。因此山脉有多个山头，似有争斗之意，故名斗山，后演变为豆山。此山位置在东，

故称东豆山。海拔 218.9 米。植被以柏树、刺槐、椿树、花椒等为主。有公路经此。

## 九顶凤凰山 370923-21-G35
[ Jiǔdǐngfènghuáng Shān ]

在省境西南部，梯门镇、大羊镇接壤处。相传凤凰看到山上山清水秀，在此落居，因山有九顶而得名。海拔 246 米。植被以侧柏、核桃、刺槐等为主。有公路经此。

## 司里山 370923-21-G36
[ Sīlǐ Shān ]

在省境西南部，戴庙镇东北部。据山顶残存碑刻记载，该山原名棘梁山，因南与梁山遥遥相望，山上荆棘丛生而得名。宋朝以来，历代在此设巡检司，故又名司里山。海拔 100 米。植被以松柏为主。有公路经此。

## 土山岛 370923-21-G37
[ Tǔshāndǎo ]

在省境西南部，戴庙镇东部。因其表面全部覆盖着砂页岩风化后形成的紫红色土，故名土山岛。海拔 50.6 米。植被主要有芦苇、柳树等。有公路经此。

## 洪顶山 370923-21-G38
[ Hóngdǐng Shān ]

在省境西南部，旧县乡南部。南北朝时期涨大水村子周围其他山顶都被淹没，只有此山头露出水面，而且此山上冰草（野麦子）居多，这种植物到了秋天就变红，远观像红山，故名洪顶山。海拔 368 米。植被以松柏、灌木、冰草为主，覆盖率 60%。有公路经此。

## 玉兰山 370923-21-G39
[ Yùlán Shān ]

在省境西南部，旧县乡南部。因此山以前植被多为玉兰花，故名玉兰山。海拔 256 米。植被以松柏、灌木为主，覆盖率 64%。有公路经此。

## 黑风口 370923-21-G40
[ Hēifēng Kǒu ]

在省境西南部，旧县乡东南部。北宋时期，黑旋风李逵曾占据此山，因山势险要，扼交通路口，故名黑风山。海拔 335 米。植被以松柏、灌木为主。有公路经此。

## 灵龟山 370923-21-G41
[ Língguī Shān ]

在省境西南部，旧县乡南部。因山顶像有一灵龟俯卧，故名灵龟山。海拔 168 米。植被以侧柏为主。有公路经此。

## 东洪顶山 370923-21-G42
[ Dōnghóngdǐng Shān ]

在省境西南部，旧县乡南部。因位于洪顶山以东，故名东洪顶山。海拔 372 米。植被以侧柏、连翘、冰草、核桃为主。有公路经此。

## 牛峪山 370923-21-G43
[ Niúyù Shān ]

在省境西南部，旧县乡南部。因峪沟远观酷似牛腚，故名牛峪山。海拔 171 米。植被以侧柏为主。属岱阴。有公路经此。

## 铧山 370923-21-G44
[ Huá Shān ]

在省境西南部，旧县乡南部。因山逶迤如蟠龙，悬崖突兀，怪石嶙峋，有华山之险，故名铧山。海拔 288 米。植被以侧柏、灌木为主。有公路经此。

**鳌山** 370923-21-G45
[ Áo Shān ]

在省境西南部，旧县乡南部。因鳌山山顶地势平坦，形似烙饼用的鏊子，故名鳌山。海拔 221 米。植被以侧柏、灌木为主。有公路经此。

**师耳山** 370923-21-G46
[ Shī'ěr Shān ]

在省境西南部，旧县乡南部。因山形似狮耳，故名狮耳山，后演变为师耳山。海拔 247 米。植被以侧柏、灌木为主。有公路经此。

**鹅山** 370923-21-G47
[ É Shān ]

在省境西南部，旧县乡西北部。因山形似大鹅，故名鹅山。海拔 84 米。植被以侧柏、灌木为主。有公路经此。

**大山顶** 370923-21-G48
[ Dàshān Dǐng ]

在省境西南部，旧县乡东南部。因此山为附近群山之冠，形体较高大，故名大山顶。海拔 368 米。植被以侧柏、灌木为主。有公路经此。

**鸡冠山** 370923-21-G49
[ Jīguān Shān ]

在省境西南部，旧县乡南部。因此山形似鸡冠，故名鸡冠山。海拔 201 米。植被以侧柏为主。有公路经此。

**南山顶** 370923-21-G50
[ Nánshān Dǐng ]

在省境西南部，旧县乡南部。因位于大吉城村南端，海拔最高，故南山顶。海拔 226 米。植被以侧柏、核桃为主。有公路经此。

**狼窝山** 370923-21-G51
[ Lángwō Shān ]

在省境西南部，旧县乡南部。因山上有一狼洞，故名狼窝山。海拔 243 米。植被以侧柏为主。有公路经此。

**陈欲山** 370923-21-G52
[ Chényù Shān ]

在省境西南部，旧县乡南部。因山下曾有姓陈的人在此居住，故名陈欲山。海拔 281 米。植被以侧柏为主。有公路经此。

## 河流

**京杭大运河** 370923-22-A-a01
[ Jīngháng Dàyùnhé ]

外流河。在省境西部，东平县中部。因北起北京，南至杭州而得名。发源于北京。流经天津、河北、山东、江苏、浙江等省，终点为杭州。全长 1 794 米，境内长 18 千米。宽 15~30 米。流域面积 53.82 平方千米。6 月—10 月为汛期，7 月—9 月是主汛期。京杭大运河是世界上最长的人工运河，是中国历史上重要的一条南北水上干线，是活着的、流动的重要人类遗产。对中国南北地区之间的经济、文化发展与交流，特别是对沿线地区工农业经济的发展和城镇的兴起均起到了推动作用。1958 年东平湖水库扩建后，此段河道堵废。

**黄河** 370923-22-A-a02
[ Huáng Hé ]

外流河。因中途流经黄土高原，中下游河水含土沙量大，水浑浊呈黄色，故名黄河。黄河发源于青海省巴颜喀拉山北麓雅拉达泽山以东约古宗列盆地，流经青海、四川、甘肃、宁夏、内蒙古、陕西、山西、河南、山东九省区。在垦利县注入渤海。

东平段长 33 千米，宽 1.4~5.5 千米，流域面积 75.24 万平方千米，河口年平均流量 1 500 立方米 / 秒。河流类别为地上河、常年河。7 月—10 月为汛期，7 月—8 月是主汛期。是一条具有防洪、排涝、灌溉综合效益的河道。主要支流有大汶河等。

## 大清河 370923-22-A-a03
[ Dàqīng Hé ]

外流河。在省境西部，东平县戴村坝工程以下。以清流寓意而得名。东平段自戴村坝起，北岸流经东平县宿城、水河两个区，南岸流经彭集和州城区。注入东平湖。东平段长 37.7 千米，宽 500~1 500 米，流域面积 281 平方千米。河流类别是地上河、常年河。汛期 6—9 月，7—9 月为主汛期。年平均径流量 11 亿立方米。沿岸有白佛山、稻屯洼、汉东平国故城等旅游景点。修建了流泽引清工程，无盐、王台、路口、马口等机电排灌工程。有分洪河道小清河。

# 湖泊

## 东平湖 370923-22-D-a01
[ Dōngpíng Hú ]

内陆湖、淡水湖。在省境西南部，东平县西部。因所在县得名。面积 627 平方千米，平均水深 2.5 米，最大水深 10 米，蓄水量 40 亿立方米，集水面积 627 平方千米。是山东省第二大淡水渔场，湖内盛产鲤、鲫、鲢、鳙、草、青、鲚鱼等，虾类和蚌类资源亦丰富。沿湖浅水带分布有大片菰、

苇、蒲、芡，其中芡实米畅销东南亚。是黄河下游最大蓄洪水库，对调节黄河汛期洪水、灌溉农田以及保障大运河通航起重要作用。是南水北调东线工程重要的输出口。

## 稻屯洼 370923-22-D-a02
[ Dàotún Wā ]

内陆湖、淡水湖。在省境西南部，东平县西部。因盛产稻谷，故名稻屯洼。面积 13.4 平方千米，平均深度 1.5 米，最大深度 5 米，蓄水量 1.95 亿立方米，集水面积 272 平方千米。是东平县境北部山区河流及坡水的汇集区，也是调节大清河水位的重要滞洪区。

# 泉

## 九女泉 370923-22-I01
[ Jiǔnǚ Quán ]

冷泉。在省境西南部，老湖镇北部。据传，清康熙年间，该村秀才王士祯在泉旁观景，触景生情，编写了一个"九天仙女下凡，用泉水浴身"的神话故事，故名九女泉。水温 17~18 ℃，年均水温 17 ℃。最大流量 0.002 立方米 / 秒，日出水量 172 立方米。涌水高度 1 米，水质 pH 值 7.2~7.6，矿化度小于 0.5 克 / 升，水质甘甜。围泉建有水池、围墙、引水闸等，现可常年供村内的人、畜用水。不具备开发条件。有公路经此。

# 五 名胜古迹、纪念地和旅游地

## 泰安市

### 重点文物保护单位

#### 齐长城 370900-50-B-a01
[ Qíchángchéng ]

在山东省中部。春秋战国时期，齐国为御敌入侵而修筑，故名。齐长城始建于春秋时期，完成于战国时期，历时170多年筑成，迄今已有2 600多年的历史。是目前中国现存有准确遗迹可考、保存状况较好、年代最早的古代长城。其中济南市长清区境内的大峰山峰顶有齐长城遗址1 300余米，是全国齐长城保存最完好的一段。1987年齐长城被联合国教科文组织列入《世界文化遗产名录》。2001年6月被批准为国家级文物保护单位。沿线的黄石关、青石关、锦阳关等也被列为国家级文物保护单位及省级文物保护单位。

### 风景名胜区

#### 泰山风景名胜区 370900-50-C-a01
[ Tàishān Fēngjǐng Míngshèngqū ]

位于省境中部泰安市，华北大平原的东侧，绵亘于泰安市、济南市之间。东临大海，西靠黄河，南有汶、泗、淮之水。面积426平方千米。因泰山得名。1982年11月被列入国家级风景名胜区。1987年12月泰山被列为世界文化与自然双重遗产。2007年3月被评为国家AAAAA级旅游景区。主峰玉皇顶海拔高度1 545米。泰山融

雄伟壮丽的自然风光与悠久灿烂的历史文化于一体，地质构造以断裂为主，既有前寒武纪形成的构造，又有中新代发育的构造，其"桶状构造"具有很高的科学价值。泰山河溪以玉皇顶为分水岭，泰山裂隙泉分布极广，有名的泉水有数十处，如王母泉、月亮泉、玉液泉、龙泉等。泰山风景名胜区包括幽区、旷区、奥区、妙区、秀区、丽区六大风景区，有泰山日出、云海玉盘、晚霞夕照、黄河金带四大奇观。泰山现存古遗址97处、古建筑群22处，为研究中国古代建筑提供了重要实物资料。有京台高速公路、京沪高速公路、京沪铁路、京沪高铁经此，通公交车。

## 泰山区

### 纪念地

#### 泰安革命烈士陵园 370902-50-A-a01
[ Tài'ān Gémìng lièshì Língyuán ]

位于金山路北首、金山南麓。因所在政区得名。1953年始建，1955年建成，1989年重新规划扩建。占地0.053 6平方千米。1989年建成高33米三支步枪抽象造型的纪念碑，2 200平方米的悼念广场在陵园中央，陵园入口处建三孔仿古牌坊，尾碑成卧式书写毛泽东主席手书"为人民利益而死重于泰山"。1988年被山东省人民政府确定为第一批省级重点烈士纪念建筑物

保护单位，被中华人民共和国民政部、山东省、泰安市定为爱国主义教育基地、山东省国防教育基地、山东省关心下一代教育基地。2009年3月被国务院确定为全国重点烈士纪念建筑物保护单位。

## 滦州起义纪念碑 370902-50-A-a02

[ Luánzhōu Qǐyì Jìniànbēi ]

位于岱宗坊西北、环山路中段北侧。因纪念滦州起义烈士，故名滦州起义纪念碑。立于1933年，沿用至今。碑主体高20米，上刻隶书"辛亥滦州革命纪念碑"金色大字。高台宽旷，周围以砖为栏，方石盖顶。翠柏掩映，十分清幽。作为爱国主义教育基地，发挥缅怀烈士、弘扬爱国主义精神的积极作用。2006年被批准为国家级重点保护单位。

## 烈士祠 370902-50-A-a03

[ Lièshì Cí ]

位于泰山南麓普照寺东。1933年冯玉祥为纪念参加辛亥滦州起义死难烈士而建，故名。平面布局呈长方形，总面积1 400平方米。由南正门入，前院建亭式享堂3间，在长12.45米、高0.5米的平台上，通高9.5米，七架梁，仰瓦卷棚歇山顶，周有环廊，廊宽2.7米。堂东南有卧虎石，上刻杨绍麟赞冯玉祥建祠颂文。经享堂后门入中院是东、西配殿，相距14米，对称建筑，均为五架梁五檩卷棚硬山顶，面阔12.2米，进深6.2米，通高6.05米。后院建正殿，面阔10.2米，进深5.35米，通高5米，为三柱五架梁六檩前廊式，筒瓦硬山卷棚顶。是爱国主义教育基地。2006年被批准为国家级重点保护单位。交通便利。

## 革命烈士纪念碑 370902-50-A-c01

[ Gémìng Lièshì Jìniànbēi ]

位于泰山万仙楼以北100米处。1946年7月，为纪念解放泰安时牺牲的新四军战士所建，故名。后被国民党炸毁，1953年3月重建。纪念碑为泰山花岗岩制，通高11.1米，由碑座、方形碑体、梯形碑体、碑首四部分组成。碑座分上下两层，上层方形，下层为须弥座，两层碑座高1.35米。方形碑体高2.2米，宽1.17米。梯形碑体高6.5米。方碑面皆刻有题词，南面刻"烈士纪念碑志"，为新四军一纵三旅司令员何克希撰文、李金玉书丹。其余三面刻有解放泰安牺牲的726位死难烈士姓名以及籍贯。碑首由两块方石叠成，高1.05米。下端方石四面各浮雕大五角星一个，上端方石每面浮雕小五角星五个。纪念碑坐落于条石和鹅卵石铺设的双层台基之上，周围设石栏杆，四面各开有一门。纪念碑庄严肃穆，现结构完整，保存情况较好。

# 重点文物保护单位

## 冯玉祥墓 370902-50-B-a01

[ Féngyùxiáng Mù ]

位于泰山西麓、西溪口东侧。因此处埋葬冯玉祥，故名。1952年破土动工，1953年10月15日安葬。1998年被批准为国家级文物保护单位。交通便利。

## 五贤祠遗址 370902-50-B-a02

[ Wǔxiáncí Yízhǐ ]

位于普照寺西北。因先后有5位学者在此求学，故名五贤祠遗址。祠于1976年拆除，今唯剩残垣卧碣。祠分东、西两院，东为五贤祠，有大门、正殿及东西配殿。西为讲书堂，有正房和西配房。祠东有投书涧，西有香水峪，溪水环流，山石林立。有清康熙五十一年（1712）翰林院侍读黄叔琳撰书《重修岱麓三贤祠碑》，民国年间范明枢、邓长耀撰书《泰山五贤祠五贤事迹碑记》，另有"讲书台""授经台""侍立石""能使鲁人皆好学"等明清时题刻。2006年5月被批准为国家级文物保护单位。交通便利。

### 范明枢墓 370902-50-B-b01

[ Fànmíngshū Mù ]

位于泰山南麓普照寺前，环山路北侧松柏林中。因此处埋葬范明枢，故名。1950年建。墓占地289平方米，石砌方形重台基，台中心筑南北长3米、东西宽2米、高1.1米的条石墓室，起脊抹角方石顶。墓室北面设须弥座，上立三通碑，中碑题"故山东省参议长范明枢之墓"，碑阴刻范氏生平业绩。右碑林伯渠题"革命老人永垂不朽"，左碑谢觉哉题"永远是人民的老师"。墓东立碑，刻"精神不死"4个大字。1992年6月被批准为省级文物保护单位。交通便利。

### 总理奉安纪念碑 370902-50-B-b02

[ Zǒnglǐ Fèng'ān Jìniànbēi ]

位于岱宗坊北内3.6千米处，中天门以下，泰山盘路柏洞南端。因为纪念孙中山先生而建立的纪念碑，故名。纪念碑由碑座、碑体和碑首三部分组成。碑座共两层，下层呈五棱台状，上沿抹角内收，高0.9米，边长1.8米。上层弧形内收，共高1.06米，边长1.5米。碑体呈五棱台状，高2.03米，下边长1.13米。西向刻总理遗嘱。碑体和碑首之间五棱形冰盘出檐。碑首为三棱台状，高4.6米，面西竖刻隶书"总理奉安纪念碑"。整个纪念碑坐落于上下两层的台基之上。上层台基为圆形，直径6.65米，正中镶嵌白色十二角磨光花岗岩。台基下层呈方形，南北长12.4米，东西宽11.9米。纪念碑形制特别，寓意深刻，圆台基上的十二角代表国民党党徽。五棱形碑体代表孙中山制定的立法、行政、司法、考试、监察的五权宪法。三棱形碑首象征孙中山倡导的民族、民权、民生之三民主义。总理奉安纪念碑现结构稳定，保存较好。2013年被批准为省级文物保护文物。交通便利。

## 重要景点和一般名胜古迹

### 岱庙 370902-50-D-a01

[ Dài Miào ]

位于泰山南麓、泰城中部。又名东岳庙、泰岳庙、岱岳庙，俗称泰庙。是古代祭岱的主要场所。今庙内有古建筑和仿古建筑186间，碑碣184块，汉画像石48块，古桧、侧柏212株，观赏植物292种。1988年被国务院批准为国家级文物保护单位。公交车可达。

### 双龙池 370902-50-D-a02

[ Shuānglóng Chí ]

位于通天街北首，遥参亭南面。因池内西北、东南两角各有一个吞吐水用的石雕龙头而得名。池围以石栏，北侧的华板上镌刻有"龙跃天池"四字。池北有"济南五三惨案纪念碑"，东有两通清代石碑，西北有一株古槐，传为唐代遗植。1988年被批准为国家级文物保护单位。通公交车。

### 斗母宫 370902-50-D-a03

[ Dǒumǔ Gōng ]

位于龙泉峰下，斗母宫石坊之后，万仙楼北1 000米处盘路东侧。是泰山最古老的道观之一，里面供奉着北斗众星之母，故称斗母宫。斗母宫分为前、中、后三院。南山门内是一处院落，院中有光绪二十五年（1899）泰安名士赵尔萃修建的天然池，内有两股泉水，每逢夏、秋之季双泉突涌，俗称孪生泉。正殿东侧有配殿三间，后边接连着卷棚悬山顶明廊，在此可临溪观赏美景。后院有正殿、配殿，供奉碧霞元君。正殿的后面是禅房院；正殿的东南有听泉山房三间，前后步廊式，南北山墙上各开一门，通达无阻；山房北有龙泉；泉北是石亭三间，1982 年建，上有匾额，大书"龙泉亭"三字。2006 年被批准为国家级文物保护单位泰山古建筑群的一部分。

## 普照寺 370902-50-D-a04
[ Pǔzhào Sì ]

位于环山路北、凌汉峰前。取"佛光普照"之意命名。传为六朝时建，后历代皆有拓修。以双重山门、大雄宝殿、摩松楼为中轴，组成三进式院落；两侧配以殿庑、禅房和花园等。山门前台垒砌，石狮对峙。门上悬匾。门内有钟鼓楼，中有明正德年间《重开山记碑》。沿阶而上为主院，大雄宝殿内供释迦牟尼铜像，东西配殿陈列明清铜佛像及宋瓷等文物。殿前银杏双挺，油松对生，中立双檐盖罩铁香炉。后院有著名的六朝松，枝繁叶茂，疏密相间，宛如巨大的华盖，碣刻"六朝遗植"。松下有郭沫若《咏普照寺六朝松诗》碑。西侧筑亭，清人傅家宝题匾额"筛月亭"，每逢皓月当空，松下银辉万点，如同筛月。亭下有方形石桌，敲击四角及中央，皆出磬之清音，故名五音石。亭北有阁楼，李铎书匾"摩松楼"。2006 年 5 月被批准为国家级文物保护单位。交通便利。

## 王母池 370902-50-D-a05
[ Wángmǔ Chí ]

位于红门路与环山路交界处东 200 米路北。古称群玉庵，又《泰山述记》记载"王母池本名'瑶池'，俗名王母池"。庙为三进庙堂式建筑。山门上嵌清道光年间徐宗干题匾。门内为池，周环石栏，中架拱桥。殿两侧为耳房，前有配殿。东殿匾书

"观澜亭""咽石山房"；西殿是药王殿，原祀孙思邈，今为泰山文物展室。后院台基上有七真殿，又名吕祖殿。殿内原供明代彩塑吕洞宾、李铁拐、何仙姑及吕祖弟子柳树精、苗庆、焦成广、济霄堂等七真像，栩栩如生，素称名塑。1946 年陈毅登泰山时指示拨款加护玻璃罩，1966 年像毁，1986 年重塑。殿东有蓬莱阁与殿相连。殿前有悦仙亭。2006 年被批准为国家级文物保护文物。通公交车。

## 经石峪 370902-50-D-a06
[ Jīngshí Yù ]

位于岱宗坊北约 3 千米，斗母宫东北侧溪中大石坪上。镌《金刚般若波罗密经》，因此得名经石峪。字径 50 厘米，原有 2500 字，经 1400 多年的雨刷风蚀，现尚保存 1067 字。字遒劲古拙，篆隶兼备，历代尊其为"大字鼻祖""榜书第一"。刻石无落款，书出何代及何人之作，其说各异。明侍郎万恭曾于西岸建高山流水亭，并于崖壁题《高山流水亭记》，后亭废。今在原亭之西南重建，柱联为"天门倒泻一帘雨，梵石灵呵千载文"。石崖上有多处明清代题刻。附近林壑幽静，溪流淙淙，为泰山著名景点。2001 年被批准为国家级文物保护单位泰山石刻之一部分。

## 碧霞祠 370902-50-D-a07
[ Bìxiá Cí ]

位于泰山天街东首。因是祀泰山女神碧霞元君的上庙，故名。为泰山最大的高山建筑群，金碧辉煌，俨然天上宫阙。祠为二进院落，以照壁、金藏库、南神门、大山门、香亭、大殿为中轴线，两侧为东西神门、钟鼓楼、东西御碑亭、东西配殿。南神门外是金藏库，俗称火池，专供香客焚纸香。火池有照壁，大书"万代瞻仰"。门上有歌舞楼，门内东有东神门，西有西

神门，盘道穿越其间。院中东为钟楼，西为鼓楼，北为重台。南大门筑于重台上，前后廊式。廊下东、西山墙上筑神台，供青龙、白虎、朱雀、玄武四方护卫神铜像。正殿上覆盖瓦、鸱吻、檐铃，均为铜铸，檐下有乾隆御赐匾额"赞化东皇"。殿内中设神龛，祀元君铜像，两侧为眼光、送生两神铜像。殿前有东西配殿，上覆铁瓦。东殿祀眼光神，西殿供送生神，俗称眼光奶奶、送生娘娘，均为铜像。院中为香亭，即明万历年间所铸金阙处，金阙后移山下。今亭重檐八角，内祀元君铜像。亭前有明嘉靖和万历年间铜铸千斤鼎和万岁楼。院东南、西南偶是御碑亭，内有乾隆登岱诗碑。2006 年被批准为国家级保护文物。

## 唐摩崖 370902-50-D-a08
[ Táng móyá ]

位于岱顶碧霞祠东北，气象台西南，玉皇顶南下盘路东侧。唐开元十三年（725），唐玄宗登封泰山。第二年御书《纪泰山铭》，俗称唐摩崖。崖高 13.3 米，宽 5.3 米，刻文 24 行，行 51 字，除空格外，实有 996 字，字径 5 寸。额题《纪泰山铭》，字径 51 公分。除御制御书四字及末行年月正书外，正文全用唐隶。文章典雅，颇具盛唐文风。书法遒劲，端正凝重，为一代佳品。唐摩崖《纪泰山铭》刻石，形制端庄，气势雄奇，后人题"天下大观"四字于其上部。唐摩崖碑文为唐玄宗李隆基东封泰山时所撰书。记述了封禅告祭之始末，申明封禅的目的是为苍生祈福。铭赞高祖、太宗、高宗等先皇之功绩，表明自己宝行三德（慈、俭、谦）之诺言。摩崖碑形凹下石面，上部为圭首形碑首状。碑首高 3.95 米，隐刻二云龙。额题"纪泰山铭"二行 4 字，隶书。元代以前已有贴金，元代时错落。刻石下部剥蚀严重。明代济南人叶彬补刻 108 字。因长期遭受风雨剥蚀和人为破坏，铭文已

残 26 字，不可辨认的 6 字。唐摩崖在历史、书法、镌刻艺术等方面均有重要的价值。2001 年被批准为国家级保护文物。

## 元君庙 370902-50-D-a09
[ Yuánjūn Miào ]

位于泰安泰山后石坞，依山临涧，前俯古松园，后傍天空山。因传说碧霞元君在此修行，故名元君庙。明隆庆六年（1572），辅国将军朱睦木施在泰山后石坞建庙，是年供昊天上帝像。占地面积 1 800 平方米。2006 年被批准为国家级保护文物。

# 岱岳区

## 重点文物保护单位

### 大汶口遗址 370911-50-B-a01
[ Dàwènkǒu Yízhǐ ]

位于泰安市岱岳区南部。是大汶口文化最典型、最丰富的遗存之一，遂命名为大汶口遗址。1959 年、1974 年、1978 年先后三次进行发掘。大汶口遗址距今 4 500~6 400 年，总面积 80 余万平方米。丰富的文化遗存，显示出它与中原仰韶文化有显著差别，反映了一种新的独特的文化类型。大汶口文化的发现，使黄河下游原始文化的历史，由 4000 多年前的龙山文化向前推进了 2000 多年。证明山东龙山文化是继承大汶口文化发展而来，它不仅为山东龙山文化找到了渊源，为黄、淮流域及山东、江浙沿海地区原始文化提供了重要线索，且对研究史前时期的历史具有重要意义。在大汶口文化的后期墓葬中，出现了夫妻合葬和夫妻带小孩的合葬，它标志着只知其母不知其父的母系社会的结束，开始或已经进入了父系氏族社会。1982 年 2 月被批准为国家级文物保护单位。2010 年 10 月，大汶口

考古遗址公园被国家文物局列入第一批国家考古遗址公园立项名单。津浦铁路经此并设站。

## 大汶口古石桥 370911-50-B-a02
[ Dàwènkǒu Gǔshíqiáo ]

位于泰安市岱岳区南部。因横贯大汶河，是当时汶河两岸人们南北往来的交通要道，故名。始建于明代隆庆年间，清代、民国几次维修，保存使用至今。总长度570.95米，其中北边引桥43.9米，南边引桥82.1米。是大汶河上唯一的一座石板桥，也是目前山东省保留最为完好的古代大型石桥之一，具有较高的桥梁技术研究价值。2013年被批准为国家级文物保护单位。东有京沪高速铁路，西邻京沪铁路、泰汶公路、104国道、京福高速公路。

## 萧大亨墓地石刻 370911-50-B-a03
[ Xiāodàhēng Mùdì Shíkè ]

位于泰安市岱岳区南部。因墓主人萧大亨得名。墓葬建于明万历四十年（1612年），万历四十五年（1617）竣工。占地面积约2000平方米。墓地石刻较好地保存了明代墓葬的地面布局，堪称明代晚期石雕艺术珍品，对于研究明代丧葬制度也具有十分重要的价值。2013年3月被批准为国家级文物保护单位。通公交车。

## 西界清真寺 370911-50-B-b01
[ Xījiè Qīngzhēn Sì ]

位于泰安市岱岳区南部。相传当时北军（蒙回大军）南进时征南留守将军麻朝阳留居此处，因崇敬教门，创礼拜处一座。明代重修和拓建。西界清真寺建筑代表了伊斯兰教风格，是回民聚集礼拜的地方。2013年被批准为省级文物保护单位。不通公交车。

## 无梁殿 370911-50-B-b02
[ Wúlián Diàn ]

位于泰安市岱岳区西部。大殿内无梁，仅靠八根圆木柱抵地而立，故名无梁殿。始建于元代初年，明隆庆四年（1570）重修。南北宽33米，东西长41.5米，面积1369.5平方米，其中大殿建筑面积121平方米。2004年进行修复。整座建筑分东西两院。西院的配殿是泰山行宫奶奶殿，供奉着天仙玉女碧霞元君，两边是眼光奶奶和送子娘娘神像。北侧是财神殿，供奉着财神。南侧是文昌阁，供奉着文昌帝。是泰山西部一个亮丽的旅游景点。2006年12月被批准为省级文物保护单位。北邻泰东路。

## 山西会馆 370911-50-B-b03
[ Shānxī Huìguǎn ]

位于泰安市岱岳区南部。因修庙、建戏楼全由山西商人出资，建成后作为山西商人活动的场所，故定名山西会馆。明清时期修建，清康熙、雍正年间重修。该古迹在"文革"中遭到破坏，2011年5月重新修复。占地2660平方米，单体数量13个。山西会馆整体坐西朝东，分南北两院，北为关帝庙，南为戏楼院，总面积2283平方米。带动了当地经济贸易的发展，促进了经济繁荣和文化的交流与传播。2006年12月被批准为省级文物保护单位。西邻京沪铁路、泰汶公路、104国道，京福高速公路，东有京沪高速铁路。

## 下旺清真寺 370911-50-B-b04
[ Xiàwàng Qīngzhēn Sì ]

位于泰安市岱岳区中部。因位于下旺村得名。建立时间不详，清代三次重修。占地面积2900平方米。有主体建筑大门、影壁、大殿、讲堂和水房等建筑及碑刻。下旺清真寺建筑代表了伊斯兰教风格，是回民聚集礼拜的地方。2013 年被批准为省级文物保护单位。通公交车。

## 重要景点和一般名胜古迹

### 天颐湖旅游风景区　370911-50-D-a01
[ Tiānyíhú lǚyóu Fēngjǐngqū ]

位于泰安市岱岳区南部。因天颐湖得名。由岱岳区第二大水库——胜利水库改建而成，总占地面积 16 平方千米，水面面积 5.2 平方千米。有 3.8 万平方米的黄金沙滩、旅游度假中心区、滨水中心广场、主题乐园、湖滨生态园、水上运动中心、郊野生态园等。秉承绿色发展和都市休闲慢生活理念，游览观光和休闲度假相得益彰，广大滨湖休闲空间和各具特色的个性化主题体验场馆相结合，为广大游客提供了一个老少皆宜，可以根据自身喜好自主安排休闲游乐活动的旅游度假大空间，极大地丰富了"山水圣人"经典旅游线的内容。2010 年被评为国家 AAA 级旅游风景区。通公交车。

### 泰安太阳部落旅游区　370911-50-D-a02
[ Tài'ān tàiyángbùluò lǚyóuqū ]

位于泰安市岱岳区南部。占地面积 793 800 平方米。景区以大汶口文化为主线，以情景体验的形式，将史前文化和游乐项目有机融合，使史前文明的场景在游客面前真实展现。旅游区分为时光穿越、梦回大汶口、洪荒探秘、洪荒历险、情定大汶口、金乌古镇六大板块。旅游区创造性地将主题乐园与大汶口文化完美融合，让游客充分体验史前文化，增强参与性、互动性和娱乐性。2010 年被评为国家 AAA 级景区。通公交车。

## 自然保护区

### 化马湾龙湾风景区　370911-E-b01
[ Huàmǎwān lóngwān Fēngjǐngqū ]

位于泰安市岱岳区东南部。东临化马湾乡双泉村，南接化马湾乡草茨村，西靠徂徕镇，北连徂徕山森林公园。面积 11.2 平方千米。曾用名龙湾省级地质公园，因龙湾有龙王眷顾，形成了福禄寿喜四个清澈水湾，保证一年四季风调雨顺，故名化马湾龙湾风景区。属温带大陆性半湿润季风气候区，春季干燥多风，夏季炎热多雨，秋季晴和气爽，冬季寒冷少雪。植物共计 133 种、550 属、1037 个种、68 个变种、3 个亚种、8 个变型、20 个栽培变种，其中野生种 814 个。乔、灌木树种有油松、赤松、黑松、刺槐等，杂草类有牛鞭草、看麦娘、白茅、狗尾草、香茅、牛筋草、虎尾草、野大麻、野菊花、益母草、蛇床、石龙芮等。2006 年被列为省级自然保护区。景区内地质遗迹极为丰富，除形态各异的花岗岩奇峰怪石外，还有龙湾崩塌地质灾害遗迹，龙湾沟谷东侧岩壁上垂直节理发育的花岗岩经长期的风雨剥蚀，大大小小的石块脱离母体，顺坡滚落，形成壮观的"岩石流"。主要景点有龙湾地质博物馆、水库观赏区、福龙湾、香水湾瀑布、将军亭点将台、樱桃采摘园等。景点融山、水、林、溪、湾胜景于一体，集奇、险、雄、秀、野于一身，是地学科普、观光旅游的圣地。京沪高速、泰新公路从园内交叉经过。

# 新泰市

## 纪念地

### 新泰市革命烈士陵园 370982-50-A-b01
[ Xīntài Shì Gémìnglièshì Língyuán ]

在新泰市东部，汶南镇借庄，青云山西麓。因安葬有新泰2 000余名革命烈士得名。1987年建成。占地面积60 000平方米。主要有革命史纪念馆、烈士纪念碑、牌坊、凉亭、烈士英名碑亭等建筑物。园内集中安葬从土地革命、抗日战争、解放战争一直到和平建设年代1 973名新泰籍有名革命烈士和719名无名烈士，其中著名烈士108名。是集瞻仰、祭奠、集会、游览休闲等多功能于一体的红色纪念设施，对于弘扬新泰红色文化具有重要意义。1990年6月被批准为省级重点保护单位。通公交车。

## 重点文物保护单位

### 新泰智人化石地点 370982-50-B-b01
[ Xīntài Zhìrén Huàshí Dìdiǎn ]

在新泰市东都镇乌珠台村西南1千米处。因新泰智人化石出土地得名。1966年发现。位于中寒武纪石灰岩溶洞，洞高0.60米，宽0.80米，洞内积水，发现人牙齿化石1枚，及马、牛、猪、鹿、虎、披毛犀等哺乳动物牙齿化石多枚，距今约3~5万年。是山东境内的首次发现，对研究我国古人类分布和地质构造的变化具有重要的价值。1992年6月被批准为省级文物保护单位。有公路经此。

### 东街清真寺 370982-50-B-b02
[ Dōngjiē Qīngzhēn Sì ]

在新泰市放城镇政府西0.3千米处。因位于东街村，为伊斯兰教众活动场所，故名。始建于元末明初，历代多次维修。占地面积3 900平方米，建筑面积600平方米，主要建筑有大门、大殿、后摇殿、南北讲堂、水房、斋房等。寺内存石碑5通、衍圣公孔令贻赠匾1块。该寺是山东省内现存规模较大、历史悠久的清真寺之一，对研究伊斯兰教的发展和民族融合具有重要意义。2013年10月被批准为省级文物保护单位。通公交车。

### 正觉寺 370982-50-B-b03
[ Zhèngjué sì ]

在新泰市西南，法云山阳。取佛经中"正觉"二字，名为正觉寺。建于北宋建中靖国元年（1101），金、元、明、清历代重修，1922年在大雄宝殿后增建关岳合祠，现保存基本完好。寺坐北面南，依山势而建，二进院落，由山门、大雄宝殿、东西配殿、关岳合祠等组成。寺庙南北长73米，东西宽65米，占地面积4 745平方米，建筑面积550余平方米。大雄宝殿面阔三间11.8米，进深8米，五架梁抬梁式木构，前后廊式，硬山顶，灰筒瓦盖顶。正脊南面饰二龙戏蜘蛛图案，背面饰凤凰戏牡丹图案；两端有螭吻，垂脊饰仙人骑兽及动物图案。该寺历史悠久，同时有"勇士柏"等红色遗迹，具有研究佛教传播和弘扬红色文化的双重意义。2013年10月被批准为省级文物保护单位。

### 光化寺 370982-50-B-c01
[ Guānghuà Sì ]

在新泰市天宝镇后寺庄西北。因佛光普化之意得名。建于北魏，清光绪年间重修。是泰山地区修建最早的佛寺之一。现存寺院坐北朝南，南北长34.6米、东西宽19.2米。现存山门、东西配殿及大殿主体。大殿3间为四梁八柱硬山顶前廊式建筑，殿内绘制清晚期佛教壁画66平方米。1983年11月出土自东魏至唐代时期佛教造像9件，其中东魏兴和三年（541）"羊银光"题记造像极具史料价值，对研究泰山地区佛教的传播具有重要意义。1994年2月被批准为市级文物保护单位。有公路通此。

## 重要景点和一般名胜古迹

### 新泰市莲花山风景区 370982-50-D-a01
[ Xīntài Shì Liánhuāshān Fēngjǐngqū ]

在新泰市泉沟镇境内。莲花山古称新甫山，因甫人迁此而得名。后来，因为山势九峰环抱，状似莲花而改名莲花山。占地面积20平方千米。主要有行宫、太平庵、云谷寺、北天门、响铃碑、魔子坊等六大景区、三条主要游览线路：中路主要景点有汉武行宫、补天石、看天石、云门、古柏一株、十八盘、南天门、快活二里、云谷飞瀑、圣水瓶、两山排闼、五大夫松、云谷寺、红云洞、白云洞、兴云洞、对松山、北天门、东高峰、西高峰；西路主要景点有初入佳境、老汉推车、风动石、通天河、太公石、姊妹松、天成观音、太平庵、青龙潭、五云洞、一线天、水帘洞、子母泉；东路盘山公路，直达主峰西高峰，时而盘旋于悬崖峭壁之上，时而穿行于茂密的森林之中，自然景色变幻无穷，让人心旷神怡。主要景点观音院最早为汉武行宫，后来被辟为观音道场，为齐鲁著名佛教寺院。是集生态休闲度假、佛教文化旅游、科研科普于一体的风景区。2005年8月被联合国教科文组织列为世界地质公园，同年12月晋升为国家森林公园，2008年11月被批准为国家AAAA级旅游景区。莲花山旅游公路经此，通公交车。

### 新汶森林公园 370982-50-D-a02
[ Xīnwèn Sēnlín Gōngyuán ]

在新泰市新汶街道南部。包括云山、黄山、中山、黑山、峙山、团山六个山头。因位置得名。森林总面积8平方千米。山上植被以侧柏针叶林为主，山下为桃、苹果、梨等落叶果树林。景区内尤以寺山风景区最为著名。寺山景区内有龙女庙、上清宫、窑神庙、观音庙、女娲庙等传统建筑。寺山同时为山东省级地质公园。新汶森林公园是集自然与人文景观于一体的山岳型风景区，是游览、科普的重要场所。2011年被批准为国家AAA级景区。240省道、莲汶路经此，通公交车。

### 新泰市朝阳洞风景区 370982-50-D-a03
[ Xīntài Shì Cháoyángdòng Fēngjǐngqū ]

在新泰市汶南镇境内。因景区内的朝阳洞得名。占地面积0.3平方千米旅游景点有钟乳石群、金牛洞、金蟾洞、连环洞、圣母池、藏经阁、山顶等；人文景观有登山台阶、牌坊、明崇祯石刻，主要建筑物有登山牌坊、朝阳观灵官殿、玉皇殿、四御殿、步云坊、点将台等。朝阳洞景区有中国北方罕见的喀斯特地貌奇观，同时在抗日战争时期一度成为了八路军兵工厂所在地，具有自然景观和红色遗址的双重意义。2011年被批准为国家AAA级旅游景区。通乡道。

### 新泰市和圣园风景区 370982-50-D-a04
[ Xīntài Shì Héshèngyuán Fēngjǐngqū ]

在新泰宫里镇。因公园主体是和圣柳下惠，故名。占地1 000余亩，以和圣塑像、故居、祠堂、和圣墓为主体，以柳里、宫里和天宝的自然山水为依托，以古文化与现代化农业园林相融合等三大因素进行规划布局，是集游览、观光、休闲娱乐、农业发展、品德启发、文化体验于一体的主题公园。2014年和圣园重新规划，有四大板块，为和圣源、和年丰、荷风里、合致苑；五个功能，为文化体验、商务会议、休闲娱乐、养生度假、道德培训。该景区对弘扬和圣文化起到了重要作用，推动了周边经济社会发展。2011年被批准为国家AAA级景区。333省道经此，通公交车。

## 自然保护区

### 新泰太平山省级自然保护区

370982-50-E-b01

[ Xīntài Tàipíngshān Shěngjí Zìránbǎohùqū ]

在新泰城区东南部。东至蒙阴县界，南至平邑县界，西至东都镇东牛家庄老牛寨子东端，北至汶南镇西鲁农田。总面积3 733.3公顷，其中核心区面积1 303公顷，缓冲区面积1 251.9公顷，实验区面积1 178.4公顷。因位于太平山而得名。太平山属鲁中泰沂山脉的支脉，山势陡峭，沟谷众多，主峰海拔813.6米，相对高差520米。属暖温带大陆性季风气候。植被类型有针叶林、阔叶林、灌丛、灌草丛4种植被类型。2009年12月被批准建立省级自然保护区。是以保护赤松为主的森林类型自然保护区。区内有国家一级重点保护植物2种，二级重点保护植物2种，中国特有植物6种，山东特有植物4种，列入《濒危野生动植物种国际贸易公约》植物3种，列入《中国珍稀濒危植物红皮书》植物4种，山东省稀有濒危植物16种。有国家一级保护野生动物3种，国家二级保护野生动物17种，山东省重点保护野生动物32种，在《濒危野生动植物种国际贸易公约》中的保护动物24种，列入《中国与日本保护候鸟及其栖息环境协定》中保护的鸟类74种。对保护生物多样性起到重要作用。通乡道。

# 肥城市

## 纪念地

### 肥城烈士陵园　370983-50-A-c01

[ Féichéng Lièshì Língyuán ]

在肥城市安临站镇西南2.7千米。此地是六房战斗遗址，为纪念六房战斗，故名。1971年动工，同年落成，2012年改扩建。外修八字形的大门，院内台阶式的瓦房三排。前两排为革命展堂，堂内墙悬挂着越南反击战肥城市6位革命烈士的遗像及他们英雄事迹的介绍。后面最高处为革命烈士纪念堂，内供奉着在抗日战争、解放战争中牺牲于肥城市的先烈遗骨，计190位。是集烈士褒扬、爱国主义、国防教育、红色旅游于一体的纪念地、励志地、生态园。2014年被批准为市级文物保护单位。通公交车。

### 陆房抗日纪念碑　370983-50-A-c02

[ Lùfáng Kàngrì Jìniànbēi ]

位于肥城市安临站镇西南2.7千米。为纪念陆房战斗而建，故名。1989年立碑。纪念碑以花岗岩、大理石为主体材料，其杯底座长13米，宽6米，高8.8米，厚3米，碑之阳刻有原中国人民解放军总参谋长杨得志同志题写的"陆房战斗纪念碑"七个大字，碑阴刻有"陆房战斗五十周年立碑纪念"碑文。是爱国主义、国防教育基地。通公交车。

### 侵华日军杀人场遗址纪念碑

370983-50-A-c03

[ Qīnhuárìjūn Shārénchǎng Yízhǐ Jìniànbēi ]

位于肥城市安驾庄镇西0.7千米处。为缅怀革命先烈，教育后人，故名。1997年7月立碑。建筑结构大体可分碑体、基座、平台三大部分。是爱国主义、国防教育基地。通公交车。

## 重点文物保护单位

### 左丘明墓 370983-50-B-c01
[ Zuǒqiūmíng Mù ]

在肥城市境西部。因史学家左丘明埋葬于此而得名。有牌坊、墓道、坟冢，是石横镇主要景点之一，为丘氏族人祭祖的地方。对了解历史、学习、旅游起到了重要作用。2000 年被批准为市级文物保护单位。不通公交车。

### 朝阳洞石佛造像 370983-50-D-c02
[ Cháoyángdòng Shífó Zàoxiàng ]

在肥城市境西北部。因洞口朝阳，故名。朝阳洞洞口朝南，由前室、二台、后室组成。洞口以上有嘉庆二十二年（1817）刘佺题"朝阳洞"三字。前室深 14.5 米，宽 8 米，高 8 米。共有摩崖题刻 7 则，造像 16 尊。二台比前室高约 2 米，深 4 米，宽 4 米。共有摩崖题刻 3 则，造像 3 尊。后室深 7 米，宽 14.5 米，高 15 米。西壁和北壁布满石佛像，共有大小佛像 34 尊。洞口外两侧石壁上另有各时代的摩崖刻石 5 方。佛像和石刻保存完整。对了解历史、学习、旅游起到了重要作用。1983 年被批准为市级文物保护单位。通公交车。

### 汉画石 370983-50-D-c03
[ Hànhuàshí ]

位于肥城市石横镇东北 4.1 千米。因此画石发掘于汉墓中，故名汉画石。画石长 2.35 米，宽 0.46 米，厚 0.13 米。此画石是浅底阳刻和阴线条刻两种技法相结合的车马人物出巡，共分车 5 辆，马 10 匹，骑马 6 匹。榜题为君车（在汉画石中间）、游檄

（在君车之前）、主浮（在君车之后），后面有一榜字迹不清。对了解历史、学习、旅游起到了重要作用。不通公交车。

## 重要景点和一般名胜古迹

### 牛山公园 370983-50-D-a01
[ Niúshān Gōngyuán ]

在肥城市老城街道西北 6.6 千米。因位于牛山，故名牛山公园。主峰穆柯寨海拔 524 米。整座山森林茂密，景点众多，远眺峰峦如聚、峭壁若屏，近观苍松叠翠柏、瘦藤攀古树，共有各类植物 700 多种、动物 150 多种。现存石砌寨 3 600 多米，高大的石墙上著有掩体，易守难攻，是典型的古代军事防御工程，相传是古代巾帼英雄穆桂英屯兵处。主要景点有牛山寺、牛山寺王母殿、文昌阁。是市民游览健身的重要场所。2002 年 12 月被批准为国家级森林公园。通公交车。

### 陶山公园 370983-50-D-a02
[ Táoshān Gōngyuán ]

在肥城市湖屯镇东北 8.8 千米。因位于陶山，故名陶山公园。左右环列为屏障，正中山顶为翔鸾台，上有天池。又载山前山后有 72 洞。主要景点有黄华洞、幽栖寺遗址、朝阳洞等。是市民重要的健身游玩场所。2002 年 12 月被批准为国家级森林公园。通公交车。

### 肥城市龙山公园 370983-50-D-c01
[ Féichéng Shì Lóngshān Gōngyuán ]

在肥城市新城街道西南 1.6 千米。因位于肥城市龙山，故名。有七层阁式仿古建筑龙山塔。建有公园南门、北门、天池等建筑物。主要景点有花卉展销厅、假山、水池、石桌等。公园分为游览、娱乐、体育、

观赏四个区。龙山公园以其自然风貌和完善的功能成为市民重要的健身游玩场所。通公交车。

## 龙山河带状公园 370983-50-D-c02
[ Lóngshānhé Dàizhuàng Gōngyuán ]

在肥城市新城街道西南2.1千米。因位于龙山河两岸，故名。由东向西呈游龙状，沿河两岸基地宽度不等，与康王河公园和龙山公园联合一体，形成城市中心区的绿化景观体系和滨河空间公园。公园随河设景，布置有石桌、石凳，有花架、喷泉、草坪、雕塑，河道弯曲，水面宽阔，自然景观优美，玉带桥飞架两岸。纪念亭孤立为岛，周围自然山石环以碧水与陆地连接，两岸栽有垂柳近千株。主要景点有龙山河。以其自然风貌和完善的功能成为市民重要的健身游玩场所。通公交车。

## 白云山公园 370983-50-D-c03
[ Báiyúnshān Gōngyuán ]

在肥城市新城街道西南5.5千米。因其位于白云山下，故名白云山公园。公园主要建设门区、水区、文化展示区（文园）、人文休闲区（德园）、树林区、生态恢复区、公园管理区等功能区。公园的建成，不仅能够增强城市文化内涵，满足市民休闲的需要，而且对弘扬爱国主义、秉承中华民族优良传统有着积极的促进作用。通公交车。

## 秦王墓 370983-50-D-c04
[ Qínwáng Mù ]

在肥城市安临站镇西南3.0千米。以墓主人身份命名。墓地封土随整地而平，曾在秦王墓室门口发现了一支铁箭、一个铜镜和五个陶罐器。拆开墓门后有迎风石，门口两边有小孩骨头，墓未全破。对了解历史、学习、旅游起到了重要作用。1989年被批准为县级文物保护单位。通公交车。

## 纯阳宝殿 370983-50-D-c05
[ Chúnyángbǎodiàn ]

在肥城市湖屯镇东北9.8千米。以历史文献命名。明代建筑，为全料石砌成，深、宽各3.85米，通高约5米。锥形顶，顶部饰有石刻莲花，在莲花上竖一石葫芦。南墙正中有拱形门，高1.8米，宽0.55米，门上方有石碑一块，上刻"纯阳宝殿"四字，落款为"大明崇祯五年刻"。殿内顶端有圆石浮雕，上刻花卉、飞禽图案。纯阳宝殿左前方立石碑一块，碑高1.73米，宽0.69米，覆斗顶。保存完整，结构稳定。对了解历史、学习、旅游起到了重要作用。1985年被批准为县级文物保护单位。通公交车。

## 栖幽寺 370983-50-D-c06
[ Qīyōu Sì ]

在肥城市境西北部。因范蠡、西施在此幽栖隐居而得名。遗址地面上裸露着殿宇的房基、八棱石柱、柱础，八棱石柱上面为浅浅阴刻的凤凰牡丹图案。此遗址曾是泰山西部最大的寺院，是秦、汉、唐、宋几个时期的遗址。对了解历史、学习、旅游起到了重要作用。2005年被批准为县级文物保护单位。通公交车。

## 圣佛寺遗址 370983-50-D-c07
[ Shèngfósì Yízhǐ ]

在肥城市境西部。因原寺中有一尊神圣的大佛而得名。遗址处仅存两座寺庙内和尚的坟墓，圣佛寺内古井，现在仍可使用。对了解历史、学习、旅游起到了重要作用。1982年被批准为县级文物保护单位。通公交车。

# 宁阳县

## 纪念地

### 宁阳烈士陵园 370921-50-A-c01
[ Níngyáng Lièshì Língyuán ]

位于宁阳县葛石镇西 2 000 米、三埠村西南 500 米的银羊山。以所在行政区域及职能得名。2012 年开始建设。占地 150 亩，有展览区、陵墓区和塔林区三个功能区域，包括烈士墓区、烈士纪念广场、烈士纪念碑、烈士纪念墙、革命纪念陈列馆以及陵园绿化等其他辅助设施。宁阳革命历史展览馆，占地 2 300 平方米，集中展示了本县革命史资料和烈士的遗物、资料、图片，以缅怀革命先烈，展现宁阳革命历史风貌，颂扬党的丰功伟绩；瞻仰广场，位于陵园中心，占地 2 625 平方米，可容纳 6 000 人同时举行纪念活动；高达 38.7 米的烈士纪念碑巍然耸立，烈士墓区安葬着 1 196 名烈士。是宁阳县缅怀烈士、开展爱国主义教育实践的场所。通公交车。

## 重点文物保护单位

### 颜子庙 370921-50-B-a01
[ Yánzǐ Miào ]

位于宁阳县鹤山乡泗皋村。是祭祀颜子的家庙，故称颜子庙。1275 年修建。1986 年简修。具有"二梁不在大梁上"的特殊造型，为古代建筑中所罕见。颜子庙木架结构虽经 700 多年的历史，但历次维修，除门窗外，均没有更换原创建时构件，仅对部分断裂构件采用物理加固法进行加固，保留了初建时的建筑特征。是研究元代古建筑不可多得的实物资料，具有重要的历史、科学、艺术价值。2013 年 3 月被批准为国家级文物保护单位。通公交车。

### 堡头遗址 370921-50-B-a02
[ Pùtóu Yízhǐ ]

在县城东北 34 千米处，磁窑镇堡头西约 100 米，大汶河南岸。因临近堡头，故名堡头遗址。1959 年发现，发掘墓葬 133 座、陶窑 1 座，共出土文物 1 800 多件，其中有红、白、灰、黑各种陶器，并有精美的彩陶。石器、骨器亦甚丰富，还有大量的动物骨骼。象牙雕刻器、玉石器制作精细。该遗址的发现和发掘，为我国原始社会晚期历史的研究提供了新的重要资料。1982 年被批准为国家级文物保护单位。通公交车。

### 宁阳文庙 370921-50-B-b01
[ Níngyáng Wénmiào ]

位于县城中心，东街西首与南关路交会处。为奉祀孔子而建，故称文庙。建于元大德初年，至元年间创建两庑各 4 楹，明、清两代多次扩建、重修，1949 年—1985 年历经多次整修。占地 3 648 平方米。2006 年 12 月被批准为省级文物保护单位。通公交车。

### 西磁窑古瓷窑址 370921-50-B-b02
[ Xīcíyáo Gǔcí Yáozhǐ ]

在县城东北，京沪铁路以东，磁莱铁路以北。因位于西磁窑村内得名。该址为唐、宋、元时的文化遗址。遗址东南—西北狭长，长约 2.5 千米，宽约 1 千米。址内瓷片俯拾即是，西磁窑东南部瓷片堆积厚达 2 米以上。曾出土的窑具有匣钵、支烧窑棒、垫板、垫饼、点支、三角支垫等；生产工具有模具、研磨器、碾槽、石臼等；生活用具以碗为主，其次是罐、盆等。还有各种釉彩人物像、佛像和虎、马、狗、猪、龟、蛙等动物玩具。各种瓷器造型生动，工艺精湛。宋代窑炉结构完整，为我国北方目前所知唯一一座椭圆形窑炉，世所罕见。1977 年 12 月被批准为省级文物保护单位。通公交车。

**潘家黄茂汉墓** 370921-50-B-b03

[ Pānjiāhuángmào Hànmù ]

在县城西南，西疏乡南部，潘家黄茂北。因临近潘家黄茂，故名潘家黄茂汉墓。1954年发现并进行挖掘。封土高约6米，直径约30米。1954年曾在墓东北约27米处出土长6.7厘米、外径6.1厘米的精美错金银铜车辖2件、错金银铜车饰3件，并有铁器和大量子母砖。墓周围散布汉代砖瓦碎片，发现篆书"千秋万岁"汉代瓦当。潘家黄茂汉墓为我国研究汉代文化提供了珍贵的历史材料。1977年12月被批准为省级文物保护单位。通公交车。

**堽城里故城址** 370921-50-B-c01

[ Gāngchénglǐ Gùchéngzhǐ ]

在县城东北，堽城镇西部。因堽城里建在故城址上，故名。1980年第三次文物普查时发现，随后对其进行了考察。故城略呈长方形，东西长约1 000米，南北残长约800米，东、南、西三面可见城垣。城墙用黄褐细沙土夯筑，局部内含碎石和汉代瓦片，夯层厚16~20厘米。东城墙曾有两个突出墙外的城台，俗称"炮台"。1966年在村落西挖到一座石桥，群众称洸河桥，似为故城西门桥。故城中部曾有一夯土台基，传为钓台或妆楼。东北部曾挖到房屋基石和石柱础，群众称金銮殿。堽城里故城址的发现，为宁阳古代史提供了佐证。2006年12月被批准为市级文物保护单位。通公交车。

# 东平县

## 重点文物保护单位

**白佛山石窟造像** 370923-50-B-a01

[ Báifóshān Shíkū Zàoxiàng ]

坐落在山阳海拔270米处的悬崖峭壁间。因白佛山石窟造像坐落在白佛山上，故名。造像初雕于大隋开皇七年（587），唐开元年间增刻，至宋初告竣，历时近400年。分大佛窟、唐窟、小佛窟、宋窟及露天造像几部分，共有四窟、造像148尊（今存138尊）。主窟隋窟雕有释迦牟尼圆雕生像，高7.6米，主佛两侧石壁排列小龛。唐窟内3尊造像，主佛高2.4米，是唐刻之精华。宋窟位于最东侧，有造像12尊，东壁有5尊高浮雕罗汉像。明、清两代的题刻造像也分布在崖壁或石窟中。白佛山石窟造像群对研究中国古代历史、宗教、艺术具有很高的价值。2001年6月被批准为国家级文物保护单位。附近有佛山街和旅游专线，通公交车。

**棘梁山摩崖造像** 370923-50-B-a02

[ Jíliángshān Móyá Zàoxiàng ]

位于东平县戴庙乡司里村棘梁山上。因造像凿刻于棘梁山山巅矗立的两大岩石上，故名。东崖多为北齐、唐、宋造像，西崖多为唐、宋造像。有大小造像近600尊，保存较好者400余尊，最大的为东崖南壁的一佛二弟子，左右二弟子立姿。其他造像分布于各壁，绝大多数有小龛，成排排列。造像有佛、菩萨、侍者、供养人等，为坐姿或立姿。造像旁有"北齐"、"皇建"、唐"圣历"、"元和"、宋"熙宁"、"治平"等年号题记。岩石东侧山坡上有摩崖刻经。棘梁山摩崖造像堪称"鲁西石刻博物馆"，它对于中国的宗教史、美术书法史研究，对于中国摩崖石窟造像断代分期、演变规律、佛教的区域划分以及水浒文化研究等方面都具有重要的参考价值。2013 年 3 月被批准为国家级文物保护单位。附近有 220 国道和旅游专线，通公交车。

## 洪顶山摩崖刻经 370923-50-B-a03
[ Hóngdǐngshān Móyá Kèjīng ]

位于东平县旧县乡屯村铺村东北茅峪南北山坡。因所在地得名。1989 年发现。是一处集经文、佛名、题名碑为一体的大型摩崖石刻群，有 22 处石刻，其中北壁 16 处、南壁 6 处，镌刻面积 1 000 平方米，可辨者 792 字，最大的字是北壁"大空王佛"，四字总高 9.30 米，是目前已知的我国境内最大的北朝刻字。洪顶山摩崖刻经对研究大书法家安道一的身世、经历及中国文字从隶到楷的转变具有关键作用和史料价值。2006 年 5 月被批准为国家级文物保护单位。附近有 246 省道和旅游专线，通公交车。

## 梁氏墓群 370923-50-B-b01
[ Liángshì Mùqún ]

位于东平县老湖镇梁林村西侧。因系宋代父子状元梁灏、梁固及其后代的墓葬群，故名。始建于宋太宗至道三年（997），曾列为七十二皇林之一，1977 年正式命名。未破坏之前，林门、林墙、墓碑林立，石虎、石羊、石马到处都是，其中有三方神道碑，碑身高大，现只存宋宣和七年（1125）梁子美神道碑一座。梁氏墓群是中国历史上重要的官宦墓群之一，对研究中国古代官宦丧葬制度有重要的参考价值。1977 年 12 月被批准为省级文物保护单位。附近有 246 省道，旅游观光车和公交车经此。

## 北桥墓群 370923-50-B-b02
[ Běiqiáo Mùqún ]

位于东平县老湖镇北桥村北侧。北桥墓群埋葬汉光武帝刘秀之子刘苍及其后代，且最北为刘苍的墓葬，故名北桥墓群。1958 年进行过发掘。墓群共有墓葬 9 座，皆有高大的封土堆，最北为刘苍的墓葬，即 1 号大墓。出土有完整的铜缕玉衣一套，另有金银器、玉器、象牙器等一大宗文物，均为东汉早期的珍贵遗物。"文革"时 5、6、7 号墓被毁，墓区范围内残存陵墓建筑的巨大残石构件，保存较为完好。北桥墓群规模宏大、文物丰富，在山东地区同时期、同类型文物考古中具有重要价值。1977 年 12 月被批准为省级文物保护单位。243 省道、贯中大道在此交汇，有旅游专线，通公交车。

## 尚书林 370923-50-B-b03
[ Shàngshū Lín ]

位于东平县梯门镇西梯门村西 600 米。埋葬明代尚书王宪，故名尚书林。2009 年进行保护修缮。原墓区内墓碑、石坊、香堂、林门石刻等俱全，在"文革"中遭到严重破坏。现存残牌坊一座，三门式，上部残，现只留中间一门较完整，从石坊向南，有石人、石马、石羊、石虎各一对分居两旁，但石马是半成品，华表原倒于地上，现已竖立。神道石刻的造型、纹饰以及雕塑刀法，具有鲜明的明代特点。尚书林中石像是研究明代官宦丧葬制度的珍贵实料。2013 年 10 月被批准为省级文物保护单位。附近有 243 省道，通公交车。

## 理明窝摩崖造像 370923-50-B-b04
[ Lǐmíngwō Móyá Zàoxiàng ]

位于东平县斑鸠店镇裴窝村北 100 米，六工山之阳。以历史记载而得名。理明窝造像按其题刻纪年共分三期，即唐长安三年（703）、开元八年（720）和咸通十四年（873）三个阶段的造像。此处原有造像大小共 46 尊，现存 34 尊，呈"一"字形排列于龛内，龛长 15 米，高 2.5 米。

其中主像 9 尊，高 1~1.75 米，多为坐式双脚下踏像，面相浑圆饱满，头后有火焰形佛光等。造像前立有大明正德八年（1513）重修建福寺龟驼碑 1 通，石柱 4 根，似是钟楼石柱。理明窝摩崖造像反映了唐代佛教造像发展的潮流，对石刻造像的研究具有重大的价值和意义。1992 年 6 月被批准为省级文物保护单位。附近有 220 国道。

### 王村墓群 370923-50-B-c01
[ Wángcūn Mùqún ]

位于东平县东平街道王村周围。因所在地得名。1994 年发现。此处墓群原有汉墓 4 座，现仅存 3 座。一号墓位于村北 121 米处，封土直径 55 米，高约 10 米，夯土层明显。二号墓在村南 50 米处，由于村民控地，墓南已露出墓道，为砖石结构。三号墓在村西约 750 米处，封土层明显。"文革"中被扒掉，内有壁画，村民把两座墓称作"双椅子"。器物造型、壁画和墓室结构都具有西汉或东汉前期文化的特征。它对研究我国丧葬制度和汉代文化具有重要价值。1994 年 3 月被批准为市级文物保护单位。通公交车。

### 一担土汉墓 370923-50-B-c02
[ Yīdàntǔ Hànmù ]

位于东平县东平街道一担土村东北角。因所在地得名。为东汉时期墓葬群。共有墓葬 2 座，东西排列，两墓距 100 米，保存较好。在两墓周围，曾出土过许多石结构汉画像石墓和砖室墓，出土有陶壶、灶和铜马车具、五铢钱等汉代遗物。对我国丧葬制度、绘画艺术的发展具有重要的学术价值。2006 年 12 月被批准为市级文物保护单位。通公交车。

### 仲子读书处 370923-50-B-c03
[ Zhòngzǐ Dúshūchù ]

位于东平县斑鸠店镇子路村内鸡头山东坡。传孔子弟子仲由随老师周游列国时在此读书，故名。宋嘉祐年间，开始建祠堂纪念；今建筑为清代同治年间重修。1997 年 6 月再次重修，并立碑以记。为三重院落，围墙完整。仲子祠坐西朝东，依山势而建，以大门、二门、仲子祠正殿为中轴线，形成结构严整的建筑群。仲子祠是一处保存较完整的清代建筑，具有很高的考察和观赏价值。1994 年 3 月被批准为市级文物保护单位。附近有 246 省道，通公交车。

### 玉皇庙 370923-50-B-c04
[ Yùhuáng Miào ]

位于东平县斑鸠店镇斑鸠店村供销社内。因供奉玉皇，故名玉皇庙。为唐宋时期建筑群，明代重修。门窗为全石结构，其他建筑在战争时期被毁，还保存有明嘉靖年间的重修碑一通，有较高保存和研究价值。尤其碑刻上"东岭"碑文，对于考证北朝书法高僧安道一的籍贯具有珍贵史料价值。2010 年 12 月被批准为市级文物保护单位。附近有 220 国道，通公交车。

### 百墓山墓群 370923-50-B-c05
[ Bǎimùshān Mùqún ]

位于东平县斑鸠店镇柏松山村百墓山上。因有汉墓百余座，故名。20 世纪七八十年代发现。有墓葬多座，其中保存较好两座为石室墓。1 号墓较大，东西 6.2 米，南北 9 米。内壁为画像石，内容有青龙、白虎、大傩、朝拜图、丰收图等，墓中间柱上刻字一行"此中人马皆食大仓"，隶书。在百墓山的山南、山西面也有汉画像残石。百墓山汉画像石墓是山东汉画像石文化的重要组成部分，它为研究汉代的陵寝制度和葬俗，尤其对通过画像内容研究汉代的社会形态，提供了珍贵的实物资料。1994年3月被批准为市级文物保护单位。附近有246省道，通公交车。

## 刘曜墓　370923-50-B-c06

[ Liúyào Mù ]

位于东平县梯门镇芦泉村东南100米处。因埋葬前赵昭文帝刘曜，故名刘曜墓。为汉代墓葬。地上封土高7米，直径30米，夯土层次较为明显，厚度20厘米至30厘米。墓室为石结构，石料较粗糙，内有淤土。对研究东平汉代墓葬习俗有较高价值。2010年12月被批准为市级文物保护单位。交通便利。

## 沟坝遗址　370923-50-B-c07

[ Gōubà Yízhǐ ]

位于东平县梯门镇西沟流村西50米。因该遗址位于沟坝村，故名沟坝遗址。是一处商周时期的村落遗址。遗址为高出四周3米至6米的台形地，其范围南北长70米，东西宽90米。文化层深度约5米，灰褐色土质。对进一步研究商周时期文化具有重要的文物价值。1994年3月被批准为市级文物保护单位。附近有243省道。

## 清真寺　370923-50-B-c08

[ Qīngzhēn Sì ]

位于东平县州城街道北门村内。因为回民举行活动和祭祀的场所，故名清真寺。建于明万历年间，明嘉靖、清康熙、清宣统年间多次重修与扩建。建筑集中对称，大门朝东，旁为对称侧门；往里为院墙，依次为月台、前厦。月台上有碑刻6方，厦宽2.8米，有四木柱支撑；前殿面阔五间，南北长20米，进深10.2米，前殿高7.5米。内为四架梁，用8根木柱支撑，中为拱沟相隔，前殿为立山、起脊、灰瓦顶。后殿

为六角亭式攒尖顶，内为6根木柱支撑。南北讲堂各为5间，长16.1米，宽5.8米，高4米，系一般性建筑。清真寺整个建筑气宇轩昂，雄伟壮观。建筑主体四周木门窗均施以楠木雕刻，其内容系用阿拉伯文组成的花纹图案，表现出高超的技艺和独特民族风格，在宗教和古代建筑研究方面具有较高的参考价值，它的存在也是民族大团结的实物资料。1994年3月被批准为市级文物保护单位。附近有326省道，通公交车。

## 青峰山摩崖造像　370923-50-B-c09

[ Qīngfēngshān Móyá Zàoxiàng ]

位于东平县东平街道护村东青峰山之阳。因所在地理位置得名。根据造像风格和雕刻技法分析，应为明代雕造。有两组共24尊造像，第一组有造像21尊，中一佛二弟子，两侧为十八罗汉，造像4~15米不等。第二组位于第一组下方近60米，有造像3尊，位于圆拱形龛洞内，是二世佛，高约2米，高浮雕。龛外题记不可辨。青峰山摩崖造像内容鲜明，雕刻手法娴熟细腻，对于研究本地区佛教艺术发展以及佛教造像艺术特点具有重要价值。1994年3月被批准为市级文物保护单位。附近有326省道，通公交车。

## 祥龙观　370923-50-B-c10

[ Xiánglóng Guàn ]

位于银山镇腊山北麓。以寓意而得名。唐代始建，后历代皆有扩修，1998年重建。又名三清宫。道观为八卦图式建筑，正殿为老君堂，为新修。主体建筑邱祖阁，阁在上，宫在下；东楼为藏经阁，南屋为道士伙房。清光绪十七年（1891）刊立在祥龙观北门外的一幢道观家谱牌，楹联为"三宝不动尊祖训，一元复出作孙模"。碑文详细记述从十世祖杨清荣始到二十九世祖

郭元嵩终腊山道教发展历史，具有重要史料价值。1994 年 3 月被批准为市级文物保护单位。通公交车。

## 腊山古建筑群 370923-50-B-c11
[ Làshān Gǔjiànzhùqún ]

位于东平县银山镇山赵村东腊山之阳。以地理位置得名。始建年代无考，明、清、民国均有维修。有峰云观、玉皇殿、碧霞元君殿、老虎洞等古建筑。其中，峰云观内的主体建筑三清宫与邱祖阁为连体建筑，全高 7 米，面阔 3 间，砖石结构，阁在上，平顶，边缘有垛口。观北有明正德年间建乐台 1 座，柱上有楹联曰"声遏行云一曲升平千圣乐，歌翻白雪五音调叶万民欢"。1994 年 12 月被批准为市级文物保护单位。交通便利。

## 月岩寺 370923-50-B-c12
[ Yuèyán Sì ]

位于昆山西麓半山腰处。以地理位置得名。初建于唐代，明清又有多次重建和扩建，最大一次扩建为明万历七年（1579），2010 年修复。今存大雄宝殿、藏经阁以及前后双重院建筑。有明万历七年（1579）重修的全石结构钟楼 1 架，东为马跑泉石室洞奇观，东北处有小虚观塔，塔内有宋代圆雕像 3 尊，寺院内现存碑刻 12 方，悬崖上有"南海别院"等摩刻。建筑面积 7 000 平方米。根据碑刻所记，月岩寺不仅是一处佛教圣地，同时也是学士名流在此设馆讲学场所。佛教文化和儒家文化在此相容发展，这反映出自宋代已"三教合一"的发展过程，也为研究"东原文化"提供了重要物证。1994 年 3 月被批准为市级文物保护单位。通公交车。

## 华岩洞石窟造像 370923-50-B-c13
[ Huáyándòng Shíkū Zàoxiàng ]

位于东平县梯门乡西沟流村西北 450 米处。因华岩洞得名。为明代所刻。摩崖刻字位于洞口外右上方，造像集中在南洞口内两边的石壁上；北壁有造像 32 尊，南壁有造像 24 尊，雕刻以佛教内容为主，其中最重要的是造像中的十王像，在我国北方地区佛教造像中年代最早。洞内石窟造像头部皆在"文革"中砸掉，洞上 2 方碑记文字同时被逐字凿掉，不可全识。华岩洞石窟造像对北方石窟造像的研究具有较强的历史文化价值和艺术价值。2006 年 12 月被批准为市级文物保护单位。附近有 243 省道。

## 峱山汉墓群 370923-50-B-c14
[ Wéishān hànmùqún ]

位于东平街道白佛山前东侧。因位于峱山，属于汉代墓葬群，故名。目前发现墓葬 2 座，依山崖而建。它是研究我国汉代政治、军事、经济和文化的重要实物依据。2010 年 12 月被批准为市级文物保护单位。通公交车。

## 阳谷邑故城遗址 370923-50-B-c15
[ Yánggǔyì Gùchéng Yízhǐ ]

位于东平县旧县乡王古店村东 1 000 米处山坡台形地上。因春秋战国时期齐国城邑阳谷邑位于此地，故名。为商周汉古遗址。遗址断层上文化层厚度不等，下层为商周文化层，内含大量蚌片和陶片等遗物；上层为汉代文化层，内含有豆柄、豆盘等残陶器物。为研究春秋战国时期文化脉络、城市的发展产生提供了切实可信的实物资料。2010 年 12 月被批准为市级文物保护单位。附近有 246 省道，通公交车。

### 银山石刻 370923-50-B-c016
[ Yínshān Shíkè ]

位于东平县银山镇银山之阳。以地理位置得名。是北齐时期的浅石窟造像。原有圆雕主像2尊，或称释迦、多宝并座佛像。窟内崖壁上圆雕菩萨、罗汉像数尊，旁有"元祐八年四月"题记。窟旁东侧崖壁上有线刻佛像、动物等。造像东北2米处石崖上有"佛说摩刻般若波罗蜜"经名阴刻字。山脚有三方清朝重修碑，银山石刻为北朝刻经，和洪顶山刻经同为僧安道一书丹，属山东北朝摩崖刻经中东平湖刻经区的重要组成部分。刻经旁并有造像，对研究山东地区的佛教发展和当时的刻经艺术形式具有较高的价值。2010年12月被批准为市级文物保护单位。附近有220国道，通公交车。

## 重要景点和一般名胜古迹

### 戴村坝景区 370923-50-D-a01
[ Dàicūnbà Jǐngqū ]

位于东平县东平街道大清河与大汶河交汇处。因明代著名水利工程戴村坝得名。占地20 000平方米。主要景点和建筑物有戴村坝博物馆、观坝平台、日晷广场。戴村坝景区是依托戴村坝，充分发挥大汶河、大清河、汇河等水资源优势，以旅游观光、休闲度假为主的景区，也是全县"双线串珠"的东起点。景区为AAA级景区、国家级森林公园、国家水利风景名胜区、全国重点文物保护单位。2014年6月22日被公布为世界文化遗产单位。有旅游专线并在此设站。

### 腊山国家森林公园 370923-50-D-a02
[ Làshān Guójiā Sēnlíngōngyuán ]

位于东平县银山镇东腊山村。因所在地得名。占地733万平方米，海拔250米，有大小72座山峰，属喀斯特面貌。主要景点和建筑物有三清宫、玉皇殿、红门、祥龙观、碧霞元君祠、瞰湖亭、药王庙、老虎洞等40余处。腊山上的道教音乐被列入国家级非物质文化遗产名录。景区为AAA级景区、国家级森林公园。有旅游专线并在此设站。

# 六　农业和水利

## 泰安市

### 林场

#### 徂徕山林场 370900-60-C01
[ Cúláishān Línchǎng ]

　　属泰安市林业局。位于泰安市东南部，跨泰安市岱岳和新泰市。面积 90 平方千米。因位于徂徕镇境内得名。1956 年建。有林地 6 627 公顷，森林覆盖率 87.8%，是山东省第二大国有林场。主要树种有油松、赤松、刺槐等，并有核桃、板栗、苹果、山楂等经济林木。1992 年徂徕山林场被批准为国家级森林公园。1999 年被省政府划定为生态公益型林场。2006 年 10 月被批准为泰山世界地质公园徂徕山园区，同年被批准为国家 AAA 级旅游景区和省级自然保护区。现有森林资源林相整齐，生长茂盛，发挥着巨大的生态、社会和经济效益。通公交车。

## 泰山区

### 渠道

#### 胜利渠 370902-60-G01
[ Shènglì Qú ]

　　位于泰安市境内。以胜利水库命名。东引范镇东牟汶河水，向西流经泰安市区东部折向南，止点在南流村北，注入胜利水库。1977 年兴建，1978 年建成。全长 53.87 千米，最大深度 15 米，宽度 50 米，一般深 5 米，宽 12 米。渠首建引水闸四孔，设计流量 15 米 / 秒。沿途桥涵 220 多座。有万米渡槽和万米开山渠。水渠以水泥砂浆砌石护坡。沿渠及水库建电站 3 座，装机容量 575 千瓦。灌溉面积 120 平方千米。胜利水库及引水渠工程投入运行以来，年平均引用客水 8 000 多万立方米，充分发挥了引水、蓄水、灌溉、补源的功能，改变了泰安城区西南部极度缺水、靠天吃饭的状况，为保障经济社会持续快速发展作出了巨大贡献。

### 水库

#### 白马石水库 370902-60-F01
[ Báimǎshí Shuǐkù ]

　　位于泰安城区东北 4 千米，泰前街道东白马石村。因临白马石村而得名。1974 年兴建。流域面积 1.4 平方千米，库容量 20.3 万立方米，兴利库容 10 万立方米，溢洪道深 3 米，净宽 8 米。放水洞断面直径 0.3 米。坝体为浆砌石重力坝，最大坝高 14 米。防洪标准为设计 300 年一遇，灌溉面积 0.666 7 平方千米。规模为中型水库。

#### 黄西河水库 370902-60-F02
[ Huángxīhé Shuǐkù ]

　　位于泰安城区北约 5 千米处。因位于黄岘岭之西的黄西河上游而得名。1987 年始建。坝体为浆砌石重力坝，最大坝高 55 米，流域面积 3 平方千米，库容量 67 万立方米。系供岱顶用水工程。

## 碧霞湖 370902-60-F03
[ Bìxiá Hú ]

位于泰前街道东北部，安家林村北。1968 年建成。因邻安家林村，曾名安家林水库，1999 年改名为碧霞湖。1966 年始建，1968 年基本竣工，先后进行两次加固和十几次维修达到现规模。控制流域面积 20 平方千米，总库容量 717 万立方米。水库主体由大坝、溢洪道、放水洞三部分组成。大坝为黏土心墙砂壳坝，坝体总长度 1 010 米，坝顶宽 4 ~ 7 米，坝顶高程 189.65 米，最大坝高 23 米。溢洪道为开敞式，位于左岸，原设计宽度 60 米，溢洪道底高程 187.1 米，现状宽度为 19 米，溢洪道底高程 183.6 米。放水洞呈西北—东南方向，最大泄洪量为 316.50 米 / 秒。实际防洪能力为 500 年一遇。库内养殖鲫鱼、花鲢等鱼类。是兼具防洪、灌溉、供水、旅游、库内养殖等综合效益的小（一）型水库。

## 上峪水库 370902-60-F04
[ Shàngyù Shuǐkù ]

位于泰安城区东北 5 千米，泰前街道上峪村。因位处上峪村而得名。1962 年兴建，1964 年 1 月建成。控制流域面积 2.0 平方千米，总库容量 16.20 万立方米。大坝为黏土心墙坝，最大坝高 12.00 米，坝体总长度 118.50 米，坝顶宽 12 米，坝顶高程 194 米，溢洪道深 2.5 米，净宽 8 米，最大泄洪量 56.96 米 / 秒，设计防洪能力为 300 年一遇。灌溉面积 1 500 亩。库内养殖鲫鱼、花鲢等鱼类。是兼具防洪、灌溉、库内养殖等综合效益的小（二）型水库。

## 三合水库 370902-60-F05
[ Sānhé Shuǐkù ]

位于泰安城区东北 3.5 千米，泰前街道三合村北。因位于三合村而得名。1975 年建设。流域面积 2.5 平方千米，库容量 1.85 万立方米，兴利库容 10 万立方米，最大高 16 米，放水洞断面直径 0.3 米。设计防洪能力为 200 年一遇。灌溉面积 0.67 平方千米。库内养鱼。

## 大直沟水库 370902-60-F06
[ Dàzhígōu Shuǐkù ]

位于泰安城区东北 6 千米处。因位于泰山东麓、泰前街道大直沟下游而得名。1967 年兴建，1977 年后曾 4 次续建。流域面积 4 平方千米，库容量 30 万立方米，兴利库容 25.2 万立方米，最大高 30 米。大坝为浆砌石拱坝，最大坝高 30 米。溢洪道深 2.5 米，净宽 70 米。放水洞断面直径 0.5 米，最大泄洪量 9 立方米 / 秒。设计防洪标准 200 年一遇。灌溉面积 0.866 7 平方千米。库内养鱼。

## 芝田湖 370902-60-F07
[ Zhītián Hú ]

位于泰山区省庄镇北部。因临近芝田村而得名。1951 始建。水面占地 5 5000 平方米，总库容 0.08 万立方米。为中型水库。建设初期是以防洪、农业灌溉为主的水库，随着城市发展的需要，功能调整为防洪。

## 上土门水库 370902-60-F08
[ Shàngtǔmén Shuǐkù ]

位于泰安城区东北 8.5 千米处。因位于下土门村之北而得名。1970 年建设。流域面积 2.5 平方千米，库容量 20 万立方米，兴利库容 16 万立方米。为均质土坝，最大高 18.6 米。溢洪道深 3.8 米，净宽 8 米，放水洞断面直径 0.2 米，设计防洪标准 300 年一遇，灌溉面积 0.6 平方千米。

### 下土门水库 370902-60-F09
[ Xiàtǔmén Shuǐkù ]

位于市区北 7 千米处。因位于下土门村而得名。1977 年修建。流域面积 2.5 平方千米，库容量 60 万立方米，兴利库容 27 万立方米，为均质土坝，最大高 22.3 米。溢洪道深 4.3 米，净宽 6 米。放水洞断面直径 0.5 米。设计防洪标准为 300 年一遇。灌溉面积 1.00 平方千米。库内养鱼。

### 大官庄水库 370902-60-F10
[ Dàguānzhuāng Shuǐkù ]

位于徐家楼街道西南部，大官庄村西南。因邻大官庄而得名。1970 年建成，2008 年进行除险加固。主要水源为大汶河流域泮汶河水系，坝址控制流域面积 0.89 平方千米，总库容量 11.80 万立方米。大坝溢流段为浆砌石坝，非溢流段为均质坝，坝体总长 82.20 米，坝顶宽 4 米，坝顶高程 50.60 米，最大坝高 15.20 米。最大泄洪量 32.40 米／秒。实际防洪能力为 200 年一遇。库内养殖鲫鱼、花鲢等鱼类。是兼具防洪、灌溉、库内养殖等综合效益的小（二）型水库。

### 大河峪水库 370902-60-F11
[ Dàhéyù Shuǐkù ]

位于省庄镇东北部，大河峪村西南。因邻大河峪村而得名。1958 年始建，1959 年基本竣工，2009 年进行除险加固。坝址控制流域面积 2.0 平方千米，总库容量 62.50 万立方米。大坝为黏土心墙砂壳坝，坝体总长度 194 米，坝顶宽 4 米，坝顶高程 108.0 米；最大坝底宽 41 米，最大坝高 17 米。最大泄洪量 88.0 米／秒。实际防洪能力为 200 年一遇。库内养殖鲫鱼、花鲢

等鱼类。是兼具防洪、灌溉、库内养殖等综合效益的小（二）型水库。

### 东白马石水库 370902-60-F12
[ Dōngbáimǎshí Shuǐkù ]

位于白马石村东部。因位置得名。1996 年始建，1997 年基本竣工。坝址控制流域面积 0.52 平方千米，总库容量 20.30 万立方米。大坝为黏土心墙砂壳坝，坝体总长度 81.00 米，坝顶宽 4 米，坝顶高程 64.0 米，最大坝高 14.50 米。最大泄洪量 52.30 米／秒。实际防洪能力为 200 年一遇。库内养殖鲫鱼、花鲢等鱼类。是兼具防洪、灌溉、库内养殖等综合效益的小（二）型水库。

### 凤台水库 370902-60-F13
[ Fèngtái Shuǐkù ]

位于上高街道凤台村北。因位置得名。1963 年兴建，2009 年进行除险加固。坝址控制流域面积 0.40 平方千米，总库容量 14.40 万立方米，大坝为黏土心墙砂壳坝，坝体总长度 117.0 米，坝顶宽 6 米，坝顶高程 56.0 米，最大坝高 8.0 米。最大泄洪量 14.0 米／秒。实际防洪能力为 200 年一遇。库内养殖鲫鱼、花鲢等鱼类。是兼具防洪、灌溉、库内养殖等综合效益的小（二）型水库。

### 拐子沟水库 370902-60-F14
[ Guǎizigōu Shuǐkù ]

位于泰山区省庄镇东北部。因邻拐子沟村而得名。1965 年始建，1966 年基本竣工，2009 年进行除险加固。坝址控制流域面积 0.85 平方千米，总库容量 15.50 万立方米。大坝为黏土心墙砂壳坝，坝体总长度 120.0 米，坝顶宽 4 米，坝顶高程 101.65 米，最大坝高 16.0 米。最大泄洪量 42.0 米／秒。实际防洪能力为 200 年一遇。库内养殖鲫鱼、花鲢等鱼类。是兼具防洪、灌溉、库内养殖等综合效益的小（二）型水库。

## 北孙水库 370902-60-F15
[ Běisūn Shuǐkù ]

位于省庄镇东北部，北孙村北。因邻北孙村而得名。2002 年始建，2003 年基本竣工，2008 年进行除险加固。坝址控制流域面积 0.68 平方千米，总库容量 12.20 万立方米。大坝为浆砌石坝，坝体总长度 62.20 米，坝顶宽 3 米，坝顶高程 51.70 米，最大坝高 11.10 米。该水库溢流段为浆砌石重力坝，最大泄洪量 33.0 米/秒。实际防洪能力为 200 年一遇。库内养殖鲫鱼、花鲢等鱼类。是兼具防洪、灌溉、库内养殖等综合效益的小（二）型水库。

## 青山水库 370902-60-F16
[ Qīngshān Shuǐkù ]

位于省庄镇东北部，亓家滩村北部。1957 年始建，1958 年基本竣工，2008 年进行除险加固。主要水源为大汶河流域泮汶河支流芝田河水系，坝址控制流域面积 2.76 平方千米，总库容量 25.00 万立方米。大坝为黏土心墙砂壳坝，坝体总长度 86.0 米，坝顶宽 10 米，最大坝高 16 米。最大泄洪量 66.75 米/秒。实际防洪能力为 200 年一遇。库内养殖鲫鱼、花鲢等鱼类。是兼具防洪、灌溉、库内养殖等综合效益的小（二）型水库。

## 光石梁水库 370902-60-F17
[ Guāngshíliáng Shuǐkù ]

位于泰前街道北部，三合村东北。因建在光石梁附近，当地人称巨大而光滑的石头为"光石梁"，故名。1970 年修建。主要水源为大汶河流域牟汶河支流白家河水系。坝址控制流域面积 1.28 平方千米，总库容量 13.60 万立方米。大坝为浆砌石拱坝，最大坝高 15.6 米，坝体总长度 48.50 米，坝顶宽 2.30 米，坝顶高程 346.0 米，最大坝高 15.60 米。最大泄洪量 52.30 米/秒。

实际防洪能力为 200 年一遇。库内养殖鲫鱼、花鲢等鱼类。是兼具防洪、灌溉、库内养殖等综合效益的小（二）型水库。

## 水牛埠水库 370902-60-F18
[ Shuǐniúbù Shuǐkù ]

位于泰前街道东北部，水牛埠村北。因邻水牛埠村而得名。1966 年始建，1967 年基本竣工。主要水源为大汶河流域泮汶河水系，坝址控制流域面积 0.56 平方千米，总库容量 10.30 万立方米。大坝为均质坝，大坝总长度 258 米，其中主坝长 148 米，副坝长 110 米，坝顶宽 3.2 米，坝顶高程 100 米；最大坝底宽 56 米，最大坝高 13 米。最大泄洪量 3.69 米/秒。实际防洪能力为 200 年一遇。库内养殖鲫鱼、花鲢等鱼类。是兼具防洪、灌溉、库内养殖等综合效益的小（二）型水库。

## 下水泉水库 370902-60-F19
[ Xiàshuǐquán Shuǐkù ]

位于徐家楼街道西南方向，京沪高速公路以北，长城路以西。因邻下水泉村而得名。2008 年始建，2009 年基本竣工，2013 年进行除险加固。所在流域为大汶河流域泮汶河水系，坝址控制流域面积 0.89 平方千米，总库容量 10.50 万立方米。大坝为黏土心墙砂壳坝，最大坝长 162 米，最大坝高 10.1 米，坝顶宽 5 米。最大泄洪量 22.10 米/秒。实际防洪能力为 200 年一遇。库内养殖鲫鱼、花鲢等鱼类。是兼具防洪、灌溉、库内养殖等综合效益的小（二）型水库。

## 叶家庄水库 370902-60-F20
[ Yèjiāzhuāng Shuǐkù ]

位于省庄镇东北部，叶家庄村东南。因邻叶家庄村而得名。2002 年始建，2003 年基本竣工，2008 年进行除险加固。所在流域为大汶河流域泮汶河支流芝田河水系，坝址控制流域面积 0.56 平方千米，总库容量 10.80 万立方米。大坝为黏土心墙砂壳坝，坝体总长度 69.50 米，坝顶宽 12 米，坝顶高程 50.0 米，最大坝高 10.10 米。最大泄洪量 5.03 米／秒。库内养殖鲫鱼、花鲢等鱼类。是兼具防洪、灌溉、库内养殖等综合效益的小（二）型水库。

### 小河峪水库 370902-60-F21
[ Xiǎohéyù Shuǐkù ]

位于省庄镇东北部。因邻小河峪村而得名。1965 年始建，1966 年基本竣工，2008 年进行除险加固。所在流域为大汶河流域泮汶河支流芝田河水系，坝址控制流域面积 0.68 平方千米，总库容量 11.20 万立方米。大坝为黏土心墙砂壳坝，坝体总长度 137.5 米，坝顶宽 4 米，坝顶高程 101.00 米；最大坝底宽 56 米，最大坝高 16 米。最大泄洪量 39.83 米／秒。库内养殖鲫鱼、花鲢等鱼类。是兼具防洪、灌溉、库内养殖等综合效益的小（二）型水库。

### 迎山水库 370902-60-F22
[ Yíngshān Shuǐkù ]

位于省庄镇东北部，齐家滩村东北。因邻迎山而得名。1966 年始建，1967 年基本竣工。所在流域为大汶河流域泮汶河支流芝田河水系，坝址控制流域面积 1.10 平方千米，总库容量 10.50 万立方米。大坝为黏土心墙砂壳坝，坝体总长度为 102 米，坝顶宽 4 米，坝顶高程 100.6 米，最大坝高 19 米。最大泄洪量 22.0 米／秒。库内养殖鲫鱼、花鲢等鱼类。是兼具防洪、灌溉、库内养殖等综合效益的小（二）型水库。

### 榆林水库 370902-60-F23
[ Yúlín Shuǐkù ]

位于省庄镇东北部。因邻榆林村而得名。1966 年始建，1967 年基本竣工，2013

年进行除险加固。所在流域为大汶河流域泮汶河支流芝田河水系，坝址控制流域面积 1.02 平方千米，总库容量 10.20 万立方米。大坝为黏土心墙砂壳坝，最大坝高 8 米，坝顶高程 68.00 米。最大泄洪量 15.41 米／秒。实际防洪能力为 200 年一遇。库内养殖鲫鱼、花鲢等鱼类。是兼具防洪、灌溉、库内养殖等综合效益的小（二）型水库。

### 扇子崖水库 370902-60-F24
[ Shànziyá Shuǐkù ]

位于扇子崖下的山沟内。因邻扇子崖而得名。1974 年兴建。流域面积 2 平方千米，库容 5 万立方米。坝体为浆砌石重力坝，最大坝高 15 米。建设初期是以防洪、农业灌溉为主的水库，随着城市发展的需要，功能调整为防洪。

### 龙潭水库 370902-60-F25
[ Lóngtán Shuǐkù ]

位于泰山风景名胜区管理委员会竹林寺管理区内。因北临黑龙潭而得名。1942 年建成。流域面积 13 平方千米，库容 76 万立方米，兴利库容 36 万立方米。坝体为浆砌石重力坝，最大坝高 19 米，长 165 米，溢洪道深 1.5 米，净宽 56 米，放水洞断面直径 0.5 米，防洪标准为 200 年一遇。库内养鱼。泰山盘山公路从水库西侧通过。

### 虎山水库 370902-60-F26
[ Hǔshān Shuǐkù ]

位于泰安城区北部，虎山西侧。因虎山得名。1956 年建设。控制流域面积 199 平方千米，占地面积 0.000 56 平方千米，总库容 8 万立方米。

### 栗杭水库 370902-60-F27
[ Lìháng Shuǐkù ]

位于大津口乡栗杭村。因邻栗杭村而

得名。占地面积 1.463 平方千米，总库容 10 万立方米。为附近的地区提供自来水及灌溉用水，具有防洪功能。

## 药乡水库 370902-60-F28

[ Yàoxiāng Shuǐkù ]

位于药乡国家森林公园中心。因位置得名。是山东内陆最高的一座天然蓄水池，水库水源均是山泉，水温比较低，是养殖冷水鱼的理想场所。面积 800 平方千米，总库容 460 万立方米。

# 岱岳区

## 林场

### 泰安市岱岳区国有谷山林场

370911-60-C01

[ Tài'ān Shì Dàiyuè Qū guóyǒu Gǔshān Línchǎng ]

国有林场。位于泰安市岱岳区东北部，跨莱芜、历城、章丘。因建场时以下港镇谷山村为中心辐射延深造林而得名。1959 年建。面积 13.564 平方千米。森林覆盖率 92%，下设王庄、徐庄、黑峪、西峪四个营林分区、两个瞭望台、两个检查站。谷山林场为国家二级公益林管理单位，管理林场，封山育林，有林木水土保持、开发利用及护林防火、病虫害防治等作用。通公交车。

# 新泰市

## 水库

### 光明水库 370982-60-F01

[ Guāngmíng Shuǐkù ]

在新泰市中部，小协镇与刘杜镇镇境

内。因主要水源来自光明河，故名。1958 年建成。面积 9.64 平方千米，长 6.4 千米，宽 1.4 千米，平均水深 4.6 米，总库容 10 001 万立方米。水库枢纽工程包括大坝、放水洞、溢洪道和干渠。大坝为均质坝，长 860 米，最大坝高 23 米，顶宽 5 米。溢洪道宽 80 米，最大泄洪量 841 立方米 / 秒。是新泰境内库容量最大的水库，具有蓄水、防洪、灌溉、旅游观光等功能。刘协公路经此。

# 肥城市

## 灌区

### 安孙灌区 370983-60-F01

[ Ānsūn Guànqū ]

位于肥城市境南部。因灌区所跨行政区域为安驾庄镇、孙伯镇，从政区名称中各取一字，得名安孙灌区。1959 年开工，1960 年竣工，1974 年至 1978 年几次进行改建和扩建。面积 67.6 平方千米，长 17.55 千米，有效灌溉面积 113 平方千米。安孙干渠设置支渠共 22 条，垂直等高线布置在干渠的左岸，全长 31.6 千米，斗渠总长 142.3 千米。五祖干渠现状共有 7 条支渠，垂直等高线布置在干渠的左岸，全长 10.14 千米，斗渠总长 48 千米。配套渠系建筑物 522 座，扬水站 35 座。灌区有总干沟 1 条，长 5.0 千米；干沟 8 条，长 8.6 千米；支沟 68 条，长 51.74 千米。以防洪、农业灌溉为主。不通公交车。

# 宁阳县

## 灌区

### 宁阳县堽城坝灌区 370921-60-F01

[ Níngyáng Xiàn Gāngchéngbà Guànqū ]

位于宁阳县西部。明成化十一年（1475）在古堽城（刚城）西北大汶河建大坝称堽城坝，由此引水灌溉区域称为宁阳县堽城坝灌区。1957年兴建，1958年主体工程竣工。南北长24千米，东西宽20千米，面积约253平方千米。灌区由总干、东西分干和支渠组成。其中，总干渠长4.6千米，东干渠长18.06千米，西干渠长26.139千米，支渠31条，总长156.3千米。灌区内主要作物有小麦、玉米、棉花、油料和蔬菜。对促进宁阳经济发展和社会稳定起到了举足轻重的作用。济微公路贯穿灌区。

### 月牙河水库灌区 370921-60-F02

[ Yuèyáhé Shuǐkù Guànqū ]

位于宁阳县中部。以水源得名。1960年建成。南北长19千米，东西长10.5千米。面积159.6平方千米，灌区工程由长29千米的南、西2条干渠及25条支渠形成灌溉网络。其中，南干长23千米，西干长6千米。月牙河水库灌区是宁阳县中部重要水利工程，不仅能为农业灌溉提供水源，同时缓解宁阳县中部山丘区水资源短缺状况，还能提高灌区地下水位。灌区内主要作物有小麦、玉米等。蒙馆公路、朝柴路、宁曲路穿过灌区。

### 贤村水库灌区 370921-60-F03

[ Xiáncūn Shuǐkù Guànqū ]

位于宁阳县东部，津浦铁路以西。因是以贤村水库的水作为灌溉水源的种植区，故名。1978年建成。面积约16.7平方千米，

基本构成为总干渠1条，全长11千米，支渠12条，全长15千米。灌区内主要作物有小麦、玉米等。灌区解决了水库周边山区丘陵农业缺水难题，为当地经济发展提供了保障。朝柴路穿过灌区。

### 石集水库灌区 370921-60-F04

[ Shíjí Shuǐkù Guànqū ]

位于宁阳县东部。因是以石集水库的水作为灌溉水源的种植区，故名。1960年建成。面积约6.0平方千米，耕地实际灌溉面积约4.8平方千米，灌溉区域为石集及周围村庄所属农田耕地。灌区内主要作物有小麦、玉米等。为石集及周围村庄主要农田灌溉用水源。朝柴路穿过灌区。

## 渠道

### 宁阳县东引汶干渠 370921-60-G01

[ Níngyáng Xiàn Dōngyǐnwèn Gànqú ]

位于宁阳县东部。自大汶河拦河坝茶棚电站引水渠起，至月牙河水库引水渠止。1964年始建，1965年建成引水，1978年改建成石渠，1998年进行渠墙维修，2014年进行节水配套改造。长度27 100米，宽度7米，最大水深2.5米。是宁阳县北、中部重要水利工程，不仅能为灌区农业灌溉提供水源，同时缓解宁阳县中部山丘区水资源短缺状况，提高灌区地下水位，还可提供工农业用水。蒙馆公路、朝柴路穿过灌区。

### 宁阳县西引汶干渠 370921-60-G02

[ Níngyáng Xiàn Xīyǐnwèn Gànqú ]

位于宁阳县西部。起点为伏山镇堽城坝，止点为乡饮乡斗虎屯、东疏镇疏里。1994年始建，2010年建成。全长156.3千米，宽12米，最大水深2.7米，平均流量12立方米/秒。西引汶干渠是宁阳县中西部重要

水利工程，不仅能为灌区农业灌溉提供水源，同时能缓解宁阳中西部水资源短缺状况，提高灌区地下水位，还可为8个乡镇（街道）提供工农业用水。蒙馆公路、济微公路穿过灌区。

## 南干渠 370921-60-G03
［Nán Gànqú］

　　位于堽城镇南部。自月牙河水库起，至南宁家庄止。1959年始建，1960年建成。长4千米，水深2米，基础构造为混凝土、石块构砌。主要作用为灌溉田地。宁曲路穿过灌区。

# 词目拼音音序索引